I0586391

مجموعه آثار صادق هدایت

مجموعه آثار صادق هدایت

جلد پنجم

پژوهش‌ها و سفرهای صادق هدایت

تحت نظر

بنیاد صادق هدایت و بنیاد کتابهای سوخته ایران

بنیاد کتابهای سوخته ایران The Iranian Burnt Books Foundation

طرح روی جلد از لیلا میری

مجموعه‌آثار صادق هدیت ـ Oeuvre Complet de Sadegh Hedayat

جلد پنجم ـ Volume V

پژوهش‌ها و سفرهای صادق هدایت

ISBN 978-91-86131-41-8

تحت نظر

بنیاد صادق هدایت و بنیاد کتابهای سوخته ایران

ویرایش اوّل ـ چاپ اوّل

اردیبهشت ۱۳۹۰ — May 2011

نشر بنیاد کتابهای سوخته ایران

گروه انتشارات آزاد ایران

www.entesharate-iran.com

فهرست

پیشگفتار

«انسان و حیوان» از نخستین کتبی است که صادق هدایت نوشت و منتشر کرد. این کتاب درسال ۱۳۰٤ منتشر شد. روز جمعه ۲۶ اردیبهشت ماه همین سال یک نسخه آن را به پدرم سرلشگر عیسی هدایت هدیه کرد. صادق هدایت برای این کتاب تصویری نقاشی کرد. در این نقاشی فرشته عدالت یا ترازوی عدل و داد ایستاده و ستاره‌ای بر تارک سرش می‌درخشد. صیاد بدهیبتی مجهز به تفنگ و نیزه و قمه و زنجیر و قفس و تله و ساطور از عظمت فرشته خوف کرده و در خود مانده و در طرف دیگر حیوانات: پرنده و اسب و شیرو الاغ و سگ و خرس و غیره در پناه فرشته حامی گرد آمده و پشت سر فرشته آهوئی می‌دود و خورشید نیز درافق دور دست می‌درخشد.

این کتاب درکنار کتاب «فواید گیاهخواری» از اولین کتبی هستندکه نویسنده در رابطه با انسان و محیط زیست منتشر کرده است.این کتاب ادعانامه حیوان مظلوم و بی‌گناه در مقابل انسان بی‌رحم و حیوان‌کش است.

«فواید گیاهخواری» نیز از اولین کتب منتشره صادق هدایت است که در سال ۱۳۰۶ انتشار یافت. در این زمان صادق هدایت در پاریس بود و این کتاب را چاپ کرده بیشتر برای دوستان و خویشان خود فرستاد. در این کتاب صادق هدایت کوشیده انسان را از مصرف گوشت بر حذر داشته و به خوردن غذاهای گیاهی تشویق کند و برای این مهم از آیه قرآن کریم گرفته تا فرمایشات حضرت امیر و آن چه نویسندگان و بزرگان و فلاسفه در مذمت گوشت‌خواری و قتل عام حیوان‌ها گفته و نوشته‌اند به شهادت طلبیده و تمام مساعی خود را به کار گرفته که ثابت کند انسان در ابتدا گیاه‌خوار آفریده شده است.

این کتاب نیز در ارتباط با انسان و محیط زیست و دیگر جانورانی که روی کره زمین زندگی می‌کنند بسیار جالب و قابل توجه است.

«اصفهان نصف جهان» تنها سفرنامه مفصلی است که از صادق هدایت باقی مانده است. او در اردیبهشت ماه ۱۳۱۱ از چند روز تعطیل به مناسبت ایّام سوگواری استفاده کرده عازم اصفهان می‌شود و شرح این سفر را جزء به جزء می‌نویسد. شاید چهره‌ای که برای سال ۱۳۱۱ او از اصفهان ترسیم می‌کند در نوع خود بی‌نظیر است. طنز قلم هدایت در این نوشته جا به جا دیده می‌شود و تیزبینی و دقت او در اوضاع اصفهان، مردم و آثار تاریخی‌اش بسیار جاذب است. در پایان این کتاب می‌نویسد:

«وقتی که انسان شهری را وداع می‌کند مقداری از یادگار، احساسات و کمی از هستی خودش را در آن‌جا می‌گذارد و مقداری از یادبودها و تأثیر آن شهر را با خودش می‌برد. حالا که می‌خواهم برگردم مثل این است که چیزی را گم کرده باشم یا از من کاسته شده باشد و آن چیز نمی‌دانم چیست، شاید یک خرده از هستی من آن جا، درآتشگاه مانده باشد.»

«رباعیات حکیم عمر خیام» نام کتابی است از صادق هدایت که درسال ۱۳۰۳ در تهران منتشرشده است. این نخستین کتابی است که او منتشر کرد. این کتاب پس از شرح حال خیام ۲۰۱ رباعی از خیام را آورده است. صادق هدایت می‌نویسد خیام به فلسفه ابیقوری که متکی به ذات است معتقد بوده که با تعصب‌های فراقی مذهبی اختلاف داشته است. پیام آزادی و آزادگی خیام در زمانی برخاسته که جهل و نادانی و تکفیرسازی و فساد بسیار رایج بوده و خیام پرده دروغ و تزویر و تظاهر را پاره کرده است خیام را منجم و ریاضی‌دان و حتی حجه‌الحق نام برده‌اند و آثارش فارغ از رباعیات جای مهمی دارند.

«ترانه‌های خیام» کتاب دیگری در باره خیام است که درسال ۱۳۱۳ منتشر شد و دراین فاصله ده ساله صادق هدایت به مطالعات تازه‌ای در باره خیام دست زده است. این کتاب دارای چهاربخش است:

مقدمه ،خیام فیلسوف ،خیام شاعر و ترانه‌ها. در تحت عنوان خیام فیلسوف صادق هدایت رباعیات او را ترجمان فریادهای میلیون‌ها بشری دانسته که در میان معماها و مجهولات این دنیا گیج مانده‌اند. خیام آزادفکری بود که هرگز زیر بار احکام جبری نرفت و حتی چوبش را هم خورد ولی تسلیم نشد. چهره دیگر او خیام شاعر است.

«پیام کافکا» را می‌توانیم درد دل خود صادق هدایت هم بدانیم. البته او که با کافکا دیدگاه‌های مشترکی داشتند پیام او را بهانه‌ای قرار داد تا حرف‌های دل خودش را بزند. او کافکا را نویسنده‌ای می‌داند که فکر و موضوع تازه‌ای را مطرح می‌کند. انسان یکه و تنها و بی‌پشت و پناه بوده در سرزمین گمنامی زندگی می‌کند و کافکا پرده فریبکاری‌ها را بالا زده و زندگی نکبت‌بار بعد ازجنگ جهانی اول را ترسیم کرده. او که پرورده ایام جنگ بود خوب توانسته بود رنج و بدبختی انسان را درک کند. کافکا از یک طرف گرفتار یهودی بودن خود است، ازجانب دیگر پدری مستبد او را می‌فشرد. کافکا محیط پست و فقری که حاکم بود در کتاب‌هایش می‌نوشت. گرچه ظاهراً یهودی بود اما آنقدر که آلمانی بود یهودی نبود. کافکا را کسی جز «مارکس برود» پشتیبانی نکرد ولی به دَربه‌دَری افتاد و سل سینه گرفت و مرد. سرگذشت کافکا نمونه بارزی از بی‌توجهی و ظلم و جوری است که اجتماع در حق نویسندگان کرده و اورا به گورستان فرستاده است. او موجود درخود فرورفته، منزوی و گوشه‌گیری بود که تقریباً از لذت‌های زندگی محروم ماند و در ٤١ سالگی از دنیا گریخت.

«چایکوفسکی» مقاله کوتاهی است که صادق هدایت در سال ۱۳۱۹ نوشته و شرح حال او را آورده. گرچه چایکوفسکی حقوق خواند و در وزارت دارایی شاغل شد ولی به زودی به جانب موسیقی جذب شد و به ساختن اپرا، سمفونی و کنسرتو پرداخت. پس از ازدواج حالت روانی او به هم می‌ریزد

بعد حالش بهتر می‌شود و در ایّامی که بیماری وبا در پتروگراد شایع شد او مبتلا شده و در گذشت.

«معرفی و نقد خاموشی دریا» این نوشته کوتاه صادق هدایت که سال ۱۳۲٤ در مجله سخن چاپ شد معرفی و نقد کتابی است به نام «خاموشی دریا» نویسنده نام مستعار ورکور را برای خود برگزیده و مربوط به ماجراهای ایامی است که ارتش آلمان هیتلری فرانسه را اشغال کرده و پاریس زیرچکمه نازی‌ها می‌لرزد. داستان مربوط به یک عشق ممنوع است. عشق یک افسرآلمانی که در خانه‌ای سکونت دارد و عاشق دختر صاحب‌خانه می‌شود. این کتاب از فرانسه توسط دکترشهید نورایی به فارسی ترجمه و چاپ شد.

«کارخانه‌ی مطلق‌سازی» مقاله کوتاهی است از صادق هدایت درباره این کتاب که نوشته کارِل چاپِک است و داستانی خیالی است که موضوع بکری دارد. نتیجه تجزیه مادّه و دست‌یابی به نیروی محرکه ای فناناپذیر و ارزان موجبات مشکلات کشاورزی، صنعتی، بیماری‌ها و مسائل عرفانی و مذهبی و بالاخره جنگ را فراهم می‌آورد که در واقع مسائل دنیای پس از جنگ جهانی را ترسیم کرده است. مترجم این کتاب به فارسی حسن قائمیان بوده است.

«چطور ژاندارک دوشیزه اورلئان شد؟» مقدمه کوتاهی است که صادق هدایت در سال ۱۳۰۹ نوشته است. کتاب اصلی ازآن شیللر و مترجم آن بزرگ علوی می‌باشد. داستان در باره دختر دهاتی جوانی است که به او وحی می‌شود و تصمیم می‌گیرد با دشمن بجنگد و شاه او را به دشمن می‌فروشد و انگلیسی‌ها هم او را به آتش می‌کشند.

به این ترتیب در این مجموعه کارهای پژوهشی مهمی چون انسان و حیوان، فواید گیاهخواری، ترانه‌های خیام و شرح مسافرت‌ها و بعد نقدها و نظرهای

صادق هدایت در باره بعضی کتب مهم آمـده کـه درآن ایـام بـه فارسـی ترجمه و چاپ شدند.

در زندان سانسور و تحریف و حذف فعلی که درمملکت ما برپاسـت هـیچ یک از آثار صادق هدایت که در این مجموعه آمده فرصت نفس کشـیدن ندارند. هنرستیزان که خود را متولی فرهنگ و ادب ایران تصورکرده‌اند نه تحمل انسان را دارند و نه حیوان را نه تحمل گیاه را دارند و نه آثاری نظیـر سفرنامه اصفهان را. با خیام کـه کینـه و دشـمنی دیرینـه دارنـد و چـون از چاپکوفسکی و کارل چاپک و شیللر بی‌خبرند آن‌ها را نامرئی می‌پندارند.

ما با کمک بنیاد کتاب‌های سوخته ایران و مخصوصاً دکترسام واثقـی و دیگـر دوستان و همکاران این مجموعه ارزشمند را در دسترس علاقمنـدان قـرار می‌دهیم. جا دارد در همین فرصت از طراح روی جلد لـیلا میـری و طـراح لوگوی بنیاد صادق هدایت مژگان پارسامقام و سمیه سیاوشـی ویراسـتار و تنظیم کننده کارهای کامپیوتری تشکر کنم.

جهانگیرهدایت

انسان و حیوان

این نقاشی را صادق هدایت در سال ۱۳۳۰ برای این کتاب کشیده است.

میـــــازار موری که دانه کش است
که جان داردوجان شیرین خوش است
«فردوسی»

الف

قبل از آن که داخل مبحث فوق بشویم لازم است ذکـر مختصـری از اقـوال علماء و فلاسفه در این باب بیان کنیم، تا مزید بصیرت خوانندگان گردد. اول باید دانست فرق مابین انسان و حیوان درکجا است، زیرا تمام حکمـاء و علماء موافق‌اند که ازحیث ساختمان جسمانی انسان و حیوانات عالی شباهت تامی با یکدیگر دارند و فقط یک اختلاف جزئی در بین است کـه نـزد انـواع حیوانات آن تفاوت به مراتب زیادتر می‌باشند: مثل حیوانـات پسـتاندار بـا پرندگان و پرندگان بـا خزنـدگان. در ایـن خصـوص اشکالی نیسـت بلکـه درموضوع میل طبیعی Instinct احساسات و بالاخره هوش حیـوان اشـکالاتی رخ می‌دهد.

عقیده فلاسفه در این باب اختلاف کلی دارد، چنان که بعضی بـه وجـود روح حیوان قائل‌اند الا اینکه فرق روح انسان و حیوان را فقط در درجات می‌دانند، درصورتی که عده دیگر قطعاً منکر روح حیوان شده و می‌گویند: بـر فـرض انسان جسماً باحیوان شباهت داشته باشد، ولی هرگز قوای معنوی او با حیوان طرف مقایسه نیست؛ و یک مسافت بعیدی آن‌ها را از یکدیگر دور می‌نماید. ما بین این دو دبستان و نـزد فرداً فرد آن‌ها هر ساعت عقیـده مخصوصـی ظهور می‌کند، از طرف دیگر علمای فن تاریخ طبیعی دو دسته شده و دائـم در مشاجره و مناظره می‌باشند، زیرا که گروهی انسان را سردسته حیوانات پستاندار می‌دانند و عده دیگر راضی نمی‌شوند انسان را در ردیف حیوانات اسم ببرند و می‌خواهند برای او یک مقام فوق‌العاده‌ای در بـین موجـودات قائل شوند.

پاسکال Pascal انسان را متوسط مابین حیوان و فرشته دانسته و این عقیده کلیه حکماء و متصوفین مشرق زمین است: که هرگاه انسان پیروی شهوت و نفس بهیمی‌یا اهریمنی را بنماید، ازحیوان هم مطابق «کالانعام بل هم اضل» پست‌تر است و اگر به مجاهدت تزکیه نفس حاصل کند و به وسیله ریاضت به مراتب عالیه و فضائل و کمالات برسد مقام او از فرشته نیز برتر خواهد بود. لکن این تعریف از طریق علمی خارج است و به ممیزی آن درنمی‌آید، و فقط در الهیات جایز می‌باشد.

اگر انسان درنظر فلاسفه و ماوراءالطبیعیون و الهیون یک اهمیت فوق‌العاده‌ای دارد، در نزد علمای علوم طبیعی بیش از یک حیوانی که نسبتاً از حیث ساختمان اعضاء از سایر هم‌جنسان خود، یعنی حیوانات کامل‌تر است چیز دیگری نیست. از نقطه نظر علمی حیوان از همان عناصری ترکیب یافته که انسان را تشکیل می‌دهند، آیا مثل حیوان از یک سلول Cellule مرموزی به وجود نیامده؟ علم‌الابدان، علم‌الانساج، علم‌الجنین، معرفت‌الارواح[1] هرکدام به نوبت خود ثابت می‌کنند که ترقی و نشو و نمای آن سلول تغییرات و عوارض متشابهی را نزد انسان و حیوان طی می‌نماید، علاوه براین هر دو دارای اعضای مخصوصی هستند که آن‌ها را برای کار معینی استعمال می‌کنند، و همان احساسات را درک می‌نمایند، و در هوا و هوس چنان‌که درخصائل و معایب، مشترک‌اند.

انسان نادان، یا وحشی و یا بچه که هنوز از لطایف تمدن و موشکافی فلسفه بی‌بهره می‌باشند، مابین انسان و حیوان را چندان فرقی نمی‌گذارند، زیرا که می‌بینند حیوانات مثل آن‌ها می‌روند، می‌آیند، جستجوی غذا می‌نمایند، زائیده، بچه خود را شیر می‌دهند، از آنان حفظ و حمایت و پرستاری می‌کنند

---

[1] Physiologie, Histologie, Embryologie,Psychologie

و گاهی غمناکند و زمانی خوشحال. نزاع می‌نمایند، بازی می‌کنند، احساس درد کرده و فریاد برمی‌آورند، و بالاخره سرنوشت آن‌ها یکی است: مثل هم متولد می‌شوند، همان احتیاجات را دارند و مانند یکدیگر نیز می‌میرند – پس با عقل ناقص و فکر کوتاه خودشان نتیجه می‌گیرند که حیوانات نیز موجوداتی هستند تقریباً مثل انسان، پست‌تر، عالی‌تر یا مساوی؟ این را دیگر نمی‌دانند و آنچه از این مخلوقات بر آن‌ها مجهول است، عبارت از سکوت آن‌هاست و همان خاموشی را دلیل متانت و اهمیت آنان فرض می‌کنند. چنان‌که نزد عوام گربه را به واسطه وقار جبلی، سکوت مرموز و برق زدن موهای او، حالت متفکر و غمناکش گمان می‌کنند جن است! هم‌چنین پیشینیان در جلو آن‌ها تواضع می‌کردند و زمانی آن‌ها را حلول و نشاء الهی می‌نگریستند، و از آنجا عقیده باطل پرستش حیوانات بروز می‌کند، که مربوط به مذهب تناسخ است.

بهترین شرح کاملی که در این موضوع داده‌اند، همان تعریف جامع ارسطو است: «انسان یک حیوان ناطق است.» البته انسان همان طوری که از سایر حیوانات کامل‌تر است امتیازات ذهنی و معنوی او نیز بیشترخواهد بود و بعضی از آن‌ها منحصر و مختص به اوست و در سایر قوا به‌طور غیرمساوی با حیوانات مشترک می‌باشند اما قوای دیگری هم هست که حیوانات بر او برتری دارند؛ مثل سگ در وفاداری، کبوتر در عشق، مورچه در مال‌اندیشی، زنبور عسل در اداره امور خود، شتر در قناعت و بسیاری دیگر در نیرو و عده‌ای از موشکافی حواس یا مهارت در معماری و نساجی از برای ما سرمشق خواهند بود. لکن نباید فراموش کرد که بیشتر حکماء عادات و اخلاق ذمیمه حیوان را با یک انسان کامل که عاری از هرگونه عیب و نقص باشد سنجیده‌اند، و این خیانتی است نسبت به حیوانات، خوب است در این‌جا به خاطر بیاوریم که هنوز قبایل وحشی انسان وجود دارند که کاملاً

پست‌تر از حیوان می‌باشند؛ چنان که کارائیب‌ها Caraibes وقتی که غذایی به مذاقشان خوب بیاید می‌گویند: «آنقدر لذیـذ اسـت مثـل گوشـت انسـان مرده.» لازم نیست خیلی دور برویم، در پایتخت‌های ملل متمدنه اشخاصـی هستند که به مراتـب از حیوان پست‌تر می‌باشند. فلاماریون C. Flammarion در کتاب «پس از مرگ» خود می‌نویسد: «حیواناتی هستند که از بعضی مردم باهوش‌ترند.» جای تعجب است فیلسوف بزرگ دکارت Descartes که خیلی متعصب به مقام انسان بوده از روی نخوت حیوان را ماشین متحرک فـرض می‌کند و این یک اشتباه پوزش‌ناپذیری است، چون همین سهو باعث شد که با حیوان به طرز ظالمانه رفتار می‌کردند و مـی‌کننـد: چنـان‌کـه مـالبرانش Malebranche پیرو فلسفه دکارت برای تحقیقات فلسفی! سگ خود را دائـم می‌زده است. روزی او را از رفتار ظالمآن‌هاش سـرزنش مـی‌کننـد جـواب می‌دهد: مگر نمی‌دانید که حیوان حس نمی‌کند؟ ولی فلسفه آن زمـان بـا امروز خیلی تغییر کرده و فرض دکارت بـه کلـی منسـوخ و مضحـک شـده است. حقیقتاً انسان باید کور و افلیج و یا اصلاً حیوان را ندیـده باشـد، تـا در هوش آن شک بیاورید. حیوان مرکب است از روح و جسم، جوهر روح اراده و فکر است، و ماده زمانی که از روح جدا شده متلاشی می‌شود. مـابین روح که دائم در فکر می‌باشد و ماده که ابداً فکر نمی‌کند غیـرممکن اسـت کـه آن‌ها را از یک اصل بدانیم. مگر روح از چه تشکیل شده؟ به غیر از هـوش و اراده و میل است که در حیوان وجـود دارد؟ در این‌جـا لازم اسـت هـوش حیوان را با میل طبیعی اشتباه نکنیم؛ زیرا یک اخـتلاف بزرگـی مـابین اعمـال عقلی یا ارادی و فطری یا طبیعی حیوانات است، که عبارت از هـوش و میـل طبیعی می‌باشد: میل طبیعی عبارت است از جمع اعمالی که حیوان مطابق یک ضرورت دائمی عمل می‌نماید، بدون تعلیم و آموزش و هم چنین تغییرناپذیر

۲۰

است. و لکن درهوش تمام اعمال منوط به تربیت و تجربه می‌باشد و متغیر است.

درمیل طبیعی تمام اعمال فطری است: بیدستر (Castor) لانه خود را می‌سازد بدون آموختن، و این کار او اجباری و ضروری می‌باشد زیرا در موقعی که مشغول ساختن است، یک قوه دائم و اجباری حیوان را وادار به ساختن می‌کند.در هوش تمام اعمال از روی آزمایش، تجربه، عمل و تعلیم است: اسب اطاعت نمی‌کند. زیرا که نمی‌خواهد و دراعمال خود آزاد و مختار می‌باشد.

به هرجهت برای علم غیرممکن است به ماهیت روح انسان یا حیوان پی‌برده و یا بتواند درآن دخل و تصرفی بنماید پس بنای نظریات خود را فقط باید بر روی ابراز خارجی آن هوش قرار دهیم.

اشخاصی که حیوان را با انسان مقایسه کرده‌اند، درنتیجه مشاهدات خودشان اقرار می‌نمایند که حیوان حس می‌کند، قضاوت می‌نماید، و به میل و اراده خود می‌باشد یعنی باهوش است. درموضوع هوا و هوس و احساسات و طبیعت‌های مختلفه بین انسان و حیوان نیز به همان نتیجه برمی‌خوریم. حیوان اظهار محبت می‌کند، تنفر می‌نماید، خشمناک می‌شود، حسادت می‌ورزد و یا صبور است و اعتماد به خود دارد. در حیوانات اهلی این اختلاف را بیشتر مشاهده می‌کنیم. کیست که ندیده باشد سگ خوشحال یا غمگین، مهربان یا وحشی، تنبل یا زرنگ قانع یا پرخور، پاکیزه یا کثیف، ترسو یا شجاع است. بعضی اوقات فقط به اشخاص معینی انس می‌گیرد، و زمانی به هرکسی اظهار دوستی می‌کند و تربیت و موقعیت محیط در حیوانات مؤثر است؟ اینجا یک مثل مابین هزارها ذکر می‌کنیم:

دوپن دونمور (Dupont de Nemours) از برای هوش فیل این حکایت را می‌نویسد: «فیل باغ نباتات پاریس عادت کرده بود از کسانی که به تماشای

او می‌آمدند نان قندی و شیرینی می‌گرفت. چون برای سلامتی او مضر بود، قدغن شد منبعد واردین چیز خوراکی به حیوان ندهند، و یک قراول برای دفاع در آن‌جا گماشتند. فیل خوب ملتفت شد، کسی که مردم را از دادن تحفه و پیش کشی معمولی جلوگیری می‌کند آن شخص مسلح است، و دانست اسلحه اوست که باعث اطاعت مردم شده، پس به آرامی‌نزدیک قراول رفت، تفنگ را از روی دوش او برداشت و شکسته بر زمین انداخت.»

غیرممکن است منکر اراده حیوانات بشویم، ببری در موقع گرفتن طعمه، خود را در بین علف‌زار مخفی نموده پاورچین پاورچین به طرف آن جلو می‌رود برای این که او نبیند و می‌داند آن‌چه باید بکند. بچه‌های سگ یا گربه در وقت بازی به هم پرخاش کرده یکدیگر را از روی شوخی می‌گزند بدون این‌که صدمه‌ای وارد بیاورند. چون می‌دانند که مقصودشان بازی بوده است، سگ هوا وهوس خود را مخفی می‌کند، خود را به تجاهل می‌زند، پس از اعمال خود آگاه است. حیوان برای بیان کردن احساسات خود صدا دارد و به آهنگ‌های مختلفی در می‌آورد، مثل خشم، محبت، التماس، درد، اضطراب و غیره. و آن‌ها این فضیلت را دارند که زبان ما را می‌فهمند در صورتی که ما زبان آن‌ها را ملتفت نمی‌شویم، و در هر سرزمینی که یکدیگر را ملاقات کنند زبان هم‌جنس خود را می‌دانند، اما روسی انگلیسی را و آلمانی چینی را نمی‌داند مگر بعد از آموختن.

آیا انسان جرأت و جلادت خود را به حدی می‌رساند، که هوش حیوان را از خیلی بزرگ گرفته تا خیلی کوچک انکار کند؟ از فیل تا مورچه، هم‌چنین از سگ تا بیدستر، پرستو، زنبور عسل و غیره و غیره، مناظر حیرت‌انگیز و اظهار یک هوش کم و بیش کاملی را به ما نشان می‌دهند. پس ابراز خارجی روح هم نمی‌تواند قطعاً انسان را از حیوان تمیز بدهد.

«در حیوان همه چیز مخفی و مرموز است»

میشله

ب

انسان وقتی که به درجه هوش حیوانی پی برد، می‌تواند از خود سئوال کند:
تا چه‌اندازه رعایت حقوق آن‌ها را باید درنظر گرفت؟ آیا هیچ سزاوار است
به اتلاف جنبندگانی که برای ترقی خود در تلاش هستند و مانند انسان
جستجوی سعادت می‌کنند که اولین نقطه نظر تمام مخلوقات است مبادرت
بنمائیم؟ پرندگانی که برای زراعت مفید و لازم می‌باشند، می‌بینیم در
هرسالی هزارها به دست انسان سبع خونخوار مقتول و محبوس و بالاخره
نابود می‌شوند. تمام حیوانات از بزرگترین تا کوچکترین آن‌ها می‌روند در اثر
ظلم و کشتار معدوم شوند.

آیا از این اجحاف رقت‌انگیز ناگزیر می‌باشیم؟ محققاً خیر. تمام این‌ها بسته به
میل و عقل بشر است. اگر تا اندازه محدود و معینی می‌توانیم از حیوانات
استفاده کرده و برای خدمت خودمان به کار ببریم، در حقوق آن‌ها نباید
طریق زیاده‌روی پیش گیریم. اما برای انسان آسان است که به قول خود
خدیو و صاحب اختیار مطلق روی زمین می‌باشد و بدون کم‌ترین تأملی به
حال زیردستان با تمام خودپسندی جبلی از زنبور عسل آذوقه‌اش را که
عسل باشد می‌گیرد، از مرغ تخم او را مطالبه می‌کند، از طیور بچه‌های آن‌ها
را و از گاو شیر و گوساله‌اش را، از اسب بارکشی و اسارت می‌خواهد و
گوسفند را فدای شکم‌پرستی خود می‌کند...

انسان صاحب تسلط و تحکم است، اینست تمام علم او، تمام بصیرت او و
تمام فلسفه‌اش. او مسلط است و از استیلای خود سوء استفاده کرده به
طرز شنیعی اجحاف می‌ورزد و در همه جا خود را یک نماینده مشئوم مرگ

۲۳

نشان می‌دهد. آیا ازهوش و احساسات و بـالاخره روح بـرادران زیردسـت خود چه می‌داند؟ هیچ!

انسان مظلوم‌کش است، و خود را بدترین مسـتبد، پسـت‌تـرین ظـالم بـه حیوانات معرفی کرده، آن‌ها را به قید اسارت خود درآورده، حبس می‌نمایـد و به قسمی با آن‌ها رفتار می‌کند که زندگانی بر آن‌ها دشـوارتر از مـرگ می‌شود.

دیری نخواهد گذشت بهترین نمونه‌های حیوانات، که سند مهمی برای تاریخ طبیعی هستند مثل فیل (باهوش‌ترین حیوانات) در زیر شکنجه انسان معدوم شوند. به همان طریق سگ دریایی، شترمرغ، بیدستر، میمون‌های بـزرگ و بسیاری دیگر به غیر از حیوانات کوچکی که برای چرم یا پوست و یا پرقیمتی محکوم به مرگ خشن و وحشیانه انسان می‌باشند.

دلیل و برهانی که انسان می‌آورد، همیشه به نفع خودش تمام می‌شود، یعنی برای اثبات پستی، احمقی و شرارت حیوانات و این یکی از خیالات خام و بدایع خودپسندی علاج‌ناپذیر ماست. شرارت حیوان افسانه و تهمت است و شاید انسان برای پوزش از بی‌رحمی‌خود اختراع نموده، حقیقت آن است که انسان یک امتحان خوبی ازخود نداده و همین بدرفتاری اوست که حیوان را وادار به شرارت می‌نماید. چرا طیور کوچک درکمال فراغت و آزادی بین پاهای اسب یا گاو گردش می‌کنند؟ زیرا که ازروی تجربه به آن‌ها معلـوم شـده از ایـن حیوانات صدمه نمی‌بینند، اما از حضور انسـان فـرار مـی‌نماینـد، چـون کـه می‌دانند انسان بدذات، ظالم و خطرناک است. این فـرار حیوانـات از بـرای احترام به او نیست: انسان به چشم حیوان یـک حیـوانی اسـت مثـل سـایر هم‌جنسان خودش و بر روی پیشانی او علامت قدس و نور ملکانه دور سر او را نمی‌بیند؛ وتا زمانی که انسان را نمی‌شناسد، اورا جزیک مخلوق دوپـا کـه

۲٤

حرکات و سکنات او آن‌ها را به تعجب می‌اندازد هیچ احساس مخصوصی از دیدن ما نمی‌کند.

حیوانات علفخوار، مثل فیل، اسب، گوزن، آهو و غیره تا وقتی که در باره انسان بدگمان نشده، به اصطلاح ضرب شست او را نچشیده بودند، انسان را ازخودشان فرق نمی‌گذاشتند، اما همین که انسان شروع به آزردن آن‌ها نمود آن‌ها فرار کردند.

سیاحانی که برای اولین مرتبه وارد صحاری افریقا شدند، نقل می‌کنند که گله‌های گورخر، آهو، گوزن و غیره که به چرا مشغول بودند، از دیدن انسان فرار نکرده بلکه به او نزدیک می‌شدند.

اما همین که رفقای خود را دیدند که به ضرب گلوله به روی زمین غلطیدند، پی بردند که انسان یک دشمن خونخوار آن‌هاست و شروع به فرار کردند. سگ‌های دریایی نیز اولین دفعه در کنار کشتی‌های بخار با یک کنجکاوی ابلهآن‌های ماشین‌های این موجود مجهول را می‌نگریستند. اما وقتی که این موجودات عجیب آن‌ها را با گلوله و ته تفنگ پذیرایی کردند این حیوانات بیچاره به سفاهت خود بر خورده و بعدها اختراع کشیک را نمودند، ولی امروزه تقریباً نایاب شده‌اند. هیچ حیوانی بی‌جهت بدذات و شریر نیست، و نمی‌شود مگر از ناچاری، درصورتی که انسان درنده‌ترین حیوانات است...!

خوب است نژادهای پست انسان را که هنوز در حال توحش باقی هستند نیز فراموش نکنیم. و اگر منصفانه در وضعیت انسان و حیوان تعمق بنمائیم خواهیم دید که در بین آنان کمتر انقلاب و اختلال روی می‌دهد؛ و اگر آنان کشتار و جنگ را می‌دانند، ندرتاً این جنایت مهیب این مبارزات هولناک، این نیرنگ‌های گوناگون در نزد آن‌ها دیده می‌شود و اگر هنوز انسان آدم‌خوار است در بین گرگان گرگ‌خوار نمی‌باشد. پس درمقابل این همه اعمال

شنیع، سبعیت، پستی، بی‌اختیار مجبور می‌شویم اقرار نمائیم که: انسان یک جانور پست فاسدی است.

این قسمت را تمام نمی‌کنم بدون این‌که برای آخرین دفعه نشان بدهم که حیوانات بر ما برتری دارند زیرا که انسان محتاج به وجود آن‌هاست درصورتی که آنان احتیاجی به ما ندارند. درست است بعضی از آن‌ها باما متفق شده؛ شریک رنج و رفیق مشقت ما می‌باشند اما باید فراموش نکنیم که هر چند آن‌ها را برای کمک خودمان اختیار نموده‌ایم ولی با آن‌ها در کمال درشتی و خشونت رفتار می‌کنیم. اگر یک خوراک «بخور و نمیر» به آن‌ها می‌دهیم در عوض از گرده آنان کار می‌کشیم. حیوانات برای یک زندگانی آزاد و مستقلی خلق شده‌اند؛ پرنده را برای قفس نیافریده‌اند، اسب، الاغ با زین و پالان زائیده نشده‌اند، واضح‌تر بگوئیم: انسان آنان را از طبیعت دزدیده، برای هرکدام یک مصرف و کاری تراشیده است. انسان نه فقط به کمک حیوانات کار می‌کند، بلکه از عرق جبین و خون آن‌ها می‌خواهد زندگانی بنماید، در همان حالی که بدبخت‌ترین بیچاره‌ترین تمام موجودات است. این غرور و بی‌احتیاطی اوست که خود را با خدا برابر می‌کند و گمان می‌نماید برتر و افضل از تمام مخلوقات می‌باشد، و به حیوانات به دلخواه خود ستم می‌کند، به میل خودش بعضی قوا به آن‌ها می‌دهد و یا ازآن‌ها سلب می‌کند، در صورتی که ارتباط بین خیالات انسان و حیوان نیست. صحیح است انسان کامل کاملاً ممتاز و برتر از حیوانات است، اما نمی‌توانیم انکار نمائیم که حیوانات امتیازات بسیاری بر ما دارند چون ما احتیاج به آموختن همه چیز می‌باشیم ولی آن‌ها آن چه را که باید می‌دانند. این هوشی که بدان می‌نازیم و هر ساعت تفاخر می‌کنیم، در هردقیقه ما را گول می‌زند. میل طبیعی، حیوان را هیچ وقت به خطا نمی‌اندازد و به تحریک آن عمل می‌نماید. به علاوه آن‌ها هوش دارند و فرق نفع و ضرر خود را می‌گذارند

یعنی به چه طریقی باید میل طبیعی حیوان را هیچ وقت به خطا نمی‌اندازد و به تحریک آن عمل می‌نماید. به علاوه آن‌ها هوش دارند و فرق نفع و ضرر خود را می‌گذارند یعنی به چه طریقی باید میل طبیعی خود را به کار ببرند، و چون این هوش منحصر به احتیاجات طبیعی آن‌هاست کمتر از راه طبیعت منحرف می‌شوند. نمی‌توانیم بگوئیم: حیوانات همیشه از روی یک سبک و سلیقه عمل می‌نمایند، زیرا در موقع احتیاج به مقتضای محیط، طرز زندگانی خود را تغییر می‌دهند. اما تغییرات آن‌ها موقتی است و هرآینه آن موانع برطرف شوند، دوباره سبک و طریقه قدیم خود را پیش می‌گیرند، والا تغییرات آن‌ها برقرار خواهد ماند. و یا به عبارت دیگر آن‌ها از برای هوا و هوس دل خود را به دریا نمی‌زنند، و کاملاً مراعات حزم و احتیاط را می‌نمایند. آیا به مناسبت این‌که به دلخواه خود و اتفاق و بی‌فکری و برخلاف طبیعت رفتار نکرده یک خطائی نموده‌اند؟ خیر. میل طبیعی و عقل در آن‌ها توام است و با یکدیگر مشورت می‌نمایند. دراین‌جا خواهند گفت هوش حیوانات منفی است و همیشه خط سیر آن از دایره خود تجاوز نمی‌کند و راه ترقی بر آن‌ها مسدود است. ولی این صحیح نیست، چون‌که ترقی برای انسان خوب است که در اول فاقد همه چیز می‌باشد و اگر از بدو طفولیت ما را حفاظت نمی‌کردند و از خطرهای بی‌حساب نمی‌رهاندند، برای ما غذا تهیه نمی‌کردند، البته زنده نمی‌ماندیم. برای ما ترقی خوب است که احتیاجات اولیه ما که فراهم شد، پی چیزهای دیگر برویم که اغلب به ضرر خودمان تمام می‌شود، اما حیوانات صنایع ما را، علوم ما را، تمدن مصنوعی ما را لازم ندارند، طبیعت آن‌ها را مطابق آب و هوایی که درآن زندگانی می‌کنند ملبس ساخته، اسلحه داده، پا برای دویدن، آلت شنا برای شنا کردن، بال برای پریدن، آلات دیگر برای کار کردن و غذای مناسب آن‌ها را نیز فراموش نکرده است. آیا بیشتر ازاین چه می‌خواهید؟

می‌گویند حیوانات مثل ما آزادی ندارند و خادم تمایلات جسمانی و شهوت خود می‌باشند – آیا به نوبت خود ما نیز مطیع همان تمایلات نیستیم؟ بـرای معدودی از مرتاضین که به برطرف کردن نفس بهیمی، امسـاک در غـذا و داشتن قدرت کاملی بر تمایلات سوء خود موفق شده‌اند استثناء است. امـا چقدر اشخاص هستند که مطیع و منقاد بدن خود می‌باشند؟ بهتر آن اسـت سکوت کنیم زیرا که حیوان در موسم معینی برای حفـظ نسـل خـود مطابق قانون طبیعت نه از برای لذت و شهوت‌رانی، جفت‌گیـری مـی‌کنـد، ولـیکن انسان...؟

دلیل دیگری که برای اثبات برتری انسان بر سایر حیوانات مـی‌آورنـد ایـن است: که انسان برآنان مسلط می‌باشد و از مرغ هوا تا ماهی دریا را به میل خود اسیر کرده، اذیت می‌نماید و معدوم می‌کند – اما ایـن دلیـل مزخرفـی است چون زور یک قدرت مادی می‌باشد که استعمال آن انکار عقل اسـت و انسانی که ادعا دارد دنیا را به قوه عقل خود اداره نموده می‌بینیم رفتار او به کلی مخالف مدعای او است، هیچ چیز به آسانی کشتار و انهدام نیست. آیا چقدر از ملل متمدنه بعداز هجوم یک مشت وحشی نابود شده و نام آن‌ها محو و فراموش شده است؟ ما متصل از توانـایی و دانـایی خودمـان سـخن می‌رانیم و از تفوق خود بر سایر حیوانات دم می‌زنیم و این نکته را فرامـوش کرده‌ایم که به هیچ مقامی نرسیده‌ایم مگر به کمک و پایمردی حیوانات.

انسان به واسطه خودپسندی جبلی گمان می‌کند تمام موجودات برای وجود او پا به عرصه وجود گذاشته و آن‌ها را برای کشتن و خوردن آفریده‌اند. بـه این هم اکتفا نکرده این شاهکار خلقت، این مجسمه اخلاق، این مظهر الهـی و بالاخره فرشته زمینی سرگرمی و تفریح لازم دارد. می‌خواهد با جان حیوانات بازی کند، ازآن‌ها شکار نماید، مختصر خون مـی‌خواهـد تـا حـرص خـود را تسکین بدهد! چه ضرر دارد! حیوان باید خیلی افتخار داشـته باشـد کـه بـه

۲۸

قید اسارت و شکنجه‌ای که این ملک عذاب برای آن‌ها معین می‌کند بـه بدترین زجر بمیرد! این دیو افسار سرخود به میان دشت و هـامون افتـاده، منظر دلربای طبیعت و نغمات روح‌پرور پرندگان را به یک پرده خون‌آلود و فریادهای ناامیدی مبدل می‌سازد. هر گروهی بـه سـوئی پراکنـده شـده، سپس به تعاقب سایرین پرداخته، دره به دره، کوه به کوه، دشت به دشت به کشتار آن‌ها می‌پردازد! زیرا که جسارت کرده ازحضور دژخیم خود فـرار کردند. حیوان حق حیات ندارد، علاقـه بـه زنـدگانی نـدارد، بچـه خـود را نمی‌خواهد و بر روی پیشانی آن‌ها رقم قتل‌شان نوشته شده! اگـر حیوانـات می‌توانستند حرف بزنند، چه اسمی بـه دژخـیم خـود، بـه جـانی خـود، بـه قطاع‌الطریق خود می‌گذاشتند، به کسی که بدون سبب، بدون فایده، بدون محرکی به غیر از یک کنجکـاوی ابلهانـه، یـک خودپسندی احمقانـه و یـک وسواس بی‌شرفانه کشتار و انهدام، خود را در گوشه انزوای آنان انداختـه و جنبندگان درمانده ناتوانی را قتل و غارت می‌کند، که جز یـک مکـان آزاد و آرام چیز دیگری نمی‌خواهند و ابداً به او هـیچ آزاری نکـرده و نـه خواهنـد کرد؟ خودپسندی انسان نتایج فوق‌العاده رذل و پستی دارد. آیا چـه صفتی می‌شود گذاشت به شخصی که لذت خود را در کشتار و انهدام زیردسـتان می‌داند؟

بلاتن Blatin در کتابی که راجع به ظلم انسـان نسـبت بـه حیوانـات نوشـته است، حکایت ذیل را که سبعیت انسان و عفو جوان مردانـه سـگ را نشـان می‌دهد می‌نگارد:

«شخصی سگ خود را کنار رودخانه برد، تخته سنگی به گردن حیوان آویخته او را در آب انداخت. حیوان بعد از تقلای کمی سنگ را از گـردن خـود رهـا کرده شناکنان به طرف رودخانه نزدیک می‌شود، همان شخص دست خود را به جانب او برده و زمانی که به دسترس رسید، ضربت شدیدی با کـارد

روی سر حیوان می‌زد، در همین ضمن پای خودش نیز لغزیده و در رودخانه می‌افتاد. هر چه مردم را به کمک می‌خواهد فایده ندارد. در آب فرو رفته دوباره بالا می‌آید و نزدیک است غرق بشود. ناگاه کسی او را گرفته به طرف ساحل می‌کشاند: این سگ خون‌آلود اوست.»

این است وفای یک حیوان مظلوم، که در مقابل چنگال مرگ، وفاداری و حق‌شناسی را فراموش نکرده و قاتل خود را نجات می‌دهد. آیا از انسان در چنین موقعی از این جانفشانی‌ها و فداکاری‌ها دیده شده؟ جواب آسان است: نه. چه خبط و اشتباهی سبب شکنجه حیوانات شده و آن‌ها معروف به مضر و موذی هستند!

کسانی که تا اندازه‌ای حساس باشند از یادآوری عمل زشت خود نسبت به حیوانات پیش وجدان خودشان همان قدر شرمنده شده و همان پشیمانی و دلتنگی را حس می‌کنند که در باره انسانی مرتکب جنایتی شده باشند و این خجلت پیش‌نفس را صدای وجدان انتقام‌جو می‌نامند.

ویلیام هاریس William Harris شکارچی معروف، در سیاحت‌نامه خود می‌نویسد:

«زمانی که برای اولین دفعه فیل ماده‌ای را کشتم فردای آن روز به جستجوی حیوان مرده رفتم دیدم تمام فیل‌ها از این قسمت فرارکرده بودند مگر بچه آن فیل کشته شده که تمام شب را در پهلوی مادر خود به سر برده بود. چون چشمش به ما افتاد دوان دوان در حالیکه ترس و مرگ را فراموش کرده بود به جانب ما آمد. از طرز حالت او اندوه تسلی‌ناپذیرش هویدا بود و خرطوم خود را به قسمتی حرکت می‌داد، مثل این که از ما استمداد می‌خواهد و تضرع می‌کرد.» در همین وقت‌ها ریس می‌گوید:

«از این کار خودم یک خجلت حقیقی بر من دست داده و حس کردم که مرتکب جنایتی شده‌ام.»

پتر کبیر که پادشاهی ظالم و بی‌باک بود و در مدت عمر خود سیل‌های خون جاری نموده نسبت به حیوانات رأفت و رقت قلب مخصوصی ظاهر ساخته است. میرژوسکی می‌گوید:

«یکی از علمای آلمان محض تفریح خاطر امپراتریس فشار هـوا را امتحـان می‌کرد، گنجشکی را در زیر سرپوش بلوری انداخته به تدریج هوا را از درون شیشه بیرون می‌کشید، تا این کـه امپراتـریس مـرگ حیوان بیچاره را از بی‌هوائی مشاهده کند. همین که پتر کبیر دید گنجشک به سرعت پرو بـال می‌زند و نزدیک است بمیرد، فریاد زد:

«بس است این حیوان بدبخت کاری نکرده، کسی را نیازرده، زود آن را رها کنید برود.»

این همان شخصی بود که نهایت بی‌رحمی را به هم نوع خود نشان داده، ولی آزار بی‌جهت حیوانی را نه توانست به‌بیند.

دکتر کلارک آبل Dr. Clark Abel بعد از شرح کشتن یک میمـون بیچـاره در (سوماترا) می‌گوید:

«اشخاصی که در مرگ او شرکت کردند اظهار می‌کنند، این حیوان شباهت تامی به انسان داشته و طرز حالت و قیافـه و حرکـاتی کـه در حالـت نـزع می‌کرده شبیه انسان بوده است، دست خود را روی زخم‌های گلوله گذاشته و فریادهای جگر خراشی می‌کشید.» دکتر می‌گوید: «یک احساس تـرس و رحمی بر ما مستولی شد که من هنوز فراموش نکرده‌ام.» تمـام شکـارچیان موافق‌اند که مرگ میمون‌های بزرگ شبیه به انسان است و آنان هـر چنـد شقی و سنگ‌دل باشند، یک قسم نـدامتی از کشتن میمون‌ها احسـاس می‌کنند که تمام خودپسندی و خودداری آن‌ها نمی‌تواند آن حس را برطرف کند و همیشه در پیش چشم آن‌ها مجسم می‌شود.

انسان در همه جا خود را به حیوان یک دشمن خونخوار و یک ظالم جبار معرفی کرده. لازم نیست بگوئیم حیوانات نیز دشمن انسان هستند و یا از جمله قربانی‌های هوسرانی او حساب می‌شوند. حیوانات اهلی خدمتگذار حقیقی و مطیع و منقاد انسان می‌باشند، ابداً در زیر بار ظلم و تعدی و اسارت کم‌ترین شورش یا جنبشی از آن‌ها سر نزده است. ولی این نکته را باید در نظر داشته باشیم که در حال توحش خیلی بهتر زندگانی می‌کرده‌اند، چنان که اجداد آن‌ها به همان حال طبیعی زیست می‌کنند. انسان با زندگانی مصنوعی خود نژاد آن‌ها را نیز خراب و فاسد کرده است. فرض کنیم انسان از آسمان روی زمینی می‌افتاد که در آنجا حیوان وجود نداشت آیا چه می‌کرد؟ محققاً او می‌توانست زندگانی بکند، غذا، لباس، پناه و آلات خود را از نباتات و جمادات می‌گرفت، اما از کمک و یاری رفقای خود محروم می‌ماند. تا ابد کسل و ضعیف و ناتوان و احمق بود. میل طبیعی و عقل او رو به زوال می‌گذاشت. آیا می‌توانست زراعت بکند؟ به دشواری می‌توانست، ولی در هر صورت نشو و نما و ترقی او خیلی محدود بود، زیرا مجبور می‌شد به تنهایی تمام کارهای خود را انجام بدهد و بعدهم بدون کمک و تفریح، بدون فکر و بدون مشاهدات در سکوت محض زیست می‌کرد و شاید بیش‌تر اختراعات او مجهول می‌ماند چون که سرمشقی نداشت ازروی آن تقلید بنماید.

دیگر انسان از عنوان جاه‌طلبانه خود باید دست بکشد، او پادشاه موجودات نیست، بلکه یک جانی، یک ظالم، یک چپوچی، یک راهزن و یک جلاد حیوان است و بس. در صورتی افضل و برتر ازحیوان خواهد بود که تمایلات پست و حرص خود را در تحت قائده معینی بیاورد والا مجبور می‌شویم او را ازجمله کالانعام بنامیم چنان که فردوسی علیه‌الرحمه فرموده:

هر آنکو گذشت از ره مردمی	تو دیوش شمر، مشمرش آدمی

انسان نه تنها حیوانی است که آلت دفاعیه او از سایر حیوانات کمتر است بلکه راه زندگانی خود را هم نمی‌داند. صفحات تاریخ او را باخون نوشته‌اند. جنایات و رذائل او را تا به حال هیچ حیوانی مرتکب نشده. مثلی است معروف که: «عقل هر خری بهتر از آدمیزاد است.» اگرچه از روی طعنه و تمسخر می‌گویند اما یک حقیقت انکارناپذیری در بردارد. گوته Goethe در فاوست Faust می‌گوید: «آنچه را عقل می‌نامند، اغلب عین خودپسندی و حماقت است.»

دیوژن Diogene معروف روزی با چراغ دستی، در شهرآتن جستجوی یک نفر انسان را می‌نموده و عاقبت پیدا نکرد. لکن فیلسوف ما خیام، وقت خود را به کوشش بیهوده تلف ننموده، با بیان شیوا، طبع روان و اطمینان خاطر می‌گوید:

گاویست در آسمان و نامش پروین

یک گاو دگر نهفته در زیر زمین

چشم خردت گشای چون اهل یقین

زیر و زبر دو گاو مشتی خر بین

البته این خیالات را برخلاف اقوال عامه می‌دانند، و جزو هجویات می‌شمارند. لکن این‌ها خیال باطل نیست. نسبت حمق به انسان دادن نباید به نظر ما ناگوار باشد، زیرا خیلی خطاها و اجحافات از او سر می‌زند. چه بگوئیم؟ این که چیزی نیست، انسان نه فقط احمق‌ترین حیوانات است، بلکه درنده‌ترین و شریرترین آن‌هاست و یا تنها اوست که حقیقتاً شریر و موذی است. فی‌الواقع انسان می‌تواند صفت دانا یا نادان، خوب یا بد را داشته باشد. من بسیار خوانده و شنیده‌ام که انسان کامل‌ترین حیوانات است. سهو بزرگی است، برعکس اوست که هرگز به درجه تکامل نمی‌رسد، هم‌چنین حیوانات قابل رشد و تکامل نخواهند بود. به همین دلیل مختصراست: که آنان

احتیاجی به ترقی ندارند. آنان همانند که باید بوده باشند، بدون کم و زیاد، نه چیزی باید فرابگیرند و نه چیزی را فراموش کنند. آن‌ها مانند اشخاص باید حفظ تولید مثل را بنمایند. انسان به هیچ وجه کامل نیست؛ نه ازحیث اخلاق و نه ازحیث جسم و نه شعور. نزد بهترین و قشنگ‌ترین و باهوش‌ترین انسان همیشه نقص دیده می‌شود. اگر صفات و معایب ما را با یکدیگر به سنجند، خطایا و شرارت ما به مراتب بیشتر خواهد بود. اما این دلیل پست بودن انسان از سایر حیوانات نمی‌شود، انسان از آن‌ها برتر است زیرا که اعضا و قوای او بیشتر و ترقی آن‌ها زیادتر است، زیرا که نیرو و قوای روحیه او نامحدود است. اما تکرار می‌کنم این برتری به طور مطلق نیست، هم‌چنان که تصور می‌کنند، یک انسان کامل برتر و یک انسان پست فطرت پست‌تر از حیوان خواهد بود.

«لاتجعلو ابطونکم مقابر الحیوانات»

حضرت امیر

ج

اگر تمام مظالم و جنایاتی راکه انسان نسبت به حیوانات مرتکب شده و می‌شود در نظر بیاوریم، خواهیم دید اگرچه خیلی مختلف می‌باشد، ولیکن سبب کشتار آن‌ها از دو عذر ناموجه ناشی می‌شود. حال لازم است قدری دراطراف آن مذاکره کنیم.

آن دو بهانه یکی عبارت از گرسنگی می‌باشد، و دیگری به نام ترقی علوم و تحقیقات علمی‌است - ترقی علوم از راه کشتار حیوانات یک بهانه بی‌مأخذی است. آیا چه فایده برای علوم خواهد داشت جسد بی‌جان حیوانی بعد ازآنکه نژاد او ازبین رفت؟ آری تحقیقات جزئی از تشریح نمودن آن به دست می‌آورند. ولی چه اهمیتی دارد که شمارش استخوان‌ها و یا پیچ وُخم مغز سرفلان حیوان را بدانیم؟

درصورتی که تحقیقات مفیدتری می‌توانیم از هوش، میل طبیعی، طرز زندگانی، عادات و حالت روحیه آن‌ها بنمائیم لکن بیشتر جنایاتی که به نام علم می‌شود بی‌فایده است.

بهانه دوم که خیلی مهم می‌باشد عبارت از گرسنگی یا مبارزه بقا است که ما را وادار به کشتن حیوان می‌نماید. ولیکن این یک اشتباه فاحشی است. انسان اصلاً گوشت‌خوار نبوده و نیست، فقط از ناچاری در زمان توحش مجبور به خوردن گوشت شده و تابه‌حال آن را به یادگار زمان بربریت نگاه داشته است. اولاً ساختمان بدن انسان گواهی می‌دهد که گوشت‌خوار نمی‌باشد چنان‌که دندان‌ها، معده، روده، همان طوری که فلورنس Flourens معروف نوشته، ثابت می‌کند که انسان اولیه میوه‌خوار بوده است مثل میمون‌های بزرگ.

کوویه Cuvier طبیعی‌دان مشهور نیز به ثبوت رسانده که غذای حقیقی انسان میوه است ومی‌گوید: «تشریح بدن انسان به ما نشان می‌دهد کـه او از هـر جهت به حیوانات میوه‌خوار شبیه است و به هیچ وجه با حیوانات گوشت‌خوار شباهت ندارد. غذای طبیعی انسان مطابق ساختمان بدن او به نظر می‌آید. میوه‌جات، ریشه و قسمت‌های آبدار نباتات است. دست‌های او برای کشت و زرع درست شده، از طرفی فکین او کوتاه و کم زور مـی‌باشـد، از طـرف دیگر دندان‌های کلبی او از سایر دنـدان‌هـا بلنـدتر نیسـت و بـه او اجـازه نمی‌دهد نه علف بخورد و نه گوشت حیوانات را بدرد»[1].

در قرن هیجـدهم، طبیعـی‌شنـاس بـزرگ بـوفن Buffon نوشتـه: «انسـان می‌تواند مثل حیوان با نباتات زندگانی بنماید. به نظر مـی‌آیـد طبیعـت بـه زحمت برای هوا و هوس و حرص او کفایت می‌کند. انسان بـه تنهـایی خیلـی زیادتر گوشت می‌بلعد که تمام حیوانات درنده و این از روی اجحاف اسـت نه از حیث لزوم».

علم‌الاعضاء Physiologie با تشریح در این خصوص هم‌آهنگ است، و به یک طریق روشنی عقیده کوویه را تأیید می‌نماید. به علاوه تاریخ طبیعـی انسـان Anthropologie که مؤسس آن بروکا Broca است نیز به نوبـت خـود ثابـت کرده است که انسان میوه‌خوار است، نه فقط جهاز هاضمه او شبیه و نزدیک به حیواناتی می‌باشد که تنها غلات یا میوه می‌خورند، بلکه مهم‌ترین عضـو او که سر است نشان می‌دهد، هیچ طرف مقایسه با سر حیوانات گوشت‌خـوار نیست و حیواناتی که مغز سر آن‌ها بیشتر شبیه با سـر انسـان اسـت، فیـل، میمون و غیره هستند و درصورتی که حیوانات گوشت‌خوار در آخرین درجه حیوانات پستان‌دار حساب می‌شوند.

---

[1] Lecons d`Anatomie Comparee.

بچه که نزدیک‌تر به طبیعت است و ذائقه او هنوز خراب نشده، میل زیادی به میوه دارد و بسیاری از آن‌ها سخت از خوردن گوشت احتراز می‌نمایند و تا به آن‌ها گوشت نخورانند، گوشت‌خوار نمی‌شوند.

پلوتارک گفته: «تو ازمن می‌پرسی چرا فیساقورس از خوردن گوشت حیوانات پرهیز می‌کرده، اما من برعکس از تو سؤال می‌کنم کدام انسان اولین مرتبه جرئت کرد گوشت مردار را به دهان خود ببرد؟»

علاوه براین مواد غذائیه گوشت نیز در نباتات یافت می‌شود، آزت گوشت اگرچه زیاد است ولی در بقولات و حبوبات زیادتر ازآن وجود دارد، درصورتی که املاح معدنی درگوشت نیست، و اگر انسان بخواهد غذای خود را از گوشت بگیرد باید استخوان را مثل حیوانات درنده با گوشت بخورد، چون که فسفات‌های آن برای بدن انسان لازم است و هم‌چنین حیوانات گوشت‌خوار گوشت زنده را می‌خورند، غیر ازاین است که انسان لاشه تجزیه شده حیوانی راکه پر از میکرب امراض مختلفه است با هزار قسم رنگ آمیزی و تغییر و تبدیل آرایش کرده تا به تواند به دهان خود نزدیک کند و بیشتر حیواناتی راکه می‌کشند مسلول و مریض می‌باشند و به مجرد دخول گوشت آن درمعده میکرب آن امراض را به بدن انسان انتقال می‌دهد.

در سنه ۱۸۹۶ دکتر مورل Maurel مقایسه کرد که مقدار مصرف گوشت در مدت پنجاه سال سه برابر افزوده شده و می‌بینیم علل آن به همان تناسب روزبه‌روز در تزاید است. چنان‌که امراض سل، سرطان، آپاندیسیت، زخم روده، سوء هضم و بعضی تب‌ها در نتیجه اجحاف گوشت‌خواری است. زیرا گوشت در معده انسان باعث نشووُنمای میکرب سل و سرطان می‌باشد و همان طوری که همه مسبوق هستند دواهای بی‌شمار، انژکسیون‌های جدید که امروزه هرکسی کم‌وُبیش استعمال نموده در قدیم به کلی مجهول بوده،

با وجود این مردم در کمال صحت عمر طویلی می‌کرده‌اند، درصورتی که حالیه تمام اختراعات انسان و داروهای کیمیائی رنگارنگ او عمر انسان را کوتاه کرده، نژاد او فاسد شده، هرکسی چندین مرض ارثی باخود می‌آورد. بدبینی عمومی محیط مسموم و افکار تاریک قرن جدید تا اندازه‌ای در اثر این مخالفت با قانون طبیعت و زندگانی مصنوعی اوست[1]. پرهیز از خوردن گوشت اگرچه امروزه یک اهمیت طبی و علمی به خود گرفته و در ممالک متمدنه اروپا و امریکا هزاران اشخاص از خوردن آن صرف نظر نموده‌اند ولیکن این عقیده تازگی ندارد و همیشه از زمان قدیم وجود داشته است. بیشتر عرفاء و حکماء در هر زمانی نباتی‌خوار[2] بوده و می‌باشند: مغان ایران، عقلای هند، کهنه مصر و یونان، متصوفین، اشخاص بزرگ مثل بودا، فیساغورس، افلاتون، اپیکور، سن کلمان دالکساندری، پرفیرژامبیک، کرنارو، گاسندی، باکن، میلتن، لیبنیز، اسپینوزا، از متأخرین: ولتر، ژان ژاک روسو، فرانکلن، شلی، لامارتین، میشله، شوپن‌هاور، واگنر، تلستوی، کارپانتر از معاصرین، ریشه، کلمانسو، گالیینی، مترلینگ و غیره...

به‌علاوه قمست بزرگی از مردم دنیا نیز نباتی‌خوار هستند، مثلاً عده گوشت‌خواران آسیا از یک پنجم نفوس آن تجاوز نمی‌کند. در این اواخر به تجربه رسیده که هرگاه غذای حیوان گوشت‌خواری را مبدل به نباتات بنمایند هوش و زورش زیادتر می‌شود و از بیشتر ناخوشی‌ها محفوظ می‌ماند. مثل سگ که اصلاً گوشت‌خوار بوده است ولی دیده شده بعضی اوقات اغذیه نباتی را برگوشت ترجیح می‌دهد. برعکس اگر حیوان میوه‌خوار

---

[1] Dr.Durville, Dr.Pascault, Dr P. Carton

[2] نباتی خواری Vegetarisme از لغت Vegetus لاتن مشتق می‌شود. یعنی مقوی و متتبعین آن از نباتات و بعضی مواد حیوانی مثل شیر ،تخم‌مرغ تغذیه می‌کنند. در صورتی که نباتی‌خواری مطلق Vegetalisme از نباتات می‌آید و کسانی که پیرو این رژیم هستند فقط از سبزیجات، غلات و میوه‌جات غذای خود را می‌گیرند.

مثل میمون را مجبور به خوردن گوشت بنمایند دیری نمی‌کشد که موی‌های حیوان ریخته و بدنش از زخم پوشیده می‌شود. هم چنین امراض زیادی در او تولید می‌کند. چندی است اطباء لزوم نباتی‌خواری را بـرای صـحت جسـم و روح اعلام می‌نمایند، ازجمله پروفسور شـارل ریشـه Pr. Richet از معاریف علمای معاصر فرانسه، اظهار می‌کند: «گوشت به‌هیچ‌وجه برای بـدن انسـان لازم نیست» و امروزه اشخاصی که ترک گوشت‌خواری را نمـوده‌انـد بیشـتر از نقطه‌نظر حفظ‌الصحه می‌باشد» برخلاف عقیده عامـه، ازحیـث قـوت مـواد غذائیه نباتات به مراتب بیشتر است. چون که گوشت در نظر اکثـر مـردم دارای خواص موهوم می‌باشد و به واسطه تهییج مصنوعی و خطرناکی که به محض دخول آن در معده تولیـد مـی‌کنـد آن را یـک غـذای مقـوی جلـوه می‌دهد. سنه ۱۸۹۸ درمسابقه‌ای که بین پهلوانان در برلن گذاشتند، هشت نفر پهلوان نباتی خوار از۲۳ نفر دیگر پیشی گرفتند. چاپارهای بومی مکزیـک که خیلی پرزور و قوی‌بنیه می‌باشند، در بین راه فقط دانه ذرت می‌خورنـد. چاپارهای هندی فقط بـرنج مـی‌خورنـد و در هـر روز چنـدین فرسـخ راه می‌روند[1]. درجنوب فارس (دشتستان) طوایفی مسکن دارند که خیلی پرزور و چالاک هستند و تقریباً کارعمده آن‌ها صحرا نوردی اسـت؛ غـذای آن‌هـا منحصر است به خرما و آرد. کلیتاً در تمام دنیا دهقان و برزگر بیشتر ازهمه زحمت می‌کشند و کارهای شاقه می‌نمایند، غذای آن‌ها تقریباً نباتات است. نیز ناگفته نماند که اجتناب از گوشت‌خواری مربوط به ریاضت نیسـت ولـی قدما از این جهت پرهیز می‌کرده‌اند. چنان که صاحب (دبستان) راجـع بـه ایرانیان قدیم می‌گوید: «اما نشده که یزدانیان بـزرگ دهـان بـه گوشـت آلایند چه گوشت خوردن صفت انسانی نیست، چه هرگاه بـه قصـد خـورد

---

[1] Pr. J. Lefevre, Examen Scientifique du Vegetarisme P. 147. 11e ed

خویش کشد، سبعیت در طبیعت نشیند و این غـذا نیـز آورنـده درنـدگی است.» مطابق عقیده ابوعلی سینا، ناصرخسرو و به زعم کلیه علمای صوفیه، مقصود از کشتن حیوان که درکتب مقدسه آمده برانداختن صفات بهـایم است و قربانی اشاره است به کشتن نفس بهیمـی چنـان کـه شـیخ عطار می‌فرماید:

در درون هرکسی صد خوک هست

خوک باید کشت یا زنـار بست

بعضی‌ها بعد از آنکه این دلایل را پذیرفتند می‌گویند: اگر تمام این مطالب صحیح است ولیکن عملاً صدق نمی‌کند، زیرا کسانی که گوشت مـی‌خورنـد صدمه‌ای از برای آنان ندارد. البته کسی کـه تریـاک مـی‌کشـد، یـا عـرق می‌خورد لازم نیست در آن واحد بمیرد چون گوشت یک مهیجی اسـت کـه به مرور می‌کشد، و عاقبت وخیم آن بعدها بـروز مـی‌کنـد – امـروز کمتـر اشخاصی هستند که از سلامتی خود رضایتمند باشند. ازخیلی جـوان تـاخیلی پیر می‌بینیم. همه دارای دندان‌های خـراب، امـراض معـده، موهـای تنـک، چشم‌های نزدیک‌بین، رنگ‌های پریده و به کم‌خونی، ضعف مزاج و خسـتگی جسمانی مبتلا هستند. هم‌چنین انسان باید بداند کشتار بـی‌جهـت حیوانـات بدون مسئولیت نمی‌باشد و او حق ندارد زندگانی اطفال بی‌گناه طبیعـت را کوتاه کند. بهترین و سالم‌ترین غذا برای انسان همان است که نباتات بـه او می‌دهند،زیرا که ماده حیاتی Vitamine آن هنوز زنده است.

فی‌الواقع انسان یک سعادت حقیقی نخواهد داشت، تا زمانی که در اطـراف خود ظلم و جور می‌بیند، خواه هم‌جنس او باشد، خـواه دیگـران. هـر کـدام زندگانی را به قدر خودشان دوست دارند؛ حیوان هـم مثـل انسـان. بـدون لزوم نباید او را از این نعمتی که خالق به تمام موجودات داده و انسان قـادر نیست دوباره زندگانی را به آن‌ها رد بنماید محروم کنیم. این کشـتار یـک

خطای بزرگی است که انسان خیلی گران باید قرض خود را بپردازد. می‌گویند ما حیوان را نمی‌کشیم سایرین کشته ما آن را می‌خوریم - این یک عذر بدتر از گناه است. تلستوی این طور جواب می‌دهد: «انسان می‌تواند در نهایت صحت و سلامتی زندگانی بکند، بدون این که برای خوراک خود حیوانی را بکشد. البته اگر گوشت خورد، برای هوا و هوس ذائقه خود در جنایت کشتار شرکت نموده. این رفتار برخلاف عقل و اخلاق است.»

ایراد دیگر آن است که هندی‌ها چندین هزار سال است نباتی‌خوار می‌باشند و کار عمده‌ای از آن‌ها سرنزده در جواب می‌گوئیم:

اول آنکه وحشی‌هایی که گوشت آدم را می‌خورند به همان حال بربریت باقی هستند و ترقی و تمدن از آن‌ها دیده نشده، و اگرچه هندی‌ها اختراع راه آهن نکرده‌اند ولیکن تمام علوم و فلسفه مدیون این قوم بوده و می‌باشد. از این گذشته این ایراد را نمی‌شود به ژاپنی‌ها گرفت چون که گوشت به نظر آن‌ها یک مهیج است نه غذا و مثل مسکرات گوشت ماهی را ندرتاً برای تفنن استعمال می‌کنند، و در بین حیوانات گرگ که گوشت‌خوار مطلق است ضرب‌المثل درندگی سبعیت و خونخواری می‌باشد.

آیا می‌توانیم بگوئیم هنوز قبائل وحشی انسان وجود دارند که آدم‌خوار می‌باشند، پس این غذای حقیقی انسان است؟ اما انسان خلق نشده گوشت هم‌نوع خود را بخورد و نه گوشت حیوانات را که باید آن‌ها را دوست داشته و از آن‌ها حمایت و پرستاری کند، درعوض این که سبب اتلاف آن‌ها را فراهم بیاورد. و اگر گوشت‌خوار می‌شود، به واسطه فراموش کردن مقام خودش است.

طبیعت در همه جا رعایت فرزندان خود را کرده است. حیوانات گوشت‌خوار مثل شیر، ببر، مار و غیره دارای قوه مغناطیسی[1] می‌باشند و طعمه خود را قبل ازخوردن بی‌حس می‌کنند، مثلاً انسان وقتی که زیر پنجه شیر یا ببر بیفتد احساس درد نمی‌نماید مگر بعد ازآنکه خلاص شود. لیوینگستن Livingstone نقل می‌کند در موقعی که به شکار شیر رفته بود، در زیر پنجه حیوان افتاده و حیوان روی بدن او می‌نشیند اما هنوز او را نخورده بود، چون شکارچیان دیگر حیوان را تهدید می‌کردند. لیوینگستن سخت مجروح شده و برای بلعیده شدن خود را حاضر کرده بود. او می‌گوید: «خیلی غریب بود! در این حالت موحش هیچ احساس درد نمی‌کردم. مثل این بود از بدن من چیزی خارج می‌شد»[۲]. می‌گوید «شاید این یک نعمت طبیعت است، که طعمه هر حیوان گوشت‌خواری از احساس درد و زجر مصون می‌ماند و ترس مهیب آخرین لحظه زندگانی او برطرف می‌شود.»

اگرچه این قوه مغناطیسی در انسان وجود دارد ولی برای کشتن حیوان مورد استعمال نخواهدداشت. به علاوه اگر شیر حیوانی را شکار می‌نماید، برای هوی و هوس ذائقه خودش نیست، بلکه ساختمان بدن او برای گوشت‌خواری درست شده. عذر او خیلی روشن و آشکار است: یعنی برای امرار حیات و تنازع بقاء است، طعمه او اسارت ندیده، مزه چوب و شلاق نچشیده، در پاداش خدمت کشته نشده، بلکه حیوانی است که زندگانی خود را به آزادی نموده و روزی که تقدیر بوده می‌میرد!

در قرنی که دنیا صلح عمومی و یک آتیه آرام آرزو می‌کند و به اصطلاح می‌خواهد بره از پستان گرگ شیر بخورد! درصورتی که هرروز، هر دقیقه،

---

[1] Magnetisme

[۲] جسم کوکبی بوده که برزخ مابین جان و کالبد است Corps Astral

دست جنایتکار بشر هزاران حیوان مظلوم را که نمی‌توانند از خودشان دفـاع نمایند در نهایت خونسردی می‌کشد! و اغلب بر روی گوشت آن‌ها جـای ضربت چوب و شلاقی که قبل از کشتن به آن‌ها زده‌انـد دیـده مـی‌شـود! اخلاق‌نویسان، فلاسفه باید کتب خود را بسوزانند، خـالـق بـه موجب کـدام قانون مهیبی ضعیف را به قـوی، نـاتوان را بـه توانا، کوچک را بـه بـزرگ می‌سپارد، بدون این که این غول از شکنجه‌ای که به زیردست خود می‌کنـد کم‌ترین ندامتی آشکار بنماید؟! واقعاً انسان ظالم‌ترین و فاسدترین حیوانات است. به غیراز منفعت و هوی وهوس خود چیز دیگری را نمی‌بیند. خودش از مرگ می‌ترسد ولی سبب مرگ دیگران را فراهم مـی‌آورد. امـا بـا وجود اسارت خشن خونریزی وحشیانه و جنایاتی را که نسبت بـه حیـوان مرتکب می‌شود، یک زندگانی تاریک، بدون دلربائی طبیعی و خوشحالی حقیقی برای خود اختراع کرده و هم‌چنین خود را مضحک‌تـرین حیوانات نمـوده اسـت. ولیکن روش ناهنجار او بیشتر به ضرر خـودش تمام خواهـد شـد و انتقام حیوانات نیز در این دنیا به خوبی گرفته می‌شود. این ناخوشی‌های جدید کـه هر روز هزاران نفوس را برمی‌چیند، تغییرات عمیقی که نژاد انسـان ظاهـر ساخته، سمیت خیالات و محیط در نتیجه زندگانی خارج از طبیعت او است. آری درصورتی که تمام دلایل موافق با نباتی‌خواری است، نباتی‌خوار بشویم. خوشبختانه انسان احتیاج به غـذای خـونین نـدارد. مـی‌توانـد بـا نباتـات و میوه‌جات زندگانی کند، میلیون‌ها نباتی خـوار تابه‌حـال زنـدگانی کـرده و می‌کنند. این رژیم موافق است با حفـظ الصحه - صـرفه‌جـویی - اخـلاق و قوانین طبیعت، خیلی ساده و سالم و انسانی اسـت. آری بگـوئیم بـرای چـه بکشیم؟ اگر بنا بود هرکسی برای خود حیوانی را بکشـد چقـدر اشخاص از خوردن گوشت صرف نظر می‌کردند؟ چرا چشم خودمان را عمداً ببندیم؟

سلاح‌خانه‌ها را همیشه در بیرون شهر می‌سازند. خوب بود اقلاً در میدان‌های عمومی کشت وُ کشتار می‌نمودند تا مردم از مرگ مهیب غذای خودآگاه می‌شدند. فکر بکنید به زمان‌های آینده که با شگفت خواهند خواند، اجداد انسان جسد حیوان کشته شده را می‌خورده‌اند.

«برای حیوان،هم کار و کمک انسان، باید طبقه‌ای مابین هیئت جامعه قائل شد، وحفظ حقوق او را درنظر گرفت.»

-کلمانسو.

حال بیائیم سرمطلب، آیا رفتار انسان همیشه نسبت به حیوانات به یک طرز بوده است یا نه؟ و تمدن عصر حاضر برای آنان مفید بوده است یا برعکس آن؟ جواب هم مثبت است و هم منفی. مثبت است زیرا که هرچند ظلم نسبت به حیوانات در این اواخر به منتها درجه رسیده ولی ملل متمدنه اروپا و امریکا تا اندازه‌ای به واسطه برقرار کردن قوانین سخت و هم چنین به واسطه بعضی اختراعات از آزار نسبت به حیوانات بارکش کاسته‌اند و این خیال رو به ازدیاد می‌باشد. از طرف دیگر راجع به حیوانات ایران جواب منفی خواهد بود، به دلیل این‌که ایرانیان قدیم، همیشه رعایت حال حیوانات را می‌نموده‌اند و نویسندگان،حکماء، عرفاء و شعرای ایران درکتب خودشان رحم نسبت به حیوان را گوشزد نموده‌اند، و غریب‌تر از همه آن‌که ایرانیان باستانی در زمان پادشاه دادگستر انوشیروان عادل، قوانین سختی برای حفظ حقوق حیوانات داشته‌اند. و این یک ننگی است برای اهالی سرزمینی که مهد آسایش حیوان بوده امروز از سایر ملل عقب مانده و در نهایت ظلم و جور با آن رفتارمی‌کنند! اینک برای نمونه بعضی ازآن قسمت‌ها انتخاب شد: اوستا، گاتا ۳۲ «آهورامزدا نفرین می‌کند
به کسی که کشتن چارپایان را بیاموزد.»

در اوستا حیواناتی که نباید کشت عبارتند از: بره، بز، گاو، اسب، خرگوش، خفاش، خروس و غیره خصوصاً سگ. هم‌چنین بی‌رحمی نسبت به حیوانات و کشتن چرندگان و حیوانات بی‌آزار از گناهان بزرگ است.

ولی به عقیده‌هارلز[1] در زمان ساسانیان و شاید خیلی پیش‌تر از آن در عوض شکنجه‌های سختی که در اوستا ذکرشده، جریمه قرار داده بودند.

---

[1] Harlez

دساتیر آسمانی - ۷۷ «بدانید که زندبار (جانور بی‌آزار)کش به خشم یزدان والا گرفتار آید.[1]» ازجمله عدل انوشیروان درکتاب دبستان‌المذاهب، شیخ محمد فانی می‌نویسد:

«... حیوانی مثل گاو، خر و اسب را که در جوانی کار فرمودندی، چون پیرشدی صاحبان ایشان به آسودگی آن‌ها را نگاه داشتندی. و مقرر است که هر حیوانی را چه مایه بار کنند هرکه از آن حد گذرانیدی او را تأدیب فرمودندی.» چه خیال اسف‌آوری است که در هر زمان حقوق حیوان را در نظر داشته و به کرات گفته و نوشته‌اند ولی بدون نتیجه مانده است. و اگر در قدیم عمل می‌شده امروز به کلی فراموش کرده‌اند!

قرآن - سوره انعام آیه ۳۸ می‌آید: «وما من دابه فی الارض و لاطائر یطیر بجناحیه الامم امثالکم ما فرطنا فی الکتاب من شیئی ثم الی ربهم یحشرون.» (جنبنده و پرنده‌ای روی زمین نیست مگر اصنافی مثل شما. ما در این کتاب چیزی را فراموش نکردیم، و روزی به سوی پروردگارشان محشور می‌شوند.)

یعنی همه مخلوقات در نزد خدا یکسان هستند و هیچ کدام بر دیگری ترجیح و برتری ندارند. نویسندگان اخلاقی وحکمای اسلام از حیوان دفاع می‌نمایند. قسمت‌های ذیل چون مهم بود ذکر می‌شود: شیخ نجم الدین رازی یکی از بزرگان صوفیه در کتاب مرصادالعباد نوشته:

«... بر چارپایان ظلم نکنند و بارگران ننهند: و کاربسیار نفرمایند و بسیار نزنند و هر چه برایشان رود که زیادت از توسع ایشان باشد، حق تعالی فردا بازخواست کند و انصاف ستاند و انتقام بکشد.»

خواجه نصیرالدین توسی در اخلاق ناصری می‌نویسد:

---

[1] هرچند این کتاب در اواخر ساسانیان و قسمتی از آن بعد از اسلام نوشته شده ولی خالی از اهمیت نیست.

«... بدترین خلق خدا کسی بود که اول بر‌خود جور کند و بعد از‌آن بــر بـاقی مردمان و اصناف حیوانات.»

سید جعفر کشفی از‌نویسندگان متأخرین صاحب تحفـه‌الملـوک ایـن طـور نوشته: «زیاده برطاقت حیوان را بار نکنند... در وقت رم کـردن و نفـرت نمودن آن را نزنند، بلکه تفحص نمایند که سبب آن چه بوده است. و آن را دشنام و فحش مگویند و در وقت رسیدن به منزل آب و علف و سایر امور و حوائج آن را متوجه شوند و مهیا کنند... الخ.»

مکان دیگر در بیان رعایت احوال غلام و کنیـز و خـادم و سـایر حیوانـات (؟) می‌گوید: «... باید حیوانات بر وفق عدالت و انصاف و بدون جـور و اعتسـاف رفتار نمایند و هر کدام از‌آن‌ها را تا مدتی که بـه حسـب خلقـت بایـد کـه تعیش بنمایند و نفع برسانند باقی بدارند و از روی اجحـاف و زیـاده‌روی بـا آن‌ها رفتار نکنند... و در غیر مصرفی که برای آن خلق شده‌انـد مصـروف ندارند... پس باید که رعایت احوال آن‌ها بـه مقتضـای مـروت و عـدالت و تقوی و دیانت نموده شود... و از آن جایی که هر مخلوقی که عاجز و اسیرتر است وکالت و ولایت خداوند مرآن را بیشتر و استعمال رحم و مروّت درحق آن‌ها لازم‌تر است.

لهذا رعایت نمودن احوال و حقوق حیوانات اقـدم و الـزم اسـت، از رعایـت نمودن احوال و حقوق غلامان و کنیزان. الخ» درخاتمه می‌افزاید: «ایـن اسـت نمونه‌ای از آداب معیشی که مرتبط به امر دین معـاد و از خصـایص انسـان است و به هر نحو و هرچه را که کسی می‌کـارد بـه همـان نحـو و همـان را می‌درود و به هرقسم که سلوک می‌نماید به همان قسم خداونـد در روز حشر با او سلوک خواهد کرد.»

جای بسی تأسف است که تاکنون برای وضع نمودن قوانینی جهت منع از ظلم نسبت به حیوانات در ایران اقدام نکرده‌اند که نه فقط از زیاده‌روی جـور و

ستم نسبت به آن‌ها جلوگیری می‌شود بلکه منافع آن بیشتر مترصد انسان خواهد شد و بهترین راهی است برای تهذیب اخلاق یک جامعه چنان که در انگلیس و امریکا مجامع حمایت حیوانات را به نام «انسانیّت» می‌نامند «Human Association».

و حقیقتاً لایق این اسم می‌باشد که آزار کننده حیوان آزارکننده انسان می‌شود. کشنده آنان دیر یا زود جانی و قاتل انسان خواهد شد. در این خصوص مونتنی Montaigne خوب گفته: «این یک تفریحی برای مادران است که بچه خود را ببینند گردن پرنده‌ای را می‌کند و سگ یا گربه را در بازی مجروح می‌نماید، این‌ها ریشه فساد و بنیاد سنگدلی و ظلم و خباثت می‌باشند.»

بودا نیز گفته است: «مکشید، با محبت باشید و سیر دائره تکامل پست‌ترین حیوان را خراب مکنید.» فیساغورس حکیم که محروم به طریقت مصریان قدیم بوده از ماهی‌گیران تورهای ماهی را که درآب بوده می‌خریده و در آب می‌ریخته، پرندگان را می‌خریده و دوباره آزاد می‌کرده است.

آپوله Apulee سیاح معروف، درکتاب سحر Magic خود نوشته: «رحم نسبت به حیوانات و مهربانی فطری، به قدری با هم مربوط می‌باشند که می‌توانیم با اعتماد و اطمینان کاملی قضاوت نمائیم، شخصی که نسبت به حیوانات بی‌رحم است، یک انسان نیکوکاری نخواهد بود. این رحم از همان منبعی است که فضیلت، اخلاق و پاکدامنی انسان معلوم می‌شود، نسبت به هم نوع خود.» فیلسوف بزرگ آلمان شوپن‌هاور Schopenhauer می‌نویسد: « اساس اخلاق رحم است نه فقط نسبت به هم‌نوع خود، بلکه نسبت به تمام حیوانات.»

روسکن Ruskin نویسنده نامدار انگلیس، درضمن نطق خود می‌گوید: «من نمی‌خواهم بدون لزوم هیچ‌یک از مخلوقات را نه بکشم و نه آزار بنمایم. بلکه

به حفظ تمام جنبندگان بی‌گناه و نگاهـداری تمـام زیبـائی طبیعـت و زمـین کوشش بکنم.»

پیرلتی Pierre Loti می‌نویسد: «من از مشاهده تیـره‌روزی حیوانـات بیشـتر اندوهگین می‌شوم، تا برای برادران خودم. زیراکه آنان بی‌زبـان و ناتوانـنـد.» محبت نسبت به حیوانات در هر زمان از طرف حکمـاء و عقـلاء و اشـخاص بزرگ برای رفاهیت زندگانی مادی و پیشرفت عقلی و ذهنی و تکمیل اخلاق انسان تأکید و تصریح شده. لکن ما در این‌جا توقع رحـم و مـروت از کسـی نداریم بلکه فقط و فقط، دادخواهی می‌کنیم. خصوصاً ایرانیان که پیش قـدم این عقیده به شمار می‌آیند، باید هرچه زودتر دست به کار بزننـد. ازحلـوا حلوا گفتن دهن شیرین نمی‌شود. درست است در زمان گذشته قوانینی در این موضوع داشته و نویسندگان آن همیشه از حیوان دفاع کرده‌اند ولی چه فایده؟ امروز قانونی در خصوص حیوانات ندارد که مجری بشـود و یکـی از بدترین نقاط دنیا برای آن‌ها شده است. چنان که اسب‌هایی که دوره جوانی خود را در کمال سختی و زحمت گذرانیده‌اند، چون پیر و ناتوان مـی‌شـوند، صاحب باوفا آن‌ها را به قیمت نازلی به گاریچی یا برای کارهای شاقه دیگـر فروخته و حیوان بیچاره از این به بعد در زیر بارهای سـنگین، شـلاق، لگـد و دشنام عمر خود را به پایان می‌رساند. الاغ در ایران برای زجر کشیدن و جان کندن آفریده می‌شود. در کوچه‌ها به حال رقت‌آوری با زخم‌های زیاد، پـای چلاق، شکم گرسنه، دو برابر قوه خـود از طلـوع آفتـاب الـی موقـع خـواب صاحبش باید بار بکشد. نوازشی ندیده، به جز از شلاق و حرفی نشـنیده بـه غیر از فحش و دشنام. سگ خیابان را محض رضای خدا مـی‌زننـد! گربـه را زنده در چاه می‌اندازند. موش را در سر گذرها آتـش مـی‌زننـد و غیـره و غیره... اگر کشتن حیوانی برای انسان مفید است چه لذتی زجر و شـکنجه او برای ما خواهد داشت؟ تـا کـی ایـن پـرده‌هـای خـونین بربریـت را بایـد

کورکورانه نگاه کرد؟ این است تربیتی که به اطفال خود می‌آموزند! و تمام مردم به خیال چیزهای شرم‌آور، خودپسندی، منفعت‌جویی و سیاست بافی هستند؟

همین شکنجه‌های گوناگون منجر به بی‌شرفی و فساد اخلاق می‌شود. این بی‌قیدی ظالمانه، جنایتی است نسبت به حیوان و خیانتی می‌باشد که نسبت به مقام و شئونات عالم انسانیت مرتکب شده‌ایم. برای یک ملتی که لاف تمدن می‌زند و برای کسی که خود را انسان خطاب می‌کند این فجایع زشت و ننگین است و ازجاده انسانیت به کلی دور می‌باشد. هومبلد Humboldt می‌گوید: «درجه تمدن یک ملتی از رفتار آن ملت نسبت به حیوانات معلوم می‌شود.»

تربیت پدر و مادر تأثیرات عمیقی در اخلاق و رفتار بچه خواهد داشت و ظلمی‌که نسبت به حیوان شده و می‌شود، مادران اطفال به طور غیرمستقیمی در آن شرکت کرده و مسئول می‌باشند.

مادر بی‌وجدانی که پرنده‌ای را به دست بچه خود می‌سپارد و یا پدر بی‌وجدانی که بچه خود را به شکار برده و به خون‌ریزی تشویق و تحریص می‌کند، این‌ها اولین مدرسه قساوت و خون‌خواری انسان است که باعث بی‌رحمی‌و جنگ و جدال می‌شود. برهر مادر و معلمی‌واجب و لازم است در جزو درس و تربیت به بچه بیاموزد: که حیوان را برای آزار کردن و کشتن نیافریده‌اند و تمام مخلوقات به نظر صانع یکسان‌اند و در بین آن‌ها پستی و بلندی نیست. همه باید سیر دایره تکامل را بنمایند. باید جلوگیری از مظالم انسان برای افتخار نام و مقام انسانیت بشود.

اکنون در تمام بلاد اروپا و آمریکا با داشتن قوانین سخت و امتیازات دولتی،تا اندازه‌ای دایره ظلم را تنگ‌تر نموده‌اند.درفرانسه قانون گرامن[1] ازحیوان دفاع می‌نماید. در پرتغال کسی که حیوان زخمی یا ناخوش را بار کند و یا حیوانی را بزند، از ده الی هفتادوُپنج فرانک جریمه شده و مدت پنج تا چهل روز حبس می‌شود. قانون هلاند برای آزارکننده حیوان، یا بار نمودن زیاده از معمول چهارپایان، دشنام عابرین مدت شش ماه حبس و سیصد فلرن جریمه قرار داده است. قانون انگلیس شش ماه حبس و صد لیره جریمه معین کرده. از طرف مجامع حمایت حیوانات نیز پرستاری می‌شوند، مثلاً در نزدیکی سربالایی‌ها اسب یدکی نگاه داشته‌اند تا مجاناً به درشکه یا چهارچرخه سنگین کمک کنند.آیا این حرکت قابل تحسین نیست؟ ولی ایران در مقابل دنیا سکوت اختیار کرده و روز به روز تعدی اهالی آن نسبت به حیوانات بیشتر می‌شود! این بی‌حسی شرف یک ملتی را تحقیر می‌کند.

می‌گویند حیوانات حقوقی ندارند، اگر آنان تا به حال حقوقی ندارند برای آن است که ما نمی‌خواهیم داشته باشند. چرا نباید حقوق آن‌ها را مراعات کرد؟ آیا حیوان برای هوسرانی انسان خلق شده یا حقوقی در نزد پروردگار خود دارد؟ تمام عقل و اخلاق برضد ظلم و جور و شکنجه‌ای که انسان به برادران ناتوان خود می‌نماید اعتراض می‌کند و انسان در مقابل کسی که هردو آن‌ها را آفریده مسئول است. باید احترام حقوق آن‌ها را بنماید، وگرنه برتری خود را بر سایر حیوانات انکار نموده، یک نادان دیومَنِش و یک پست‌فطرت گرسنه چشم معرفی می‌شود. حقوق حیوانات، حقوق زیردستان و بینوایان است، حفظ حقوق آن‌ها یکی از نتایج تمدن واقعی و انسانیت حقیقی و هم‌چنین حفظ عقل، اخلاق و حیثیات یک جامعه است.

---

[1] Loi Grammont ,1850

چون این مختصر گنجایش بیش از این را نداشت لهذا آن مرام را روشن‌تر بیان کنیم که عبارت است از: حرف زدن برای بی‌زبانان، دفاع از ناتوانان، دادخواهی برای ستم‌دیدگان، احقاق حق زیردستان و جلوگیری از مظالم و قبایحی که برای مقام انسانیت یک لکه ننگ‌آوری است.

بدیهی است که تمام وجدان و شرافت، هر انسانی را مجبور می‌کند که در دادخواهی آن‌ها شرکت نموده هرچه زودتر جبران حقوق پایمال شده را بنماید. همان طوری که با شعر فردوسی شروع کردیم با این بیت خواجه حافظ علیه الرحمه که جامع تمام فلسفه اخلاق است خاتمه می‌دهیم:

مباش در پی آزار و هرچه خواهی
که در طریقت ما غیر از این گناهی نیست

تهران - ۱۳۰۳ (۱۳٤۳)

فواید گیاه‌خواری

این نامه را به دوست‌داران راستی و درستی ارمغان می‌کنم

دیباچه

بنام یزدان جهان آفرین

مابین احتیاجاتی که انسان را پیوسته در فشار گذاشته از همه سخت‌تـر و از همه وسیع‌تر احتیاج خوردن است. این احتیاج وابسته به زندگانی مـی‌باشـد چه برای مرمت قوائی که به مصـرف مـی‌رسـانیم نـاگزیریم بـه وسیله‌ی خوراک قوای دیگری جانشین آن بنمائیم تا بدن به تحلیـل نـرود. زنـدگانی شبیه است به یک آتشکده که باید مرتب مواد مشـتعله بـه آن برسـد تـا خاموش نگردد.

گرسنگی فرمانده غداری می‌باشد که بیـدادگری آن دمـی مـا را آسـوده نمی‌گذارد – باید خورد برای زندگانی! امروز بخوریم، فردا بخوریم، همیشه بخوریم. یک میل کور و درنده، یک احتیاج گنگ و ضروری ما را به ایـن کـار وادار می‌نماید. تمام حواس و اراده‌ی حیوانات را نیز همین احتیاج بخود جلب کرده و اغلب آدمیان وحشی به جز خـوردن، لـذت و خوشـبختی دیگـری را سراغ ندارند. مردمان متمدن اگر چه ادعای افکار عالیـه مـی‌کننـد ولـیکن مسئله خوردن و نوشیدن پیوسته فکر آن‌ها را بخود مشغول نمـوده اسـت. همه‌ی اعضای بدن غلام شکم می‌باشند و برای جستجوی خـوراک بـه کـار می‌روند: حواس ظاهری کمک به راهنمائی در این تکاپو مـی‌نمایـد و اعمـال روحیه برای به چنگ آوردن و تشخیص خوبی و بدی خوراک‌ها بکار مـی‌رود. این میل غریزی در حیوانات خیلی دقیق و موشکاف است. هر کدام از آن‌هـا خوراکی را که بر طبق ساختمان و احتیاجات بدنشان است بخوبی تمیز داده و همان را می‌خورند و لیکن از این قانون جانوری که سرپیچی می‌کند آدمیزاد

۵۵

می‌باشد و گویا این حس در انسان متمدن وجود ندارد زیرا که دیده می‌شود هر گروهی از گله‌ی آدمیزاد خوراکی را برگزیده که اغلب متضاد دیگری است و از روی یک مدرک معینی پیروی نشده و همین نشان می‌دهد که انسان مانند سایر جانوران نمی‌تواند به خوراک خودش اعتماد داشته باشد.

هیچ چیز در زندگانی آن قدر مهم نیست مگر طرز خوراکی را که انتخاب کرده‌اند چون از خوراک است که همه ما پرتو زندگانی خود را می‌گیریم و تأثیر انکارناپذیری روی صفات ذهنی و قوای جسمانی ما دارد. تاریخ تمدن انسان نیز روی خوراک قرار گرفته، سبب عمده‌ی اغتشاشات، هجوم‌ها، جنگ‌ها، مهاجرت‌ها، کینه‌ورزی طبقات و شورش ممالک سر مسئله خوراک است.

چیزی‌که اهمیت دارد باید دانست روی زمین ما که پر از محصولات طبیعی است با احتیاجات خودمان سنجیده و مابین خوراک‌های رنگ‌برنگ ببینیم کدام یکی از نقطه‌ی نظر تغذیه طبیعی‌تر، اخلاقی‌تر و سالم‌تر و بالاخره بر سایر خوراک‌ها برتری دارد. حیوانات را به سه دسته تقسیم کرده‌اند: گیاه‌خوار، گوشت‌خوار و همه‌چیزخوار، ظاهراً انسان خودش را در جزو دسته سومی معرفی می‌نماید. ما می‌رویم از روی علوم فلسفه و طبیعت و مشاهدات علمی و غیره نشان بدهیم که او به خطا رفته است و خوراک سالم و طبیعی او نباتات می‌باشد و همین موضوع اصلی این رساله است.

پاریس ۱۸ مرداد ۱۳۰۶

پیش گفتار

صادق هدایت وقتی قصد نوشتن کتابی مانند «فواید گیاه‌خواری» را می‌کرد ابتداء درباره این موضوع دست به مطالعه بسیار وسیعی می‌زد و پس از آن‌که قانع می‌شد مطالعات او برای پرداختن به کار کتاب کافی است به نوشتن می‌پرداخت. نمونه این‌گونه عمل کرد او را مادر مورد کتبی مانند: «انسان و حیوان»، «فرهنگ عامیانه مردم ایران» و بسیاری دیگر از آثار تحقیقی او ملاحظه می‌کنیم.

صادق هدایت کتاب «فوائد گیاه‌خواری» را در پاریس، در ایام تحصیل در فرانسه در ۲۳ مرداد ۱۳۰۶ تمام کرد و در همان سال برای نخستین بار در برلن چاپ و منتشر شد. ولی نوشتن این کتاب قبل از مسافرت به اروپا و در تهران آغاز شده بود چون او دست به مطالعات وسیعی درباره روابط انسان و حیوان و محیط زیست زده و درواقع پایه‌های نوشتن این کتاب را فراهم می‌کرد. حتی تاریخ نگاشتن مقدمه و فصل اول و فصل دوم نشان می‌دهد که مقدمه را پس از فصول نوشته است چون فصل اول را در بروکسل در ۱۸ سپتامبر ۱۹۲۶ نوشته است[۱]. فصل دوم را او در تاریخ ۲۲ دسامبر ۱۹۲۶ تقریباً تقریباً سه ماه بعد درگان در بلژیک نوشته است[۲] ولی مقدمه در پاریس در ۱۸ مرداد ۱۳۰۶ نوشته شده و این زمانی است که در اسفند ماه ۱۳۰۵ او برای ادامه تحصیل از گان در بلژیک به پاریس در فرانسه منتقل می‌شود. تاریخ اتمام کار کتاب هم ۲۳ مرداد ۱۳۰۶ است که پنج روز قبل از آن مقدمه

---

[۱] صادق هدایت برای تحصیل به بلژیک اعزام شد ولی هنوز دقیقاً محل تحصیل او معین نشده و در بروکسل است.

[۲] صادق هدایت برای تحصیل در رشته ریاضیات عالی به دانشگاه گان اعزام شد.

را نوشته است. برای آن که ابعاد مطالعات صادق هدایت در زمینه کتاب حاضر روشن شود اشاره او به گفته و نوشته‌های دانشمندان و نویسندگان و صاحب‌نظران که در کتاب به آن‌ها اشاره شده بیان‌گر این حقیقت است که او هرآن‌چه بزرگان در رابطه با گیاه‌خواری گفته بودند استخراج و در کتاب خود به آن‌ها اشاره می‌کند. صادق هدایت شانزده ساله بود که به گیاه‌خواری روی آورد. او اعلام کرد که دیگر گوشت نمی‌خورد و فقط گیاه‌خوار است. البته این موضوع در خانه پدری او با عکس‌العمل‌های منفی روبرو شد چون در آن ایام انواع غذاهائی که در خانه‌ها پخت و پز می‌شد محدود و تابع فصل و هم‌آهنگ با فرهنگ هر خانه و خانواده بود. حال گریز ناگهانی صادق هدایت از گوشت مسئله‌ای بود که آشپزخانه باید با آن به نحوی از انحاء روبرو می‌شد اما صادق‌خان امتیاز خاصی داشت. او آخرین پسر مادرش خانم زیورالملوک بود و بسیار مورد علاقه مادر. مادرهم مدیر خانه و کاشانه بود بنابراین مادر با تغییراتی که در خرید خانه و پخت‌وپُز داد ترتیبی فراهم آورد که برای صادق‌خان غذای بدون گوشت آماده شود و این روال تا آخرین روزی که صادق‌خان در خانه پدری زندگی کرد دوام یافت.

در زمینه‌ی مطالعات صادق هدایت درباره گیاه‌خواری او مجله‌ای را از فرانسه آبونه شده بود به نام «حمایت حیوانات». این مجله در پاریس منتشر می‌شد La Protection des Animeaux از سال ۱۹۲۳ یعنی دو سال قبل از مسافرت او به اروپا این مجله به دست او می‌رسید. مطالعه این مجله نه تنها «فوائد گیاه‌خواری» بلکه در نوشتن کتاب «انسان و حیوان» بسیار کار ساز بود. مجموعه جلد شده این مجلات هنوز موجود است.

پس از چاپ نخستین بار «فوائد گیاه‌خواری» صادق هدایت این کتاب را برای دوستانی که در اروپا و ایران داشت و برادران و بعضی نزدیکان فرستاد، باقر پیرنیا از دوستان صادق هدایت که در سوئیس تحصیل می‌کرده و با صادق هدایت مکاتبات توسط کارت پستال داشته در کارت پستال ارسالی خـود از وین در تاریخ ۱۷ آوریل ۱۹۲۸ مطابق با ۲۸ فروردین ۱۳۰۷ چنین می‌نویسد: «دوست عزیز گرامی رساله فواید گیاه‌خواری که فرستاده بودی با یک دنیا مسرت رسید، خیلی خیلی ممنونم از محبت‌های آن دوست گرامـی رسالـه مزبور بی‌اندازه interessant (جالب) می‌باشد مخصوصاً قسمت علمی که در بردارد به ارزشش می‌افزاید بنده با یک ذوق سرشاری آن را خواندم و بـه قدری توجه خواننده به دلایل و اقوال بزرگان که در آن آورده به هـر حـال رساله مزبور را بنده یک یادگار گرانبهائی می‌دانم متمنی است سلام بنده با آقا تقی و آقای خسرو هدایت تبلیغ فرمائید زیاده قربانت امضاء»

برادرهای صادق هدایت، عیسی و محمود می‌دانستند که او در مسافرت به اروپا هرگز از نوشتن دست برنداشت و تحصیل بـرای او مفهـوم و معنـای زیادی ندارد. آن‌ها به این موضوع زیاد اهمیـت نمی‌دادنـد ولـی پـدرش اعتضاد الملک از این واقعیت بسیار نگران بود و اعتقاد داشـت صـادق‌خان باید به ادامه تحصیل بپردازد و نویسندگی را بگذارد برای بعد که البته این تحقق نیافت و پسرش مطالعه و نویسندگی را به همه علم‌هـای آن زمـان ترجیح داد.

صادق هدایت پس از انتخاب تغذیه از طریق گیاه‌خواری ایـن موضـوع را از جهـات مختلف و در ابعـاد وسیعی مطالعـه کـرد. او بـرای اثبـات مزیـت گیاه‌خواری به گوشت‌خواری از تمام علوم و دانسته‌های عهـد خـود یـاری و مدد جست. از دیدگاه عاطفی و احساسی مطلب را شکافت. از یـک جانـب ظلم و جور و شقاوت به حیوان را مجسم کرد و از جانب دیگر شکم بـارگی را

سخت به انتقاد گرفت و در بُعد دیگری زیبائی و سلامت گیاه‌خواری را ترسیم کرد. او وضع طبیعی بدن انسان را اثبات کرد برای گیاه‌خواری خلق شده نه گوشت‌خواری، او از گفته‌ها و اندیشه‌های دانشمندان، فیلسوفان، ادباء، صاحب‌نظران و بعد اولیاء دین، مذهب، حتی قرآن و نهج‌البلاغه کمک گرفت که گوشت‌خواری را مذموم و گیاه‌خواری را مطلوب جلوه دهد. او از دانش و علوم زمان خود تا آن‌جا که می‌توانست شاهد آورد که اهمیت و برتری گیاه به گوشت را اثبات کند. البته باید توجه داشت علمی که صادق هدایت مورد اشاره قرار می‌دهد علمی است مربوط به دهه ۱۹۲۰ که قطعاً تاکنون تکامل و تغییرات بسیار یافته ولی در زمان خود بسیار قابل اهمیت بوده است. او گیاه‌خواری را به قدری مهم و کارساز دانست که کوشید ثابت کند اگر اکثریت مردم گیاه‌خوار شوند نظم نوین صلح‌آمیز و بسیار جالبی در جهان جلوه خواهد کرد. روابط گیاه‌خواری را تا سیاست و اقتصاد و صنعت و کشاورزی وسعت داد و چنین نوشت که گیاه‌خواری در کلیه این موارد اثر مثبت دارد. حتی قبل از آن که به گیاه‌خواری ایراد بگیرند خود ایرادات متفاوت را مطرح و پاسخ آن‌ها را داد.

کتاب «فوائد گیاه‌خواری» نخستین کتابی است که با چنین محتوائی در ادبیات ایران منتشر شده است.

و بدین‌سان اثری که در سال ۱۳۰۶ به صورت کتاب کوچکی چاپ شد حال بسیار پربارتر در محتوائی که برای بسیاری مردم این جهان خواندنی و قابل استفاده است انتشار می‌یابد. در حال حاضر گیاه‌خواری آن چنان در اروپا و امریکا و بسیاری نقاط دیگر دنیا مورد توجه قرار گرفته که رستوران‌های زنجیره‌ای گیاه‌خواری تأسیس شده و حتی غذاهای بدون گوشت انواع و اقسام اغذیه بسیار ماکول و مغذی را ابداع کرده‌اند.

شاید این برای خوانندگان جدید نه تنها در ایران بلکه در دیگر نقـاط جهـان فوق‌العاده جالب باشد کـه سـه ربـع قـرن پـیش، حـدود ۷۶ سـال قبـل، نویسنده‌اأی پژوهشگر از ایران دست به چنین تحقیق همـه جانبـه‌ای زده و این چنین با تعصب و پیگیری و قاطعیت گیاه‌خواری را ترویج کرده وانسان را از گوشت‌خواری منع کرده است.

در خاتمه لازم می‌دانم از کلیه دوستانی که در تنظیم و چـاپ و انتشـار ایـن کتاب نگارنده را یاری دادند صمیمانه تشکر کنم.

جهانگیر هدایت

فصل اول

فدائیان شکم

خوبست پیش از این‌که وارد مطلب بشویم بیدادگری و درنـدگی را کـه از عادت گوشت‌خواری ناشی می‌شود در نظر خود بیاوریم. آیا مـی‌دانیـد کـه احتیاج یا لذت گوشت‌خواری هر روز سبب کشتار کرورها از حیوانـات اهلـی می‌گردد؟ از کرورها خیلی بیشتر، اگر لشکر بی‌شمار حیوانـات بیچـاره‌ای را بشماریم که در شکارگاه‌ها، ماهی‌گیری‌ها، مرغ فروشی‌ها و غیره محکوم به قربانی شدن روزانه هستند از چهارصد میلیـون جنبنـدگان حسـاس تجـاوز می‌کند که هر سالی تنها برای خوش‌آمد ذائقه فاسد شده و شـکم پرسـتی آدمیان کشته می‌شوند. حساب کرده‌اند روی سیل خونی که از ایـن کشـتار مشئوم راه می‌افتد می‌توانند به آسانی کشتی‌رانی بنمایند. اما قربانی آن‌هـا به سهولت انجام نمی‌پذیرد بلکه پیش از کشته شـدن بـا حیـوان بـه طـرز وحشیانه‌ای رفتار می‌کنند: گله‌های حیوانات از شهرهای دور دست در مدت پانزده یا سی روز به ضرب چوب و تازیانه رانده می‌شوند. اگـر بـین راه از خستگی بیفتند با سیخک بلندشان می‌کنند و گاهی چندین روز بدون خوراک زیر تابش آفتاب سوزان یا در آغل‌های چرک و متعفن بسر می‌برند. بعضـی از آن‌ها می‌میرند و هرگاه یکی از آن‌ها در بین راه زائیـد بـرای ایـن کـه از کاروان عقب نماند بچه‌ی او را جلو چشم مادرش سرمی‌برند. هنوز حیوانات بیچاره از خستگی راه نیاسوده‌اند کـه بـا تازیانـه بـه سـوی سـلاخ‌خانـه روانـه

۶۳

می‌شوند. به محض ورود در این ساختمان کثیف غم‌انگیز بوی خونی که خفقان قلب می‌آورد، زمین نمناک، خون تازه‌ای که از هر سو روان است، فریادهای جان‌گداز حیوانات، جسدهائی که بخون خود آغشته شده و با تشنج می‌لرزند، اسب‌های لاغر نیمه‌جان که دو طرف آن‌ها لاشه آویخته‌اند و قصاب‌هائی که برای خرید لش مرده آمد و رفت می‌کنند و از طرف دیگر ناله‌ی گوسفندان و همهمه‌ی صدای دشنام و داد و فریاد آدمیان، حیوانات بیچاره از این منظره‌ی چرکین و بوی گوشت گندیده و خون برادرانشان پیش‌بینی سرگذشت هولناک خود را می‌نمایند.

پذیرائی کنندگان آن‌ها با چهره‌های درنده و طمّاع جلو آمده هر کدام کارد و ساطور خونین بدست دارد و روی پیش‌دامنی آن‌ها از خون بسته شده‌ی سیاه‌رنگ و چربی برق می‌زند. سپس آن‌ها را به زحمت از هم‌دیگر جدا کرده کِشان کِشان به گوشه‌ای می‌برند. بعد دست‌ها و پاهای حیوان را گرفته تا می‌کنند و اگر خواست استقامت بنماید با لگد و زوروَرزی او را زمین می‌زنند. حیوان دیوانه‌وار کوشش می‌کند تا خودش را از زیر دست دژخیم رها بنماید اما سر او را پیچ داده گلویش را با کارد پاره می‌کند. آن‌وقت خون فوران می‌زند. هر دفعه که هوا از ریه‌های او بیرون می‌آید صدای خشکی تولید کرده خون به اطراف پاشیده می‌شود. پس از آن مدتی دست‌وپا زده در خون خودش غوطه می‌خورد و هنوز جانش بیرون نرفته که سر او را جدا نموده بادش می‌کنند. چشم‌های سیاه و درخشان حیوان که تا چند دقیقه پیش، از زندگانی سرشار بود غبار مرگ پرده‌ای روی آن را می‌پوشاند و زبان از دهانش با کف خونین بیرون می‌آید. بعد از آن شکمش را شکافته دل و روده‌ی حیوان را بیرون می‌کشند. بوی پشگل و بخاری که در هوا پراکنده می‌شود و خون غلیظ گندیده که مگس و پشه روی آن پرواز می‌کنند منظره‌ای چرکین و مهیبی را نمایان می‌سازد.

قصّاب‌ها تا بازوی خودشان را در روده و خون حیوان فرو می‌برند. پس از آن پوست او را جدا می‌کنند و بعد آن لاشه‌های لرزان حیوانات را با سرهای بریده و شقیقه‌های کبود و شکم‌های پاره شده و جگرهای سرخ که اغلب داغ چوب و تازیانه‌هائی که پیش از کشتن به حیوانات زده‌اند روی گوشت او نمودار است در گاری به چنگک آویخته و یا روی اسب انداخته به دکان‌های قصابی می‌فرستند. آن‌ها این لاشه‌ها را گرفته تکه تکه نموده و دست‌ها و پیش‌بند خود را از نو خون‌آلود می‌نمایند و این تکه‌های گوشت کشته شده فروخته می‌شود.

مردم شکم خودشان را پُر از این گوشت مُردار کرده در همه‌ی خانه‌ها هنگام خوراک بوی دلِ‌بِهَم‌زَن عضلات سرخ‌کرده و پخته شده که با هزار گونه آب و تاب رنگرزی پیرایش کرده‌اند بلند می‌شود. بچه، زن، مرد از این تکه‌ها می‌خورند و این‌ها همان مردمانی هستند که لاف تربیت و ظرافت، اخلاق و پاکدامنی و پرهیزکاری و مهربانی می‌زنند: قاضی، ملّا، آموزگار، شاعر، ادیب، نقاش، نویسنده و همه‌ی کسانی‌که گمان می‌کنند در زندگانی کمال‌مطلوب عالی‌تری از زرپرستی و شکم‌چرانی دارند هنگامی‌که می‌خواهند فکر بنمایند معده‌ی آنان از لاشه و خون لخته‌شده‌ی جانوران سنگین است.

این حال بسیار ترس‌ناک است نه از نظر زجر و شکنجه‌ی حیوانات بلکه به سبب آن که بدون لزوم انسان احساسات رحم و اتحاد با مخلوقات طبیعت را در خودش به‌زور خفه کرده است.

این‌ها همان حیوانات بی‌آزار و دست‌آموزی می‌باشند که آدمیزاد شیر آنان را دوشیده، پشم آنان را پوشیده و هم‌بازی بچه‌های او بوده‌اند. به این هم قناعت نکرده می‌خواهند خون آنان را بنوشند. چه لغت پوچ و اسم بی‌مسمّائی است. هرگاه‌اندکی قلب حساس داشته باشند و به شکنجه‌ها و

ناله‌های دردناک و هم‌چنین نگاه‌های پر از عجز و لابه‌ی تمام حیواناتی که در کشتارگاه‌های عمومی و خصوصی سر می‌برند فکر بنمایند بکلّی از خوردن گوشت جانوران بی‌زار خواهند شد.

پیرلرمیت»[1] در مقاله‌ی خود می‌نویسد. «من دیدم یک قطار راه آهن در جلو سلّاخ‌خانه ایستاد، حیوانات بیچاره هراسناک خارج شده در روی سنگ‌فرش روانه گشتند، آدم‌ها با پیش‌بندی خون‌آلود که یک دسته کارد به کمرشان بسته شده بود آمدورُفت می‌کردند.

«خون از هر سو روان بود. در آن‌جا گوسفندان و بره‌هائی را که از ترس دیوانه شده بودند سر می‌بریدند... یک گاو ماده و گوساله‌اش که به کشندگان تسلیم شده سرهای بدبخت خود را پهلوی هم‌دیگر نگاه‌داشته بودند، با وجود این که ضربت‌های چماق صاحب خشمناک از این مهربانی آن‌ها را گیج کرده بود.

«... و از تمام این ساختمان ناله‌های جگرخراش جنبندگانی شنیده می‌شد که محروم از دیدن هرگونه ترحم هستند و زندگانی به آن‌ها داده نمی‌شود مگر برای این‌که قتل عام بشوند.»

تا زمانی‌که احساسات طبیعی و بی‌آلایش قلب خودمان را به زور خفه نکرده‌ایم واضح است که در نهاد انسان یک احساس تنفر و اکراه از کشتار و درد سایر جانوران وجود دارد و نیز آشکار است که هر گاه همه مردم وادار می‌شدند حیواناتی را که می‌خورند با دست خودشان بکشند بیشتر آنان از گوشت‌خواری دست می‌کشیدند. این شورش طبیعی، این دلگیری بر ضد خوراک خونین در نزد کسانی که گیاه‌خوار شده‌اند پس از چندین ماه بیشتر می‌شود. نباید احساسات طبیعی خودمان را پست شمرده دلیل بر رقت

---

[1] Pierre L'Ermite (La Croix 1926)

قلب بدانیم. هیچ چیز به این اندازه طبیعی نیست که احساس تنفر و انزجـار انسان از کشتار. چون که برای این کار آفریده نشده است. حیوانات درنـده این دلگیری را حس نمی‌کنند. احترام به زندگانی و شکنجه و جدالی را که در نهاد آدمی‌زاد است باید در نظر داشت، زیرا چیزی از آن عالی‌تر نداریم. ستم‌گری و کشتار نسبت به حیوانات دشنام و ناسـزا بـه شـرافت و مقـام انسانیت است. پیدایش آنان، به دنیا آمدن و بازی و شادی و درد کشیدن و مهربانی مادری و ترس از مرگ و هوی و هوس اعضای بدن و هم‌چنین مرگ و سرنوشت حیوانات همه شبیه و مانند انسان می‌باشد. می‌گویند روح آنان پست‌تر است. باشد، اما بالاخره مثل ما احسـاس درد و شـادی مـی‌کننـد، پستی آن‌ها برای ما تکلیف برادر بزرگتر را معین می‌کند نه حـق دژخیمـی و ستم‌گری را. این گوشتی که مردم می‌خورند درد و شکنجه‌ی جانوران بی‌گناه و بی‌آزار است که نمی‌توانند از خودشان دفاع بنمایند. خون ریختـه شـده‌ی آنان فریاد انتقام می‌کشد و نفرین می‌فرستد به انسان و سیّاره‌ای کـه روی آن زندگانی می‌کنیم.

کسانی هستند که راضی نمی‌شوند حیوانی را آزار برسانند ولی به طور غیـر مستقیم دیگران را به این کار ظریف وادار مـی‌نماینـد. هـر کـس گوشـت می‌خورد باید دست بالازده خودش حیوان را بکشد چون که جانوران درنده معاون نمی‌گیرند و یا لااقل قدم رنجه نموده یک ساعت عمر خود را به ایـن تماشای قشنگ بگذرانند و ببینند این خوراک‌های خوشمزه برای آن‌ها چگونه آماده می‌شود. خوشبختانه همیشه سلاخ‌خانه‌ها را بیرون شهر دور از مـردم می‌سازند تا جنایات کشتار را از چشم آن‌ها بپوشانند – سلاخ‌خانه اختـراع حیوان دوپاست، هیچ جانور درنده و خون‌خواری به این رذالت طعمه‌ی خـود را نمی‌خورد. انسان روی گرگ و جانوران خون‌خوار روی زمین را سفید کرده است.

همه این مردمانی که در کشتارخانه‌ها دست در کار می‌باشند تنها یک فکر در مغز تاریک آن‌ها جای‌گیر شده و آن پول است و منفعت. کشتن برای آن‌ها مثل پاره‌کردن کاغذ شده و از حس اخلاقی به کلی بی‌بهره هستند. حتی در آمریکا هیچ‌وقت شهادت قصاب را درباره‌ی جنایتی نمی‌پذیرند و پیشه‌ی او را پست می‌شمارند اما این پستی او تقصیر همه‌ی آن‌هائی است که گوشت می‌خورند.

زَرپَرَستی و شکم‌پَروَری همه‌ی احساسات عالیه‌ی انسان را خفه می‌کند. مثلاً برای فروش پوست، برّه «تودلی» یا میش را سربریده بچه‌اش را زنده از شکم او بیرون می‌کشند و یا لگد در شکم حیوان آبستن می‌زنند تا بچه‌اش را سقط بکند آن‌وقت سر او را جلو مادرش می‌برند و بعد از کندن پوست حیوان، جنین را که بدنش به جای گوشت از کف و مادّه‌ی لزج خونین ترکیب شده برای فروش دور شهر می‌گردانند و از لاشه‌ی کبود رنگ آن قطره قطره خون می‌چکد! چه نمایش قشنگی است که مختص به ایران می‌باشد!

چرا زندگانی ظالمانه‌ی آدمی‌زاد باید سبب آن‌قدر درد و زجر دیگران را بیهوده فراهم بیاورد و از درهم شکستن خوشبختی و سرور جنبدگان استفاده موهوم بنماید؟ آیا تمدن او ناگزیر است که به خون بی‌گناهان آلوده بشود؟ هرچه بکارند همان را درو خواهند کرد. انسان خون می‌ریزد، تخم بیدادی و ستم‌گری می‌کارد، پس در نتیجه ثمره جنگ و درد و ویرانی و کشتار می‌درود. انسانیت پیشرفت نخواهد کرد و آرام نخواهد گرفت و روی خوشبختی و آزادی و آشتی را نخواهد دید تا هنگامی‌که گوشت‌خوار است.

این اشتباه از یک جا ناشی می‌شود که انسان گمان کرده که ناگزیر به کشتار برای زندگانی است و گوشت خوراک مقوی است. اگر نخورد می‌میرد و حقیقتاً باید احتیاج خوردن گوشت برای زندگانی انسان احتراز ناپذیر باشد تا

بتواند برای پوزش جنایاتی که هر روز چندین میلیون بار روی کره‌ی زمین از او سرمی‌زند کفایت بکند. آیا زندگانی انسانی بسته است به استعمال گوشت؟ خوراک‌های حیوانی بدون این که برای بدن لازم و سودمند باشد آیا بر قوای آن می‌افزاید یا این که زیان‌آور است و باید آن را بر ضدّ سلامتی و زندگانی دانست؟

این یک درد بی‌دوا و یک جنایت ناگفتنی و ننگین‌ترین رذالت‌ها خواهد بود. ما می‌رویم از روی علوم جدید و علم‌الحیوه و تشریح بدن و علم‌الاعضاء و تجزیه‌ی شیمیائی و عقاید اطباء و تجربیات علمی و غیره نشان بدهیم که گوشت نه تنها برای بدن انسان لازم نمی‌باشد بلکه از هر حیث زیان‌های سنگینی بردوش جامعه‌ی بشر گذاشته است و برای بدن بجز یک مهیج کشنده چیز دیگر نیست.

بروکسل ۱۸ سپتامبر ۱۹۲۶

فصل دوم

خوراک طبیعی انسان

دلایلی که در تقویت گیاه‌خوار بودن انسان وجود دارد خیلی روشن و محسوس است که عموماً گمان نمی‌کنند. اولاً اگر نگاهی به طبیعت بیندازیم خواهیم دید این کیمیاگر زبردست، خوراک همه مخلوق روی زمین را با دانش موشکاف و تناسب علمی و مطابق ساختمان بدن هر کدام آماده کرده و به آنان پیش‌کش می‌کند. به‌طوری‌که ما را وادار می‌نماید در جلو اسرار آن سر تمکین و تعظیم فرود بیاوریم. هم‌چنین یک گیاه برای مرداب درست شده و دیگری برای بیابان، ساختمان دهن یک جانور برای چریدن و دندان دیگری برای دریدن آفریده شده و غیره. یعنی هر کدام از آن‌ها خوراکی را که فراخور ساختمان و احتیاجات بدنشان بوده در جریان کرورها قرون پذیرفته‌اند. یک نِی را از مرداب برده در بیابان بکارند بزودی خشک می‌شود و به یک میمون میوه‌خوار گوشت به خورانند دیری نمی‌کشد که موهای حیوان ریخته ناخوش می‌گردد. هم‌چنین هر تغییر خوراکی همیشه تولید فساد، ناخوشی و مرگ می‌کند چون‌که مخالف با قوانین تغییرناپذیر طبیعت است.

انسان یک موجودی نیست که ساختمان او خارج از قوانینی باشد که زندگانی جانوران دیگر را اداره می‌کند. او نیز زاده‌ی طبیعت و در نتیجه‌ی تکامل حیوانات به وجود آمده و وابستگی نزدیکی با آنان دارد. هرگاه او را

رویِ‌هَم‌رَفته با سایر جانوران بسنجیم می‌بینیم نه شبیه است به جانوران درنده و نه به حیوانات چرنده می‌ماند: اگر ساختمان بدن انسان برای گوشت‌خواری درست شده بود می‌بایستی بتواند دنبال حیوانات وحشی رفته و طعمه‌ی زنده را با چنگال و دندان خودش پاره کرده گوشت خام را با رگ و پی و پوست و استخوان بخورد، مانند جانوران درنده. اما او تنها خودش را به خوردن عضلات حیوانی که مصنوعی پرورش یافته و مصنوعی کشته و آماده و پخته شده راضی کرده که تمام آن‌ها بر خلاف طبیعت می‌باشد ولی فراموش نموده است که یک جهاز هاضمه‌ی مصنوعی نیز برای خودش اختراع بکند تا خوراک ساختگی او جزو بدنش بشود. زیرا که ساختمان جسمانی انسان کاملاً شبیه است با ساختمان میمون‌های میوه‌خوار، جهاز هاضمه، دندان‌ها، معده،روده و تمام ساختمان درونی او درست مثل میمون‌های بزرگ می‌باشد. حتی دندان‌های کلبی میمون بلندتر از دندان‌های کلبی انسان است. معهذا خوراک آنان منحصر است به میوه و نباتات. پس از این قرار انسان باید خوراک خودش را مستقیماً از دست طبیعت بگیرد. همان طوری که به او پیشکش می‌نماید، به شکل میوه‌های گوارائی که جلو پرتو خورشید که سرچشمه‌ی زندگانی است پخته شده و لازم نیست آن قدر بخودش زحمت بدهد تا لاشه‌ی حیوانات کشته شده را بزور رنگرزی و آرایش درست کرده و خوراک‌های طبیعی را فاسد بنماید تا یک غذای غیرطبیعی و مسموم کننده آماده بنماید که بذائقه خراب شده‌ی او مزه بکند.[1]

گمان کرده‌اند و تکرار می‌نمایند که ساختمان بدن انسان گوشت‌خوار و همه‌چیزخوار درست شده و همه‌ی مردم کورکورانه آن را باور کرده‌اند

---

[1] این قسمت ترجمه از La Bete Humaine تألیف نگارنده است که قسمتی از آن در مجله‌ی Protection مارسِی چاپ شده از شماره‌ی مه ۱۹۲۶ بخش دوم بربریت انسانی.

بدون این که‌اندکی درین باب تعمق بنماید و حال آن که این افسانه پوچ و خالی از حقیقت است. هم‌چنین انسان در ماده‌ی خوراک نمی‌تواند نه بمیل خودش پشت‌گرمی داشته باشد که پس از بیست قرن استعمال خوراک‌های ساختگی خراب شده و نه به عاداتی که پر از اشتباه و خطایاست. تنها پس از تحقیقات راجع به علوم طبیعی و فن معرفت الحیوه حیوانی و غیره به ما اجازه داده و راهنمائی می‌کند تا خوراک سالم و طبیعی خودمان را بشناسیم. علم‌الابدان، تاریخ طبیعی، انسان و علم الاعضاء در این خصوص به ما دستورهای دقیق و روشنی می‌دهد که درست برخلاف عادات غیر طبیعی امروزه‌ی ما می‌باشد و این نیز سبب امیدواری خواهد بود چون که اگر هر آینه خوراک دیرینه ما را تصدیق می‌نمود وضعیت کنونی هیچ‌گاه رو به بهبودی نمی‌رفت و همیشه ناخوشی‌ها و فساد اخلاق بجای خودش باقی بود.
«کوورییه»[1] دانشمند بزرگ در تشریح الابدان خودش می‌گوید: «خوراک طبیعی انسان مطابق ساختمان بدن او به نظر می‌آید که عموماً میوه‌ها و ریشه‌ها و قسمت‌های آبدار نباتات می‌باشد. دست‌های او به آسانی برای چیدن آن‌ها به کار می‌رود. و از یک طرف آرواره‌های او کوتاه و کم زور است و از طرف دیگر دندان‌های کلبی او از سایر دندان‌هایش بلندتر نیست و به او اجازه نمی‌دهد که نه علف بخورد و نه گوشت جانوران را بدرد، هر گاه این خوراک‌ها را به وسیله پختن آماده نمی‌کرد.»[2]
در جای دیگر نوشته: «اگر روده‌های یک حیوانی برای این درست شده که گوشت تازه را هضم بکند هم‌چنین می‌بایستی ساختمان آرواره‌های او برای بلعیدن طعمه ساخته شده باشد. یعنی چنگال‌های او برای گرفتن و دریدن، دندان‌های او برای بریدن و تکه تکه‌کردن آن و ساختمان کلیه‌ی اعضای

---

[1] Cuvier
[2] Le cours d'Anatomie Comparee

حرکت او برای دنبال نمودن و به چنگ آوردن آن وحواس او برای دیدن آن از دور و نیز می‌بایستی که طبیعت در مغز او تمایلات لازمه برای پنهان کردن خود و مکرو حیله به کار بردن از برای گرفتن قربانی خودش را گذاشته باشد. در ابتدا انسان اولیه مانند میمون‌های بزرگ بوده واز دانه‌ی گیاه‌ها و میوه‌ها می‌زیسته چنان‌که ناخن‌ها، دندان‌ها و عضلات و هم‌چنین تشریح تمام بدن او به ما گواهی می‌دهد.»

دانشمندان بزرگ تاریخ طبیعی مانند «داروین»، «هگل»، «هوکسلی»، «فلورنس»[1] و غیره در این باب هم عقیده می‌باشند و هر کدام به نوبت خودشان ثابت کرده‌اند که انسان میوه‌خوار است[2].

اکنون جهاز هاضمه‌ی انسان را با حیوانات گوشت‌خوار و گیاه‌خوار و همه‌چیزخوار سنجیده ببینیم به کدام یکی از آن‌ها شبیه است.

اولاً دندان‌های انسان شبیه است به دندان‌های میمون‌های بزرگ میوه‌خوار، چه نزد حیوانات درنده دندان‌های ثنایا خیلی کوچک است، برعکس دندان‌های کلبی آن‌ها ضخیم و بلند می‌باشد، دندان‌های آسیای آن‌ها تیز و برنده است تا بتوانند حیواناتی را که شکار می‌کنند دریده و گوشت آن‌ها را تکه تکه کرده به بلعند. علف‌خواران دندان‌های ثنایای بلند دارند و دندان‌های کلبی از ردیف سایر دندان‌ها بلندتر نیست، دندان‌های آسیا پهن و مسطح است و بالاخره میوه‌خواران مانند میمون دندان‌های یک‌نواخت دارند و تنها دندان‌های کلبی به طور غیرمحسوسی برجسته می‌باشد، امّا کار دریدن را نمی‌تواند انجام بدهد. دندان‌های آسیا نه برنده است و نه پهن، یعنی نه بکار دریدن گوشت و نه به درد جویدن علف می‌خورد تنها برای خوردن دانه‌ها و میوه‌ها مورد استعمال دارد.

---

[1] Darwin, Haeckel, Huxley, Flourens

[2] کتاب «انسان و حیوان» تألیف نگارنده ص ۶۶ - ۴۷ چاپ نخست تهران.

دندان‌های یک حیوان گوشت‌خوار مانند سگ و فکین اسب و هم‌چنین دهان خوک که همه‌چیزخوار است به‌هیچ‌وجه شباهت به دندان‌های انسان ندارد.
معده‌ی انسان خیلی نازک و کم‌زورتر از معده‌ی حیوانات گوشت‌خوار می‌باشد تا بتواند تکه‌های گوشت نجویده را که حیوان به تعجیل بلعیده به خوبی لِه نموده هضم بکند. چون دندان‌های گوشت‌خواران پهن و یک‌نواخت نیست، گوشت خام را نجویده فرو می‌دهند و هضم آن را به معده‌ی عضلانی خود واگذار می‌نمایند. غده‌ی معده‌ی انسان آزت زیادی که در گوشت هست نمی‌تواند مانند گوشت‌خواران تبدیل به آمونیاک بکند.
ترشّحات معده‌ای و بزاق غده‌های لوزالمعده‌ی او گوشت را حل نمی‌نماید.
کبد انسان چون نمی‌تواند آزت گوشت را دفع بکند همین سبب امراض نقرس و روماتیسم و ناخوشی اعصاب می‌شود.
از طرف دیگر روده‌های گوشت‌خواران کوتاه است و گوشت فاسد شده در آن‌جا توقف نمی‌کند. درازی روده‌های انسان یک دلیل دیگر است که گوشت‌خوار نمی‌باشد زیرا که در روده‌های انسان گوشت مانده فاسد می‌شود و تولید میکروب‌های کشنده می‌نماید. هم‌چنین سبب فساد در امعاء می‌گردد، چنان‌که ناخوشی‌های زخم‌روده و آپاندیسیت در نتیجه‌ی همین فساد تولید می‌شود.
ناخون‌های ما را نباید با پنجه‌ی شیر اشتباه کرد. خوردن گوشت بدون استخوان نشان می‌دهد عضلاتی را که انسان از استخوان جدا کرده می‌خورد یک خوراک طبیعی او نیست زیرا که املاح معدنی برای بدن نهایت لزوم را دارد و گوشت‌خواران آن را از استخوان می‌گیرند و اگر بخواهیم خوراک خودمان را از گوشت گرفته باشیم باید استخوان را هم مانند جانوران درنده بخوریم تا فسفات‌های آن به بدن برسد.

همه‌چیز گواهی می‌دهد که انسان گوشت‌خوار نمی‌باشد. نه تنها ساختمان درونی او میوه‌خوار درست شده بلکه ساختمان خارجی طرز زندگانی و عادات و روش و اخلاق او گواهی می‌دهد که گوشت‌خوار نبوده است. دهان او مانند پوزه‌ی گوشت‌خواران گشاد نمی‌شود تا شکار خود را به بلعد. زبان نرم و طریقه‌ی آب خوردن او که لیس نمی‌زند و دست‌های او بدون پنجه است، دندان‌های کلبی او بلندتر از سایر دندان‌هایش نیست، چشم او مانند گوشت‌خواران در تاریکی نمی‌بیند و بوی حیوان زنده را از دور استشمام نمی‌کند و ناخن‌های او را اگر بگذارند بلند بشود با آن‌ها کوچک‌ترین پرنده یا حیوانی را نمی‌تواند بدراند. او به آسانی از درخت بالا می‌رود و میوه می‌چیند ولی نمی‌تواند جست و خیز زده جانوران وحشی را در حال دو بگیرد، گوشت خام یا گندیده را نمی‌تواند بخورد و طبیعتاً از کشتار و خون گریزان است. جانوران درنده پس از آن‌که حیوانی را شکار کردند او را زنده با پوست و رگ و پی و آلودگی‌های دیگر می‌خورند و دندان خود را در روده‌ی او فرو می‌برند، حیوانات چرنده باوانس می‌گیرند در صورتی‌که انسان از حیوانات درنده می‌گریزد...

حواس انسان از میوه لذت می‌برد، چشم از دیدنش و شامه از بوی آن و ذائقه از مزه گوارای میوه محظوظ می‌شود. میل غریزی انسان از دیدن کشتار و خوراک‌های خونین متنفر است. بچه که هنوز ذائقه‌اش خراب و فاسد نشده گوشت را با تنفر دور می‌کند و هنگامی که فرصت را غنیمت می‌شمارد میوه را می‌دزدد و به واسطه‌ی کم یابی میوه در خوراک است که به جای این خوراک خوشمزه و ساده بچه‌ها حریصانه هر چه که شبیه به آنست و یا مزه‌ی آن را دارد مثل شیرینی‌های رنگ‌رزی شده و قند مصنوعی به چنگ آورده ذائقه خود را فریب می‌دهند. این میل همان قدر طبیعی است که بچه‌های سگ یا گربه سر یک تکه استخوان به یکدیگر غرش

۷۵

کرده و آن را با لذت می‌بلعند. اما پس از آن که به بچه‌ی انسان گوشت خورانیدند گوشت‌خوار می‌شود.

موریس فوزی در کتاب سقوط انسانیت می‌نویسد: «تشریح الابدان، علم الاعضاء و ساختمان دندان‌ها و میل‌های غریزی یک میمون بزرگ کاملاً شبیه به ماست. تنها خون اوست که خویشاوندی نزدیکی با خون انسانی دارد. از طرف دیگر تشریح الابدان، علم‌الاعضاء و دندان‌ها و خون و میل‌های طبیعی یک گوشت‌خوار و یک علف‌خوار و یا یک دانه‌چین روی هم رفته با مال ما فرق دارد. آیا ساده‌ترین منطق آشکارا بطرز انکار ناپذیری به ما نشان نمی‌دهد که خوراک طبیعی ما باید از همان موادی ترکیب شده باشد که خوراک میمون‌های بزرگ یعنی میوه‌ی خام؟»

تنها میل غریزی انسان را به سوی میوه‌های رسیده و خام و شیرین و خوش‌بو و خوش‌مزه و گوارا می‌کشد که می‌تواند بدن او را پُرزور، و تن‌درست نگاه دارد و سلول‌های بدن را مرمت کرده استخوان‌ها را تقویت بنماید. طبیعت سفره‌ی خوانی است که برای جنبندگان خودش گسترده شده هیچ یک از آن‌ها احتیاج ندارند خوراک خودشان را آماده بسازند. تنها انسان است که این احتیاج غیر طبیعی را اختراع کرده خوراک‌های من‌درآری و ساختگی می‌خورد و از همین رو پیوسته ناخوش و بیچاره شده زندگانی او سرتاسر یک کابوس جان‌گداز و پر از اندیشه‌های هولناک گردیده است.

آیا این حقایقی که آن قدر روشن و آشکار است چرا نباید به آن رفتار بنمایند؟ زیرا که این مسئله شکم است که انسان کنونی بیش از همه‌ی جانوران به آن علاقه‌مند می‌باشد و اولین حیوان دله‌ی پرخوار و شکم‌پرست است که سرو جانش را فدای جهاز هاضمه‌اش می‌کند و نمی‌خواهد از سفره‌ی خود چیزی بکاهد. انسان متمدّن امروزی و هم‌چنین وحشی‌های سرگردان به جز شکم و شهوت چیز دیگری را در نظر ندارند. ترسش از

مرگ است و می‌ترسد مبادا از بنیه‌ی او کاسته گشته یک قـدم بـه سـوی مرگ نزدیک‌تر بشود، در صورتی که نمی‌داند همان خوراک‌های بـی‌پیـری که به زحمت هر چه تمام‌تر وقت خود را صرف آماده کردن آن‌ها می‌نماید اسباب بدبختی او را فراهم می‌کند. او نمی‌خواهد از لذت ساختگی که انسان از روی نادانی و سُستی برای خودش درست کرده دست بکشـد و بـالاخره این یک سکته‌ای است که به تمدن و برتری او وارد می‌آورد. او مـی‌خواهـد همه چیز را بخورد، می‌خواهد آزاد باشد اگر چه تیشه بر ریشه‌ی خود بزند. این تمدن خوفناک، این زندگانی مسکین را با خون دل برای خودش اختـراع کرده و از همین رو می‌ترسد. اما انسان میوه‌خوار و گیاه‌خوار که از روی هوی و هوس و خودستائی حالا همه‌چیزخوار شده است یا خوراک طبیعی خـود را خواهد خورد یا نابود خواهد شد.

گان ـ ۲۲ دسامبر ۱۹۲۶

فصل سوم

تجزیه شیمیائی مواد خوراکی

خوراک عبارت است از موادی که به توسط اعضاء جذب شده و برای مَرِمّت قوائی که بدن به مصرف رسانیده به کار می‌رود. مواد لازم برای بدن انسان را شیمی‌دان‌ها به چهار قسمت عمده تقسیم کرده‌اند از این قرار:

۱ـ آلبومینوئیدها - که مانند سفیده‌ی تخم‌مرغ دارای آزت می‌باشد. عضلات از این ماده تشکیل می‌یابد. خوراک‌هائی که بیشتر از همه این ماده را دارد عبارت است از: گوشت، تخم‌مرغ، پنیر، غلات خشک، لوبیا، نخود، عدس، میوه‌های روغن‌دار و غیره.

۲ـ چربی - که در بعضی مواد حیوانی یا نباتی یافت می‌شود مثل کره، روغن، روغن‌های نباتی، زیتون، کنجد، پنیر، بادام، گردو، فندق و غیره.

۳ـ مواد نشاسته‌ای - یا هیدرات دوکاربن که قند طبیعی آن‌ها برای پرورش عضلاتی لازم است: غلات، نان، سیب‌زمینی، بلوط، نخود، عدس، لوبیا، میوه‌های تازه، شیر،عسل و غیره.

٤ـ نمک‌های معدنی - که تولید نسوج استخوان و ترشّحات بدنی را می‌نماید عموماً به شکل نمک دیده می‌شود: کلرورها، کاربونات‌ها، فسفات‌ها در پوست حبوبات و هم‌چنین در میوه‌های تازه به مقدار زیاد یافت می‌شود.

برای این که یک خوراک کامل باشد می‌بایستی همه‌ی این مـواد را در برداشته باشد ولی چون خوراک‌های کامل کمیاب است عموماً بعضی از مواد غذائیه را با یک‌دیگر ترکیب می‌نمایند تا خوراک کامل به دست بیاید. برای این کار باید ارزش آن مـواد را دانسـت. در جـدول جداگانـه نمونـه‌ای از تجزیه‌ی خوراک‌ها که واحد مواد تجزیه شده کیلو گرام (هزار گـرم) و وزن هر یک از آن مواد به گرم سنجیده شده می‌نگاریم:

این جدول از روی تجربیات شیمی‌دان‌های بزرگ اروپا مانند وورتـز، پـاین و کنینگ[1] گرفته شده و جلو خوراک‌های کامل علامت ستاره می‌باشد.

مطابق عقیده‌ی شیمی‌دان‌ها بدن انسان از این چهار مـواد ترکیـب یافتـه و چنان‌که ملاحظه می‌شود مابین خوراک‌ها آزت گوشت زیاد است امـا مـواد دیگر در آن کمیاب می‌باشد و جزو خوراک کامل حساب نمی‌شود، بر عکس می‌بینیم مواد مغذی غلات و بنشن‌ها بیشتر از گوشت آزت دارند. به علاوه مقدار زیادی مواد نشاسته‌ای و معدنی در آن‌ها موجود اسـت. اگـر چـه در بعضی از غلات بیش از خمس مواد آزته یافت نمی‌شود، مثلاً در برنج مقدار آزت آن کمتر از یک در پانزده است اما چه اهمیتی دارد؟ بسیاری از مـردم روی زمین از غلات زیست می‌کنند و اگر آزت برنج کم است آیا مـی‌شـود گفت که چینی‌ها و ژاپنی‌ها ضعیف‌تر از دیگران هستند؟

همین جدول نشان می‌دهد که مواد مغـذی میـوه‌هـای روغـن‌دار و بـادام بیشتر از گوشت است. غـلات، بنشـن‌هـا و میـوه‌هـای خشـک و بعضـی از سبزی‌های تازه دو برابر گوشت «اسید فسفریک» و ده برابر آن آهن دارد. فسفرها برای تقویت اعصاب و آهن برای خون یکی از مهـم‌تـرین اغذیـه‌ی

---

[1] مطابق تجربیات ثابت شده که بدن انسان در هنگام کار مواد آزوتی استعمال نمی‌کند و قند «گلوکوز» تنها ماده‌ی محترقه‌ایست که در بدن به کار می‌رود. لهذا برای بدن مرد کارگر خوراک‌هائی که دارای «هیدرات دوکاربن» یعنی قند و نشاسته و چربی است، به خوبی کفایت می‌کند.

انسان به شمار می‌آید و برتری اغذیه‌ی نباتی از همین رو ثابت مـی‌شـود و چون که عوام گمان می‌کنند گوشت یک خوراک مقوّی است ولیکن تجزیه‌ی شیمیائی برعکس آن را نشان می‌دهد.

دکتر کارتن‌می‌گوید: «موادی که در هر زمان و همه جا نزد همه‌ی مردمان یک اهمیت اولیه دارد مواد نشاسته‌ای، غلات و چربی‌ها هستند.»

«پس این مواد که به تنهائی قوه و استقامت می‌دهند در گوشت که خیلی کم مواد نشاسته‌ای دارد از ٤ الی ٥ در هزار بدست نمی‌آوریم. در صورتی‌که غلات از ۶ الی ۱۰۰ و میوه‌های شیرین از ۱۵۰ تا ۲۰۰ در هزار دارا هستند و هرگاه به خواهیم هنوز از نقطه‌ی نظر نمک‌های معدنی بسنجیم مشاهده خواهیم کرد که گوشت از ۹ الی ۱۵ در هزار بیشتر ندارد ولی در گردو و غلات از ۳۰ تا ۵۰ در هزار یافت می‌شود.»

از این رو گوشت‌خواران به قیمت گزافی آب خریداری می‌نمایند. آزت گوشت بدون استخوان برای بدن انسان یک چیز زیادی و خطرناک است. هم‌چنین آزت بنشن‌ها مانند لوبیا و عدس اگر چه سموم گوشت را ندارد ولی زیاده روی در آن نیز مضر خواهد بود و همان اندازه‌ای که در نان و میوه‌های روغن‌دار و بعضی سبزی‌ها یافت می‌شود برای بدن به‌خوبی کفایت می‌کند و از هوا نیز آزت می‌گیرد. مواد حاره‌ای میوه‌های روغن‌دار ۵ مرتبه زیادتر از گوشت است. بادام و گردو از نقطه‌ی نظر غذائیت خیلی مهم هستند و تا مدت زیادی انسان را سیر نگاه می‌دارند. انجیر خشک خیلی مقوی است و به تنهائی بدن انسان را تغذیه می‌دهد.

خیلی آسان است که به جای گوشت غلات و میوه و غیره استعمال بنمایند. سبزی‌ها و میوه‌های تازه دارای نمک‌های معدنی و قند طبیعی هم‌چنین قوای پرتو خورشید است که در آن‌ها ذخیره شده و همه مواد لازمه‌ی بدن را دارا هستند.

تجزیه‌ی شیمیائی مواد خوراکی

اسامی خوراک	آب	آزت	چربی	نشاسته	نمک‌های معدنی
گوشت چارپایان	۷۸۰	۱۷۰	۵۰	٤ تا ۵	۹ تا ۵۱
گوشت جوجه	،،	۲۰۰	،،	،،	۱۱
* تخم مرغ	۷۵۶	۱۲۲	۱۰۷	۵	۱۰
* شیر گاو	۸۶۵	۳۶	٤۰	۵۵	٤
گوشت ماهی	۷٤۰	۱۳۵	٤۵	،،	۱۵
* گندم	۱٤۰	۱٤۶	۱۲	۶۷۹	۱۶
*جو	۱۳۰	۱۳٤	۲۸	۶۳۶	٤۵
*ذرت	۱۷۷	۱۲۸	۷۰	۵۹۹	۱۱
برنج	۱٤٤	۶٤	٤	۷۸۱	۶،۸
*عدس	۱۱۵	۲۶۵	۲۵	۵۸۰	۱۶
سیب زمینی	۷۶۰	۱۵	۲	۲۰۰	۱۰
انگور	۸۱۰	۷	،،	۱۵۰	۵
انجیر خشک	۲۹۰	٤۰	۱۳	۶۳٤	۲۷
* بادام	۵٤	۲٤۲	۵۳۷	۷۲	۲۹
نان	۳۳۰	۸۸	۱۰	۵۵۰	۱۷
پنیر	۳٤۶	۳۳۵	۲۵۰	،،	۳۳،۵

مقدار انرژی در یک کیلو گرام غذا که به «کالوری» سنجیده شده

گوشت بی‌چربی	۱،۱۵۰	برنج	۳،۵۱۰
، چرب	۲،۸۰۰	عدس	۳،۶۰۰
شیر	۷۳۰	سیب‌زمینی	۹۰۲
تخم‌مرغ	۱،٤۶۰	بادام	۶،۰۰۰
کره	۷،۵۸۰	انجیرخشک	۳،۷۶٤
گندم	۳،۵۰۰	شوکولات	٤،۸۸۰
نان	۲،۷۱۸	ذرت	۳،۶۱۰

چربی حیوانی در معده هضم نمی‌شود و کار آن را کُند می‌کند پس بدن خودش چربی را باید درست بنماید. داستر نوشته: «در نتیجه‌ی یک مباحثه‌ی معروف که دوما بوسینیول، پاین لییه بیگ، پروز مایلن، ادوارد فلورنس‌شو و بعد برتلو و کلود برنار[1] در آن دخالت داشتند به ثبوت رسید حیوان با چربی که به او می‌دهند پروار نمی‌شود و همچنین نبات، امّا به طرق دیگری او خودش چربی را می‌سازد.»
حیوانات علف‌خوار از روی تجزیه شیمیائی خوراک خود را آماده نمی‌کنند با وجود این همه مواد لازمه بدن خودشان را فقط از سبزی‌ها می‌گیرند. چربی یک خوراک فاسدی است که تمام آن در نزدیکی آتش درست شده هم‌چنین چاشنی‌های رنگ برنگ و ترشی‌های ساختگی برای بدن مضر است. میوه که خوراک طبیعی انسان می‌باشد نه پختن و نه فلفل و نه زردچوبه لازم دارد. از این گذشته باید دانست که به غیر از مواد شیمیائی خوراک که قابل تجزیه هست عناصر دیگری در آن وجود دارد که خیلی قابل اهمیت می‌باشد، مانند ماده‌ی حیاتی «ویتامین» که تنها در نباتات به مقدار زیاد یافت می‌شود. چون‌که بدن حیوان نمی‌تواند آن‌را ترکیب بکند و هرگاه گوشت‌خواران استخوان‌ها و خون قربانی‌های خودشان را زنده زنده بمکند باز هم مدیون گیاه‌هائی هستند که حیوانات بیچاره چریده بودند ولی مواد حیاتی دارای قوه و خاصیت اولیه‌ی خودش نیست چون‌که در بدن حیوان تجزیه شده و به مصرف رسیده و از این رو گوشت برای بدن انسان یک خوراک من‌درآری و بر خلاف طبیعت است.
میوه‌های خشک مانند گردو، نارگیل، بادام و میوه‌های تازه دارای مادّه‌ی حیاتی و قوّه‌ی روان‌بخش خورشید است. هم‌چنین نمک‌های لازمه را در بر

---

[1] اسامی شیمی‌دان‌های بزرگ اروپا

دارند و به آسانی در معده‌ی هضم شده مادّه‌ی سمّی باقی نمی‌گذارند. اما به شرط این‌که رسیده و به مقدار کم بوده باشد به خوبی مرمّت انساج را می‌نماید. بعضی از میوه‌های نشاسته‌ای مثل موز هندی، بادام و خرما خوراکی‌های مقوی هستند و در نواحی گرمسیر بسیاری از مردم را به تنهائی خوراک می‌دهند.

نباید زیاد به تجزیه شیمیائی پشت‌گرمی داشته باشیم. آیا حیوانات خوراک خودشان را تجزیه می‌کنند؟ آیا نسوج حیوانات علف‌خوار و میوه‌خوار از چربی و آزت و مواد نشاسته‌ای و نمک‌های معدنی ترکیب نیافته؟ باید همه این مواد را خود بدن درست بکند.

فصل چهارم

تاریخ گیاه‌خواری

تاریخ گیاه‌خواری با تاریخ پیدایش آدمی‌زاد در روی زمین شروع می‌گردد. چنان‌که از روی علوم ثابت شده او مانند میمون‌های بزرگ در جنگل‌های نواحی گرمسیر می‌زیسته و خوراکش تنها میوه‌ی درخت‌ها بوده است و میلیون‌ها سال با همان خوراک زیست کرده. اما به واسطه‌ی بعضی پیش‌آمدهای ناگهانی مثل زمین لرزه و غیره ناگزیر شده به نواحی دیگر کوچ بکند و به مناسبت تغییر آب و هوا، از گرسنگی، ناچاری و نایابی میوه ناگزیر گردیده گوشت جانورانی را که برای دفاع می‌کشته بخورد و پس از پیدا کردن آتش توانسته این عادت را نگاه‌داری بکند.

پرفسور بونژ در کتاب علمی خود[1] چنین می‌نویسد: «در زمان‌های ماقبل انسانی نیاکان آدمی‌زاد مانند میمون‌های بزرگ در شاخسار درختان زندگانی می‌کرده و از میوه تغذیه می‌نموده است. ساختمان بدن انسان کنونی گواهی می‌دهد چون‌که او دارای روده‌های یک میوه‌خوار و گیاه‌خوار می‌باشد.

هنگامی که انسان زندگانی حیوان خزنده را ترک کرده و موقعیت قائم را پذیرفت خوراک او تغییر نمود و گوشت و نباتات را با هم خورد... امّا این

---

[1] Bunge: Le Droit c'est la force

۸٤

تغییر خوراک در بدن انسان تولید سموم نموده از آن‌جا امراض تولید گردید. غذای گوشتی روده‌های کوتاه می‌خواهد و چون گذرگاه لوله‌ی هاضمه زیاد دراز است به زودی در آن‌جا تولید فساد کرده و ناخوشی‌هائی که از این راه بگیرند موروثی گشته پیوسته سخت‌تر می‌شود به خصوص نزد بچه‌هائی که از خویشان هم‌خون به دنیا بیایند.»

پروفسور هئر آلمانی راجع به خوراک انسان اولیه می‌گوید: «غرس درخت‌های میوه و کشت غلات به ازمنه‌ی خیلی قدیم می‌رسد و در آن زمان میوه استعمال می‌کرده‌اند... سیب و گلابی زغال شده پیدا کرده‌اند و آن‌ها را دولپه می‌نموده‌اند و برای توشه‌ی زمستان خودشان خشک می‌کرده‌اند.»

اطراف قدیمی‌ترین اقامت‌گاه نژادهائی که کنار دریاچه‌ها در خانه‌ی چوبی منزل داشته‌اند در سویس «وانگن ربرنهوزن کنسیز»[1] توده‌های ذغال شده‌ی میوه‌های جنگلی پیدا کرده‌اند که برای آذوقه‌ی زمستان خشک شده بوده و به علاوه در آلونک‌های آن‌ها آسیاب‌های دستی پیدا گردیده است.

بوردو در کتاب «تاریخ خوراک» خود نوشته: «خوراکی پیدا نمی‌شود که استعمال آن آن‌قدر قدیمی و عمومی بوده باشد که میوه‌ها. چیدن آن‌ها تنها مایه‌ی معیشت انسان اولیه بوده. در نواحی نیمه حاره که میوه‌های عالی می‌رسد در تمام مدت سال هنوز ساکنین آن‌جا از این حاصل آسان زندگانی می‌کنند. کاشتن درخت‌های میوه در هر جائی که عملی می‌شده به ابتدای تمدن زراعتی می‌رسد.»

---

[1] Wangen Robvenhausen Concise

پرفسور فویه می‌نویسد: «مطابق علم الاعضاء انسان اولیه گوشت نمی‌خورده و میوه‌خوار بوده است. پس می‌توان به قول «داروین» باور کرد که او آرام بوده نه درنده چنان که «گستاولوبون» گمان می‌کند. گرگان یک‌دیگر را نمی‌درند نه شیران و نه ببران معلوم نیست برای چه این احتیاج غیر طبیعی در انسان پیدا شده. بدرفتاری درباره‌ی زنان مابین بسیاری از طوایف وحشی و حالت اسارتی که او را نگاه داشته و هم‌چنین عادت این که بسن معینی که رسیدند آنان را بخورند، تمام این‌ها از بربریت مردها می‌باشد که در ابتدا وجود نداشته...»

گمان کرده‌اند که نیاکان آدمی‌زاد زمان طویلی از حاصل ماهی‌گیری و شکار زندگانی نموده‌اند بدون این که بسلامتی ایشان لطمه‌ای وارد آمده باشد. اما این فرض را نمی‌شود پذیرفت. اگر انسان اولیه موقتاً خانه‌های چوبین در کنار دریاچه‌ها ساخته تنها برای محافظت کردن خودش از دست جانوران درنده بوده است نه برای آسان کردن ماهی‌گیری، چون‌که ماهی‌ها از جلو یک کشتار دائمی طبیعتاً فرار می‌کردند. بعلاوه از شماره‌ی آن‌ها کاسته می‌شد. از طرف دیگر انسان اولیه آلات ماهی‌گیری انسان امروزه را نداشته، مثل قلاب، تور و غیره، هم‌چنین آلات عجیب و غریبی که امروزه در شکارگاه‌ها به کار می‌برند برای آن‌ها مجهول بوده است و به آسانی گوشت جانوران را بدون وسایل لازمه‌اش مانند چوپانی و کارد و سلاخ‌خانه و آتش و چاشنی‌های گوناگون و غیره نمی‌توانستند بخورند در صورتی که نباتات فراوان آن‌ها را احاط کرده و از میوه‌ی خوشمزه و گوارا به آسانی می‌توانستند زندگانی خود را تأمین بنمایند، برعکس آن‌ها بخصوص میوه‌خوار بوده و روزهای خوشبختی داشته‌اند.

به‌هرحال زیاده از موضوع دور نشویم. از مطالب فوق معلوم می‌شود که گیاه‌خواری یک چیز تازه درآمدی نیست. ما می‌رویم نشان بدهیم که

گیاه‌خواری در هر آب و هوا و نزد طبقات مختلفه‌ی مردم امتحان خوبی داده است.

باهوش‌ترین دانشمندان و خردمندان هر زمانی و همه‌ی پیغمبران و پیشوایان عقاید و همه کسانی که به بهبودی اخلاقی نژاد آدمی‌زاد علاقه‌مند بوده‌اند و برای پیشرفت ذهنی و برتری مقام انسانیت کوشیده‌اند، همه‌ی آنان گیاه‌خوار شناخته شده و پرهیز از گوشت‌خواری را یکی از بزرگ‌ترین عوامل پرهیزکاری بشر دانسته به پیروان خودشان سفارش نموده‌اند. چنان‌که از داستان ملل آشکار می‌گردد پیشرفت اخلاقی و توسعه‌ی فکری با خوراک آنان وابستگی نزدیکی داشته است و امروزه نیز بسیاری از بزرگان ومتفکرین دنیا همین طرز خوراک را پیروی می‌نمایند. برای نمونه بعضی از آنان از این قرارند:

بودا، زردشت، فیساقورس، مغان ایران، دانشمندان هند، کاهنان مصر، فلاسفه‌ی یونان: همر، سقراط، افلاتون، ارستو، پلوتارک، اپیکور، سنک، پلین، مارکورل، ویرژیل، زنن، رهبانان ترسائی: اریژن، کریزستم، سن‌کلمان دالکساندری، فلاسفه و عرفا و متصوفین اسلامی: حضرت امیر، ابوعلی‌سینا، ناصر خسرو، شیخ نجم‌الدین رازی، ابوالعلاء معری، شیخ‌عطار، مولوی، غیبیون، یزدانیان، مزداسنان، و غیره. باکن، کرناور، گاسندی، میلتن، شودن برگ، نیوتن، پاسکال، فنه‌لون، مونتنی، برناردن دوسن پییر، آنکتیل دوپرون، شارل ندییه، ژان ژاک روسو، فرانکلن، شلی، لامارتین، واگنر، میشله، شوپن‌هاور، تولستوی، فابر، رکلوس، بوسوئه، ولتر،ادیسون، مترلینگ، کارپانتر و غیره...

در بیشتر کیش‌ها پرهیز از گوشت‌خواری تأکید شده. هندوهای برهمائی یا بودائی به کلی از خوراک حیوانی پرهیز می‌کنند. چون که مذهب آنان قدغن اکید نموده. مصریان باستانی نیز از گوشت احتراز می‌نموده‌اند چون که

حیوانات را مقدس می‌دانستند و فیساغورس که محرم به طریقت آنان بوده این عقیده را در یونان رواج داد.

چنان که از کتب قدیمی هندی‌ها استنباط می‌شود نژاد آرین در ابتدا از خوردن گوشت پرهیز می‌کرده در قوانین مانو (ماناواد هارما ساسترا) که یکی از کتب کهنه‌ی هندی‌ها است نوشته: «کسی که پیروی قوانین را نموده و مانند دیو تشنه بخون، گوشت استعمال نکند در این دنیا به نیک سیرتی کامل رسیده و از شکنجه‌ی ناخوشی‌ها ایمن خواهد بود.»

نخستین قانون بودا می‌گوید: «مکشید - با محبت باشید و سیر دایره‌ی تکامل جانوران را خراب مکنید.» از این جهت مردمان ژاپن و چین و هندوستان که بیشتر اهالی روی کره‌ی زمین را تشکیل می‌دهند گیاه‌خوار می‌باشند.

شت زردشت در اندرزهای خودش کشتن جانوران بی‌آزار را که آفریدگان آهورامزدا هستند یک جنایت زشت می‌داند. در اوستا کشاورزی اولین کار مقدس انسانی است، هم‌چنین خوراک‌های پاکیزه را که زمین به شکل میوه به ما می‌دهد ستایش می‌نماید. برای این ملت کشاروز و روستا مرگ هر حیوانی که از جمله‌ی آفریدگان هرمز بوده یک نفع اهریمن بشمار می‌آمده و در گاتهای ۳۲ می‌خوانیم: «آهورا مزدا نفرین می‌کند به کسی که چارپایان را بکشد.» در روایت پارسیان آمده که زردشت با شیر و گیاه تغذیه می‌نموده.

ایرانیان باستانی از پلیدی و آلودگی خوراک حیوانی پرهیز می‌کرده‌اند. در کتاب دبستان نوشته: «اما نشده که یزدانیان بزرگ، دهان به گوشت آلایند، چه گوشت خوردن صفت انسانی نیست، چه هرگاه به قصد خورد خویش کشد سبعیت در طبیعت نشیند و این غذا نیز آورنده‌ی درندگی است.»

دو قانون گذاری که پس از زردشت آمدند، مزدک و مانی مانند بودائیان خوردن گوشت را قدغن می‌نمایند. پیروان فیساغورس از انجیر و سبزی‌ها و میوه و عسل و نان زندگانی می‌کرده‌اند. خود فیساغورس که به سن صد سالگی مرد درباب گوشت‌خواری گفته: «بترسیدای میرندگان که خودتان را به چنین خوراک چرکینی آلوده سازید.»

هوراس نقل می‌کند که «ارفه» برای آرام کردن طبیعت درنده‌ی یونانیان قدیم استعمال گوشت را منع نمود.

حضرت امیر که زندگانی ریاضت‌مندانه می‌نموده راجع به گوشت‌خواری می‌فرماید: «لاتجعلوا بطونکم مقابرالحیوانات.» در اسلام بسیاری از طریقت‌های متصوفین و عرفا، گیاه‌خوار بوده‌اند. پزشک نامدار ابوعلی‌سینا مرید گیاه‌خواری بوده و در کتاب‌های خودش مضار گوشت را بیان می‌نماید و گفته: حذر کنید از خوردن گوشت جانوران. هم‌چنین نجم‌الدین رازی در مرصادالعباد نوشته از گوشت بسیار احتراز کنید و نظریات خود را شرح می‌دهد:

سنک (Seneque) که یکی از فلاسفه‌ی بزرگ بوده است بر ضد استعمال گوشت مطالب مهمی می‌نویسد که مختصر آن این است: ۱- هیچ چیز آن قدر طبیعی نیست مگر تنفّری که از خوردن گوشت حیوانات به ما دست می‌دهد. ۲- اگر آدمیان اولیه به این کار تَن‌دَر دادند از روی ناچاری فوق‌العاده بوده است.۳- نمک‌نشناسی، بربریت و هواپرستی از خوردن گوشت پیدا می‌شود. ٤- ساختمان بدن انسان برای گوشت‌خواری درست نشده.

«شما از اژدهای وحشی، یوزپلنگ و شیران سخن می‌رانید و خودتان در ستم‌گری دست این جانوران را از پشت بسته‌اید. چون که کشتار برای آنان

۸۹

خوراک به شمار می‌آید اما برای شما یک لقمه‌ی لذیذ است و باید آن قدر ظرافت به کار ببرید تا تنفر آن را بپوشانید.»

پلوتارک از فلاسفه‌ی یونان می‌گوید: «تو از من می‌پرسی چرا فیساغورس از خوردن گوشت جانوران پرهیز می‌کرده؟ اما من برعکس از تو سؤال می‌کنم کدام انسان اول جرئت کرد که گوشت مردار را به دهان خود نزدیک بکند... که سر سفره‌ی خود اجساد کشته و لاشه استعمال به نماید و در شکم خودش اعضائی را غوطه‌ور سازد که لحظه‌ی پیش آواز برمی‌آورند و غرش می‌نمودند و راه می‌رفتند و می‌نگریستند؟ چگونه چشم‌های او طاقت دیدار کشتار را آورد؟ چگونه توانست خون گرفتن و پوست کندن و تکه تکه کردن یک جانور بیچاره‌ی بدون دفاع را به‌بیند؟ چگونه توانست طاقت منظره‌ی گوشت‌های لرزان را بیاورد؟

«جانورانی را که شما می‌خورید آن هائی نیستند که دیگران می‌خورند. شما به خون حیوانات بی‌گناه آرام تشنه هستید که به هیچ کسی آزار نمی‌رسانند، که به شما انس می‌گیرند که برای شما کار می‌کنند و شما به جای مزد خدمتشان آن‌ها را می‌بلعید!»

«ای جانی بر ضدّ طبیعت هرگاه لجاجت می‌کنی که ترا درست کرده‌اند تا هم‌جنسان خودت را بخوری، جنبندگانی که دارای عضلات و استخوان هستند حساس و زنده می‌باشند، پس از تنفری که از این خوراک‌های ترسناک به تو دست می‌دهد خودداری بکن...»

پرفسور گاسندی در کاغذ خود به فنّ هلمنت نوشته: «من مدلّل کرده‌ام که مطابق ساختمان دندان‌هایمان به نظر نمی‌آید که برای استعمال گوشت درست شده باشد چون همه جانورانی را که طبیعت برای گوشت‌خواری به وجود آورده دندان‌های بلند مخروطی برنده‌ی نامساوی و از یک دیگر جدا شده دارند - مابین آنان شیر، ببر، گرگ، سگ و غیره یافت می‌شود. امّا

آن‌هائی که برای زندگانی کردن تنها از سبزی‌ها و میوه‌ها درست شده‌اند دندان‌شان کوتاه، کند و نزدیک به هم است. همچنین به قسمت‌های مساوی از یک‌دیگر قرار گرفته.»

ژان کریزستم کشیش گفته: «ما از روی گرگان و ببران گرته برداشته‌ایم یا بدتر از آن‌ها هستیم چون که خدا به ما حس دادگری داده است.»

جان رِی طبیعی‌دان انگلیسی در موضوع گیاه‌خواری این طور بیان می‌کند:«حقیقتاً انسان اعضای یک جانور گوشت‌خوار را ندارد... باغ‌های ما همه لذت‌های روان پرور را جلو چشم ما می‌گسترانند در صورتی که کشتار خانه‌ها و قصابی‌ها پر از خون بسته شده و کثافات شنیع است...»

بوفون از علمای بزرگ تاریخ طبیعی نوشته: «انسان می‌تواند مانند حیوان با نباتات زندگانی بنماید... به نظر می‌آید طبیعت به زحمت برای هوی و هوس و حرص او کفایت می‌کند. انسان به تنهائی خیلی زیادتر گوشت می‌بلعد که تمام جانوران درنده و این از روی اجحاف است و نه از حیث لزوم.»

ولتر معروف می‌گوید: «مردمان از مشروبات قوی تشنگی خود را فرونشانده‌اند و از کشتار سیر گشته‌اند. همه آن‌ها یک خون به جوش آمده و سوزان دارند که آنان را به صد گونه دیوانه می‌کند. دیوانگی بزرگ آن‌ها وسواس خون‌ریزی برادران خودشان و ویران کردن دشت‌های حاصل‌خیز است تا این که روی آن گورستان‌ها سلطنت بکنند.»

به لاشخوران متعصب این کلمات شلی را می‌دهیم تا اندکی فکر بنمایند: «تشریح‌الابدان قیاسی به ما نشان می‌دهد که انسان شبیه به حیوانات میوه‌خوار می‌باشد و هیچ نشانی از گوشت‌خواری در او نیست. نه پنجه دارد تا شکار خود را بگیرد و نه دندان‌های بلند تیز دارد تا حیوان زنده را پاره بکند. یک ماندارن اولین طبقه‌ی چین که ناخن‌های او به بلندی دوشست

می‌رسد نخواهد توانست یک خرگوش زنده را به دراند. به وسیله‌ی همه نیرنگ‌های شکم‌پرستی است که یک گاو وحشی را گاو اهلی می‌کنیم و قوچ را مبدل به گوسفند می‌نمائیم که برخلاف طبیعت می‌باشد تا نسوج او نرم و فاسد بشود - این تنها از آرایش کردن گوشت مردار و گمراه کردن آن است به وسیله‌ی پُخت‌وپُز علمی که آن را قابل جویدن می‌نمائیم و تبدیل به چاشنی می‌کنیم تا از تنفری که از خون به ما دست می‌دهد پرهیز کرده باشیم. من خواهش می‌کنم از همه‌ی آن‌هائی که آرزوی راستی و خوشبختی را می‌نمایند از روی صداقت یک امتحان خوراک نباتی را روی خودشان بکنند... بدبختانه ترجیح این خوراک را تنها مابین مردمان دانشمند مشاهده می‌نمایند که می‌توانند از شکم‌چرانی و خرافات چشم بپوشند. زیرا مردمان کوته‌نظر که قربانی ناخوشی‌ها هستند ترجیح می‌دهند دردها و ناخوشی خود را به وسیله‌ی داروها آرام بکنند تا پیش‌بینی آن را به توسط خوراک بنمایند.»

بسوئه (Bossuet) نطاق بزرگ تردید نمی‌کند که فساد اخلاقی و جسمانی انسان را به خوراک مرداری او نسبت بدهد:«... اکنون برای خوراک با وجود تنفری که طبیعتاً به ما دست می‌دهد باید خون بریزیم و همه سلیقه به خرج دادن ما برای آراستن و پرکردن سفره خودمان به دشواری کفایت می‌کند تا لاشه‌هائی که می‌خوریم تغییر صورت ظاهری به آن‌ها داده باشیم.»

«اما این تنها بدبختی نیست. زندگانی کوتاه شده و در اثر تندخوئی که در نژاد انسان پیدا گردیده زندگانی کوتاه‌تر می‌شود. انسان که در ازمنه‌ی اولیه از سرجان جانوران می‌گذشته عادت کرده بود تا از سر زندگانی هم‌جنسان خودش نیز دست بدارد...»

یکی از پیشوایان بزرگ گیاه‌خواری کلیزس در کتاب مفصلی که نوشته ثابت می‌نماید: ۱- که انسان به هیچ‌وجه حیوان گوشت‌خوار نمی‌باشد و طبیعتاً آرام‌ترین جنبندگان است. ۲- که کشتار حیوانات اصل و پایه‌ی خطایا و جنایات اوست. هم‌چنین خوراک حیوانی سبب زشتی و پیش‌رسی ناخوشی‌ها و کوتاهی زندگانی او می‌باشد. ۳- که این گمراهی سرنوشت آینده‌ی او را چرکین نموده یعنی زندگانی جاودانی او را به عقب می‌اندازد.

میشله مورّخ و نویسنده‌ی نامدار می‌گوید: «برای زن و بچه این یک عنایت است، یک بخش مهربانی است که بخصوص میوه‌خوار باشند، از پلیدی گوشت‌ها بپرهیزند و از خوراک‌های موجودات بی‌گناهی که سبب مرگ کسی را فراهم نمی‌آورد خوراک‌های خوش‌بو و خوش‌مزه ساخته و با آن‌ها زندگانی بکنند...»

در جای دیگر گفته: «حیوان حقوق خود را در مقابل خدا دارد... حیوان پُر از اسرار تاریک است... دنیای بیکران خواب‌ها و دردهای زبان بسته!... اما نشانی‌های آشکار این دردها را بزبان بی‌زبانی بیان می‌کند. تمام طبیعت بر ضدّ بربریّت آدمی‌زاد که انکار می‌نماید که برادر زیردست خود را پست می‌شمارد، شکنجه می‌کند اعتراض نموده و طبیعت او را در جلو کسی که هر دو آنان را آفریده محکوم می‌سازد...»

«زندگانی، مرگ و کشتاری که خوراک حیوانی تحمیل می‌نماید این مسائل تلخ از جلو چشم من می‌گذرد. چه کِشمَکشِ جان‌گدازی! یک کره‌ی دیگری را آرزو بکنیم که درندگی‌های سرنوشت و پستی‌های این زمین از ما دور بشود.»

لامارتین شاعر حساس فرانسوی اشعار زیادی در خصوص گیاه‌خواری گفته است از جمله یک بیت او اینست: «گوشت حیوانات مانند شکنجه‌ی روح فریاد می‌کشد و مرگ در درون تو تولید مرگ می‌کند.»

فیلسوف بزرگ و نویسنده‌ی نامدار روسی تولستوی می‌نویسد: «عادت گوشت‌خواری بازمانده‌ی ازمنه‌ی بربریت است و ظهور گیاه‌خواری باید خیلی طبیعی و اولین اثر تعلیم و تربیت به شمار بیاید.»

دانشمند بزرگ فابر نوشته: «این است گوشت گاو، گوسفند و پرندگان، چقدر ترس‌ناک می‌باشد. این بوی خون می‌دهد، این از کشتار سخن می‌راند. اگر کسی می‌اندیشید جرئت نمی‌کرد سر سفره بنشیند.»

گوتییه که یکی از استادان بزرگ شیمی معرفت الحیات می‌باشد راجع به گیاه‌خواری می‌گوید: «این طرز خوراک را می‌شود از روی عقل پذیرفت و همه کسانی که تکاپوی کمال مطلوب تکوین و تربیت نژادهای آرام، باهوش، خوش سلیقه ولی پر نسل و قوی و زرنگ و چالاک را می‌نمایند تمجید و ستایش خواهند کرد.»

پروفسور شارل ریشه اظهار می‌دارد: «... باقی می‌ماند بدانیم که خوراک حیوانی لازم است یا نه، هزار مرتبه نه،این خوراک لازم نیست همه چیز گواهی می‌دهد و این الفبای علم الاعضاء است.»

پروفسور لاندوزی که تحقیقات زیادی در باب خوراک نموده گفته است: «خوراک حیوانی که استعمال می‌کنیم و هر روزه بیش از پیش در آن زیاده روی می‌نمائیم خوراک نیست، یک زهر آلوده کننده‌ی بدن ماست.»

مترلینگ از نویسندگان بزرگ معاصر به نوبت خود برتری گیاه‌خواری را از نقطه نظر علمی اعلام می‌کند: «مجبور می‌شوند اقرار بنمایند که هیچ کدام از انتقاداتی که در باره خوراک گیاهی نموده‌اند در جلو منطق خیلی ساده نمی‌تواند ایستادگی بکند. من به نوبت خودم تصدیق می‌نمایم که همه آن‌هائی که شناخته‌ام و پیروی گیاه‌خواری را نموده‌اند در سلامتی آن‌ها بهبودی بزرگی حاصل گردیده، ذهن آنان تُند شده، مانند این که از یک زندان دیرینه‌ی خفه کننده و مسکینی بیرون جسته باشند.»

همچنین می‌افزاید: «هرگاه دنیا می‌توانست از خوراک حیوانی دست بکشد، نه تنها یک شورش اقتصادی پیدا می‌شد بلکه به یک بهبودی اخلاقی منتج می‌گشت.»

رومن رولان در کتاب «ژان کریستف» نوشته: «کرورها هر روز بدون کمترین آزرم و پشیمانی بیهوده قتل عام می‌شوند. اگر کسی به این فکر بیفتد ریشخندش می‌کنند ولیکن این یک جنایت پوزش ناپذیر است و به تنهائی گواهی می‌دهد که چرا انسان درد می‌کشد. او فریاد می‌کشد بر ضد نژاد آدمی‌زاد.»

«اگر خدائی هست و چشم می‌پوشاند او فریاد انتقام می‌زند بر علیه خدا. هر گاه یک خدای خوب وجود دارد بیچاره‌ترین مخلوقات باید آزاد بشود. اگر خدا نیست مگر برای زورمندان دادگری برای سیه‌روزان نخواهد بود برای مخلوقات ناتوانی که پیش‌کشی قربانی آدمیان هستند. نه نیکی و نه دادگری وجود ندارد.»

ریچارد سن می‌گوید: «من صمیمانه آرزومندم که پیش از خاتمه‌ی قرن بیستم نه تنها سلاخ‌خانه‌ها بسته بشود بلکه استعمال گوشت به‌عنوان خوراک وربیفتد.»

خوش‌بختانه اطباء و دانشمندان و ادبا و فلاسفه‌ی بی‌شماری طرفدار گیاه‌خواری می‌باشند و امروزه در تمام ممالک دنیا گروه زیادی این طرز خوراک را پذیرفته‌اند. هم‌چنین پیروان عقیده‌ی مزداسنان و یزدانیان و غیره که دارای نفوذ بزرگی هستند از روی همین طرز خوراک پیروی می‌نمایند که شرح آن گنجایش صفحات این مختصر را نمی‌دهد.

فصل پنجم

مضرات گوشت

بسیاری از اطباء که تحقیقات زیادی درباره‌ی خوراک انسان نموده‌اند معتقد شده‌اند که گوشت برای بدن انسان لازم نمی‌باشد بلکه مولّد بیشتر ناخوشی‌های کشنده شده است چنان‌که برای معالجه‌ی آن‌ها کافی هست که از گوشت پرهیز بنمایند مثل نقرس، اسهال، روماتیسم، سرطان، سل، آپاندیسیت و غیره که به خصوص از استعمال گوشت پیدا می‌شود. این خوراکی را که گمان می‌کردند برای انسان ناگزیر و سودمند می‌باشد امروزه ثابت شده که بی‌فایده‌ترین خوراک‌ها و کشنده‌ی سلول‌های بدن است، اگر از کشتار قصابی که شرافت انسانیت را باد می‌دهد چشم به پوشیم ولیکن حیوانات از این راه انتقام خود را می‌کشند.

حیواناتی که آزادانه زندگانی می‌کنند خیلی کم دیده می‌شود که ناخوش بشوند و دندان خراب اصلاً در نزد آنان وجود ندارد ولی آن‌هائی را که انسان اهلی کرده یعنی مثل خودش نژاد آنان را فاسد نموده دندان کرم خورده دارند. فکین آدمیان اولیه به ما نشان می‌دهد که دندان آن‌ها خیلی کار کرده اما کرم خورده نیست و این دلیل بر آن است که خوراک آن‌ها خیلی ساده و خشن بوده و جویدن زیاد لازم داشته مثل میوه‌های خشک و دانه نباتات ولی سالم و طبیعی بوده است. بودوان در همین خصوص می‌گوید: «نباید به فرضیات کسانی باور کرد که انسان غارنشین را

گوشت‌خوار وانمود می‌کنند آنان به خصوص از نباتات خوراک خود را می‌گرفته‌اند.»

گوشت سبب پیری پیش‌رس می‌شود، چون یک کار فوق‌العاده از اعضای بدن می‌خواهد و مقداری از زهرهای خود را در بدن باقی می‌گذارد که به مرور جذب شده مستعد هرگونه ناخوشی می‌گردند. دکتر الدفیلد می‌نویسد: «امروزه از روی علوم به ثبوت رسیده که انسان در ردیف حیوانات گوشت‌خوار نمی‌باشد بلکه میوه‌خوار است. امروزه این عمل شیمیائی سنجیده شده که هیچ‌کس نمی‌تواند رد بکند نباتات دارای همه مواد لازمه بدن انسان هستند.»

«گوشت یک خوراک طبیعی نیست و تولید اغتشاش در عملیات بدنی می‌نماید. همان‌طوری که آن را در تمدن جدید استعمال می‌نمایند گوشت از حیوانات ذره‌بینی ناخوشی‌های مهیب به مقدار زیاد در بر دارد که به آسانی به انسان انتقال می‌دهد. مانند: سرطان، سل، تب، کرم‌های روده و غیره، هم‌چنین تعجبی ندارد که عادت گوشت‌خواری سبب ناخوشی‌هائی است که در صَدی نَوَد وُ نُه مردم می‌بینید.»

دکتر بن‌ژوی پس از امتحانی که روی خود نموده اظهار می‌کند: «پانزده سال می‌گذرد که به زخم قرحی مبتلا بودم و بر ضد آن بی‌خود زهرهای دواسازی را استعمال می‌کردم: یود، جیوه، بروم، ارسنیک و ترکیبات آن‌ها را به مقدار زیاد بکار بردم بدون این‌که مرض ریشه‌کن بشود... میکرُب پیوسته زیادتر شده و از قوت بدنم که از ناخوشی و میکرُب و دواها ضعیف شده بود همیشه می‌کاست.

«از روی ناامیدی روی طرز خوراک‌های مختلفه امتحان کردم و خیلی باعث تعجبم گردید که گیاه‌خواری مرا به زودی معالجه کرد. این بهترین دوای

مؤثر بود زیرا هنگامی‌که همه دواها را استعمال نمی‌کردم اثر می‌نمود و به محض این‌که گوشت می‌خوردم دوباره ناخوشی عود می‌کرد.»

گوشت غذای مقوی نیست چنان که گمان می‌کنند و مولّد قوّه‌ی عضلات نمی‌باشد. اگر بلافاصله بعد از خوردن آن احساس قوت می‌نمایند فقط در اثر یک تهییج ساختگی و خطرناک است مانند الکل که اعصاب را تهییج می‌کند. برخلاف عقیده‌ی عامه گوشت زهرآلودکننده‌ی بدن است و در روده‌ها فاسد شده تولید میکروب‌های گوناگون می‌نماید. تقریباً همه ناخوشی‌های جهاز هاضمه مربوط به فساد گوشت است. دکتر گاستن دورویل می‌گوید: «تجربیات طبی برای ما کاملاً مضرات گوشت را ثابت کرده و گواهی می‌دهد که آن تقریباً یگانه باعث ناخوشی‌های آلات هاضمه است که سبب سوء هضم، ورم امعاء و آپاندیسیت می‌باشد. آن است که کمک به نشو و نمای محرقه و ذوسنتریه می‌کند. آنست که طفیلی‌های مرض سل و سرطان را تقویت می‌نماید. بهترین دلیل پرهیز از گوشت‌خواری است در موقع ناخوشی‌های کبد و امعاء هم‌چنین سل که سبب بهبودی ناخوشی می‌گردد...»

استعمال الکل و گوشت با یک‌دیگر توام است هر دولازم و ملزوم می‌باشند، دکتر بوشار نوشته: «طرفداری از گیاه‌خواری هم‌چنین جنگ بر ضد الکل‌خواری است، این آفت دنیای امروزه.»

می‌رویم اجمالاً عقاید بعضی از اطباء را درباره‌ی گوشت‌خواری شرح بدهیم: دکتر جیمس می‌نویسد: «من خوراکی را سراغ ندارم که به‌اندازه گوشت گاو تولید یک تهییج غیر طبیعی روی سلسله‌ی اعصاب انسان بنماید.»

دکتر پاسکول: «گول نخوریم گوشت بیشتر مهیج است که مغذی نمی‌باشد به اضافه دارای زهر هم هست.»

دکتر لوگران می‌گوید: «ما باید بدانیم که گوشت کشته شده نیست مگر «مُردار» و به وسیله‌ی گوشت‌خواری از روی میل مقداری از زهر توکسین را داخل بدن خودمان می‌نمائیم.»

دکتر ویکتور پوشه گفته: «ما می‌توانیم یقین داشته باشیم که یک نفر گیاه‌خوار هرگز مرض آپاندیست نمی‌گیرد و خوردن گوشت سبب تولید آن می‌شود.»

دکتر پاپوس می‌گوید: «از وقتی که برزگران شروع کردند هر روز گوشت بخورند مرض نقرس نزد آن‌ها بروز کرد و به همان درجه که شهری‌ها به جای یک بشقاب عدس و یک سوپ خوب بیفتک با سیب‌زمینی خوردند ناخوشی‌های معده و روماتیسم زیاد شد.»

دکتر دک می‌نویسد: «هر چه ساده‌تر زندگانی بنمائیم بیشتر جلو ناخوشی‌ها و میکروب‌ها مقاومت خواهیم کرد، هم‌چنین اعضای بدن ما بهتر کار خواهند نمود.»

پرفسور بوشار اظهار می‌دارد: «گوشت‌خواران زبان چرک، تنفس بد، مدفوعات کثیف و غیر منظم دارند. هم‌چنین ناخوشی‌های معده و امعاء، زخم‌های جلدی، سر درد، روماتیسم، چاقی یا لاغری زیاد در آن‌ها دیده می‌شود.

اغلب اوقات حیواناتی که برای فروش تهیه می‌شوند یک توده زنده ناخوشی‌ها هستند و تا همان زمانی زنده می‌مانند که برای کشتن آماده می‌نمایند تا به مرگ طبیعی نمرده باشند و آن امراض را به آسانی واگیر می‌کنند.

در سرزمین‌هائی که دو نژاد با خوراک مختلف در یک آب و هوا زندگانی می‌کنند دیده می‌شود گروهی که گوشت‌خوارند به مرض سرطان مبتلاء می‌شوند در صورتی‌که گیاه‌خواران از این ناخوشی ایمن هستند، در

هندوستان ما بین مردمان گیاه‌خواران مرض سرطان بطور استثناء دیده می‌شود ولیکن گوشت‌خواران پیوسته مبتلاء به این مرض می‌گردند. در مصر ما بین قبطی‌های گوشت‌خوار شهر نشین و فلاح گیاه‌خوار و در ایرلند اهالی جنوب شرقی آن که گیاه‌خوار هستند و اهالی اولستر که خوراک انگلیس‌ها را می‌خورند ما بین آن‌ها سرطان شیوع دارد و تلفات سنگینی از گمراهی درباره‌ی خوراک خود می‌دهند.

شماره‌ی قربانی‌های مرض سرطان در انگلیس و ممالکی که زیاد گوشت می‌خورند از کرورها افزون گشته و مطابق عقیده‌ی اطباء از خوردن گوشت و خوراک‌های مهیج تولید می‌شود.

دکتر رابرت بل از اطباء انگلیس می‌گوید: «من به طوری متقاعد شده‌ام به ارزش یک طرز خوراکی که بیشتر آن از سبزی‌ها و میوه‌های خام و گردو که به آن اضافه کرده باشند که به هیچ وجه تردید ندارم اعلام بکنم که هرگاه به‌اندازه زیاد سبزی‌ها و میوه‌های خام در خوراک ما به کار می‌رفت از مرض سرطان به زودی یک یادگار تاریخی باقی می‌ماند.»

دکتر جج بلاک نیز می‌نویسد: «بوسیله‌ی خوراک میوه و غلات و سبزی‌ها می‌شود گرفتاران ناخوشی سرطان را، یا یک قسمت عمده اگر همه‌ی آنان نباشند از درد و زجر این ناخوشی آزاد به نمایند. من آن را به مراتب زیاد به تجربه رسانیده‌ام. در آزمایش‌های خودم پس از آن که این طرز خوراک را پیدا کردم یک فصل با سعادتی برای من باز شد.»

بهترین پیش‌بینی برای جلوگیری از ناخوشی‌ها کم خوری و امساک در غذاست. بخصوص خوراک طبیعی که از نباتات گرفته باشند. هوای آزاد، ورزش، شستشوی بدن و فکر آرام انسان را همیشه تندرست، خوش بنیه و خوش‌بین می‌نماید.

انسان به واسطه‌ی استعمال خوراک‌های ساختگی و من درآری سلامتی خود را از دست داده، بنیه‌ی او به تحلیل رفته و بزودی تخم ناخوشی‌های گوناگون در او نشو و نما می‌کند، ترکیب و ساختمان تن او از تناسب افتاده‌ی زیبائی حیوان آزاد و زشتی حیوان اهلی (متمدّن) به همان پایه است که انسان شهر نشین متمدن با انسان آزاد و روستا که در آغوش طبیعت پرورش یافته. آیا هیچ ندیده‌اید کسانی را که مانند خمره باد کرده‌اند، خون از سر و صورت آن‌ها می‌چکد، دور چشم‌شان حلقه‌ی کبود رنگ افتاده، سر کچل، شکم پیش‌آمده، نمی‌توانند راه بروند، عرق می‌ریزند، نفس می‌زنند، یا کسی که از کم‌خونی رنگ‌پریده مانند مرده‌ی از گور گریخته است. در زمان باستانی مردمان یک زندگانی روستائی و بی‌آلایش داشته‌اند. رنج می‌کشیدند، در هوای آزاد تنفس می‌کردند، سپیده‌ی بامداد با خورشید برمی‌خواستند، غروب با آن می‌خوابیدند، ناخوشی‌های سینه وجود نداشته دواهای عجیب و غریب استعمال نمی‌کردند و بهتر زندگانی می‌نمودند. زن و مرد برادروار پاهای برهنه با یک‌دیگر کشاورزی می‌کردند، بچه‌های آنان تندرست و سرزنده و خوشحال بودند. ماما لازم نداشتند چنان‌که حیوانات آزاد لازم ندارند.

فصل ششم

پختن خوراک

انسان همیشه پرستش پیچیدگی و ظاهرسازی را می‌کند. هر چه آسان و
طبیعی است به چشم او خوار می‌آید. از این رو زندگانی را پیوسته دشوار
نموده گمان می‌کند به خوشبختی خواهد رسید، در صورتی‌که همیشه از او
رو برگردان است. خوراک چیزی است که به منتها درجه‌ی پیچیدگی
رسیده. طبیعت نشان می‌دهد که انسان باید از میوه و نباتات خام زندگانی
بنماید. پختن یعنی خراب کردن و از حال طبیعی خارج کردن خوراک‌ها یا
برای این است که مزه آن را بپوشاند مثل گوشت تا بذائقه فاسد شده‌ی ما
لذت بکند و تمام این‌ها نتایج بدی برای سلامتی خواهد داشت.
پختن خوراک را از حالت طبیعی خارج کرده ماده‌ی حیاتی «ویتامین» را که در
آن وجود دارد می‌کشد و برای بدن یک تفاله‌ی خوراک پخته شده که در آن
زهرهای کشتار تولید می‌شود باقی می‌گذارد. بدن انسان از گروه بی‌شمار
ذرات کوچک زنده تشکیل شده که پهلوی یک‌دیگر قرار گرفته‌اند. همه‌ی
موجودات خوراک زنده می‌خورند. همه‌ی طبیعت زنده است. همان‌طوری
که برای نشو و نما و نگاه‌داری بدن عناصر مادی لازم می‌باشد برای نگاه
داری زندگانی حیاتی و روحی، انسان محتاج است به جذب نمودن خوراک
زنده یعنی خام و نپخته و از نرسیدن آن ماده‌ی حیاتی روح پژمرده شده
قوای حیاتیه سست و ناتوان می‌گردد، چنان‌که از نخوردن غذا بدن ضعیف

می‌شود. پس روی زمین زندگانی نگاه‌داری زندگانی را می‌نماید. این ماده در همه‌ی هستی‌های روی کره‌ی ما وجود دارد و برای این‌که داخل بدن انسان بشود تنها در گیاه‌ها تجزیه و ترکیب آن صورت می‌گیرد. حیوانات گیاه‌خوار مستقیماً این ماده را از نباتات می‌گیرند و جانوران درنده از گوشت زنده‌ی حیوانات دیگر اخذ می‌نمایند. پختن زندگانی را نابود کرده و یک تفاله‌ای را به بدن می‌دهد که همه قوت حیاتی خود را از دست داده است و تنها بدن آن‌هائی را که نیمه‌جان هستند به کار می‌برد و قوای خود را به این وسیله مرمت می‌کند.

هیچ یک از موجودات خوراک خود را نمی‌پزند یا نمی‌کشند اما انسان دقت کاملی در این کار می‌نماید. چنان که فیزیولوژیست ایرلندی گریوز انسان را یک حیوان طباخ توصیف می‌کند و گویا همین را دلیل برتری خود بر سایر جانوران می‌داند. در صورتی که این رفتار برخلاف قوانین طبیعت است و از این‌رو بدن او هیچ‌وقت قوای لازمه را نگرفته به علاوه یک مقدار زیاد از زهرها داخل آن می‌گردد و هرگاه از آب میوه‌ی خام و سبزی‌ها آخشیج‌های زندگی به آن نرسد بدون شک خواهد مرد.

آتش است که انسان به کمک آن خوراک‌های عجیب و غریب و نتراشیده که خام نمی‌تواند لب بزند پخته و می‌خورد تا طبیعت را گول زده باشد. بوردو در تاریخ خوراک می‌نویسد: «استعمال آتش به ابتدای گوشت‌خواری انسان می‌رسد. چون عضلات سخت و بد مزه‌ی حیوانات بدون تغییری که آتش به آن می‌دهد خوردنش دشوار بوده است.» و همین استعمال روزانه‌ی خوراک‌های مرده است که ذائقه او را منحرف کرده و به چیزهای مهیج مثل الکل و تریاک و غیره میل می‌کند - خوراک پیش از همه چیز باید خام باشد، یعنی همان‌طوری که طبیعت به ما می‌دهد. پرفسور ریشه می‌گوید: «باید پذیرفت که انسان یک حیوان است - گاهی باهوش اما اغلب

نادان و درنده می‌باشد. برای خوراک خودش باید مانند یک حیوان رفتار به نماید. خوراک طبیعی ما نباید از آنچه که پس از کرورها قرن همه‌ی گذشتگان ما می‌خورده‌اند تفاوت داشته باشند. پس نیاکان ساده‌ی ما آتش نمی‌شناختند و خوراک خود را نمی‌پختند. استعمال خوراک پخته شده یعنی زندگانی برخلاف ساختمان بدنی خودمان. آیا پختن، خوراک‌های طبیعی را خراب و فاسد نمی‌کند؟»

به علاوه پختن سبزی و میوه نمک‌های معدنی آن‌ها را در آب حل کرده بیشتر مواد لازمه‌ی آن از بین می‌رود. چنان‌که فسفات‌های شیمیائی دواخانه جای فسفات طبیعی را نمی‌گیرد و جزو بدن نمی‌شود. میوه‌های ترش مثل لیمو و سرکه نمک‌های معدنی را حل می‌کند ولی در هر حال اگر خوراک پخته هم استعمال می‌کنند برای تقویت ماده‌ی حیاتی باید مقداری میوه و سبزی خام استعمال به نماید.

انسان کنونی همان میوه‌خوار است که طبیعت به او میل خوراک‌های خوشبو و گوارای میوه را داده که از حرص لاشه‌ی جانوران و پرندگان و آب گندیده‌ی میوه‌های کال و دل و روده‌ی چرک و خون حیوانات را رنگرزی کرده با ادویه آمیخته به جای میوه‌ی خوشمزه می‌خورد. عطر او سیر و پیاز و پنیر گندیده و دود خفه کننده‌ی توتون شده است و آب فاسد شده‌ی انگور و عصاره‌های زهرآگین را می‌نوشد و همه‌ی وقت خودش را صرف درست کردن خوراک‌های زهرآلود و خونین می‌نماید.

تمدن انسان بیشتر از دولت سر آتش و دست‌های اوست که به هر کاری در می‌آید تا در نتیجه‌ی فکر او که آن هم به واسطه‌ی تجربیات میلیون‌ها سال و انتقال دادن به آیندگان ترقی کرده است. این پس از یافتن آتش است که او توانسته یک زندگانی مصنوعی برای خودش درست بکند و از هوای آزاد، ورزش طبیعی و زیبائی چشم‌انداز طبیعت محروم شده یک

محیط محدود کثیف و من درآوردی برگزیده، به واسطه‌ی پنهان شدن در اطاق‌های تنگ و تاریک، تنفس هوای زهرآلود و گرد و غبار، کار کردن و خوابیدن در جاهائی‌که هوای آزاد به آن نمی‌رسد، خوردن خوراک‌های ساختگی که با آتش و هزار گونه چم و خم آراسته می‌شود، بیشتر سبب فساد را فراهم آورده است و انسان میوه‌خوار آرام یک دیو تشنه به خون شده بیش از همه جانوران درنده لاشه و کشتار می‌بلعد.

به جای آرامش و خرمی طبیعت در میان داد و غوغای دائمی زندگانی کرده، شب را نشسته و روز را خوابیده، مهربانی و عشق طبیعی را به یک مسخره‌ی ننگین کم و بیش جان‌گدازی در آورده، کارهای عجیب و غریب دشوار و بی‌فایده از او سرمی‌زند که زندگانی او را سخت و غمناک کرده است.

۱۰۵

فصل هفتم

اخلاق و گیاه‌خواری

احتیاج خوراک طبیعتاً پیدا شده است. اول بدون ترتیب هر چه که می‌یافتند می‌خوردند. این یک خوراک بدون اراده و زورکی بوده. بیشتر میوه‌ی خوش‌آیند درختان خودرو و گاهی دانه‌های دیمی و ریشه‌های گیاه‌ها و هنگامی گوشت جانورانی را که برای دفاع از خود کشته بودند می‌خوردند، چون که به نظر می‌آمده حیوانات یکدیگر را می‌خورند.

از زمان‌های قدیم که علم وجود نداشته برخی از کسانی که دارای یک حس مشاهدات، بخش استدلال خدا داد و احتیاج به متقاعد نمودن داشتند پس از آن که خوراک‌های گوناگون را سنجیده از مد نظر گذرانیدند بعضی اصول و قوانین درباره‌ی خوراک‌ها وضع نمودند. این‌ها عالم نبودند. این‌ها خیال‌پرست بودند. این طبقه از مردم که یک زندگانی جداگانه در جامعه می‌نمایند. شاعر، خردمند، یا فیلسوف نامیده می‌شوند.

حقایقی را که از قدیم این اشخاص آشکار نموده‌اند همان قدر از قلب آنان تراوش کرده که از فکرشان. قلب آنان گواهی داده که یک چیز آن قدر پست کننده مانند کشتار نمی‌تواند برای وجود انسان یک ضرورت حیاتی داشته باشد. زمانی با سرزنش و گاهی با لحن تند و خشم‌آلود، با ترحم و هنگامی با تصویرهای روشن و زننده یا به وسیله‌ی یک منطق محکم در اطراف قرون و سرزمین‌ها درباره‌ی گوشت‌خواری قضاوت نموده‌اند.

نمونه‌ی زندگانی آنان دلایل عقیده‌ی ایشان را تقویت می‌کند. زیباترین و دلیرترین و نافذترین آن‌ها کسانی بوده‌اند که زندگانی آنان سبب مرگ دیگری را فراهم نمی‌آورده است.

چندی بعد علمای متصوفین و فلاسفه و مقدسین به این عقیده هم راهی نمودند و امروز نیز کرورها مردم برای ترحم نسبت به حیوانات و به واسطه‌ی احترام خودشان از استعمال گوشت پرهیز می‌نمایند.

همه می‌دانند که اخلاق، علم و رفتار و عادات است و خوراک یک عنصر بزرگ زندگانی می‌باشد که تأثیر انکار ناپذیری در اخلاق و روش انسان دارد. مثلی است به فرانسه که گویا از کانت گرفته شده[1] می‌گویند: «به من بگو چه می‌خوری به تو می‌گویم کی هستی.» این مطلب عین حقیقت است. هرگاه خوراک حیوانات مختلفه را با طرز عادت و روش آن‌ها به سنجیم خواهیم دید با عادات آن‌ها تناسب و وابستگی نزدیکی دارد. بیشتر فلاسفه و اخلاقیون درندگی نژاد آدمی‌زاد را به خوراک خونین او نسبت می‌دهند.

فیثاغورث حکیم از کشتار حیوانات اظهار تنفر می‌کرد و طاقت دیدن آن را نمی‌آورده است؛ او می‌دانسته است کسی که کشتار حیوانات را کار طبیعی می‌پندارد به آسانی کشتار انسان را جایز خواهد دانست. هم چنین هیچ گیاهی را زخمی نمی‌کرده و هیچ جنبنده‌ای را نمی‌آزرده و پرندگان را می‌خریده و از قفس آزاد می‌نموده.

افلاطون در کتاب جمهوری خودش نشان می‌دهد که خوراک حیوانی سبب پیدایش جنگ و خون‌ریزی ما بین مردم است و آن را تنها برای سربازان تجویز می‌کند تا درنده و جنگ‌جو بشوند. سنک و پلوتارک و کلّیه‌ی فلاسفه هم عقیده هستند گوشت‌خواری تأثیر بدی در ذهن دارد.

---

[1] Man ist was er ißt. (اصل آلمانی)

میشله با شاعر بزرگ انگلیسی بایرون هم عقیده می‌باشد که خوراک حیوانی انسان را به سوی درندگی و جنگ می‌کشاند. کانت و ژان‌ژاک‌روسو نیز در این موضوع موافق هستند. روسو گفته: «کسانی که زیاد گوشت می‌خورند بیش از سایر مردم درنده تندخو می‌باشند. این امتحان در همه جا و در هر زمانی شده است.» چون که خود پسندی اخلاق مردمانی است که بیشتر از گوشت و خون تغذیه می‌کنند. جانوران خون‌خوار که بیدار نمی‌شوند مگر برای پاره‌کردن و پنجه آزمودن هم‌چنین آزار می‌رسانند بدون این‌که آگاه باشند.

ابن الاثیر، مورخ مشهور، که شاهد معتبر هجوم مغول‌ها و درندگی و خون‌ریزی آن‌ها بوده است در باب خوراکشان می‌گوید: «آن‌ها احتیاج به حمل آذوقه نداشتند چون که همراه خودشان گله‌های چارپایان را درآورده و از گوشت آنان می‌خوردند، همچنین سگ، خوک و غیره را نیز می‌خورند...» ممالکی که بیشتر اهالی آن گوشت‌خوارند خودپسند، خونسرد، یک قیافه‌ی خشک خشن و درنده دارند، صورت قرمز، چشم‌های گود رفته و عضلات خشک و به هم کشیده است؛ بر عکس مردمانی که از نباتات زندگانی می‌نمایند خوش‌سیما، متناسب، خوش‌اخلاق، آرام و مهربان و خوش‌خو می‌باشند. ژاپنی‌ها که یک ملّت آرام، خوش‌خو و دلاوری هستند چنان‌که نه از خطر می‌ترسند و نه از مرگ، گیاه‌خوار می‌باشند.

شکّی نیست که گوشت‌خواری باعث درندگی می‌شود. همه کسانی که آرزومند پیشرفت اخلاقی و بهبودی حالت اسفناک جامعه بوده‌اند در انتشار این عقیده کوشیده‌اند. اگر دکان عرق فروشی، قصابی، ماهی‌گیری و مرغ فروشی را می‌بستند تا اندازه‌ای صلح عمومی و برادری آدمیان صورت خارجی می‌گرفت. برای پیشرفت اخلاقی انسان آرزو بکنیم که خوراک خونین

وربیفتد و گیاه‌خواری جانشین آن بشود. اگر برتری حقیقی از قلب می‌آید وهر کسی باید از گوشت‌خواری دست بکشد که نه دشوار است و نه غیر ممکن می‌باشد. بیشتر آن‌هائی که بهانه می‌آورند از روی نادانی و خرافات و ترس این است که مبادا مضحک بشوند. باید گفت که حقیقتاً هنوز گیاه‌خواری اسباب تمسخر و ریشخند آن‌هائی است که حقیقت آن را نمی‌دانند؛ ما چقدر به سادگی نیاکان خودمان خندیدیم، روزی می‌آید که آیندگان به خرافات ما خواهند خندید.

آرامش و شکیبائی و نرمی که گیاه‌خواری به مردم می‌دهد، کوتاه بینان گمان کرده‌اند این خوراک انسان را سست و لاابالی کرده از جدیت او می‌کاهد. اگر از نرمی و لاابالی بودن خشم‌ناکند و درندگی را منظور دارند بهتر آن است که این جدیت از سر مردم بیفتد چنان که مابین بودائیان گیاه‌خوار به ندرت جنایت اتفاق می‌افتد. از این گذشته این ایراد را نمی‌شود به ژاپنی‌ها گرفت که امروزه یکی از ممالک مهم دنیا به شمار می‌آیند.

در نتیجه‌ی گوشت‌خواری است که نژاد انسان فاسد شده پاکیزگی و سادگی نخستین خود را از دست داده است. عادات و اخلاق او پر از آلایش و درشتی گردیده، زیردست آزاری و درندگی و خون‌خواری انسان برای آن است که از خون حیوانات تغذیه می‌کند.

چون در طبیعت کش‌مکش و زد وُ خورد ما بین بعضی از جانوران درنده و خون‌خوار وجود دارد انسان گمان کرده جنگ و خون‌ریزی و کشتار برای زندگانی واجب است. اما این دلیل جفنگی است چون در روی زمین جانوران دیگر نیز هستند که نه تنها جنگ نمی‌کنند بلکه طبیعتاً بی‌آزار و آرام و خوب می‌باشند و همه‌ی آن‌ها از نباتات تغذیه نمی‌نمایند مانند میمون، اسب، کبوتر و غیره. اما انسان حیوانات درنده را سرمشق خود قرار داده و مانند آنان وحشی و خون‌خوار شده است.

رحم و شفقت که آن‌قدر نزد آدمیان کمیاب است به‌نظر می‌آید یک بخش طبیعت باشد که نزد جانوران گوشت‌خوار دیده می‌شود. پرندگان طعمه‌خوار عموماً شکار خود را به یک ضربت منقار می‌کشند؛ حشرات با زهر خودشان آن‌را بی‌حس کرده بعد می‌خورند. برخی از حیوانات گوشت‌خوار مانند شیر و مار یک سیاله‌ی مغناطیسی دارند که مرکز اعصاب شکار آن‌ها را فلج می‌کند. هر چند این قوه‌ی مغناطیسی در انسان هم وجود دارد اما برای کشتن جانوران به کار نمی‌رود، پس او سلاخ‌خانه را اختراع کرده است. این اختراع ظریف انسان متمدن که هیچ جانوری به این رذالت شکار خود را نمی‌خورد، برای پوشانیدن جنایات قبیح‌خود آن‌را همیشه دوردست و در پرتگاه می‌سازند.

مابین جانوران درنده نیز هر کدام دشمن عده‌ی معدودی هستند و به دیگران آزار نمی‌رسانند مثلاً شیر، آهو و گوزن و غیره را شکار می‌نماید و به پرندگان و حیوانات کوچک کاری ندارد. نهنگ تنها ماهی می‌خورد. گربه موش و پرندگان کوچک را می‌گیرد و غیره. اما آدمی‌زاد شکم‌پرست می‌خواهد همه را بخورد و در زندان بیندازد و بارش را بدوش آنان بگذارد و شکنجه‌ها بنماید. شکم او گورستان فراخ همه‌ی جنبندگان است. او می‌خورد آنچه که زندگانی می‌کند یا می‌تواند زندگانی داشته باشد. از مرغان هوا تا حلزون دریا را در معده‌ی خود غرق می‌سازد، این نیز یک دلیل برتری اوست. گاو علف می‌خورد؛ ببر گوشت زنده را می‌درد. انسان هم لاشه‌ی جانوران را می‌بلعد. ولی حیوانات آنچه که در طبیعت خوراک آن‌هاست به دست آورده بدون تکلف می‌خورند و آن‌ها را کفایت می‌کند. آن‌ها می‌خورند برای زیستن اما بسیاری از آدم‌ها پیش از همه چیز زندگانی می‌کنند برای خوردن.

بی‌مناسب نیست که در این‌جا چند بیت از اثر دانشمند معاصر حضرت آقای مخبرالسلطنه (مهدی قلی‌خان هدایت) را بنگاریم[1]:

در حرص انسان

شیر و ببر و خرس و کفتار و پلنگ

گر شکاری را همی آرد بچنگ

بهر سد جوع باشد در کفاف

نی برای جمع کردن برگزاف

گر خورش از بهر قوت زندگیست

مرغ و کبک و ماهی‌ای مسرف زچیست؟

خوان خود از هر رقم رنگین کنی

معده را از این و آن سنگین کنی

از شکار ار ببر چنگ خود بهشت

او ندارد دست اندر زرع و کشت

تو نبات و جانور با هم خوری

هم‌چنین عرض شرافت می‌بری

در مسلمانی نه خود اسراف نیست؟

گر مسلمانی پس از این اسراف چیست؟

یکی از شعرای حساس آقای پژمان چندین حکایت به نظم و یک قصیده در موضوع گیاه‌خواری و مظالم انسان نسبت به حیوانات گفته‌اند و از آن‌ها نسخه‌ای به بنده التفات کردند. در این‌جا چند بیت از ایشان انتخاب می‌شود:

---

[1] از نسخه خطی تحفه مخبری رونویس شده.

۱۱۱

قسمتی از گفتار گرگ به آدمی‌زاد

دارد هزار گونه غذا جنس آدمی

لیکن مرا خوراک به جز این نه در خور است

دندان و معده‌ی تو گواهی دهد بصدق

کانسان دم بریده ذاتاً علف‌خور است

من گوسپند را کشم و می‌خورم ولیک

تشریح کار آدمیان خجلت آور است

مرغ هوا و ماهی دریا غزال دشت

هر جانور که حالی اندر جهان در است

از دستبرد جورت مأمون نینداز آنک

گسترده دام حرص تو در بحر و در بر است

بدنام گشت گرگ ولی چون نظر کنی

انسان هزار مرتبه از گرگ بدتر است

چون صفحات این کتاب خیلی محدود است و به ما اجازه نمی‌دهد همه‌ی اسنادی که از شعرا در دست می‌باشد بنگاریم به این قطعه‌ی سعدی که درندگی انسان را سرزنش نموده و او را هم پایه و هم کار گرگ معرفی می‌کند اکتفا می‌نمائیم:

شنیدم گوسفندی را بزرگی

رهانید از دهان و چنگ گرگی

شبانگه کارد بر حلقش بمالید

روان گوسفند از وی بنالید:

گر از چنگال گرگم در ربودی

بدیدم عاقبت گرگم تو بودی

بیدادگری انسان درباره‌ی حیوانات، جنایاتی که نسبت به آنان مرتکب می‌شوند، زیردست آزاری، دلیل بر فساد احساسات و پستی اخلاق اوست. در اثر جور و ستمی که نسبت به آنان می‌نماید با خونسردی بی‌اندازه جلو جانور دوپا می‌گوئیم:ای انسان غدار خون‌خوار! آیا هیچ فکر کرده‌ای که اگر در روی زمین مخلوقی همان‌قدر با هوش و شریر و ده مرتبه زورمندتر از انسانی وجود داشت، آیا هیچ تصور کرده‌ای که در مقابل این شخص توانا و افسار سرخود که سرنوشت تو به دست او بود، مجبور می‌شدی سر تمکین فرو آورده مانند اسب و الاغ و گوسفند و غیره مزه‌ی اسارت شرمگین بارهای گران، شناعت و درشتی و بالاخره طویله و سلاخ‌خانه را بچشی؟ از کشتار روزانه‌ی کرورها حیوانات بی‌آزار که نمی‌توانند از خودشان دفاع بنمایند نه تنها انسان خود را پست و ننگین می‌کند بلکه بدون لزوم فریاد انتقام جوی وجدان خود را به زور خفه می‌نماید و همه‌ی آن‌هائی که گوشت می‌خورند در پست کردن اخلاق انسان شرکت نموده متفقاً مسئول شکنجه حیوانات می‌باشند. کنان دیل نویسنده‌ی سرشناس انگلیسی می‌گوید: «یک نفر انسان اجازه‌ی اخلاقی ندارد یک گاو را سر ببرد یا یک ماهی را بکشد برای این که از گوشت این جانوران تغذیه بنماید. انسان به آن‌ها جان نداده است و حقیقتاً از قادر متعال اجازه نگرفته که آنان را از زندگانی محروم بکند مگر این که به منتهی درجه‌ی ضرورت بر بخورد.»

پیشوای کنونی یزدانیان تئوزوف‌ها خانم آنی‌بزان که بیش از چهل سال است گیاه‌خوار هستند در ضمن کنفرانس خودشان راجع به گیاه‌خواری گفته‌اند: «واضح است که نه من و نه شما بدون این که بکشیم یا دیگری را به این کار وادار بنمائیم نمی‌توانیم گوشت بخوریم. پس ما مستقیماً مسئول پستی و اهانت اخلاقی کسانی هستیم که این پیشه‌ی هولناک را به آنان واگذار می‌کنیم.»

تولستوی پرهیز گوشت‌خواری را نخستین گام به سوی پیشرفت حقیقی انسان دانسته. نویسنده‌ی معروف آلمانی نیچه با این لحن ستایش گیاه‌خواری را می‌نماید: «من گمان می‌کنم که گیاه‌خواری به واسطه‌ی پرهیزکاری و تقلیل اجباری خود از همه شعبات اخلاقی متحداً بیشتر خدمت کرده است – این مطلب را هیچ اغراق مپندارید. بی‌شک آموزگاران آینده یک طرز خوراک سخت‌تری تجویز خواهند نمود.»

به خصوص جهان زنان باید بیشتر از همه متوجه برتری خوراک نباتی بشود و یک چنین غذای خون آلوده و چرکین را دور بیندازد چون یکی از خرافاتی که شهرت دارد این است که زن باید همه‌ی وقت خود را صرف آشپزی بنماید. از این‌رو هرگاه از رنگرزی و پیرایش لاشه‌ی جانوران دست بکشد بیشتر اوقات خود به کارهای نجیب‌تری خواهد پرداخت.. زن که تولید زندگانی می‌کند نباید راضی به کشتار شده و لب‌های خودش را به آن آلوده بسازد. مقایسه بکنید یک دکان میوه‌فروشی را که به رنگ‌های دلپذیر روانبخش آراسته شده از بوی آن شامه لذت می‌برد. سیب، نارنج، گیلاس، هلو، انگور و خربزه و رنگ‌های زنده‌ی سبزی‌های گوناگون را با دکان قصابی. دل و روده‌ی آویخته شده، اجساد سربریده، شکم‌های شکافته شده، پای‌های شکسته که آویزان است و قطره قطره از آن خون می‌چکد و بوی گند لاشه در هوا پراکنده می‌باشد.

انسان میوه‌خوار آرام یک دیو خون‌خوار گردیده، یک خراب کننده‌ی پست می‌شود و احتیاج او به نابود کردن و شکنجه نمودن تا پست‌ترین رذالت‌ها می‌رود. او زحمت می‌کشد، هوش و فکر خود را صرف می‌کند تا آلات کشتن بسازد. اگر تنازع بقاء است انسان تنازع فنا می‌نماید. او می‌کشد، برای خوردن می‌کشد، برای شفا دادن می‌کشد، برای آمرزیدن می‌کشد، برای پوشش، برای زیور، برای پول، برای جنگ کردن، برای علم، برای تفریح و

بالاخره می‌کشد فقط برای کشتن. پادشاه ستم‌گر غدار پرآز و خون‌خواری است که همه چیز را می‌خواهد و به هیچ چیز ابقاء نمی‌کند و هنوز به خودش دلداری زندگانی بهتری را در دنیای دیگر می‌دهد!

او گوسفندان را بزرگ می‌نماید تنها برای این که به پول نزدیک بکند. این برده‌های بی‌آزار و آرامی که هم‌بازی بچه‌های او می‌باشند یک روز هم به‌به‌ئی را جلو بچه‌های خودش سر می‌برد و این بچه دیوها که در یک محیط جنایات ننگین و اهانت به قوانین اخلاقی و انسانیت بزرگ می‌شوند گرته از روی پدران درنده‌ی خودشان برمی‌دارند. اگر انسان گاهی بعضی از حیوانات را می‌پروراند یا دوست دارد، برای احترام به زندگانی و حس اخلاقی نمی‌باشد. بلکه تنها از روی خودخواهی و منفعتی است که از آنان می‌برد تا این‌که وقت خوردن آن‌ها برسد و در حقیقت فریبندگی، دوروئی و تمسخر به انسانیت است.

ای گرگان بیشه‌های منزوی و انبوه،ای جانوران درنده‌ی جنگل‌ها که پهلوهای لاغر و به هم چسبیده و چشم‌های درخشان شما گواهی یک زندگانی خشن و سرگردان اما آزاد را می‌دهد و مطابق قوانین طبیعت زیست می‌کنند و برای دفاع به جز دندان‌ها و چنگال خودتان چیز دیگری ندارید، شما را آفرین می‌گویم که غلام و زر خرید یک تمدن درنده‌ی ساختگی و پست نمی‌باشید.

فصل هشتم

برتری گیاه‌خواری

برتری گیاه‌خواری دور از این است که در تحت انتقاد در بیاید، همه جا در هر سرزمین و آب و هوا نزد طبقات مختلفه‌ی مردم پیشه‌ور، کارگر، دانشمند و غیره آزموده شده و همیشه پیروزمند بوده است، چنان که عده‌ی بیشتر مردمان آسیا هزاران سال می‌باشد که با نباتات تغذیه می‌نمایند.

انجمن گیاه‌خواران فرانسه[1] مرام خود را این طور معرفی می‌کند: «گیاه‌خواری «گیاه‌خواری گوشت همه حیوانات را منع می‌کند اما همه مواد دیگری که از حیوانات به دست می‌آید اجازه می‌دهد: تخم مرغ، شیر، روغن، عسل و غیره، و لیکن غلّات، سبزی‌ها و بخصوص میوه‌ها را خوراک طبیعی انسان تلقی می‌نماید.

«گیاه‌خواری بر استعداد کار می‌افزاید، به آزادی فکر کمک می‌کند و سبب نشو و نمای خصایل عالی انسان می‌شود که همه مخلوقات را دوست داشته و یک محرک تعادل عمیم می‌گردد.

---

[1] Société Végétarienne de France. 17 Rue Duguay Trouin, Paris.

«منظور از گیاه‌خواری این است که انسان را به وسیله‌ی خوراکی که مطابق قوانین طبیعت می‌باشد نیرومند بنماید و هرگاه از روی عقل به آن رفتار بکنند بهترین راهی برای نشو و نمای هم آهنگ و تعادل کامل است.»

گیاه‌خوار نه تنها به یک خوراک نباتی قناعت می‌کند بلکه پروفسور رائو در ضمن شروط دیگری می‌نماید، از جمله پاکیزگی هوا، پوست بدن، جامه، منزل و جهاز هاضمه، هم‌چنین ورزش روزانه و ترک نمودن آنچه که بر خلاف حفظ الصحه و نشو و نمای قوای بدنی و ذهنی و اخلاقی است.

شیر و تخم‌مرغ ممنوع نشده چون که ماده‌ی حیاتی در آن‌ها وجود دارد. با شیر، گاو بچه خودش را خوراک می‌دهد و تخم‌مرغ جوجه می‌شود پس این‌ها ماده‌ی مرده نیستند مثل خوراک‌هائی که درحال تجزیه هستند؛ از قبیل گوشت و ماهی که به واسطه‌ی مرگ ناگهانی مردار می‌شوند و همه‌مان می‌دانیم که مردار یک چیز چرکینی است خواه موش خواه سگ یا گربه باشد و اگر آن احساس را از گوشتی که در بشقاب است نمی‌نمائیم برای آن است که به زور ادویه و پختن و رنگرزی خودمان را گول می‌زنیم.

پروفسور ژول لوفور در کتاب علمی خود راجع به گیاه‌خواری پس از آن که به طرز درخشانی ثابت می‌کند که گیاه‌خواری تنها خوراکی است که بخوبی می‌تواند قوای جسمانی و ذهنی انسان را تقویت بنماید، نتیجه می‌گیرد: «گیاه‌خواری تنها طرز خوراکی است که اجازه می‌دهد بدون این‌که اعضای بدن را خسته بنماید در پناه هرگونه سموم، قوای محرکه‌ی بدن کاملاً نشو و نما یابد و مقاومت در برابر سرما را بی‌افزاید.»[1]

دکتر جان‌وود انگلیسی می‌گوید: «به عنوان طبیب مایل هستم گواهی بدهم چنان‌که از آزمایش شخصی ومشاهداتی که پس از سالیان دراز عملی خواه

[1] J. Lefevre, Examen – Scientifique du Vegetarisme.

شخصاً وخواه در بیمارستان‌ها نموده‌ام نتیجه می‌شود که گوشت نه لازم است و نه طبیعی و نه سالم. برای نشو و نمای جسم و روح نیز لازم نیست چون که ترقی فوق‌العاده‌ی پهلوانان گیاه‌خوار و نمونه‌های بی‌شمار فلاسفه، نویسندگان و متبحرین نامدار خواه قدیم و خواه جدید که همه‌ی آنان گیاه‌خوار شناخته شده‌اند به خوبی کفایت می‌دهد».

این عادت طبیعی نیست زیرا که انحراف از قوای وجود ما است. انسان میوه‌خوار آفریده شده، این حقیقت عملاً آشکار می‌گردد. هرگاه او را با حیوانات گوشت‌خوار بسنجیم می‌بینیم او کاملاً با آن‌ها چه از نقطه نظر اعضای درونی و چه ساختمان ظاهری فرق دارد در صورتی‌که تشریح بدن او شباهت تامی با میمون‌های بزرگ دارد که خوراک آنان عبارت است از میوه‌ها، غلات و گردو.

«که خوردن جسد حیوانات کشته شده ناسالم است و کاملاً به ثبوت پیوسته که ناخوشی‌های بسیاری از آن تولید می‌گردد.»

سبزی‌های تازه و میوه‌های رسیده تنها خوراکی هستند که نمک‌های معدنی را به بدن انسان می‌رسانند. در گوشت خیلی کم املاح معدنی یافت می‌شود و همه‌ی آن دراستخوان است که انسان نمی‌تواند بخورد. دکتر ژول لوگران در کتاب فلسفه‌ی خوراک خودش نوشته: «بچه باید یک خوراک داشته باشد که سلسله‌ی اعصاب او را تقویت بکند و او آن را تنها در نباتات و بخصوص در غلات موادی که لازمه‌ی نشو و نمو و تشکیل اعصاب، دندان‌ها و استخوآن‌های او می‌باشد خواهد یافت.»

دکتر شووآ در ضمن نطق خودش می‌گوید: «... آزمایش شخصی و ناخوشی‌هایم به من نشان داده که همیشه خوراک نباتی مظهر یک کمال مطلوب است که برای بزرگ‌ترین استفاده از سلامتی و رتبه‌ی انسانیت باید به سوی آن متمایل بشویم. گوشت‌خوار معتاد یا موروثی نمی‌تواند به آن

برسد مگر به طور استثناء آن هم به توسط درجات و به وسیله‌ی یک پلکان محتاط و بصیر.»

دکتر گاستن دورویل نوشته: «خوراکی که تنها از نباتات باشد (سبزی، غلات و میوه) کاملاً برای نگاهداری و تقویت بدن انسان کفایت می‌کند در صورتی که غیر ممکن است سالم باشند و فقط گوشت بخورند و یا بیشتر آن را استعمال بنمایند.»

دکتر ادواردلوی در کنفرانس خودش می‌گوید: «من می‌توانم امروزه اعلام بکنم یک نفر گیاه‌خوار را نمی‌شناسم که برای سلامتی گیاه‌خواری را پذیرفته باشد تا خودش را تکمیل بنماید و اظهار بکند که این رژیم او را ضعیف کرده باشد.»

فیلسوف نامدار سنگ نیز نوشته: «از این قبیل دلایل بر من اثر کرد و از استعمال گوشت حیوانات پرهیز کردم. پس از یک سال دیگر، نه تنها کارهای من آسان‌تر شده بود بلکه گواراتر گردید.»

دکتر ادواردلوی در جای دیگر می‌گوید: «مقصود از گیاه‌خواری آن است که خوراک‌هائی را که طبیعت پیش‌کش می‌نماید با احتیاجات خودمان متناسب بکنیم - چون ما خیلی کم احتیاج به آزت داریم باید غلات خشک و پنیر و بادام و گردو و فندق را از روی امساک استعمال بنمائیم و از خوراک‌های خیلی چرب باید پرهیز کرد. همچنین از آن‌هائی که قوام آمده مثل شوکولات و مربا. باید سبزی‌های تازه را صرف کرد یا میوه‌ها را که احتیاج به پختن ندارد و همان قدر نمک‌های معدنی در آن یافت می‌شود که سبزی‌های تازه.»

آزمایش نشان می‌دهد که گوشت حیوانات پروار ناخوش است و سبب ناخوشی‌های کسانی می‌شود که آن را می‌خورند. بعلاوه این حیوانات مبتلا به خنازیر و مرض سل هستند. چون که هوای آزاد و ورزش طبیعی ندارند.

زمانی که حیوانی را چاق می‌کنند این دلیل نمی‌شود که چون گوشت بیشتر دارد عضلاتش نیز سالم‌تر است، زیرا مواد زیادی که به درد بدن نمی‌خورد به شکل چربی زیر پوست جمع می‌شود، هرچه بیشتر آدمیان و جانوران چاق بشوند بیشتر ناخوش می‌باشند. بعلاوه در گوشت گوسفند اهلی غدد و کرم‌های مختلفه وجود دارد.

برتری خوراک‌های نباتی در حیوانات نیز امتحان شده است. سگ و گربه که اصلاً حیوان گوشت‌خوار می‌باشند دیده می‌شود گاهی اغذیه‌ی نباتی را به گوشت ترجیح می‌دهند و به واسطه‌ی پذیرفتن این خوراک اهلی و رام و مهربان می‌شوند. هم‌چنین هوش آن‌ها ترقی و نشو و نما می‌کند بدون این که برای آن‌ها ضرر داشته باشد. ولی حیوانات گیاه‌خوار را که گوشت می‌دهند نتیجه‌ی بعکس می‌بخشد

اگر گیاه‌خواری گاهی سبب اغتشاش بشود برای آن است که خوراک خود را بد انتخاب می‌کنند و همان اثری را دارد که وافوری یا عرق‌خور بخواهد مهیج خود را ترک بنماید. از این رو چون بدن را گوشت مسموم کرده ممکن است یکی دو روز احساس ضعف بکند. ابتدا گوشت زیادی و ناخوش در بدن آب می‌شود و پس از آن تعادل سلامتی برقرار می‌گردد، لهذا ترسیده طرز خوراک دیرینه را پیش می‌گیرند. دیگر این که اطباء وقتی به ناخوش تجویز گیاه‌خواری را می‌نمایند که بدن از استعمال گوشت و دواهای گوناگون مسموم شده آن وقت بیماران از این خوراک یک معجزه می‌خواهند و زمانی‌که ناخوشی برطرف شده دوباره همان خوراک قبل خود را پیش گرفته گیاه‌خواری را جزو دوا تصور می‌نمایند.

فصل نهم

آزمایش‌های عملی

کسانی هستند که پس از پذیرفتن دلایل گیاه‌خواری تردید دارند که از روی
آن رفتار بنمایند و می‌ترسند که مبادا سبب ناتوانی و ضعف مزاج بشود. این
ترس از آن‌جا پیدا شده که عوام گمان می‌کنند که گوشت یک خوراک
مقوی است و عضلات را تقویت می‌کند. ما می‌رویم اجمالا مشاهدات و
تجربیاتی را که در هر زمان و در همه‌ی آب و هواها و نزد مردمان مختلفه
شده بنگاریم:

پیرس دنیس در مقاله‌ای که در مجله‌ی جغرافیائی نوشته می‌گوید: «مطابق
اسنادی که به دست آمده پادشاه مصر، کئوپس، که بزرگ‌ترین اهرام را
ساخت برای خوراک عمله‌ها به‌اندازه‌ی ۱۶۰۰ تالان نقره پیاز و ترب و سیر
فرستاد که یک صد هزار نفر را خوراک می‌داد. از این رو اهرام نتیجه‌ی کار
بازوی عمله‌هائی بود که با نباتات زیست می‌کردند. هرم بزرگ مرکب
است از دو میلیون و سیصد هزار تخته سنگ که هر کدام دو تن وزن دارد و
آن‌ها را به‌طول نیل تراشیده حمل می‌نمودند.»

یونانیان قدیم به مقدار زیاد انجیر خشک صرف می‌کردند و آن را خوراک
مقوی دانسته برای تقویت پهلوانان به کار می‌بردند. افلاتون که یکی از
نابغه‌های متفکرین بوده با غلات و میوه به‌خصوص با انجیر خشک زندگانی
می‌کرده و به سن ۸۱ سالگی مرد.

۱۲۱

سرشماری به ما نشان می‌دهد که بیشتر اهالی روی زمین گیاه‌خوار می‌باشند. در هندوستان ۳۰۰ میلیون اهالی آن گیاه‌خوار هستند، یعنی نزدیک خمس ساکنین روی کره، خوراک چینی‌ها از غلات و برنج و سبزی و ماهی ترکیب شده، ژاپنی‌ها خیلی به ندرت گوشت ماهی را استعمال می‌کنند و بیشتر اهالی آن تنها از حاصل کشاورزی زندگانی می‌نمایند، خیلی قانع و کم خوراک می‌باشند. هر چند امروز در ردیف ممالک متمدنه‌ی درجه اول دنیا به شمار می‌آیند لکن هنوز عادات و رسوم و روش باستانی خود را از دست نداده و تقلید اروپائی‌ها را نکرده‌اند.

کارگران کشتی در مصر کنونی از خیلی قدیم تنها از خربزه و پیاز و باقلا و عدسی و خرما و ذرت خوراک خودشان را می‌گیرند خیلی قوی و پرزور هستند و تمام روز را کارهای شاقه می‌نمایند.

چاپارهای بومی مکزیک که هر روز چندین فرسنگ راه می‌روند و خیلی نیرومند می‌باشند تنها دانه‌ی ذرت می‌خورند. روستایان روسی فقط با نان سیاه و شیر و سبزی زندگانی می‌نمایند خیلی پرزور و تنومند هستند. بسیاری از قبایل عرب می‌باشند که تنها از خرما و شیر شتر و نان زیست کرده و در تمام مدت عمر گوشت به لب آنان نمی‌رسد، هم‌چنین خیلی کم خوراک هستند ولی در نیرومندی و چالاکی و زرنگی و استقامت در جلوی هوای سوزان و بردباری ضرب‌المثل شده‌اند.

همه می‌دانند که مردمان کوهپایه و دهقانان و برزگران در همه جای دنیا از زمان ما قبل تاریخ تاکنون بیشتر از نباتات و میوه زندگانی کرده و از شهری‌های گوشت‌خوار پر زورترند.

گارسیلازو در تاریخ «انکاها» نقل می‌کند که بومیان شیلی و پرو گیاه‌خوار بوده‌اند و این دو ملت توانستند در جلو لشکر اسپانیول ایستادگی نموده آزادی خود را نگاه دارند. از اختصاصات آن‌ها می‌نویسد که تنها با میوه و نان

و سبزی زندگانی می‌کردند. مردمان آن‌ها خیلی زیبا و خوش اندام بوده اخلاق خوب و عادات آرام و مهربان داشتند. او می‌افزاید که زنان آن‌ها لطافت و جوانی خود را تا بیش از سن شصت و دوسالگی نگاه می‌داشتند.

دسته‌ای از رهبانان مسیحی تراپیست هستند که تمام روز را کارهای شاقه و زراعت می‌نمایند. خوراک آنان منحصر است به نباتات، حتی مواد حیوانی را هم نمی‌خورند. مطابق عقیده‌ی اطباء خیلی سالم و خوش‌بنیه هستند هم‌چنین عمر درازی می‌نمایند.

در ایران بسیاری از طوایف بادیه نشین فقط از گیاه‌ها و نان و شیر چارپایان زندگانی می‌کنند و تمام روز را زحمت می‌کشند. در دشتستان فارس قبیله‌هائی مسکن دارند که خوراک آن‌ها منحصر به‌خرما و آرد نخودچی است و همیشه در گردش بوده خیلی قوی و چالاک می‌باشند. ولی ایرانی شهرنشین از روی تقلید اروپائی‌ها هم‌چنین اغلب بیش از آن‌ها گوشت می‌خورد و ناخوشی‌های آن روز به روز زیاتر می‌شود، اما در ولایات مردمان کوهپایه و روستا تقریباً گوشت نمی‌خورند و خیلی سالم‌تر از اهالی شهر می‌باشند.

نیکلا خانیکف راجع به خوراک تاجیک‌های افغانستان می‌گوید: «... اما پایه‌ی خوراک مردم روی پرورش درخت توت قرار گرفته که غرس آن خیلی وسیع می‌باشد. توت‌ها را جلو خورشید خشک کرده آرد می‌نمایند و از آن نان درست می‌کنند. اگر به‌ظاهر اهالی کوهستان قضاوت بنمائیم این خوراک خیلی سالم است و مطابق حساب ایروین غرس درخت توت خیلی بیشتر از مردمان را خوراک می‌دهد که یک کشت‌زار گندم به همان مساحت نخواهد توانست.»

دکتر الدفیلد می‌گوید: «اگر از من بپرسند آیا کسانی که از خوردن گوشت پرهیز نموده‌اند کم بنیه و ضعیف شده‌اند؟ پاسخ می‌دهم که در بیشتر

اوقات به ثبوت پیوسته که آنان جسماً بیشتر قوی شده‌اند و ذهن‌آنان روشن و جدی گردیده است؟

دکتر والترهدون اظهار می‌دارد: «آزمایش روی خودم که از گوشت ماهی و چارپایان و پرندگان هم چنین مشتقات آن پرهیز می‌نمایم (به استثناء استعمال کمی شیر و کره و تخم‌مرغ) و تاریخ آن به بیست و پنج سال می‌رسد که بدون لغزش تا امروز پیروی نموده‌ام.

«خویشاوندان من در سن شصت سالگی شروع به همین امتحان کردند و اکنون هر کدام از آنان ۸۰ الی ۹۰ سال دارند و در کمال صحت زندگانی می‌کنند.»

«من این طریقه را در عملیات طبی خودم امتحان کردم، آن را یک کمک خیلی بزرگی در بهبودی ناخوشی‌ها یافتم وحقیقتاً در بسیاری از مواقع آن را کافی دیدم که بدون دوا معالجه می‌نماید.»

حیوانات میوه‌خوار از حیث قوت به هیچ وجه کمتر از جانوران درنده نمی‌باشند. مثلاً میمون لوله‌ی تفنگ را گرفته مانند چوب نازک از میان می‌شکند. آیا فیل و گاو اسب و غیره که حیوانات آرام و بردبار و بی‌آزار هستند و از گرده‌ی آن‌ها کارهای شاقه می‌کشند علف‌خوار نمی‌باشند؟

در بلژیک پروفسور فاکولته دکتر بوتیکوکه گیاه‌خوار نبوده یک رساله در این خصوص نوشته و در مقدمه‌ی آن می‌گوید: «من گیاه‌خوار نیستم من این تز را برگزیدم تا عقاید جاریه درباره‌ی گیاه‌خواری را کمی روشن بکنم. من مطابق نشانی‌ها در حدود پنجاه نفر گیاه‌خوار را انتخاب کردم. از آنان پرسش نمودم و ملاحظه کردم قوت و استقامت آنان چقدر است، ایشان مطابق میلشان به من جواب دادند و شرح همه‌ی این گیاه‌خواران که از روی ذوق و از روی خود پسندی به واسطه‌ی ناخوشی یا برای دلایل علمی این

خوراک را پذیرفته بودند ثابت کرد که این رژیم آن‌ها را از حال اولیه که داشتند بهتر نموده است.»

دکتر مزبور عملیات لابراتوار کرده و اظهار می‌دارد که خستگی عضلات دو دفعه و نیم نزد کسانی که گوشت می‌خورند بیشتر است و مرمت این خستگی پنج مرتبه زودتر نزد گیاه‌خواران می‌شود. این‌ها نتیجه‌ای است که یک نفر گوشت‌خوار بدون طرفداری مقایسه نموده است.

پروفسور سابق الذکر بالاخره ملاحظه کرده مرمت خستگی نزد کسانی که چندین سال است گیاه‌خوار هستند زودتر انجام می‌گیرد تاکسانی که چندین ماه است از گوشت پرهیز می‌کنند.

اغلب نمی‌دانند که بکلی برخلاف خرافات عوام خوراک‌های نباتی خیلی بیشتر از گوشت مقوی است. امروزه ورزش‌گران و پهلوانان بزرگ دنیا گیاه‌خوار و میوه‌خوار می‌باشند مانند کارل مان در مسابقه‌ی دوگروب و مایلز و وویت در استخلم و نورمی. همه‌ی آن‌ها گیاه‌خوارند و بسیاری دیگر در مسابقه‌های بزرگ دنیا از سایر پهلوانان پیشی گرفته‌اند. پس دیده می‌شود تأثیر گیاه‌خواری نه تنها از نقطه نظر اخلاقی و ذهنی بلکه بدن را پرزور و خوش بنیه ساخته عضلات را نرم و چابک می‌کند.

انسان به هیچ وجه احتیاج ندارد که از خون و گوشت و چربی جسد جانوران تغذیه بکند. او می‌تواند با میوه و گیاه‌ها زندگانی کرده و سالم هم باشد. این یک طرز خوراک ریاضت‌مندانه نیست بلکه بیشتر با قوانین طبیعت هماهنگ است و بیشتر سالم و گوارا و انسانی است.

فصل دهم

اقتصاد و گیاه‌خواری

خوراک‌های نباتی برتری مهمی از نقطه نظر اقتصاد بر اغذیه‌ی حیوانی نشان می‌دهند. قیمت آن‌ها بیش از ثلث خوراک‌های حیوانی نیست، به علاوه مواد سمی در این‌ها نیست و گوشت‌خواران مبلغ هنگفتی آب زیادی که در گوشت وجود دارد می‌خرند. به تجربه رسیده که عموماً خوراک‌های مضر گران‌تر هم تمام می‌شود. پس ترک نمودن آن‌ها نه تنها برای سلامتی مفید خواهد بود بلکه برای صرفه‌جوئی نیز سودمند است.

هر چند معاش مردمان چوپان کمتر از شکارچیان موقتی می‌باشد چون درحیوانات اهلی همیشه یک ذخیره‌ای دارند و لیکن از قحطی ایمن نیستند. یک خشک‌سالی کوچکی که شد اول حیوانات می‌میرند و نمی‌شود گوشت آن‌ها را ذخیره کرد. یا یک ناخوشی همه‌ی آن‌ها را می‌کشد. به‌همین جهت زندگانی آن‌ها سخت است و باید پیوسته کوچ بکنند و همیشه گرسنگی آن‌ها را تهدید می‌نماید. تنها کشاورزان کاملاً مطمئن هستند و از ذخیره‌ی وسیعی که حاصل آن‌ها می‌دهد می‌توانند در هنگام کمیابی زندگانی خودشان را تأمین بنمایند.

درهمین خصوص یکی از رؤسای سیاه‌پوستان رو به قبیله‌ی خود نموده به آنان خطاب می‌کند که «کروکور» برای ولر نقل کرده: «آیا شما نمی‌بینید که سفیدها با غلات زندگانی می‌کنند ما با گوشت؟ و برای این که گوشت به

پرورد سی ماه طول می‌کشد و اغلب کمیاب است ولی هر کدام از این دانه‌های غریب که آنان در زمین می‌کارند صدبرابر می‌شود؟ گوشت چهارپا دارد برای گریختن و ما دو پا بیشتر نداریم، برای این‌که آنان را دنبال بکنیم. اما دانه‌ها همان‌جائی‌که سفیدپوستان می‌کارند مانده و نشو و نما می‌نماید. زمستان برای ما زمان شکارهای خسته کننده و خطرناک می‌باشد در صورتی که برای آنان هنگام آسایش است. به همین جهت آن‌ها آنقدر بچه‌دارند و بیشتر از ما زندگانی می‌کنند. پس بهر کدام از شماها که به حرف من گوش می‌دهید می‌گویم: پیش از آن‌که درخت‌های چنار ماخزان بکند، نژاد کشاورز، نژاد گوشت‌خوار را بنیان کن خواهد نمود مگر این که شکارچیان به کشت و زرع تن در بدهند.»

اگر همه‌ی مردم گیاه‌خوار می‌شدند زمین ما می‌توانست از سه الی پنج برابر ساکنین کنونی خود را خوراک بدهد.

الکساندر هومبلد معتقد است که یک تکه زمین که حاصل آن ده نفر را خوراک می‌دهد بیش از یک نفر نخواهد توانست تغذیه بکند. هرگاه سبزه آن را برای پرورش چارپایان بکار ببرند در مکزیک همین زمین می‌تواند ۲۴۰ نفر را از حاصل لوز سیر بکند.

لیبه بیک در همین باب می‌گوید: «انسانی که گوشت می‌خورد برای خوراک خودش یک سرزمین وسیعی لازم دارد، خیلی وسیع‌تر که برای شیر و ببر لازم می‌باشد. یک ملت شکارچی که در یک سرزمین کوچک زندگانی می‌کند اهالی آن نمی‌توانند زیاد بشوند.»

مسیو لوژاند از نقطه نظر اقتصاد راجع به خوراک فرانسویان گفته: «ما خوراک خودمان را با حیوانات تقسیم می‌نمائیم و آنان ده یک آن را از شیر و گوشت و چربی خودشان به ما رد می‌کنند. وقتی که به یک خوک شیر و

سیب‌زمینی بدهند تا این که پروار بشود این ده روز خوراک ماست که برای یک روز معاوضه می‌نمائیم.»

نه تنها خوراک‌های نباتی هیچ‌گونه مواد سمی در بدن از خود باقی نمی‌گذارند بلکه زندگانی را بی‌آلایش کرده تهذیب اخلاق می‌نمایند و بیدادگری و اسارت حیوان و انسان را بر می‌اندازند و ویرانی و بایری زمین‌ها را مرمت می‌کنند. دیگر زمین‌های حاصل‌خیز خراب نمی‌شود تا از آن‌ها الکل و تریاک استعمال بنمایند.

در صورتی که همه‌ی جانوران در طبیعت یک خوراک خوشمزه به‌اندازه فراوان می‌یابند که به آسانی جزو بدن آن‌ها می‌شود. انسان توانسته مسئله نگاهداری خود را دشوار بنماید، به طوری که او قسمت بزرگ زمان و هوش و جدیت و کار خود را صرف آماده کردن یک خوراک غریبی می‌نماید که لیاقت ندارد از نقطه نظر علمی طبیعی باشد. هم‌چنین با اجرا داشتن یک دسته احتیاجات مصنوعی احمقانه و کاملاً بی‌فایده و خودش را بدبخت‌ترین جانوران کرده به طوری که زندگانی برای بیشتر مردم یک چیز تاریک و دشوار و بی‌معنی گشته که به زحمتش نمی‌ارزد.

هیچ حیوانی در دنیا وجود ندارد که آن قدر ابلهانه هوش و جدیت خود را برای چنین نتیجه‌ی مزخرفی بکار ببرد. از این جهت می‌توان گفت که تمدن و ذکاوت و خوشبختی آدمی‌زاد پست‌تر است از آنچه در نزد بیشتر حیواناتی که از دانه زندگانی می‌کنند یافت می‌شود.

فصل یازدهم

جواب ایرادات

گیاه‌خواری مانند همه‌ی عقاید بهانه تراش و ایرادگیر دارد. مابین ایراداتی که به این طرز خوراک وارد می‌آورند بیشتر آن‌ها بچگانه و روی منطق محکمی نیست معهذا از آنجائی‌که ممکن است در نظر بعضی اشخاص اهمیت پیدا بکند در این‌جا بعضی از آن‌ها را می‌نگاریم:

فلاسفه پس از مشاهدات خودشان راجع به زندگانی حیوانات می‌خواهند ثابت بنمایند که مدار زندگانی بر روی زور سرپنجه و مکر و حیله قرار گرفته، هر کسی که قوی‌تر است باید زیر دست خودش را بخورد. می‌گویند سخت باشید، این پند اخلاقی تازه است. درنده باشید نسبت به زیردست و ناخوش و زن و پیر و بچه و ناتوان.

هیچ فکری به این درجه پست نمی‌شود و عین نادانی و حماقت را نمی‌رساند زیرا که پیکار زندگانی ما بین جانوران خون‌خوار نیز به این اندازه پست و شنیع نمی‌باشد چون مقصود آن‌ها تنها به دست آوردن خوراک است نه از زور ورزی و وحشی‌گری. طبیعت به حیوانات نمی‌گوید: سخت و درنده باشید فقط آن‌ها را به سوی خوراک خودشان می‌کشاند و به ایشان می‌گوید خودتان را بپائید...

این قانون درنده را آدمی‌زاد برای خودش درست کرده، اگرچه بر عکس آن نیز مشاهده می‌شود. اگر زندگانی به زور و قابلیت است هرگاه شیری

را در باغ وسیعی بیندازند که در آنجا جانوری وجود نداشته باشد از گرسنگی جان می‌دهد و یا در جنگ که روی فلسفه‌ی گردن‌کلفتی قرار گرفته جوانان ورزیده و خوش بنیه کشته می‌شوند و یک مشت سیاسی‌دان حریص و زرپرست و ناخوش در آخر کار استفاده می‌نمایند.

فراموش نکنیم آن چه زندگانی را زهر آلود می‌کند «جنگ برای زندگانی»[1] نیست اما کش مکش سر چیزهای پوچ و بیهوده است. هنگامی که انسان از شادی‌های دروغی و چیزهای مزخرف دست برداشت و این پرستش خونین سیم و زر را کنار گذاشت خواهد فهمید که مهم‌ترین آخشیج زندگانی را طبیعت به او می‌دهد. مانند روشنائی، هوا و آب و خوراک و غیره. همه‌ی این کشت وکشتارها و حقه بازی‌ها سر چیزهای بیخود است و کسی دیگر به خیال نمی‌افتد چیزی را برای خودش احتکار به نماید.

می‌گویند اطباء گوشت می‌خورند، عرق می‌نوشند و سیگار می‌کشند. اما در مدارس طب چه به دکترها یاد می‌دهند؟ آیا به او می‌آموزند که پیش‌بینی ناخوشی‌ها را بنماید و از خطر آن جلوگیری بکند یا این که چگونه زندگانی می‌کنند و چگونه می‌میرند؟ نه تنها به او یاد می‌دهند که بیمار را چگونه می‌شود یک ربع ساعت بیشتر زنده نگاه‌داشت به غیر از آن‌هائی که مقصودشان تنها به دست آوردن تصدیق‌نامه است و بس و زندگانی آنان به روی فساد مردم تأمین می‌شود.

اطبائی که حقیقتاً برای بهبودی و نجات دادن زندگانی انسان کمر همت بسته و بر علیه معایب جامعه و خرافات و افسانه‌ها و برخلاف دروغ و دوروئی و دزدی و درندگی که پایه جامعه‌ی متمدن است جنگیده‌اند بزودی پامال شده‌اند. در اینجا همه اطباء منظور نبودند ولی به آن‌ها درس

---

[1] The Struggle for life.

می‌دهند غذا چطور هضم می‌شود اما هرگز راه زندگانی را یاد نمی‌دهند و فن او را یک صنعت کرده‌اند. او خیلی مایل است که امراض زیاد بشود تا از حفظ الصحه‌ی خراب و موهومات مردم استفاده بکند.

آیا طبیب یک موجود فوق‌البشر است یا این که از آسمان پائین افتاده؟ آیا علم خود را مطابق عقیده‌اش به کار می‌برد؟ در یک جامعه‌ی که همه چیز خرید و فروش می‌شود، که زندگانی یک دسته با زجر و مرگ دیگران تأمین می‌گردد؟ آیا امروزه در تمام دنیا دیپلم از روی استحقاق داده می‌شود؟ آیا دیپلم انسان را پرهیزکار و نیک‌سیرت می‌کند؟ نه، دلیل نمی‌شود هر که پول دارد هوش هم داشته باشد چون به کمک آن دیپلم هر علمی را می‌شود به دست آورد.

دواساز و دوا فروش و یک گروه دیگر زندگانی ایشان روی ناخوشی دیگران می‌گردد. سرشماری مرده‌ها در بعضی ممالک به ۷۵ درصد رسیده و جنایات علمی هر روز گورستان را پر از زندگانی‌های کمتر از ۴۰ سال می‌نماید. میکروب بیش از پیش زورآور شده، ناخوشی‌های کوفت و سرطان و دیوانگی سل و ناخوشی‌های تازه درآمد روز به روز زیادتر می‌شود.

آیا به نظر غریب نمی‌آید که در امتحانات راجع به خوراک انسان یکی از پرفسورهای معروف به یک عدّه سگ فقط گوشت خام داده و به دسته‌ی دیگر گوشت پخته می‌دهند. آن‌هائی که از گوشت خام تغذیه کرده بودند خیلی سالم و قوی بنیه می‌شوند. عده‌ی دیگر که گوشت پخته خورده بودند دیری نمی‌کشد که می‌میرند. آن وقت نتیجه می‌گیرد که گوشت خام برای انسان یک خوراک مقوی است و اکسیر اعظم می‌باشد و همه‌ی ناخوشی‌ها را شفا می‌دهد! چه اشتباه بزرگی است، چه سگ حیوان گوشت‌خوار می‌باشد و خوراک او را نمی‌شود سرمشق از برای خودمان قرار بدهیم، در صورتی که

۱۳۱

همه‌ی آزمایش‌های بیشتر اطباء روی حیوانات گوشت‌خوار و دانه‌چین و غیره است مثل سگ و موش و کبوتر.
انسان از هر چه می‌خورد زندگانی نمی‌کند و نه از آن چه هضم می‌نماید ولی از آن چیز زندگانی می‌کند که جذب بدن او می‌شود. گوشت یک خوراک کامل است برای موجودی که دندان‌های کلبی و تیز داشته باشد، آن را بدراند و دارای غده‌هائی باشد که به مقدار زیاد آمونیاک تولید کرده پیتومائین‌ها را نابود بنماید و روده‌های او خیلی کوتاه بوده که گوشت در آن توقف نکند تا فاسد بشود.
هر خوراکی را که انسان بیشتر بخورد همان را دوست دارد. انگلیس‌ها پودینگ را دوست دارند چون که هر روز خورده‌اند. وزغ بدهان فرانسویان مزه می‌کند در صورتی که دیگران از آن متنفرند. چینیان برنج را زیاد دوست دارند چون که چیز دیگری نمی‌خورند. از این جهت ترک گوشت‌خواری در ابتداء کمی دشوار است ولی بعد از چندی اغذیه‌ی نباتی خیلی طبیعی و گوارا خواهد شد و خواهند دید که گوشت چه خوراک چرکینی بوده است.
ممکن است بگویند انسان پس از قرن‌ها گوشت خورده و اکنون معتاد گشته و گوشت‌خوار شده ولی او همان‌طوری به گوشت‌خواری عادت کرده که یک نفر وافوری به تریاک و عرق‌خور به مسکر خودش. گوشت برای انسان حکم یک مهیج خطرناک را دارد نه خوراک و ترک آن سودمند نباشد ضرر نمی‌رساند. از طرف دیگر می‌بینیم اعضای او به هیچ وجه تغییر نکرده، نه دست‌های او مبدل به چنگال شده و نه دندان کلبی او رشد کرده و نه معده‌ی او کوچک و ضخیم گردیده و نه روده‌های او کوتاه گشته. روی هم‌رفته اعضای بدن او شبیه جانوران درنده نشده از جانب دیگر روز به روز از بنیه و قوای او کاسته می‌گردد و کلیتاً در سلامتی و نیرومندی و اخلاق او

نتایج خوبی نبخشیده بلکه برعکس خون و نژاد او فاسد شده. چرا مابین همه‌ی جنبندگان روی زمین تنها انسان است که دندان‌هایش خراب می‌شود و به زحمت باید نگاهداری بکند؟ نه در ته بیشه‌ها و نه در دشت و هامون و نه در عمق دریاها هیچ حیوانی دیده نمی‌شود که دندان‌های او ریخته باشد. اگر پیدا شد معلوم می‌گردد که نژاد او رو به اضمحلال است. ساختمان دندان انسان پس از تشکیل همه‌ی اعضاء به وجود می‌آید و چون عموماً پیش از بلوغ دندان درد می‌گیریم و تقریباً بیشتر مردم دندان سالم در دهانشان ندارند نشان می‌دهد که نژاد ما به سوی نیستی می‌رود.

ایراد دیگر آن است که می‌گویند گیاه‌خواران نیز ناخوش می‌شوند و می‌میرند و از سایر مردم چندان بیشتر عمر نمی‌کنند. البته ادعا نداریم که گیاه‌خواری انسان را روئین‌تن می‌نماید و از قانون طبیعی مرگ او را ایمن می‌گذارد. یا این که هیچ وقت ناخوش نشود، بلکه می‌گوئیم کسی که این طرز خوراک را پذیرفته مقاومت او در جلو ناخوشی‌ها بیشتر شده امراضی را که از گوشت‌خواری تولید می‌شود نمی‌گیرد و هرگاه واگیر نمود زودتر خوب می‌شود چون که بدن او مسموم نشده و بطور کلّی پس از چندین نسل برتری گیاه‌خواری آشکار می‌گردد. چون کسانی که ترک خوراک خونین را می‌نمایند نباید فراموش کرد که دارای ناخوشی‌های موروثی و از خون فاسد پدران گوشت‌خوار و تریاکی یا عرق‌خوار به دنیا آمده‌اند و برای تصفیه‌ی خون بعد از دو سه پشت برتری آن به خوبی نمایان می‌شود.

اغلب بهانه می‌آورند که حیوانات گوشت‌خوار مانند شیر و ببر و غیره پر زورتر از حیوانات علف‌خوار می‌باشند - اما تند نرویم اولاً زور حیوانات گیاه‌خوار مانند فیل و اسب و گاو و غیره که همه آنان کارهای شاقه می‌نمایند اگر زیادتر از جانوران درنده نباشد کمتر نیست. از این گذشته انسان هیچ شباهتی با شیر ندارد که گوشت زنده‌ی قربانی‌های خود را

می‌بلعد. بلکه برعکس او ما بین میمون‌های بزرگ میوه‌خوار طبقه‌بندی شده که دارای یک قوه‌ی فوق‌العاده است و از انسان مسموم شده به توسط خوراک‌های مرداری خیلی نیرومندتر می‌باشد.

خیلی اشخاص پس از آن که متقاعد شدند که گوشت برای بدن انسان لازم نیست با ناامیدی تلخی می‌گویند: پس چه بخوریم؟ مثل اینکه به گرگ پیشنهاد کرده باشند کاه بخورد. اما هیچ چیز به این آسانی نیست و کسی که آن قدر اراده داشته باشد که جلو هوی و هوس خودش را بگیرد از خوردن گوشت پرهیز خواهد کرد. اشخاص ترسو و نادان و خرافات‌پرست چیز تازه‌ای را اگر چه حقیقت روشن و محسوس هم باشد نمی‌پذیرند و پی بهانه می‌گردند و اشکال تراشی می‌کنند. هم‌چنین هیچ دلیلی آن‌ها را قانع نخواهد کرد. ما با کسانی که ترسو یا مردّد هستند و این عقیده را می‌پذیرند بدون این‌که از روی آن رفتار بنمایند کار نداریم و چون در فنّ آشپزی سررشته نداشتیم نمی‌توانیم کتابی در این خصوص ترتیب بدهیم و این کار را به دیگران واگذار می‌نمائیم.

بهانه می‌آورند که به جای گوشت باید مقدار زیادی نباتات خورد تا جای آن را بگیرد اما به هیچ وجه لازم نیست که حجم خوراک نباتی زیاد باشد زیرا که از یک طرف خوراک‌های نباتی را می‌شود به طور نامحدود تغییر داد، چون بی‌اندازه فراوان است و بعضی از آن‌ها با حجم کوچک مانند گردو و بادام خیلی بیشتر از گوشت مغذی و مقوی هستند و به واسطه‌ی انتخاب دقیق خوراک خیلی مقوی در تحت یک حجم کوچکی آماده بنمایند و از طرف دیگر خوراک‌های حیوانی بیشتر تهییج می‌کند و مقدار زیادی نان با آن صرف می‌شود که در معده حجم آن بزرگ می‌گردد. بعضی از غلّات مثل لوبیا و نخود و عدس و باقلا خوراک‌های کاملی هستند که صد مثقال آن‌ها به تنهائی با صد مثقال گوشت و صدوبیست مثقال نان برابری می‌کنند.

چیزی که خیلی مضحک است گمان می‌کنند خداوند بعضی از حیوانات علف‌خوار را آفریده تا برخلاف همه‌ی قوانین طبیعت آدمی‌زاد آن‌ها را کشته و بخورد. در صورتی که اگر بگوئیم خدا انسان را آفریده تا شیر و ببر از او تغذیه بنمایند بیشتر نزدیک به حقیقت است. آیا می‌توانیم بگوئیم دست و پا و سر حیوان برای کله پاچه خلق شده؟ یا روده‌های او را آفریده‌اند که در آن گوشت و خون انباشته و مزه‌ی عرق‌خوارها بشود یا معده‌ی او را برای سیرآبی درست کرده‌اند؟

هرگاه ساختمان بدن حیوان را با دیده‌ی عبرت بنگریم موشکافی و دقایقی که در اعمال بدنی او انجام می‌گیرد. قلب او مانند قلب ما خون را در بدن گردش می‌دهد تا مواد حیاتیه را به آن برساند. آلات هاضمه او نیز مانند بدن انسان در نهایت دقت کار می‌کند و به یک انتظام شگفت‌انگیزی کار خود را به انجام می‌رساند. اعصاب و مغز او آیا یک آلت عجیبی نیست که مانند مغز ما با دستگاه مرتب به کار انداخته شده؟ نه، نه، صد بار نه! این ماشین غریب را که آن قدر با ماشین آدمی شبیه است برای کشتن نیافریده‌اند. مثل این است که بگوئیم بهترین تاریا پیانو را برای سوزانیدن ساخته‌اند.

بعضی‌ها با آهنگ فاتحانه می‌گویند اگر انسان حیوانات را نمی‌خورد روی زمین را پر می‌کردند اما راستگو باشیم هر کسی اول فکر خودش را می‌کند و به توالد و تناسل اغراق آمیز جانوران اهمیتی نمی‌گذاریم. آیا ما در توالد و تناسل جانورانی که عادت نداریم بخوریم دخالت می‌کنیم و از این جهت روی دنیا را گرفته‌اند؟

گوشت ماهی که انسان صرف می‌کند در مقابل توالد و تناسل فوق‌العاده او چه است؟ نه انهدام خودش در طبیعت انجام می‌گیرد بدون اینکه از انسان کمک خواسته باشند و جای او تنگ نمی‌شود چون طبیعت پیش‌بینی این

مساله را کرده و در مقابل میلیون‌ها ماهی کوچک یک نهنگ گذاشته و در جلو بره گرگ می‌باشد، لازم نیست انسان کار آن‌ها را پیشه‌ی خود بکند. می‌گویند باید گوشت خورد چون که شبیه عضلات بدن ماست. بدبختانه می‌بینیم عقل مردم به چشمشان است. آیا حیوانات علف‌خوار و میوه‌خوار مانند ما عضلات ندارند؟ ساختمان جسمانی میمون‌ها عضلات و خون آن‌ها شبیه‌ترین و نزدیک‌ترین حیوان است به انسان آیا تنها از میوه تغذیه نمی‌کنند؟

قبایل و طوایف وحشی آدمی‌زاد هستند که آدم‌خوار می‌باشند. آیا می‌توان گفت این خوراک طبیعی انسان است! همین اضمحلال پستی نژاد انسانی را نشان می‌دهد. حیوانات درنده یک دیگر را نمی‌خورند این عادت مخالف طبیعت از گوشت‌خواری پیدا شده و از کمیابی هم‌جنس خود را درانیده‌اند. آیا چه می‌شود اگر اطباء و دواسازان و ماماها و آبله‌کوب‌ها و داروغه‌ها و زندانبان‌ها و عدلیه‌ها را از ما بین تمدن ساختگی آدمی‌زاد بر دارند. تمام جامعه‌ی انسانی به سوی پرتگاه خوفناکی می‌رود که زمان‌های بربریت را روسفید و پایه‌ی شکننده‌ی بت آدمی‌زاد که چشم‌ها را خیره کرده و دورش اسفند دود می‌کنند روی زمین می‌غلطد.

فساد نژاد آدمی‌زاد از چهره‌هایی چین‌خورده و پلاسیده‌ی رنگ پریده و دندان‌های افتاده و کچلی و چاقی یا لاغری او هویدا و آشکار می‌باشد. برای پوشانیدن همین فساد عمومی است که بیشتر مردم به چیزهای ساختگی خودشان را بزک می‌کنند. صنایع دواسازی، سلمانی، عطرفروشی، کفش‌دوزی، جامه‌دوزی، دندان‌سازی، پیراهن‌دوزی و غیره برای این است که یک جوانی موقتی به او بدهد اگر چه همیشه از او گریزان است. ناخوشی‌هائی که هر روز هزاران نفر را بر می‌چیند برای آن است که آن‌ها از راه طبیعت منحرف شده‌اند و به اضافه میکرب سوزاک و کوفت و سل

پشت در پشت در خون انسان زیادتر می‌شود – این فساد در حیوانات آزاد به هیچ وجه دیده نمی‌شود مگر آن‌هائی را که انسان با زندگانی خودش پرورانیده و حیوان متمدن کرده است.

فصل دوازدهم

انجام‌نامه

دامنه‌ی گیاه‌خواری امروزه از حدود آسیا تجاوز کرده چنان که در انگلیس و فرانسه و آلمان و آمریکا و ممالک اسکاندیناو و غیره گروه بی‌شماری از آن با آغوش باز استقبال کرده‌اند و برتری آن بر خوراک خونین در همه آب و هواها و محیط‌ها و نزد نژادهای مختلفه‌ی انسانی شناخته شده. به طوری‌که امروز دیگر کسی نمی‌تواند لزوم خوراک خونین را برای انسان ثابت بنماید و بی‌شک نباتات خوراک آینده‌ی انسان خواهد بود.

علوم و اخلاق و احساسات و طبیعت دست به یکدیگر داده و به طرز روشنی موافقت دارند که گیاه‌خواری نجات دهنده‌ی نژاد آدمی‌زاد است. روزی خواهد آمد که خوراک مردم به‌اندازه‌ای تغییر بکند که باور نخواهند نمود نیاکان ایشان یک خوراک آن‌قدر ناخوش و ناسالم و وحشیان‌های را می‌خوردند.

در ته قلب هر انسانی یک احساس عمیق و یک ذوق و میل فطری برای میوه و بوستان گل و کشت‌زار وجود دارد و هر طبیعت تربیت شده و بی‌آلایش انزجار و دل‌گیری از بوی خون و منظره‌ی کشتار و سلاخ‌خانه احساس می‌نماید. بچه‌ی انسان دست به سوی میوه دراز می‌کند. این همان‌قدر طبیعی است که بچه‌ی گربه روی طعمه‌ی خونین جست و خیز می‌زند. آیا در آینده به چه باید امیدوار بود؟ گذشتگان از ناچاری خوراک خود را برگزیدند

و آینده‌گان از روی انتخاب جدا خواهند کرد. آدمیان در ابتدا آن چه را که توانستند می‌خورند پس از آن چه دوست داشتند و بالاخره آن چه را که بهتر است خواهند خورد که پایه‌ی آن روی میل طبیعی و تجربه قرار گرفته و در عین حال گوارا و سالم می‌باشد.

هنگامی که انسان از خوراک‌های خونین پرهیز کرد و خوراک خودش را مستقیماً از دست طبیعت گرفت خواهد دید قسمت بزرگ ناخوشی‌ها ریشه‌کن و نابود می‌گردد، بر ساختمان‌های پرزور و قوای بنیه افزوده می‌شود و سن او بی‌اندازه زیاد می‌گردد و همچنین از کاستن شکنجه و زجر حیوانات یک آرامش بزرگ کالبد و روان او را فرا گرفته نژاد آدمی‌زاد از یک قسمت عمده‌ی زحمات خود آسوده می‌شود و خوراک آینده‌گان خوراک طبیعی انسان خواهد بود.

سفره گیاه‌خوار منظره اسارت حیوان و سلاخ‌خانه کشتار و خون و شکنجه‌ی طبیعت ماتم زده را نشان نمی‌دهد. خوراک او دورنمای باغ و بوستان و زنده‌گانی روستائی و کشت و درو و جشن طبیعت را نمایان می‌سازد. سفره‌ی او چشم‌انداز سرزمین‌های سبز و خرّم و خورشید تابان و شادمانی و دلربائی را جلوه‌گر می‌کند که دلکشی آن خواب را گوارا و بدون کابوس‌های هراس‌ناک و خونین جانوران می‌نماید.

گیاه‌خواری اولین گامی است که به سوی راستی و درستی برداشته می‌شود و برای آینده‌گان خیلی گران‌بها خواهد بود. زیرا که زرخریدی و اسارت انسان و حیوان را بر می‌اندازد. صنایع و کارهائی را که سبب تقلب و طفیلی‌گری و دزدی و جنگ است ریشه‌کن می‌نماید. دشت‌ها و کشتزارها که نمایشگاه زنده‌گانی آرام و شادمان می‌باشد دیگر منظره‌ی خوفناک کشتار و ناله و شکنجه‌ی ساکنین دلربای آن‌جا را که پیرایش طبیعت است نشان نمی‌دهد. زیرا دژخیم بی‌وجدان و خون‌خوار امروزه یک پشتیبان آنان می‌باشد، احساس

برادری حقیقی در دل مردمان پیدا شده و نه تنها منحصر به آدمیان است بلکه یک برادری و برابری خواهد بود که همه‌ی آفریدگان طبیعت را به هم وابستگی می‌دهد.

اگر نژاد آدمی‌زاد باید روزی به اوج ترقی و تکامل برسد در یک محیط طبیعی با خوراک نباتی خواهد بود چنان که گوشت‌خواری و تمدن مصنوعی او را فاسد کرده و به سوی پرتگاه نیستی می‌کشاند مگر این که یک نژاد برومند و نونهالی که زندگانیش از روی قوانین طبیعت است جانشین او بشود، وگرنه به طرز ننگینی نژاد او خاموش خواهد گشت.

پاریس – ۲۳ مرداد ۱۳۰۶

اصفهان نصف جهان

یادم است در مدرسه‌ی ابتدائی که بودم، برای سه ماه تعطیل تابستان علاوه بر تکلیف‌های گوناگون، از طرف مدیر اخطار شد که باید روزنامه خودمان را بنویسیم. من اگرچه شاگرد کارکنی نبودم ولی این پیشنهاد را پسندیدم و بر سایر تکلیف‌ها مقدم دانستم، یکی دو روز آن را نوشتم و بعد فرمولی به نظرم آمد که با اندک تغییر در روز سوم هشتاد و هشت روز دیگرش را قبلاً تهیه کردم وآن فرمول این بود:

«صبح زود برخاسته وضو ساختم، نمازصبح را خواندم و پس از دعا به وجود مدیر محترم و ناظم معظم صرف چاشت کرده، ظهر پس ازصرف ناهار چهار رکعت نماز به جای آوردم. بعد از ظهر قدری علم الاشیاء و تاریخ انبیاء خواندم، شب نماز عشا را به جا آوردم و دعا به وجود مدیر محترم کرده خوابیدم.»

اگرچه به جز خوردن و خوابیدن در باقیش جای تردید بود ولی روی هم رفته از همین قرار بیشتر روزها، سال‌ها و شاید یک عمر را مانند تقویم حاجی نجم‌الدوله می‌شود پیش‌بینی کرد.

از این رو پس از یک سال زندگی یک‌نواخت، چهار روز تعطیل را غنیمت شمرده تصمیم گرفتم بروم به اصفهان و به خیالم رسید که این چهار روز تغییر و تنوع غیرمعمولی را یادداشت بکنم. ـ چرا تصمیم گرفتم که بروم به اصفهان؟ آن را هم نمی‌دانم. ولی دیرزمانی بود که آن چه عکس از اصفهان دیده بودم و وصفی که از آن شنیده یا خوانده بودم، این شهر را به طرز افسانه‌آمیزی به نظرم جلوه داده بود. مانند حکایت‌های هزارویک‌شب. با مسجدها، پل‌ها، کوشک‌ها، مناره‌ها، کاشیکاری‌ها، قلم کارها، نقاشی‌ها و بالاخره شهر پراستعداد هنرمندان که گذشته‌ی تاریخی دارد و در زمان صفویه بزرگ‌ترین شهر دنیا به‌شمار می‌آمده و هنوز شکوه و عظمت

دیرین خود را ازدست نداده است و همه این‌ها کافی بود که اصفهان مرا به سوی خود بکشاند و نیز باید اقراربکنم که پشیمان هم نشدم.
ولی مسافرت به این آسانی انجام نمی‌گیرد. اولاً چهار نفر از رفقا حاضرشدند که با من بیایند ولی جز مایه‌ی دردِ سَر چیز دیگری نبودند و خرده تحلیل رفتند. از آن گذشته دوندگی برای گرفتن جواز و ازهمه بدتر اشکال پیدا کردن اتومبیل بود که سر ساعت حرکت بکند، مسافر به‌اندازه‌ی معین پیدا بشود، شوفر صلاح بداند و بالاخره همه استخاره‌ها خوب بیاید، به طوری که تا آن دقیقه آخر معلوم نبود حرکت می‌کنم یا نه. تا این که گوش شیطان کر بعد از شش ساعت معطلی در گاراژ سوار شدیم.
با شوفر و شاگردش شش نفر بودیم: من و یکی از آشنایان که به دیدن خویشانش می‌رفت و یک نفر کلیمی سرخ آبله‌رو که بینی‌ای مانند قرقی داشت و به بوشهر می‌رفت تا مال‌التجاره بیاورد، عقب اتومبیل نشستیم. شوفر و شاگردش و یک نفر ارباب زرتشتی با گردن کلفت و سبیل‌های آویزان جلو نشستند.

*

اتومبیل بوق کشید و میان گردوغبار طلائی‌رنگ براه افتاد، ساعت پنج و نیم بود که در شاه عبدالعظیم برای مرتبه دوم از ما جواز خواستند. ارباب که ازآن کهنه‌سفرکرده‌ها بود موقع را مناسب دید و خودش را مانند بِهِ اصفهان لای پوستین پیچید و یک دستمال ابریشمی هم دور کلاهش بست. من فلسفه‌ی دستمال را نفهمیدم. ولی به طور کلی کسانی هستند که چه در خانه چه درسفر جای خودشان را خوب درست می‌کنند اگرچه یک وجب هم باشد. ارباب ما ازآن تکه‌ها بود، با پوستینی که آستینش از اتومبیل آویزان بود هرچند ناراحت و جا برایش تنگ بود ولی به نظر می‌آمد که این‌جا را

قبلاً برای او آماده کرده بودند. برعکس ما سه نفر که به هر تکان اتومبیل از جایمان می‌پریدیم.

اتومبیل دوباره به راه افتاد، چشم‌انداز دو طرف جاده بیابان بود با تپه‌های پست و بلند، گاهی درخت کوچک و سبزه‌های تنک رنگ پریده از دور دیده می‌شد.

دو رج تیر تلگراف دو طرف جاده بود و یک طرف آهنی و یک طرف چوبی. اتومبیل، خیز برمی‌داشت، می‌لغزید، جست می‌زد. ارباب از جای خودش تکان نمی‌خورد. کهریزک با درخت‌های مرتب و دودکش کارخانه قند سازی پدیدار شد. باز هم جواز خواستند. من دیگر تکلیف خودم را فهمیدم و دانستم هر جا یک درخت ببینم باید جوازم را قبلاً حاضر بکنم.

آنجا زیر درخت دو شتر خوابیده بودند، ساربان به صورت یکی از آن‌ها مشت زد و افسارش را کشید. حیوان نگاه پراز کینه‌ای به او انداخت ولو چه آویزانش را باز کرد، فریاد کشید مثل این بود که به او و نژادش نفرین فرستاد. وقتی که اتومبیل راه افتاد، هوا کم کم تاریک می‌شد، کوه‌های کبود با رنگ فولادی زمینه‌ی آسمان مخلوط می‌گشت. پائین کوه یک نوار سبز مغزپسته‌ای و یک شیار نمکزار بود که از دور برق می‌زد.

حسن‌آباد پیاده شدیم. شکم‌ها مالش می‌رفت. ما جلو قهوه خانه‌ای نشستیم، نسیم ملایمی می‌وزید. شاگرد قهوه‌چی روی سکو نشسته بود تره خرد می‌کرد، چقدر خوشبو بود! گویا تره این‌جا میکرب حصبه نداشت ولی بدتر از حصبه رودربایستی بود که مانع از خوردن آن شد.

یک زن کولی با لباس بلند سرخ، روی پله سنگی عمارت روبه رویمان نشسته بود. برایم فال گرفت و از همان حرف‌هائی که حفظ هستند تکرار کرد که یک دختر بلندبالای سیاه چشم برایم می‌میرد، ولی زن قدکوتاه زاغ چشمی برایم جادو کرده، دوایش هم به دست اوست. باید مهرگیاه بخرم، اگرچه به

سایرین یک تومان می‌فروشد ولی به من پنج ریال هم می‌دهد. من خندیدم و آدرس آن دختر بلندبالا را خواستم، او هم دیگر باقیش را نگفت. کمی دورتر یک الاغ زخمی سر بزرگش را پائین گرفته بود، مثل این که مرگ را مانند پیش‌آمد گوارائی آرزو می‌کرد. پهلویش یک کره الاغ سفید با چشم‌های درشت سیاه، گوش دراز و پیشانی پف کرده ایستاده بود، می‌خواستم سر او را نوازش بکنم و اگر سقم سیاه باشد دعا بکنم که هرچه زودتر بمیرد تا به روز مادرش نیفتد.

باز هم سوار شدیم. شوفرکه گلویش را تازه کرده بود تندتر می‌راند. دو طرف جاده پست و بلند، ازکوه و تپه تشکیل شده بود. اتومبیل ما مانند خرگوش زخمی روی جاده غبارآلود خاکستری می‌لغزید و رد می‌شد. اتومبیل‌های دیگر از چپ و راست می‌گذشتند. باد به سر و روی ما می‌خورد و سیگار آتش زده را زود تبدیل به خاکستر می‌کرد، و بدتر از همه خرده‌های تف ارباب را روی صورت ما می‌آورد.

آسمان آبی تیره، زمین بخور، جلگه، بیابان و آسمان با رنگ‌های هم‌جنس به هم مخلوط شده بودند. یک ستاره‌ی روشن روی آسمان می‌درخشید. چراغ کوشک ازدور پیدا شد. ازجلو چند آبادی کوچک و قهوه‌خانه رد شدیم. اتومبیل‌ها همه به سوی قم می‌رفتند. از روی پل رودخانه شور که گذشتیم نسیم خنکی وزید ولی در تاریکی هرچه دقت کردم نتوانستم دریاچه را تشخیص بدهم. ماه از زیر ابر درآمده بود، به شهر قم نزدیک می‌شدیم. سه چراغ از همه بلندتر در تاریکی شب سو می‌زد.

«قُم»

شهر مرده‌ها، عقرب‌ها، گداها، زوار، اتومبیل ما جلو گاراژ ایستاد. بی‌اندازه شلوغ بود، من و رفیق آشنایم به طرف صحن رفتیم. دکان‌ها باز بود،

۱٤۶

اتومبیل‌ها بوق زنان مسافر می‌آوردند، مردم در آمد و شد بودند. آخوندها با گردن بلند و عبائی که روی دوششان موج می‌زد تسبیح می‌گردانیدند و قدم می‌زدند. میدان جلو صحن پر از جمعیت بود، همه‌جور زبان و لهجه در آن‌جا شنیده می‌شد، گل دسته و گنبد جلو چراغ و روشنائی اسرارآمیز مهتاب بی‌اندازه قشنگ و افسانه مانند به نظر می‌آمد. در صحن گروه زیادی از زن و بچه روی سنگ قبرها دراز کشیده بودند. من که یاد عقرب معروف قم افتادم قدم هایم را تندتر کردم و از درکه خارج می‌شدیم صدای بوق دسته شنیده شد.
سرراه در قهوه‌خانه‌ای هم سفرهایمان را پیدا کردیم که دور میز نشسته بودند و شام می‌خوردند. ما هم رفتیم و با آن‌ها شریک شدیم. قهوه‌چی پیشانی گرد براق داشت که دورش موی سرخ در آمده بود، با پیراهن و شلوار سیاه و یک چنته کوچک هم به کمرش بود که کار کیف پول را می‌کرد. ارباب چانه‌اش گرم شد، از بدی مردم قم می‌گفت که به عقیده‌ی او درمسابقه نمره یک را برده‌اند. درضمن خود قهوه‌چی هم که از دِه‌های اصفهان بود با او شرکت کرد و شرح زندگی گدای سیّدی را داد که پول داشته و گدائی می‌کرده است. مشدی‌گری ارباب جنبید و پول شام همه‌مان را داد. درکوچه جلو دکانی که روشن بود، یک دسته نی کلفت که با نخ به هم متصل بود گذاشته بودند. ارباب این حکایت را برایمان نقل کرد:
«این حصیر را چخ می‌گویند و در زمان سلمان پارسی معمول شد. وقتی که حاکم یکی از شهرها بود، حکم کرد که هیچ کس نباید شب در دکانش را تخته بکند. مردم گفتند که دزد چیزهایمان را می‌برد، سگی در مجلس بود، سلمان صدایش کرد و در گوشش چیزی گفت آن سگ رفت و کدخدای سگ‌ها را به حضور سلمان آورد. سلمان به او دستور داد تا شب‌ها شهر را پاسبانی بکند و نگذارد دزدها به مال مردم دست‌درازی بکنند. بعد از چندی

مردم شکایت کردند که خوراکی‌های ما دهن‌زده‌ی سگ می‌شود، از آن وقت چخ اختراع شد.»

در اتومبیل که نشستیم گدائی آمد شبیه مرحوم تولستوی با چشم‌های کوچک، پیشانی بلند، بینی بزرگ و ریش دراز سفید. شاگرد شوفر به عنوان سوغات دو تا تنگ و یک شیردان گلی خریده بود آن‌ها را گذاشت جلوپای ما و زحمت‌مان مضاعف شد.

اتومبیل ما بوق زد واز مابین اتومبیل‌های دیگر خودش را رد کرد. همه‌ی آن‌ها پُر از مسافر بود، بچه شیرخوار، زن ناخوش، مرده رو به قبله،مانند مرغ و خروس و جوجه سبد مرغ‌فروشان روی سر هم سوار بودند و پشت هم وارد می‌شدند. بدون این که فکر جا و منزل و غیره را بنمایند، فقط به امان خدا و عقرب‌ها بودند و اگرهم می‌مردند که صاف به بهشت می‌رفتند!

نصف شب بود که از روی پل گذشتیم. شهر تاریک بود تنها سه ستاره درخشان که مال گلدسته بود مانند چراغ کنار دریا می‌درخشید. کمی دورتر از شهر، میان خاموشی شب و هیاهوی اتومبیل صدای ناله‌ی بزی می‌آمد که از گله عقب مانده بود و یا گم شده بود.

اتومبیل ما خیز بر می‌داشت و هوا را می‌شکافت، باد پوست صورت ما را نوازش می‌کرد. چند دقیقه از میان بوی عطر گلی گذشتیم که معلوم نبود چه است. ماه در کرانه‌ی آسمان سرخ خونالود شد و پشت کوه پنهان گردید. همه جا تاریک بود فقط یک تکه روشنائی چراغ اتومبیل جلوما بود. رفقای همراه همه چرت می‌زدند، هم چنین خود شوفر، دورنمای بیرون در تاریکی غوطه‌ورشده بود، چراغ اتومبیل کپه‌های ریگ کنارجاده و تیرهای تلگراف را روشن می‌کرد، سایه‌ی آن‌ها جلو چراغ بزرگ می‌شد و به طرف مخالف سپر اتومبیل رفته ناپدید می‌گردید.

در راه برخوردیم به یک دسته الاغ که بارشان خار بود. شوفر که خواب‌آلود بود اتومبیل را نگه داشت، چراغ چشم یکی از الاغ‌ها را زد، جلو آمد و سرش خورد به اتومبیل و بر زمین غلطید. شوفر و صاحب خر به هم فحش دادند ما هم رد شدیم. چون درین وقت شب میان صحرا، با شوفر خواب‌آلود کار دیگری هم نمی‌شد کرد و هیچ قانونی نمی‌توانست از تجاوز شوفر جلوگیری بکند و اگر قاضی هم در اتومبیل داشتیم یا خوابش برده بود و یا چشمش را به هم می‌گذاشت.

اتومبیل ما مثل مستان پیل پیلی می‌خورد. هوا تاریک بود. فقط شبح درخت‌ها و خانه‌های گلی از پشت تاریکی جلوه می‌کردند.

بالاخره جلو در کوچکی که بالای آن علامت بنزین پارس بود شوفر اتومبیل را نگه داشت. این‌جا را شیرین بالا می‌گفتند. شوفر پیاده شد و رفت، هم‌سفرها همه چرت می‌زدند، مدتی منتظر شدیم، معلوم شد شوفر رفته و در بالاخانه‌ای که روی تپه است خوابیده. شاگرد شوفر مدت‌ها در قهوه‌خانه را زد و میرزا نصیر را صدا کرد تا این که در باز شد. جائی بود مانند سر حمام، دور تا دورش شاه‌نشین و میان آن حوض کوچکی بود با آب روان. پسربچه‌ای خواب آلود بلند شد سماور را آتش کرد، هم‌سفرهایمان خواب‌آلود رفتند روی سکوهای شاه‌نشین افتادند. من بیرون آمدم، ستاره‌ها بالای آسمان می‌درخشیدند، هوا خنک بود، یک زنجره با جدیت هرچه تمام‌تر جیرجیر می‌کرد. من با خودم فکر می‌کردم که امشب خط سیرم را می‌شود با مداد سرخ روی نقشه جغرافی رسم کرد. اتومبیل‌های دیگر می‌رسیدند، ایست می‌کردند و دوباره می‌رفتند، شوفر ما آن بالا در بالاخانه هفت‌پادشاه را خواب می‌دید. اتومبیل دیگری با هفت مسافر رسید که دو سه بچه کوچک همراه داشتند و از محلات به قصد قم می‌رفتند. پادو قهوه‌خانه یک دور دیگر به مسافران چائی داد و رفت خوابید، سکوت کامل

در این‌جا فرمانروائی می‌کرد، من موقع را مناسب دیدم تا یادداشت‌های خود را تکمیل بکنم.

از بیرون صدای بانگ خروس آمد، بالاخره شوفر را به زور بیدار کردند، دوباره سوار شدیم، هوا کمی روشن شده بود، نسیم ملایمی می‌وزید. از روی چندین پل رد شدیم، دیوارهای شکسته و دیوارهای دوردست دیده می‌شد، آسمان کم کم رنگ لاجوردی به خود می‌گرفت در این وقت اتومبیل ما در سرازیری با یک اتومبیل باری مصادف شد و برای اینکه از یکدیگر بگذرند، تکان خیلی سختی خورد که همه‌مان حتی ارباب را هم ازجایش پراند. چیزی نمانده بود که در دره بیفتیم، آب به آب بشویم و مسافرتمان به همان جا خاتمه پیدا بکند، ولی این تکان تا اندازه‌ای شوفر را سرحال آورد. در این وقت اتومبیل ما افتاد میان کوه‌هائی که حلقه‌وار قرارگرفته بودند، میان دایره‌های کوهی که روی عکس ماه دیده می‌شود و شاید یکی دوساعت طول می‌کشید تا ازمیان آن‌ها بگذریم. روی ابر سفیدی که کنار آسمان بود، هوا زیاد لطیف بود، من چشم‌هایم را به هم گذاشته بودم و نفس بزرگ می‌کشیدم، با خودم می‌گفتم: «چه خوب بود اگر هیچ وقت نمی‌ایستاد و همیشه می‌رفت، ساعت‌ها، روزها و سال‌ها!»

خورشید مانند فانوس نارنجی که پائین آن مایل به سرخی باشد ازپشت کوه در آمد و ابرها به رنگ خونابه پراکنده شدند. هیکل کوه‌ها کم کم مشخص می‌شد، کوه‌هائی که حلقه‌وار دور ما را گرفته بود، کوه‌های دلیر و محکم که کشش مخصوصی داشت و مانند این بود که اسراری در بردارند، تا چشم کارمی کرد تپه‌های دور دست، دشت و هامون دیده می‌شد که روی آن‌ها خار روئیده بود.

از دور درخت و کشت‌زارهای سبزنمودار شد، دهاتی‌ها با قبای قدک آبی به رنگ آسمان درین ساعت گرگ و میش زمین را بیل می‌زدند و کار

می‌کردند. من خسته بودم، سرم گیج می‌رفت، به نظرم آمد اگر مرا در آن‌جا می‌گذاشتند با همان مردمان می‌توانستم یک زندگی تازه و ساده‌ای بکنم. عرق بریزم و زمین را شخم بزنم، زمین درو شده با بوی گوارا، بوی مخصوص به خودش روزها، ماه‌ها، سال‌ها، هیچ خسته نمی‌شدم. اول پائیز کلاغ‌ها روی آسمان پرواز می‌کردند، زمستان‌ها زن‌ها دوک می‌ریسیدند و قصه می‌گفتند و از قیمت گندم، جو، آب، زمین و غیره صحبت می‌کردند.

اتومبیل ما ایستاد. این‌جا دلیجان بود، خانه‌های گلی قلعه مانند، زن‌های چادرشب به سر، گنبدها و طاق‌هائی که ازدور مثل نان روغنی رویش پف زده بود، خرابه و آثار قلعه و بارو در آن‌جا دیده می‌شد. یک دسته چلچله روی دیوار نشسته بود. مردهای آن‌ها قبای قدک بلند، کلاه تخم مرغی و گیوه داشتند. همان لباس قدیمی که پدرانشان می‌پوشیده‌اند و هنوز هم در تخت جمشید دیده می‌شود. اهالی آن‌جا بین خودشان به زبان بومی حرف می‌زدند. یک نفر امنیه به من این معلومات لغوی را داد:

بش = برو، بوره = بیا، ناتی = نمیائی؟، بوره بشیمون = بیا بریم، من فوراً یاد زبان کاشی افتادم که مون و دون زیاد دارد مثل بخوریمون، ببریدون و غیره.

بعد در قهوه‌خانه مشغول خوردن چاشت شدیم ولی ارباب عقیده‌اش این بود که بریم به میمه چون ماست و سرشیر آن‌جا معروف است. پس از ته بندی مختصری سوار شدیم. درین قسمت یک رشته کوه‌های قدیمی بود که مانند جعبه آینه جواهر فروشان رنگ به رنگ می‌شد: کوه بنفش، کوه کبود، لاجوردی، زرد سوخته، قهوه‌ای تیره، کوه رنگ بال سبز قبا، کوه شنگرفی که از پشت آن‌ها آسمان آبی پیدا بود. - کوه‌های کهنه‌ای که به مرور خرد شده، ورقه ورقه گردیده بودند. بعضی از آن‌ها مخروطی و برخی مثل این بود که روی قله‌اش را گل زده بودند و سنگ‌های آن به

شکل‌های گوناگون و به رنگ‌های باورنکردنی درآمده بود، و بنظر می‌آمد که با زبان مرموزی با انسان گفتگو می‌کردند. بیابان پوشیده شده بود از تپه‌هائی که روی آن‌ها خارهای کرپه‌ای روئیده بود و از دور مثل پوست پلنگ آن را خال خال نشان می‌داد. گله‌های گاو وگوسفند روی این تپه‌ها چرا می‌کردند. چشم‌انداز تا مدتی یک نواخت بود تنها رنگ‌آمیزی و هیکل کوه‌ها پیوسته عوض می‌شد. کرانه‌ی آسمان محو و به رنگ شیر بود گاهی به رنگ خاکستری تیره درمی‌آمد.

میان بیابان شوفر اتومبیل را نگه داشت، در این‌جا گل‌های سنبل دیمی میان بوته‌های خار روئیده بود. رفیقم که پیاده شده بود یک دسته از گل‌های صحرائی را چید. صدای دو پرنده کوچک می‌آمد که با حرارت هرچه تمام‌تر گفتگو می‌کردند و بعد از آن که اتومبیل به راه افتاد هنوز صدای مباحثه آن‌ها شنیده می‌شد. آفتاب کم‌رنگ شده بود، نسیم ملایم می‌وزید. کوه‌های طرف دست چپ به رنگ گل کاسنی دور و ناپیدا شده بودند، شوفر هنوز توی چرت بود. از دور آبادی میمه با گنبد و بارگاه کاشی در میان سبزه‌زار و دیوارهای گلی و برج و بارو نمایان گشت، ولی ایست نکردیم و ازجلوی قهوه‌خانه (خورشید) در جاده پهن شنی گذشتیم.

بالاخره نزدیک می‌شدیم، هوا کمی گرم شده بود، کوه‌های بختیاری و دامنه‌های دوردست آنان نمایان شد ولی اتومبیل صدای مهیبی کرد و به قول شوفر اصفهانی چرخش پکید (ترکید یا پنچرشد) از قرار معلوم دو فرسنگ به مورچه خورت داشتیم.

همه‌مان پیاده شدیم، از کنار جاده که می‌گذشتیم مارمولک سبزکوچکی که روی پشتش خطهای موازی زرد بود کنار بته‌ای ایستاده بود، همین که مرا دید روی دست‌ها و پاهای کجش لغزید و فرارکرد. لیز می‌خورد، می‌سرید و کنار بته دیگر می‌ایستاد تا به خیال خودش پی گم بکند. ولی من او را

۱۵۲

می‌دیدم که پائین و بالا را نگاه می‌کرد دل‌دل می‌زد. دوباره می‌دوید و لای دوتا سنگ خودش را پنهان می‌کرد. اما در همین وقت یک مارمولک از آن بزرگ‌تر پیدا شد. گویا مادر و یا از خویشانش بود، جلدتر و فرزتر از او بود، مثل فشنگ لیز می‌خورد و جست می‌زد. یک سوسک سیاه هم ازآن کنار مثل طاوس مست می‌خرامید. گویا دنبال شکار می‌گشت ولی مثل این‌که قلبش گواهی دشمن را داد و یا مرا دید پا گذاشت به فرار. من هم چون دیدم که صاحب‌خانه‌ها از مهمان ناخوانده خودشان پذیرائی خوشی نکردند برگشتم ولی در راه یک چیزی دیدم، شاید یک جور بزمجه یا چلپاسه یا سوسمار، یا سمندر و یا مارمولک، نمی‌دانم. متأسفانه تاریخ طبیعی من تعریفی ندارد. همین قدر فهمیدم که از جنس سوسمار بود ولی سرش گرد و قیافه بولدگ انگلیسی را داشت. با دم باریک، شکم پهن کبود و روی دست و پا و گردنش راه راه زرد و قهوه‌ای دیده می‌شد. با چشم‌های کوچکش مثل کونه‌ی سنجاق به من نگاه می‌کرد و سرش را به جانب من کج می‌گرفت، به خیالم رسید او را بگیرم ولی زود منصرف شدم، چون مقصودم فقط دیدنش بود و او هم که مضایقه نکرد، وانگهی از نگاه‌های این جانور بیابانی که به من کاری نکرده بود خجالت کشیدم. اما دلسوزی من بی‌مورد بود چون به محض این که تکان خوردم مثل باد از جایش پرید، او مثل مارمولک نمی‌لغزید بلکه خیلی تند روی پاهایش می‌دوید و سرش را بالا گرفته بود. این فکر برایم آمد که شاید هجوم عرب به ایران به طمع همین سوسمارها بوده است.

گویا این همه زمین و بته‌های خار مملکت سوسمارها بود، لابد به عقیده آن‌ها این‌جا آباد است نه اصفهان و امشب بچه مارمولک برای ننه‌اش حکایت می‌کند یک غول بیابانی را دیده و با چه تردستی و زرنگی از دست او

فرار کرده است. آن سوسک و بزمجه هم روی حرفش را صحه می‌گذارند و حکایت من مدتی در کله سه گوش و براق سوسمارها می‌ماند.

مدتی طول کشید تا اتومبیل درست شد و به راه افتاد. دوباره از دور سروکله‌ی آبادی، سبزه و مردمی که مشغول کار بودند دیده شد. یک کاروانسرای بزرگ شاه عباسی که بالای آن شبکه آجری داشت سر راهمان بود. این همه کاروانسراها و منزل‌های خراب که در راه دیده می‌شود گویا به واسطه‌ی رواج اتومبیل و کساد مسافرت با اسب و درشکه است. زیرا که دیگر مسافر احتیاج ندارد در آن جاها بار بیندازد و شب را بماند.

در مورچه خورت ایست کردیم، از آن جا تا اصفهان نه فرسنگ است و گفتند که رشته کوه سه ده یا کوه سیدمحمد که تمام بشود بلافاصله شهر اصفهان واقع شده. به نظر می‌آید که مورچه خورت درقدیم شهر بزرگ و آبادی بوده وامروز به حال قریه‌ی خرابی درآمده است. هنوز ویرانه آبادی‌های پیشین دیده می‌شود. هوا گرم بود، در قهوه‌خانه‌ای وارد شدیم، من یک کاسه ماست سرکشیدم، ولی ارباب سفره را پهن کرد و چانه‌اش گرم شد، می‌گفت:

«این مورچه خورت خیلی قدیمی است، حالا خیلی کوچک شده، در قدیم تیول گودرز بوده. چون کیخسرو وقتی که به کمک گیو و گودرز و رستم به پادشاهی رسید، به هرکدام تیولی داد و این‌جا به گودرز رسید و بعد از کیخسرو هرکدام از آن‌ها در زمین خودشان سلطنت داشتند و این اصل ملوک الطوایفی شد.»

نمی دانم این اطلاعات را ارباب از کدام تاریخ پیدا کرده بود. ولی یک افسانه عامیانه هست که می‌گویند قشون اسلام که به مورچه خورت رسید، به مورچه‌ها حکم شد که اسب‌های قشون کفار را بخورند و از آن زمان این‌جا را مورچه خورت گفتند. این افسانه دوم خیلی بچه گانه است.

سوار اتومبیل که شدیم باز ارباب گفت:
«کاوه‌ی آهنگر و گودرز از اصفهان بوده‌اند، اصفهان مردم زیرک و هشیار دارد، اگر در دنیا چهار نفر شخص مهم است دو نفرش اصفهانی است، مردمش صنعت‌گرند و چون سپاهی بوده‌اند از این جهت سپاهانش گفته‌اند.»

پیدا بود، این جمله‌ی آخر را از روی کتاب حفظ کرده بود. اتومبیل در جاده پهن صاف تند کرد، امامزاده جعفر با گنبد فیروزه‌ای رنگش از پشت سرما گذشت، من حساب آخرین رشته کوه سه ده را داشتم.

همین‌طور که نزدیک می‌شدیم، کم کم شهر اصفهان نمایان می‌شد. سبزه‌ها، درخت‌ها، باغ، کشتزار، برج کبوتر، کرت بندی، آبیاری زمین، ماسه دروشده، کشاورزانی که زیر آفتاب پهلوی یکدیگر ایستاده و زمین را زیرورو می‌کردند، گل‌های خشخاش. در اولین وهله، اصفهان شهر فلاحتی درجه اول به نظر می‌آید که فلاحت در آن از روی قاعده علمی و دقت کامل انجام می‌گیرد، همان طوری که در شهرهای فلاحتی اروپا دیده می‌شود. شاید اصفهان نمونه‌ای از آبادی‌های دوره ساسانیان را نشان می‌دهد و چنان‌که در ایران باستان معمول بوده رعیت اصفهان کشاورزی را وظیفه‌ی مقدس خودش می‌داند.

مدتی از کار سبزی‌کاری‌ها، درخت‌ها، دیوارهای بلند قلعه مانند و گنبدهای خراب گذشتیم تا به دروازه‌ی دولت شهر رسیدیم. ولی هیچ سر در و نشانی جز بنای کوچکی که برای مأمور جواز بود دیده نمی‌شد. در خود شهر دکان‌های معمولی و مسجدهای کوچک خراب وجود داشت تا این که ساعت دو وُ نیم بعدازظهر در گاراژ از هم سفرهایمان خدانگهداری کردیم و جدا شدیم. من یک سر وارد مهمان خانه آمریک شدم و تلافی بی‌خوابی شب گذشته را در آوردم. طرف عصربود که به قصد تماشای شهر رفتم.

*

«خیابان چهارباغ»

خیابان پهن و بزرگی است که گردش‌گاه مهم شهر به شمار می‌آید و به پنج قسمت شده. به غیر از پیاده‌رو دو جانب خیابان، یک گردش‌گاه بزرگ میان آن واقع شده که دو طرف آن، ارابه و درشکه آمد و شد می‌کند، با چهار رج درخت‌های کهن چنار و چهارجوی آب که ازمیان آن رواج است به طوری که شبیه بهترین خیابان‌های برلن و پاریس است و گویا نقشه‌ی آن در زمان صفویه به اروپا رفته باشد. شنیدم خیال دارند این خیابان را مطابق نقشه‌ی قدیمش ازروی پل سی سه چشمه امتداد بدهند و درخت کاری بکنند.

شهر اصفهان ازدولت سر زاینده‌رود ایجاد شده و مادی‌ها یا شاخه‌هائی که از زاینده رود جداکرده‌اند همه‌ی آبادی اصفهان را سیراب می‌کند. به قول اهالی، آب زاینده رود شورابه و زایش دارد، این رود از اول ورود به شهر تا آخر خروجش اطراف شاخه‌های آن از باغچه و خانه پوشیده شده و تا آن‌جائی که زاینده‌رود هست آبادی وجود دارد. اطراف آن بیشه‌های مصنوعی قشنگی درست کرده‌اند و در خود رودخانه مرداب‌های کوچکی دیده می‌شود که در آن‌ها خزه روئیده. همین مرداب‌ها است که در موقع کمی آب کنار آن‌ها قلمکار می‌شویند. روی سنگ‌ها و ریگ‌های رودخانه ته رنگ قلمکاری شسته را گسترده بودند، و روی آن‌ها ازهمان خیام‌های بی‌تناسب که از روی نقاشی‌های (ادمون دولاک) کشیده شده دیده می‌شد. این نقاشی‌ها را هیچ اسمی نمی‌شود رویش گذاشت، گویا سرمشق آن‌ها از دولت سر مسیو براسور به کارگردان ایرانی اعطا شده و تقلید آن نه صنعت جدید است و نه صنعت قدیم، نه شیوه نقاشی ایرانی دارد و نه فرنگی است. می‌شود آن را شیوه و اسلوب (براسورین) نامید. همان حکایت

لوس لیلی و مجنون را نشان می‌دهد با شکم باد کرده و پاهای خشکیده، مثل گداهای سال قحطی و بیشتر به مجنون حقیقی شبیه است تا به صنعت نقاشی و هرگز نمی‌تواند به پای کارهای ظریف قدیم برسد. نمی‌دانم با وجود این‌که این همه سرمشق‌های گرانبها از زمان صفویه در چهلستون و عالی قاپو و غیره باقی مانده چه احتیاجی به این تقلیدهای لوس اروپائی دارند! ولی از قراری که شنیدم هنوز کسانی هستند که به شیوه‌ی قدیم ایرانی کار می‌کنند. مردی که پاسبان قلمکارها بود با لهجه شیرینش برایم گفت که من هم بلدم قلمکار درست بکنم و شرح مفصلی داد که نقاشی روی این پارچه‌ها را اول با زاج زرد و غیره مهر می‌زنند و هردفعه چندین بار شسته می‌شود تا رنگش ثابت بماند.

در راه برخوردیم به یکی از رفقا که چندین سال است در اصفهان می‌باشد. باهم رفتیم روی پل سی سه چشمه، این پل ازآجر و خیلی محکم ساخته شده. دو طرف آن غرفه‌هایی است که دالانچه‌ای آن‌ها را به هم وصل می‌کند، و برای نشیمن و تفریح مردم ساخته شده. از میان آن ارابه و اتومبیل‌های سنگین می‌گذرد بدون این که خم به ابرویش بیاید. رفیقم گفت که زیر آن را با سنگ و ساروج ساخته‌اند. در این وقت هوا کمی تاریک شده بود، آب رودخانه آهسته از روی شن‌ها می‌غلتید و رد می‌شد. وزغ‌ها آواز تمام آهنگی می‌خواندند، از لای درخت‌های بیشه هم آواز خواننده‌ای به گوش می‌رسید، هوا ملایم بود چشم‌انداز دلربا و افسرده بود چون با وجود این موقعیت خوب می‌بایستی این‌جا بیشتر آباد و شلوغ باشد. روزهای جمعه درین بیشه‌های مصنوعی مردم وقت خود را به تفریح و گردش می‌گذرانند. از قراری که رفیقم می‌گفت عجالتاً جلوی چشمه‌های زاینده رود را برای زراعت گرفته‌اند، هفتاد وُ پنج روز بعد از نوروز که احتیاجی به آب ندارند آب چشمه‌ها را در رودخانه می‌اندازند.

بعد از آن‌جا گردش‌کنان به مدرسه چهارباغ رفتیم، سردر کاشی‌کاری نو و گنبدهای آبی آسمانی دارد، مثل این که تازه اززیر دست بنا بیرون آمده. روی در آن تنکه‌ی نقره گرفته شده، با کتیبه و نقش و نگارهای برجسته خیلی قشنگ، این مدرسه از بناهای زمان شاه سلطان حسین است و نماینده هنر معماری و کاشی‌کاری دوره‌ی اخیر صفوی است. به نظر می‌آید که از حیث استحکام و نقش و نگار و کاشی تکمیل شده است. به مناسبت دهه‌ی عاشورا خیلی شلوغ بود، سید عمامه سبزی روی منبر، تورات، انجیل و قرآن را باهم مقایسه می‌کرد، مردم هم کنار آب نما دور مسجد نشسته بودند. داخل مدرسه مانند همه‌ی مسجدها دارای چهارصفه و طاق نماهای متعدد بود با کاشی‌های نو و براق که با مهارت و زبردستی پهلوی هم گذاشته بودند و زمینه‌ی دیوار آن را پوشانیده بود. اگرچه کتیبه‌ها قرینه واقع شده ولی از حیث نقش و رنگ‌آمیزی هر کدام با دیگری فرق دارد. چون هوا تاریک شده بود من و رفیقم برگشتیم به مهمانخانه آمریک که به یکی دیگر از رفقا، حسن رضوی درآن جا وقت داده بودم.

ظاهراً شهر مرتب، منظم و پاکیزه بود، فقط یک دسته سینه‌زن با بیرق سیاه در خیابان‌های چهارباغ می‌گشتند، ولی من درین قسمت کنجکاو نبودم چون عزاداری یا مال مردم خیلی بی‌کار و یا خیلی خوش بخت است و در زندگی آن‌قدر کم تفریح هست که دیگر لازم نیست بیائیم برای خودمان بدبختی‌های تازه‌ای بتراشیم.

وارد مهمانخانه که شدیم رضوی آن‌جا چشم به راه بود، باهم رفتیم سرشام و بعد از آن‌که کمی کلّه‌مان گرم شد، صحبت‌مان مربوط شد به اصفهان و خلاصه موضوع حرفمان راجع به اصفهان و مردم آن ازاین قراربود:

«بیشتر اهالی اصفهان از سه نژادند؟ مردمان بومی قدیم، بعد از آن بختیاری. این دو طبقه عموماً کشاورز، صنعت‌گر و کارگرند و بعد یهودی و

این که بعضی‌ها درعده، اهمیت و قدمت جهودهای اصفهان اغراق می‌گویند از روی قصد و عاری از حقیقت است. حکایت این است که یک وقت پرفسوری آلمانی ادعا کرد که کرمان و جرمان از یک ریشه است و از این قرار جرمن‌ها از کرمان به آلمان کوچ کرده‌اند و ایرانی هستند. یک پرفسور جهود آلمانی هم خواسته ادعا بکند که اصفهان را اسلاف او بنا کرده‌اند. در هر صورت ضرری ندارد ولی امروزه فقط دومحلّه کثیف شهر مسکن آن‌هاست: جوباره (جی بارو) و دردشت. می‌گویند این یهودی‌ها از همان دسته‌ای هستند که کوروش آن‌ها را به ایران پناه داد و کارشان تجارت و صرّافی است. کمال اسماعیل اصفهانی به نظر می‌آید که این شعر را برای همین دو محله گفته است:

تا در و دشت هست و جوباره،
نیست از کوشش و کشش چاره،
ای خداوند هفت سیاره،
پادشاهی فرست خون‌خواره،
تا که در دشت را چو دشت کند،
جوی خون راند او زجوباره،
عدد مردمان بیفزاید،
هر یکی را کند به صد پاره.

عموماً کسانی که از شهرهای دیگر هستند و در اصفهان اقامت دارند از مردم آن‌جا دل خوشی ندارند. رفیقم گفت که هفت سال است در اصفهان هستم و هنوز یک رفیق اصفهانی ندارم و این شعر را سند آورده:

بهشت روی زمین خطه‌ی صفاهان است،
به شرط آن که تکانش دهند در دوزخ.

و نقل کرد که حدیث است از محمد که دعا کرد مدینه خراب بشود و اصفهان آباد تا آن که اهل مدینه به عقیده ایشان خوب مردمانی هستند در همه جای دنیا پراکنده بشوند و اصفهانی‌ها سرجایشان بمانند.

ولی آن‌چه که من دیدم اصفهانی‌ها ظاهراً خون گرم و خوش اخلاق هستند البتّه تجربه سه چهارروزه به درد شناختن مردم نمی‌خورد و چون تاکنون با اصفهانی معامله نداشته‌ام نمی‌توانم به طور صریح قضاوت بکنم. همین‌قدر می‌دانم که در مقابل حدیث و تهمت‌های هجوآمیز یک شعر دیگر هست:

جهان را اگر اصفهانی نبود.

جهان آفرین را جهانی نبود.

ولی چیزی که باید از آن جلوگیری بشود خطر تریاک، الکل و ناخوشی است. نفوذ زیاد روحانیون مانع از پیشرفت جوانان شده و مردم را به غم و غصه و سوگواری واداشته بود. تاچند سال پیش آواز مردم نوحه بوده و در مجلس عروسی آخوندها مردم را وادار می‌کرده‌اند که روضه بخوانند. از طرف دیگر ظلم ظل‌السّلطان، خونخواری و تجاوزاتی که به مردم می‌کرده قوای روحی آن‌ها را کشته و نتیجه‌ی آن تریاک، الکل و سفلیس شده است.

اصفهان بهترین شهر برای جلب مسافر است، تاکنون چندین مسافر آمریکائی به تماشای اصفهان آمده‌اند. نمایشگاه لندن و کتاب‌های (پوپ) درین قسمت بدون تأثیر نبوده، ولی چیزی که کسر دارد نداشتن مهمانخانه‌ی خوب است، با آثاری که در اصفهان موجود است می‌توان آن را یکی از بهترین شهرهای دیدنی دنیا معرفی کرد و چون در مرکز ایران واقع شده می‌بایستی یک خط سیر از شمال به جنوب برای مسافران تعیین بشود که شهرهای مهم و تماشایی از حیث منظره طبیعی آب و هوا و یا آثار تاریخی را به هم اتصال بدهد و درضمن وسایل آسایش مسافر را در آن‌ها آماده بکنند و مرکز آن شهر اصفهان باشد.»

*

شب اصفهان هوا ملایم و زمزمه پرندگان و ناله مرغ حق شنیده می‌شد. صبح گل‌های سنبل بیابانی که رفیق راهم چیده بود و در اطاق من مانده بود پلاسیده بودند. آن‌جا زیر تابش آفتاب کنار جاده در میان گردوغبار تروتازه بود ولی حالا غنچه‌هایش که رنگ آجری داشت خشکیده و پژمرده بود. بعد از صرف چاشت با رضوی به دیدن چهلستون رفتیم.

«چهلستون»

پیداست که به تازگی دور باغ آن را نرده کشیده‌اند. در باغ از ما اجازه ورود خواستند و این خودش اسباب امیدواری بود. باغ تازه با درخت‌های نوچه دور عمارت را گرفته که از جلو با بیست‌ستون چوبی بلند قرمز عمارت تخت جمشید را به یاد می‌آورد و استخر مربع مستطیل که روبه‌روی آنست بیست‌ستون دیگرش را در آب نمایش می‌دهد. این شوخی معمار خیلی اصفهانی و مرد رندانه به نظر می‌آید، ولی می‌گویند که این عمارت سابق چهلستون داشته، در عهد شاه سلطان حسین آتش می‌گیرد و او به قضا و قدر واگذار می‌کند تا بسوزد. بعد که دوباره می‌سازند به صورت امروز در می‌آید. رو به روی عمارت چند درخت سرو خوش قد و بالا دیده می‌شود که سر آن‌ها به شکل چتر کرپه‌ای شده است.

در ایوان آن پایه‌ی چهار تا ازستون‌ها از سنگ است که به شکل کله‌ی شیر بالدار تراشیده شده گویا سابق درمیان این ستون‌ها حوض بوده است و به دیوار نقاشی‌هائی دیده می‌شود که روی همه‌ی آن‌ها در زمان ظل‌السّلطان گچ گرفته بودند و عمداً خراب کرده‌اند. در بعضی از آن‌ها مخصوصاً گل و بته زمینه‌ی دیوار به کلی از بین رفته است و رویش را رنگ آبی ساده

زده‌اند. در دو اطاق دو طرف ایوان و ایوان‌های رو به بیرون آن‌ها هنوز نقاشی‌ها و ته رنگ آن‌ها باقی است. مخصوصاً نقش و نگار روی بدنه‌ی دیوار و سقف آن خیلی جالب توجه است و برای نقش روی کاشی، گلدوزی، منبّت‌کاری و قالی بافی سرمشق‌های گرانبهائی به دست می‌دهد. قسمت بالای ایوان تالار چهلستون واقع شده و تقریباً دست‌نخورده مانده است، به جز ازاره‌ی دیوار و یک عکس ناصرالدین شاه که درمقابل نقاشی‌های دوره‌ی صفوی گریه می‌کند، گنبد تالار از پرکاری و لطافت نقش و نگار چشم را خسته می‌نماید.

پرده‌های بزرگی که دور تالار در قسمت بالای آن کشیده شده یکی از جنگ‌های شاه اسمعیل را نشان می‌دهد و یکی از آن‌ها مجلس بزم شاه عباس را که با سبیل‌های از بنا گوش در رفته آن بالا نشسته و نمایندگان خارجه و بزرگان دور تا دور او نشسته‌اند، مشغول می‌گساری هستند مانند همان مجالسی که شاردن نقل می‌کند، و درآن میان رامشگر و رقاص مشغول نمایش مهارت و دلربایی خودشان می‌باشند. گویا این پرده‌ها به دستور نادرشاه کشیده شده، برای این که پادشاهان صفوی را عیاش و بی‌قابلیت نشان بدهد و آن‌ها را از چشم مردم بیندازد و در عوض خودش را مرد جنگی قلم بدهد.

پائین این پرده‌ها نقاشی‌های کوچک دیگر از زیر گچ در آورده‌اند که اغلب آن‌ها بی‌اندازه قشنگ و پیداست که کار استادان زبردست می‌باشد. موضوع‌های آن صورت‌های خوشگل نازنین صنم توی کتاب‌هاست: زن و مرد عاشق که باده می‌نوشند، عاشق و معشوق که کنار درخت لمیده جام شراب در دست دارند و به هم تعارف می‌کنند و غیره. شیوه‌ی نقاشی‌ها مختلف است، در آن تأثیر چینی هم دیده می‌شود و در ایوان دو طرف عمارت چند پرده از کار نقاشان هلندی هم وجود دارد که عکس سوارهای قدیم و

موضوع‌های اروپائی است که اغلب آن‌ها از پا در آمده و رویش را یادگار نوشته‌اند.

شاید روحیه‌ی اصفهانی امروزه از موضوع همین عشق و عاشقی‌ها و عکس‌های چهلستون الهام شده، چون بیشتر مردم روزهای جمعه در بیشه کنار رودخانه با ساز و باده و مهرو می‌گذرانند.

ولی این پرده‌ها پر ازروح است و بعد از سیصد سال هنوز نقاش احساسات خودش را از روی همین نیش‌های قلم مو به ما انتقال می‌دهد و ما را در خواب‌های شیرین و عشق‌انگیز می‌کشاند، و همین پایه‌ی تمدن و بزرگی آن زمان را می‌رساند، زیرا تنها چیزی که در آیندگان تأثیر دارد همین تراوش‌های عجیب، مانند نقاشی، معماری، ساز و ادبیات است که انسان را به هیجان می‌آورد و قلب را به تکان می‌اندازد و حس ظرافت را تهییج می‌کند. همه‌ی این صورت‌ها از زیر گچ نیم تراشیده، نیم پاک شده با انسان حرف می‌زنند و زندگی مرموز، بی‌حالت و خشک‌زده خودشان را با زبان بی‌زبانی بیان می‌کنند، به طوری که انسان از تماشای آن دل نمی‌کند. شیوه‌ی نقاشی ایرانی هیچ وقت ظرافت و قشنگی خود را از دست نمی‌دهد، همین برتری آن را برنقاشی اروپائی نشان می‌دهد که در هر قرن و هر زمان تغییر می‌نماید. البته تغییراتی کم و بیش در آن می‌شود داد چنان که هنرمند معاصر هندی (نوندلال بوسک) شاهکارهای قشنگی از روی اسلوب نقاشی ایرانی درست کرده است. ولی اصل شیوه‌ی آن از زمان ساسانیان تاکنون تغییر نکرده است. خوب بود برای عبرت دیگران یکی از این دست‌ها که یادگار، روی نقاشی نوشته می‌بریدند و زیر جعبه آینه می‌گذاشتند.

چهلستون را می‌شود موزه‌ی خوبی که نماینده‌ی آثار زمان صفویه باشد ترتیب بدهند، به این معنی که همه‌ی آثار بازمانده‌ی صفویه را از قالی، لباس و غیره در آن‌جا جمع آوری بنمایند و به رنگ و روی آن زمان بیارایند و

با ترتیب یک موزه حسابی می‌تواند بیش از خرج خودش عایدی داشته باشد.

از چهلستون که در آمدیم رفتیم در کارخانه (رنگرزی و بافندگی ذبیح) که به طرز با ذوقی عکس بناهای تاریخی، نقش قالی‌ها و رنگ‌های طبیعی محصول ایران را جور و جمع‌آوری کرده است.

در کارخانه قالی‌بافی ایشان قالی‌های با سلیقه‌ای درست شده. یکی از آن‌ها با زمینه آبی که تقلید کتیبه کاشی بود با حاشیه ساده از زیر دار درآمده بود. کارگران همه بچه‌های شش تا هفت ساله بودند، یکی از آن‌ها با خودش می‌گفت: دوازده تا که من دارم... پانزده تا که من دارم... و با مهارت مخصوصی نخ‌ها را می‌شمرد، جدا می‌کرد و ازآن پشم رنگین مناسب طرح قالی را می‌گذرانید و سرآن را می‌کند.

علت این که بچه‌ها را به قالی‌بافی می‌گمارند این است که انگشتشان نازک است و بهتر می‌توانند کارهای دقیق و ظریف بکنند و یا به واسطه طمع مزد آن‌هاست که پدر و مادر مهربان بچه خودشان را ماشین نان‌آور فرض کرده ازسن پنج سالگی او را به قالی بافی می‌گذارند و به سن دوازده سالگی دیگر ازاو چیزی باقی نمی‌ماند و مستعد هرگونه ناخوشی می‌شود. هر کدام از این قالی‌های قشنگ که می‌بینیم نتیجه‌ی چقدر وقت و کار چشم می‌باشد! چقدر اراده‌ها که خفه شده، چشم‌ها که نابینا گشته و سینه‌ها که مستعد سل گردیده تا این قالی‌ها از دار پائین آمده است. آیا نمی‌شود کارگاه آن‌ها را بزرگ، آفتاب‌گیر و پاکیزه‌تر ساخت؟

امروزه بی‌شک بهترین شهر صنعتی ایران اصفهان است. از حیث معماری قدیم، کاشیکاری، قلمکار،میناکاری و قلم زنی،چشمه دوزی، نقاشی و طلاکاری درجه اول را داراست. به نظر می‌آید که در آتیه صنایع ظریف ایران را دوباره زنده خواهد کرد.

*

«میدان شاه»

پس ازکسب اجازه برای دیدن عالی‌قاپو وارد میدان شاه شدم. می‌گویند که
این‌جا میدان نقش جهان بوده، و این اسم به مناسبت کوشکی روی آن مانده
که به نقش جهان معروف بوده و در آن تصویرهای گرانبهائی کشیده بودند
که شاه عباس دوم آن را خراب کرده. میدان شاه عبارت است از میدان
فراخی که سه تا از بناهای بزرگ اصفهان در سه طرف آن قرار گرفته:
مسجد شاه بالای میدان، روبه‌رویش سردر قیصریه است که بازار اصفهان
ازآن جا شروع می‌شود، و دو طرف دیگرش عالی قاپو و مسجد شیخ
لطف‌الله رو به روی هم واقع شده‌اند. این میدان در قدیم جای چوگان‌بازی
بوده است و هنوز چهارستون سنگی که نشان دروازه‌های آن بوده دو طرف
میدان دیده می‌شود. در زمان صفویه هم این بازی رواج داشته و پادشاهان
در ایوان قصر عالی قاپو بازیگران را تماشا می‌کرده‌اند. شنیدم که خیال
دارند درمیان میدان باغچه درست بکنند و چندین خیابان بزرگ از آن
بگذرانند. در این تغییرات چیزی که غمناک است این درخت‌های پیر هستند
که در نقشه‌کشی‌های جدید ملاحظه آن‌ها را نمی‌کنند. این درخت‌های
محکوم به مرگ را همه دیده‌اند، با برگ‌هائی که رویش خاک نشسته،
شاخه‌های شکسته و گردن کج مانند آدمی که محکوم به مرگ است و با
بی‌طاقتی انتظار آن ساعت را بکشد. شنیده‌ام که در جنگل‌های طرف
کرمانشاه درخت‌هائی هستند که روی چوب آن‌ها عکس انسان، جانوران و
دورنما نقش می‌بندد و خاصیت شیشه عکاسی را دارند. اگر درست باشد
آیا همه درخت‌ها کم و بیش این خاصیت را ندارند و هرکدام از آن‌ها به
خصوص آن هائی که کهن سالند کمی از یادگارهای گذشته درآن‌ها نیست؟

این درختها که ایرانیان قدیم آن قدر به آنها احترام می‌گذاشتند و کاشتن آنها بزرگ‌ترین وظیفه مقدس هرکسی بوده!

«مسجد شاه»

برای پیدا کردن آن لازم به پرسش نیست و از دور شناخته می‌شود. گمان می‌کنم اگرچشم‌بسته هم مرا جلو آن پیاده می‌کردند آن را می‌شناختم، چون عکسش را زیاد دیده بودم و وصفش را زیاد شنیده بودم. مخصوصاً قناسی که سردر آن با گنبد و مناره‌هایش دارد بهترین نشان و معرف آن است. سردر بلند و گنبد آبی آن با آسمان لاجوردی جنگ می‌کند و در نظر کسی که اولین بار آن را ببیند بی‌اندازه افسون‌گر و معجزه‌آسا جلوه می‌نماید، به طوری که خیالش در تصور نمی‌گنجد. این مسجد در ردیف بناهای باعظمت دنیا به شمار می‌آید، ولی از چیزی که تعجب کردم درین موقع عاشورا گمان می‌کردم آن‌جا زنانه و مردانه داشته باشد، تجیر کشیده باشند، چائی و قلیان بدهند، رمّال و دعانویس، معرکه‌گیر، مسئله‌گو، روضه‌خوان و غیره مجال دیدن آن را ندهند. اما برخلاف انتظار به کلی خلوت و فقط یک نفر آخوند ریش‌سفید در سایه‌ی یکی از طاق‌نماها نشسته بود.

تمام این مسجد از داخل و خارج ازکاشی زمینه لاجوردی پوشیده شده تنها آزاره‌های آن از سنگ مرمر است، به طوری که همه‌ی آن از کاشی یک پارچه به نظر می‌آید و آجر یا گچ در آن دیده نمی‌شود. روی این کاشی‌ها به قدری نقش و نگارهای زیباست، به قدری مهارت و زبردستی در رنگ‌آمیزی آن به کار رفته که انسان را به جای این که متوجه خدا و آن دنیا بنماید در یک رشته خواب و رؤیاهای گوارا غوطه‌ور می‌کند. گویا متولی آن‌جا، آن پیرمرد ریش‌سفید که پهلویش یک کتاب است و زیر سایه نشسته

سرّ درازای عمر او برای این است که هر روز این کاشی‌ها را دیده باید او روحش قوی و شاد باشد چون این نقش و نگارهای معجزه‌آسا هرروز جلو چشم اوست، و آن قصر فیروزه که در بهشت وعده می‌دهند مسکن او می‌باشد.

ولی چیزی که انسان را دل‌چرکین می‌کند، شکست‌های طاق و کاشی‌هائی است که ریزش کرده. به غیر از کاشی‌هائی که در دو حیاط مجاور صحن دزدیده و فروخته‌اند، مانند صورت خوشگلی است که رویش را آبله خورده باشد. به اضافه یادگارهائی که روی دیوار نوشته‌اند و میخی که معلوم نیست کدام دست چلاق‌شده روی کاشی کوبیده است!

این همه عظمت، این همه زیبائی! جلو آن عقل مات می‌ماند. گویا حس بدیعیات و ذوق ایرانی که در زمان تسلط عرب خفه شده بود در زمان صفویه موقع مناسب پیدا کرده و یک مرتبه تجلی نموده و آن‌چه در تصور نمی‌گنجیده به صورت عملی درآورده است.

در شبستان بالای یکی از ستون‌ها جغدی نشسته بود، چندبار شیون کشید و صدایش به طرز ترسناکی زیر گنبد پیچید. چند تغار سنگی کنده‌کاری شده و یک شاخص در مسجد وجود دارد.

آیا یک ساعت، دوساعت، یک ماه یا یک سال برای تماشای آن کافی است؟ در هر صورت چشم از دیدنش سیر نمی‌شود. در حیاط پهلوی مسجد بته‌ی نسترن زیر بار گل خمیده بود، حوض میان صحن پر از آب سبزرنگ بود و لای سنگ‌فرش علف هرزه روئیده بود، مسجد اگرچه خانه خداست ولی این‌جا از خدا هم باید اجازه ورود خواست چون خداوندان صنعت آن را درست کرده‌اند.

یک ساعت پیش کتاب‌فروشی از معجزه‌ی مسجد گفت که شاه عباس دستور ساختن آن را داد و همین که شروع به کندن پی کردند در آن‌جا

مقدار زیادی سنگ مرمر پیدا کردند که معلوم شد موقوفه بوده و برای آزاره‌ی مسجد به کاررفته. حقیقتاً چقدر خجالت‌آور است که شاگردان مدرسه اسم معمار (لوور یا اپرای پاریس) را می‌دانند ولی اسم معمار تاج محل، قصریلدیز و مسجد اصفهان را که ایرانی بوده‌اند نمی‌دانند و به آن‌ها درس نمی‌دهند. گویا به مناسبت این باشد که مرغ همسایه غاز است!

به نظر می‌آید که صنعت معماری، کاشی‌کاری و نقاشی و قلمکار بعد اززمان ساسانیان در اصفهان و دوره‌ی صفویه بود که دوباره روح صنعتی ایران قوت گرفت و به درجه‌ی کمال رسید و شاهکارهای آن زمان بهترین نمونه‌ی دوره‌ی بعد از اسلام به شمار می‌آید. و آن‌چه که به نام صنعت هندی، مغول و عرب در اروپا معروف است همه ابداع و اختراع ایرانی بوده. به خصوص عرب‌ها که پابرهنه دنبال سوسمار می‌دویده‌اند فکر صنعتی نمی‌توانسته در کله‌شان رسوخ پیدا بکند و آن چه به اسم آن‌ها معروف است مال ملل دیگر است چنان‌چه امروزه هم معماری عرب یک تقلید مسخره‌آمیز معماری ایرانی است.

هرچند امروز وسایل ساختمان آسان‌تر و بهتر مهیا می‌شود ولی نمی‌شود منکر شد که مانند بناهای دوره‌ی صفویه را نتوانسته‌اند بسازند. گویا تشویق تنها کافی نیست بلکه یک تهییج و رغبت مخصوصی لازم است و دوره مخصوصی دارد، این همه سلیقه درآرایش ازقوه فکر خارج است. چیزی که غریب است با وجود این سرمشق‌ها و آن همه خرابی‌ها که ظل السلطان در اصفهان کرده دوسه بنا از خودش گذاشته که خشت و گل را حرام کرده است. و معمارهای امروزه هم با همه وسایل مثل این است که ذوق و سلیقه‌شان پریده و چیزهائی که می‌سازند نه تنها به شیوه‌ی ایرانی نیست، بلکه اروپائی هم نمی‌باشد و هر تکه از بنا یک حکم می‌کند. مثلاً ستون به طرز یونانی، طاق ایرانی و پنجره تقلید شیوه‌ی انگلیسی است. به‌طوری

که همه آن‌ها می‌خواهند از یکدیگر جدا بشوند و آدم می‌خواهد عمارت را بغل بزند تا هرتکه آن جداگانه فرار نکند.

*

«عالی قاپو»

از دور به شکل سه طاس تخته نرد است که به مناسبت قطع و تناسب روی هم گذاشته شده. ایوان جلو آن مثل ایوان چهلستون است با ستون‌های چوبی رنگ شراب. ولی اسم ثقیل عالی قاپو به این بنا نمی‌چسبد، گویا از یادگارهای زمان سلجوقیان است باید شالوده‌ی آن درآن زمان ریخته شده باشد و در زمان صفویه در آن دخل و تصرف کرده باشند. ولی به طور کلی اصفهان شهر کاملاً فارسی‌زبان است و اصفهانی‌ها هیچ استعدادی برای یادگرفتن ترکی نشان نمی‌دهند. حکایتی است معروف که یک نفر اصفهانی چندین سال در تبریز بوده وقتی که برمی‌گردد به طور امتحان از او می‌پرسند که شتر را به زبان ترکی چه می‌گویند جواب می‌دهد: «دووه» دوباره می‌پرسند که بچه شتر را چه می‌گویند؟ فکری می‌کند و بعد می‌گوید: هیچ نمی‌گویند، هیچ نمی‌گویند وقتی که بزرگ شد می‌گویند «دووه». این حکایت زرنگی و حاضرجوابی و روحیه اصفهانی را خوب می‌رساند.

از دالان عالی قاپو که وارد می‌شوند ریزه کاری و گل و بته و گچ‌بری شروع می‌شود و بر زینت و لطافت آن افزوده شده نقاشی و گل و بته‌های دیگر ضمیمه‌ی آن می‌شود تا طبقه‌ی آخر که به حد کمال می‌رسد. ولی ازاین همه لطافت چیز زیادی باقی نمانده است آیا درهای آن چطور بوده؟ یک دانه هم برای نمونه نگذاشته‌اند. آیا نقاشی‌های آن چه بوده؟ آنچه باقی است و از زیر گچ بیرون آورده‌اند پرده‌های استادان زبردست است که فقط طرح یا ته رنگ آن باقی است و شبح آن‌ها به حالت غم‌زده انسان را نگاه می‌کند.

۱۶۹

بیشتر آن‌ها را دستی تراشیده‌اند و دستی خراب کرده‌اند. از پائین دیوارها چیزی باقی نیست و رویش را سفید کرده‌اند. گویا پله‌های آن ازکاشی بوده است. از قراری که راهنما می‌گفت شش طبقه عمارت است و تا طبقه‌ی آخر صدوشانزده پله می‌خورد. در میان ایوان آن‌که مشرف به میدان شاه است حوض مسی وجود دارد که روز آبادیش فواره می‌زد و می‌گویند که منبع آن روی کوه صفه بوده است. در همین ایوان بوده که روز جشن‌های بزرگ پادشاهان صفوی با تمام فر و شکوه می‌نشسته‌اند و در میدان چوگان بازی می‌شده، مقلدان و ورزشکاران و بازیگران نمایش می‌داده‌اند. نقاشی‌های کار استادان اروپائی نیز در ایوان دیده می‌شود، در طبقه‌ی آخر دور اطاق جای تنگ و مجری و گلاب‌پاش و غیره در دیوار هست. گویا در آن‌ها ظرف‌های گرانبها و چیزهای قیمتی و شراب‌های گوارا می‌گذاشته‌اند. چنان که چینی خانه اردبیل از روی همین نقشه ساخته شده. راهنما گفت که برای موسیقی این کار را کرده‌اند، درها را می‌بسته‌اند و ساز می‌زدند. بعد که درها را باز می‌کردند تا مدتی صدای ساز می‌آمده. ممکن است این خاصیت را به طور تصادف پیدا کرده باشد ولی شبکه‌ها و گچ‌بری‌های دیوار هرکدام برای ظرفی ساخته شده که بعد از میان رفته.

این بنای ظریف و زیبا همه مجالس بزم، پارچه‌های گرانبها، قالی‌های بی‌همتا، تشک‌های نرم ابریشمی، جام‌های می، دختران لاله رخ و همه شکوه گذشته را به خاطر می‌آورد. بالای مهتابی آن دورنمای شهراصفهان با کوه‌ها، خانه‌ها، درخت‌ها، گنبدها و مسجد شیخ لطف الله که روبه‌روی آن است همه به خوبی دیده می‌شود.

به نظر من برای خراب کردن و ازلمات انداختن این قصر طریقه‌ی علمی به کار رفته. بعضی جاها طاق دودزده، عمدا خراشیده و کنده شده. گویا در مقابل ظرافت ذوق و سلیقه‌ی ایرانی که برای ایجاد چنین بنائی به کاربرده

شده، ظل السلطان مانند اهریمن، به تنهائی وسواس و جنون چنگیزی و بربریت مغول را ارث برده و برای خراب کردن و محو نمودن این بناها مهارت کاملی به خرج داده است. اوست که سه دست از قصرهای معروف صفویه: هفت دستگاه، آینه خانه و نمکدان را با خاک یکسان کرد و چهلستون را فروخته بود به شرط این که خراب بکنند.

«مسجد شیخ لطف الله»

روبه‌روی عالی قاپو واقع شده. این مسجد را طوری ساخته‌اند که تمام فضای آن همان داخل چهاردیواریست که یک گنبد روی آن زده شده. صنعت کاشی پزی و عمل آوردن آن روی دیوار این مسجد به منتها درجه کمال رسیده است و نسبت به قدمتش تمیزتر از سایر مسجدها مانده و کاشی‌های آن نو و دست‌نخورده است. درمحراب آن نوشته: «استاد محمدرضا پسر استاد حسین بنای اصفهانی سنه ۱۲۰۸» ولی جلو سردر آن که به خط علیرضاست تاریخش ۱۰۱۲ می‌باشد. پیداست برای ساختن این بناها هرکدام به فراخور اهمیت سال‌ها طول کشیده تا تمام شده. گنبد آن دو پوشه است. درون آن و روی بدنه‌ی دیوار کاشیکاری و نقش‌های هندسی قشنگی دارد. راهنما گفت این‌جا را شاه عباس بزرگ برای داماد خودش شیخ لطف الله ساخته است.

زیر مسجد زیرزمین تاریک خنکی داشت که به قول راهنما تابستان سرد و زمستان گرم است. در این‌جا هم مثل مسجدشاه عذر طلبه‌ها را خواسته‌اند و مسجد را از صورت دارالعجزه درآورده‌اند و برای طلاب، مدرسه صدر را در بازار تخصیص داده‌اند که بدون کاشیکاری و برای تحصیل مناسب است.

بازهم جای شکرش باقی است، مثلی است معروف که جلو ضرر را از هرجا بگیرند منفعت است.

*

«پل خواجو»

تنگ عصر بود که به قصد دیدن پل خواجو رفتم. کنار رودخانه‌ی قلمستان درخت‌های بید و تبریزی بود که محل گردشگاه مردم است و صدای غلت آواز انسان و قورباغه شنیده می‌شد. کارخانه‌ی پارچه‌بافی کازرونی در آن طرف رودخانه دودزده و سیاه به نظر می‌آمد که عزای مرگ صاحبش را گرفته بود.

پل خواجو کاروانسرا مانند درست شده، دوطرف آن طاق نما زده‌اند و تقریبا سه طبقه است که در حدود هژده چشمه یا بیشتر دارد. طبقه‌ی پائین خیلی محکم از سنگ ساخته شده و جلو دهند هر چشمه‌ای کشو سنگی دارد به طوری که می‌شود جلو آن را به وسیله تخته‌ی چوبی گرفت و آب رودخانه بالا می‌آید، و قابل قایق‌رانی می‌شود. می‌گویند که ظل السلطان اغلب بند آب را بسته و با حرم خودش قایق‌رانی می‌کرده و دستور می‌داده که آتش‌بازی بکنند. شاید آن را از نظر فلاحتی درست کرده باشند تا در موقع کمی آب به بلندی هم سوار بشود. معروف است که شاه طهماسب اقدام کرد که آب رودخانه کارون را به اصفهان بیاورد و هرگاه این فکر امروزه هم عملی بشود ممکن است اصفهان را دوباره به آبادی دوره صفویه‌اش برسانند.

روی سقف طاق‌نمای پل چشم‌انداز قشنگی از اصفهان و اطرافش پیداست. کنار پل قبری است که دربلندی واقع شده و معروف است به قبر پلوئی، و

اصفهانی‌ها به نیت این که شب را پلو بخورند می‌روند برای او فاتحه می‌خوانند.

*

«مسجد جامع»

صبح روز تاسوعا به دیدن مسجد جامع رفتم؛ همه دکان‌ها بسته، کوچه و بازار خلوت بود. بالای سر در قیصریه که روبه‌روی مسجدشاه است کاشیکاری قشنگی است دو نفر سوار را نشان می‌دهد که مشغول تیراندازی هستند و به شیوه‌ی همان نقاشی‌های قدیم است. از روزنه‌ی طاق بازار یک لوله‌ی پرز و غبار در روشنائی آفتاب موج می‌زد و جلو من یک نفر آخوند با عمامه‌ی بزرگ عبا را روی سرش کشیده بود، صلوات می‌فرستاد و نعلینش را به زمین می‌کشید. در بازار سر درهای کاشی زیاد هست حتی در بعضی دکان‌ها کاشی‌های جدید صورتی قشنگ دیده می‌شود و مسجدهای کوچک خرابه تقریباً در همه جای شهر وجود دارد. ولی چیزی که هنوز در اصفهان منسوخ نشده سردر حمام‌های قدیمی است که نقش رستم و افراسیاب و شیرین و فرهاد بالای آن‌ها کشیده شده. علت آن را پرسیدم بالاخره یک نفر گفت که چون مردم صبح زود به حمام می‌روند عکس آثار قدیم را می‌کشند تا آن‌ها را متوجه افسانه‌های ایران باستان کرده باشند چنان که خواندن شاهنامه در قهوه خانه‌ها از همین لحاظ بوده تا روح شجاعت و وطن پرستی در مردم تولید بشود. اگرچه این حدس کمی غریب به نظر می‌آید ولی سردر بعضی حمام‌های تازه هم به طور خنده‌آوری عکس آدمی را کشیده‌اند که زیر دوش کز کرده و استاد حمامی قطیفه به او می‌دهد.

مسجد جامع تقریباً در آخر بازار و محله‌های کهنه‌ی شهر واقع شده، دارای چندین در است ولی سردر مهمی از حیث کاشیکاری ندارد. چون گذرگاه

مردم است هنوز نتوانسته‌اند آن را مجزا و خلوت بکنند، اگرچه هرجا ممکن بوده به وسیله درچوب سفید ازدسترس مردم محفوظ شده است. از حیث کار و صنعت و شیوه‌ی ساختمان مسجدجامع خیلی قدیمی‌تر و مهم‌تر ازسایر مسجدهاست. قدمت آن را به ۹۲۰۰ سال می‌رساند و معروف است که در ابتدا آتشکده بوده است و چندین بارخراب شده، آتش گرفته و از نو ساخته شده. یکی از طاق‌های آن را خواجه نظام‌الملک زده تقریباً نماینده‌ی صنایع ظریف ایران در دوره‌های مختلف تاریخ است. ولی بدبختانه نیمه‌خراب و به روز فلاکت افتاده است. بیشتر کاشی‌های آن را برده‌اند. آن چه باقی مانده بی‌اندازه ظریف و شیوه‌ی مخصوصی دارد، با کاشی‌های برجسته خاتم‌کاری شده، نقش‌های بی‌اندازه زیبا در آن دیده می‌شود و درآن جا تنوع صنایع گوناگون مانند گچ‌بری، منبّت‌کاری، آجرتراشی، سنگ‌تراشی، معماری و پیرایش کاشی‌ها وجود دارد. گلدسته‌ها نیمه‌خراب است، چهار سمت آن چهار ایوان بلند می‌باشد. آزاره‌ی صحن مسجد از سنگ مرمر قاب‌دار است و زیر طاق نماها از سنگ مرمر فرش شده که به هم جفت کرده‌اند. شبستان آن طرز مقرنس کاری قشنگ و مخصوصی دارد. از بس که ریزه کاری و ظریف‌کاری در نقشه‌های این مسجد به کار رفته چشم از تشخیص گل و بته‌ها و کاشی‌های کوچکی که پهلوی یکدیگر قرار گرفته عاجز می‌شود. در این‌جا صنعت نقاشی روی کاشی نیست، صنعت میناکاری و خاتم کاری با کاشی می‌باشد و استادی پیرایش‌گر را آشکار می‌کند. ترکیب و شیوه‌ی ساختمان گنبدها و مقرنس‌کاری آن‌ها با یکدیگر فرق دارد.

چقدر فکر، چقدر وقت، چقدر عمر، زحمت، پول، اراده، ذوق و چشم در این خانه‌های جواهرنگار به مصرف رسانیده‌اند، این خزینه‌های صنعت برای این که بی‌ذوق‌ترین اشخاص را در آن جا بدهند و همان‌ها سبب خرابی و ویرانی آن را فراهم آورده‌اند تهیه شده؟ مسجد جامع یک موزه صنایع ظریف

است، می‌بایستی هنرمندان، نقاشان، صنعت‌گران را درآن جای داده باشند تا روح آن‌ها ازاین نقش‌ها الهام بگیرد نه کسانی که به در منبّت‌کاری کنده‌ی هیزم بکوبند، زیر طاق گچ‌بری دیزی بار بکنند، به دیوار خاتم‌کاری پیه‌سوز روشن بیاویزند و کاشی‌ها را بدزدند و بفروشند!

در دالان مسجد برخوردم به یک دسته که بیرق سیاه داشتند و نوحه می‌خواندند عده‌ی آن‌ها کم بود و آژان با آن‌ها حرکت می‌کرد بچه‌ای چیزی به صورتم پاشید. من یک ذرع از جا جستم. بعد فهمیدم که از قرارمعلوم باید گلاب بوده باشد. شنیدم در سال‌های پیش موضوع دسته در اصفهان اهمیت مخصوصی داشته، به طوری که از ده‌های اطراف چندین شمر و امام زین‌العابدین بیمار لباس پوشیده به شهر می‌آمده‌اند و هر دسته‌ای مکرر از آن‌ها داشته. یک روز می‌بینند که دود از دهن شیر در می‌آید وقتی که ملتفت می‌شوند کسی که در پوست شیربوده سیگار می‌کشیده است؟

«مدرسه هارونیه»

در پیچ و خم‌های بازار کهنه اصفهان هارون ولایت یا مدرسه هارونیه واقع شده که از بناهای دوره‌ی شاه اسمعیل است و نمایش خوبی از صنایع آن دوره به دست می‌دهد. بالای سردر آن دو طاوس روی کاشی ساخته‌اند و درکتیبه‌ی آن اسم شاه اسمعیل بهادرخان ذکرشده با سنه ۹۱۸ در داخل آن ضریح نسبتاً قدیمی گذاشته‌اند و معروف است که یک نفر یهودی در آن جا خاک است. این مدرسه از جاهائی است که طرف توجه عوام می‌باشد و به آن دخیل می‌بندند و نذر و نیاز می‌کنند. مکرم شاعر اصفهانی شعری راجع به این‌جا گفته که چند بیت آن این است:
یا هارون ولات معجزه رو گرو گرش کن،
خدشت لحد ملا نصیر و اجع ش کن،

۱۷۵

این رودخونه که معدن ریگس درش کن،

که من هارون ولاتم، که من لوتی ولاتم.

آن زن که به دور حرم تو می‌زند لاس،

از توی حرم مش نخوچی پرچادرش کن[1]

که من هارون ولاتم، که من لوطی ولاتم...

در ایوانی که مشرف به حرم است، رو به کوچه. جلو مسجد سلطان سنجر،
شیری سنگی مانند خوک که از سنگ یک پارچه تراشیده شده گذاشته
شده، سرآن شبیه سر جانورانی است که در زمان ساسانیان کنده‌کاری
می‌کرده‌اند، قلاده‌ای به گردنش است و در دهن او یک سرآدم است با
صورت پشت قلمدانی و سبیل‌های چخماقی مثل ویلهلم. طرف چپ شیر
روی تنش یک شمشیر حک شده و دست راست قرینه شمشیر دم شکسته
شیر می‌باشد که تا نزدیک کتف او ممتد شده و در انتهای آن پنجه‌ای
می‌باشد. شیوه‌ی آن تا اندازه‌ای غریب و به سبک کار استادان متجدد
اروپائی و بت‌های بومیان مکزیک است و پیداست که مقصود صنعت‌گر
نمایاندن مطلب یا افسانه‌ی مذهبی یا مظهر خدائی و یا واقعه‌ای بوده است.

---

[1] معروف است که جهودها در دهن مرده آرد می‌ریزند و در دستش نخودچی می‌گذارند و این سفارش را به
او می‌کنند:

انکر و منکر که آمد فوتی تو چشمش کن   حضرت موسی که آمد نخودچی جیبش کن

و کلید در باغ را به این وسیله از آن حضرت بربایند. (نیرنگستان)

«مسجد سلطان سنجر»

یا مسجد علی، با منارهی بلند خرابش که روی آن از آجر تراش و مختصر کاشی زینت یافته شبیه بناهای تاشغند و ترکستان است ولی چیز زیادی ازآن باقی نمانده و نیمهخراب است.

«امامزاده اسماعیل»

در محلههای دور شهر واقع شده، برای رفتن به آنجا باید از کوچههای تنگ بدون درخت و از میان دیوارهای بلند قلعهمانند با خانههای تو در تو گذشت به طوری که انسان را هزار سال به قهقرا میبرد، همه این پیرایشها برای نمایش اسرار فیلمهای مشرقی جان میدهد و بدون اراده یاد پیرایشگران سینما افتادم مثل فیتزلنگ، یا بست واریش پومر که هرگاه این کوچهها را میدیدند افکار تازه تری به آنها الهام میشد.

سردر امامزاده کاشی کاری مختصری دارد که بالایش اسم شاه صفی نوشته شده. در آن از آهن طلاکاری شده است که تا اندازهای خراب شده، درون آن به کلی خلوت و یک نفر آدم در آن حوالی دیده نمیشد. در محراب آن سنه ۱۱۰۰ دارد ولی اطاق کوچکی که ضریح در آنجاست یک پارچه جواهر است، تا کمرکش دیوار از کاشیهای یک دست ششگوش سبزرنگ است که روی آنها برجسته میباشد. روی بدنهی دیوار گچبری طلاکاری و گل و بته خیلی قدیمی و ظریف دارد. درون طاق گنبد و بالای طاقچهها دارای طلا کاری و ریزه کاری بیاندازه قشنگ است. که چشم را خیره میکند مانند طاق چهلستون و شاید از آن هم بهتر. در دالان در منبتکاری فوقالعاده ظریف و بیهمتائی است که دور حروف کنده کاری

آن گُل‌وبُته‌های برجسته تراشیده‌اند ولی متأسفانه کثیف شده و این‌جا بدون پاسبان افتاده است.

«دارالبتی یا دارالبطیخ»

تقریباً در آخر شهر، در پاچنار واقع شده جلوآن درخت چنار کهنی است باتنه گره‌خورده و شاخه‌های کج و کوله شبیه این زن‌های پیرو چاق فرنگی که خیلی بزک می‌کنند و خودشان را خوشگل گمان می‌کنند. در ایوان حیاط کوچکی که ایوان آن تازه سازو کفش ازکاشی آبی معمولی فرش شده چندین سنگ قبر کهنه دیده می‌شود که خیلی خوب مانده و از قراری که راهنما نشان داد قبر ملکشاه و خواجه نظام الملک در آن جاست گویا سابق برین این‌جا قبرستان عمومی بوده و درین اواخر آن‌جا را مرمّت کرده‌اند. نزدیک ظهر بود که ازآن جا برگشتم، مهمانخانه‌ها و قهوه‌خانه‌ها اغلب خلوت و کوچه‌ها بدون آمدوشد بود. خیابان چهارباغ که گردشگاه عمومی است ازساعت هشت خلوت می‌شود و ساعت یازده کسی در آن‌جا دیده نمی‌شود فقط نزدیک نوروز است که مسافر زیاد از شهرهای دیگر به اصفهان می‌رود.

تشریفات کازرونی هنوز مداومت داشت، شنیدم به مناسبت مرگ او دسته راه انداخته بودند که این نوحه را می‌خوانده:

رفت از جهان فانی،

آقای کازرانی،

شد خاک برسرما

زین مرگ ناگهانی!

همین نشان می‌دهد که استعداد مردم برای عزاداری زیاد است. دیروز دردکان عکاسی بودم عکاس گفت که دو روز است مشغول بزرگ کردن عکس کازرونی است و امروز که تاسوعاست مردم می‌روند به قبرستان تخت فولاد برایش فاتحه بخوانند.

«جلفا»

بعدازظهر با رضوی به دیدن جلفا رفتم. محله‌ی جلفا درآن طرف زاینده رود واقع شده و از قراری که شنیدم طول آن از پل سی وسه چشمه تا پل مارنن است، در ابتدا کوچه‌های تنگ آن درخت‌های کهن چنار دارد. از همان‌هائی که در چهارباغ دیده می‌شود، رفیقم حکایتش را این‌طور شرح داد که در زمان شاه عباس هرچه درخت در چهارباغ می‌کاشته‌اند صبح مفقود می‌شده، خبرش به گوش شاه عباس می‌رسد و او حکم می‌دهد که شب یک نفر کشیک بکشد و دزد را بگیرد. کاشف به عمل می‌آید که کار کار ارمنی هاست. شاه عباس می‌گوید اگر از روی حسادت درخت‌ها را می‌سوزانند باید تنبیه بشوند و اگر آن‌ها را می‌کارند و آبادی می‌کنند کاری به کارشان نداشته باشید و آن درخت‌ها همین چنارها بوده که درجلفا می‌کاشته‌اند.

از دور اول برج و ساعت کلیسا پیدا می‌شود، در ورود و بنای جلو کلیسا تازه‌ساز است یعنی یک قسمت ازآن به بنای قدیم ملحق شده. بالای آن به خط ارمنی چیزی نوشته که فقط سنه آن خوانده می‌شود (۱۶۵۴-۱۶۰۶) داخل کلیسا بوی کاغذ معطّر سوخته پیچیده بود. از اره کلیسا کاشی‌کاری است از همان کاشی‌هائی که در بناهای دوره صفویه دیده می‌شود، ولی فرقی که دارد آن را تمیز نگه داشته‌اند، کسی روی آن یادگار ننوشته، میخ نکوبیده‌اند و دیزی هم زیرش بارنکرده‌اند. بالای کاشی یک حاشیه نقاشی است که حضرت عیسی را در شکنجه‌های گوناگون نشان می‌دهد. بالای آن طلاکاری

و پرده‌های دیگر راجع به موضوع‌های مذهب مسیح کشیده شده و بالای در ورود پرده بهشت و دوزخ می‌باشد. درون گنبد آن طلاکاری بی‌اندازه قشنگ شده گویا یک استاد درون گنبد تالار چهلستون و این‌جا را پیرایش کرده است. شیوه‌ی نقاشی‌ها ایرانی نیست شاید کارهمان استادان هلندی است که در دربار شاه عباس بوده‌اند به طرز نقاشی‌های قرون وسطی، بی‌تناسب و مضحک است و موضوعش افسانه‌های مربوط به زندگی عیسی می‌باشد. ما که مشغول تماشا بودیم راهنمای ارمنی جلو آمد، با لهجه مخصوص خودش و با حرارت هرچه تمام‌تر شروع کرد به توضیح دادن راجع به نقاشی‌ها، اول به خیالم روضه می‌خواند بعد ملتفت شدم می‌گفت: «این پتیشاه حکم کرد این‌جا حضرت عیسی را اشگلک می‌کنند، این‌جا خار روی تنش ریختند، این‌جا چنین کردند...» بالاخره به جائی رسید که آن پتیشاه سنگدل مسخ شد و به صورت خوک مضحک آبی رنگی درآمد. ولی آن پتیشاه سه دختر داشت که خدائی بودند و نمازخانه یا کلیسا ساختند و خدا برای این کارشان ازسر تقصیر پتیشاه گذشت، او را بخشید و پتیشاه هم عوضش به دین عیسی گروید.

اگرچه کلیسا جار می‌زد که من به دست استادان زمان شاه عباس ساخته شده‌ام ولی راهنمای ارمنی اصرار داشت و تکرار می‌کرد که همه‌اش را خودمان ساخته‌ایم و نقاش از فرنگ آورده‌ایم. گمان می‌کرد که من رفته بودم به اصفهان برای این‌که ثابت بکنم که خودشان نساخته‌اند! ازاین قرار شاید مسجد جامع و چهلستون هم کار آن‌ها باشد و برایش متخصص از اروپا آورده‌اند.

روبه روی کلیسا موزه‌ی کوچکی ساخته شده که درآن مقداری از یادگارهای مهاجرت ارمنی‌ها، چیزهای مذهبی، کتاب و غیره موجود است. در ضمن خیلی از آثار دوره صفویه در آن‌جا دیده می‌شود. یک در قدیمی که رویش

نقاشی، سوخته کاری و منبت کاری خیلی قشنگ دارد در آن جاست، و این مشکل برایم حل شد و فهمیدم که درهای عالی قاپو و چهلستون چه جور باید بوده باشد. راهنمای موزه گفت: در موقعی که ظل السلطان عمارت‌های هفت دست، آینه خانه و نمکدان را خراب کرد یکی از ارمنی‌ها این در را خریده بود و بعد تقدیم موزه کلیسا کرد. هم چنین کاشی گردی که به چهار قسمت شده بود و صورت‌هائی رویش کشیده شده و یک کتیبه‌ی نقاشی و گل و بته دار که نیز به قول راهنما از عمارت هفت دست خریده شده بود.

در اطاق آخر موزه از زمان شاه عباس بزرگ، کریم‌خان زند تا زمان ناصرالدین شاه همه فرمان‌هائی که راجع به حمایت از ارامنه صادر شده بود به دیوار قاب کرده آویزان بود.

روی‌هم‌رفته اگرچه موزه مختصر و کوچک بود ولی تمیز و با سلیقه درست کرده بودند، خوبست اقلا یکی از مستخدمین خارجی که برای حفظ آثار ملی در ایران هست، می‌توانست یک موزه ولو کوچک اما مرتب از آثار ایران ترتیب بدهد. در اطاق دفتر کتابچه‌ای روی میز بود که پس از پرداخت اعانه در آن، حق نوشتن چند سطر را داشتند. راهنما خط تاگور، دینشاه و قنسول ژاپن را به ما نشان داد.

از کلیسا که آمدیم به سوی قبرستان ارامنه رفتیم، ازکوچه‌های غبارآلود پیچ درپیچ گذشتیم، هوا خیلی گرم بود یاد کتاب فروش افتادم که می‌گفت نزدیک عاشورا هوای اصفهان گرفته می‌شود. سر راه دوبچه پهلوی لاک پشتی بودند که خودش را آهسته به زمین می‌کشید مثل سرباز شکست خورده رومی که از خجالت زیر سپرش پنهان شده باشد و به سوی خانه می‌رود. قبرستان ارمنی‌ها چیز تماشائی نبود، یک مشت سنگ قبر میان بیابان بی‌آب و علف. می‌گویند چندین قبر کهنه از بزرگان اروپائی که در زمان شاه عباس در اصفهان بوده‌اند در آن جاست ولی آن قدر هوا گرم

بود و ما خسته بودیم که از تماشای آن چشم پوشیدیم. از آن‌جا دورنمای شهر اصفهان خیلی قشنگ بود. ازبیرون شهر به قصد دیدن قبرستان مسلمانان رفتیم. سر راهمان برج کبوتری بود که درون آن خراب و از شبکه‌های شطرنجی تشکیل شده بود. اهمیت کود در زراعت اصفهان زیاد است، چون زمین آن‌جا خوب نیست، به قول خودشان خاک اصفهان رشوه‌خور است و خیلی زحمت و دقت لازم دارد ازاین جهت برج‌های زیادی در آن‌جا دیده می‌شود ولی همه خراب و بدون کبوتر است. پشت این برج میدان هواپیمائی بوده است و کمی دورتر تخت فولاد یا شاه عبدالعظیم اصفهان مانند قبرستان ارمنی‌ها بی‌آب‌وعلف پدیدار گردید. چندگنبد کاشی و بنا دیده می‌شد باقی دیوارها گل سرخ رنگ بود به رنگ لولئین که تازه از کوره در آورده باشند. رفیقم که نجف را دیده بود گفت مثل آن جاست. جمعیت زیادی به مناسبت شب هفت کازرونی درآن جا بود.

تنگ غروب بود که به شهر وارد شدیم و به منزل رفیقم رفتم. در ایوان خانه‌اش روی صندلی راحتی نشستیم، خانمش که ایرلندی است برایمان چائی و نان شیرینی آورد و اولین پرسشی که کرد راجع به فیلم‌های گویائی بود که در تهران نمایش داده‌اند، من بعضی ازآن‌ها را اسم بردم. آهی کشید و گفت: «اگرچه آب و هوای اصفهان برایم بهتر است ولی وسایل سرگرمی در این‌جا زیاد نیست.»

من گفتم که شما بچه پیدا کرده اید و او درعین حال اسباب سرگرمی و دردسر است بنابراین احتیاجی به تفریح ندارید، او هم تصدیق کرد و پس از اصرار زیاد میسترس پروین را مادرش آورد. بچه‌ی کوچکی بود باچشم‌های آبی آسمانی مثل چشم‌های مادرش. درین بین توله‌ی گردن کلفتی وارد شد که چشم‌های قهوه‌ای و بینی سیاه داشت. اسمش بارنی بود و از دود سیگار بدش می‌آمد، به طوری که اگر انجمن ضددود در ایران بود عضوش

می‌شد. درضمن دود را بهانه کرد برای شوخی و بازی و به قدری جنگ و گریز کرد که دو تا قالیچه را جمع کرد و گل میخ پرده را جوید.

هوا کم کم تاریک می‌شد، نسیم ملایم می‌وزید. مهتاب بالا می‌آمد و روشنائی سرد و رنگ پریده‌ی خود را روی دورنمای خواب‌آلود شهر پخش می‌کرد. رفیقم صفحه (گیتار هاوائی) گذاشت. ناله‌های سیم در هوا می‌پیچید. یک نغمه ملایم، غم‌انگیز و دلگیر بود که همه یادگارهای دور و محو شده راجلو آدم مجسم می‌کرد. بالای آسمان ستاره‌های درشت درخشان مانند چشم‌های مرموز به ما نگاه می‌کردند و دسته‌گلی که درگلدان آبی کار اصفهان بود در حالی که پژمرده شده بود، درین اول شب گوارا آخرین ذرات عطر خود را مخلوط با دود سیگار و ناله گیتار به مشام ما می‌آورد.

فردا صبح که روز قتل بود من و رضوی و بارنی درشکه گرفتیم و برای دیدن منارجنبان رهسپار شدیم. اسب‌های درشکه‌های اصفهان چاق و زرنگ هستند، گویا به آن‌ها غذای کافی می‌دهند و بدون چوب و چماق خودشان می‌روند. از کوچه‌های پیچ در پیچ و از کنار مادی‌ها گذشتیم. از درشکه‌چی که آدم خوشروئی بود پرسیدم چرا نمی‌رود عزاداری بکند این حکایت را برایمان گفت:

«من عزاداری نمی‌کنم. اما وقتی که می‌کنم درستش را می‌کنم. بعضی‌ها می‌روند پای روضه همه‌اش برای پسر یا دخترشان که مرده گریه می‌کنند یا برای این که کاروکاسبی‌شان خوب نمی‌گردد و یا به نیت این که کارشان خوب بشود گریه می‌کنند. اما عزاداری من از ته دل است. حکایت آن مردی است که رفت پیش مجتهد شهر و گفت آقای امام کار و کاسبیم کساد است چه بکنم؟ او جواب داد هر روز بعد از نماز بگو: «یاالله» آن مرد رفت چندروز بعد از نماز گفت «یاالله» کارش بدتر شد دوباره رفت پیش مجتهد، او گفت

هردفعه دوبار بگو: «یاالله» بازهم فایده نکرد. تا این‌که رسید روزی به چهل مرتبه. آن مرد آخرش به تنگ آمد رفت پیش مجتهد و گفت که مرا مسخره کردی هرچه می‌گویم یا الله فایده‌ای ندارد. مجتهد گفت فردا صبح از دروازه بیرون می‌روی، اولین کسی را که دیدی یخه‌اش را بگیر ول نکن به تو پول می‌دهد. آن مرد صبح زود رفت بیرون دروازه دید یک عرب نکره بدترکیب مثل دیو منگولوسی از دور پیدا شد، رفت جلو سلام کرد، عرب او را با خودش برد توی یک غار دید آن‌جا دو نفر را با زنجیر بسته‌اند و استخوان‌های آدم دور غار ریخته. فهمید که عرب آدمخوار است، آمد فراربکند عرب مچ دست او را گرفت. آن وقت گفت: «یاالله» و عرب همان ساعت ترکید. آن مرد دو نفری که به زنجیر بسته بودند بازکرد و هرچه پول و جواهر ازمرده‌ها بازمانده بود برداشتند و رفتند. چون این دفعه از ته دل گفت «یاالله». من هم عزاداری نمی‌کنم اما وقتی می‌کنم از ته دل است.»

ولی از صورتش پیدا بود که هیچ وقت ازته دل عزاداری نکرده. سر راه برخوردیم به گنبد گلی که دیواری دور آن بود، درشکه‌چی گفت: این‌جا اسمش ابودردا است و مردم در این جا آش رشته و آش برگ می‌پزند تا مرادشان داده بشود.

هنوز به قصبه کلاهدون (گاردالان) نرسیده بودیم که زیرسقفی درشکه ایستاد. این‌جا سردر نصرآباد بود که در سنه ۶۰۰ ساخته شده و از قرار معلوم کاشی‌کاری آن تعریفی است. من پیاده شدم که بروم به تماشا، ولی پیرزنی که خودش را در چادر شب پیچیده بود گفت: «پس چرا سگت را نیاوردی؟ خوب برو، برو، لازم نیست بیائی این‌جا! » زیر دالان چند آخوند و دو سه نفر دهاتی نشسته بودند. چون درشکه‌چی به مسخره گفته بود که روز قتل با بودن سگ ممکن است ما را با دسته بیل پذیرائی کنند. من هم دوباره سوار شدم و از ین تماشا چشم پوشیدم و نصیحت درشکه چی را به

گوش گرفتم. بعد از آن که مدتی دور شدیم درشکه در کلاه‌دون کنار جوی بزرگی ایست کرد، ما پیاده شدیم و گردن بارنی را به سرشلاق درشکه‌چی گره زدیم تا دنبالمان نیاید، و از همان‌جا راهنما جلومان افتاد. در میدان گاهی که رسیدیم دسته‌ای مشغول سینه زدن بودند و دومناره‌ی کوتاه آجری با کاشیکاری مختصر که از هر کدام چهار سر تیر قیقاجی بیرون آمده بود نمایان شد. این همان منار جم جم معروف بود. وارد حیاط که شدیم پیدا بود که به تازگی همه‌ی آن مرمت شده است.

در ایوان طاق‌نما که میان دو منار قرارگرفته قبری است به شکل مربع مستطیل که بیش از یک زرع از زمین ارتفاع دارد، دورآن به عربی نوشته و روی سنگی که به دیوار است خوانده می‌شود: «عبدالله محمدبن محمود سقلاوی سنه ۷۱۶» ولی بعد در کتابی دیدم نوشته بود: «عبدالله صیقلانی در بقعه منارجنبان است عهد خدا بنده بوده» شاید من سوادم نم کشیده بود یا سنگ به غلط حک شده، هر دو صورت ممکن است. در چهارگوشه‌ی قبر قبرهای مخروطی شکل است که به آن‌ها دخیل بسته بودند، روی قبر یک شمعدان و یک کتاب دعا بود. چند کاشی قدیمی هم کنار قبر به دیوار بود. من و رفیقم از منارها بالا رفتیم، خیلی تنگ و ناراحت بود. امتحان کردیم منارها تکان می‌خورد و لرزش آن کاملاً محسوس بود ازآن بالا دورنمای قشنگی از اصفهان و مضافاتش دیده می‌شود: کشتزارهای سبز، برج‌های کبوتر و گل‌های خشخاش که از دور مثل این است که برف آمده باشد پیدا بود. علت حرکت منار به قول اهالی از برکت آن قبر می‌باشد، ولی روی هم رفته به نظرم خیلی غریب نیامد و در مقابل بناهای دیگر شهرت بی‌جا پیدا کرده است.

در این‌جا چیز تماشائی دیگری به جز کوه آتشگاه نبود که در دو فرسنگی شهر اصفهان واقع شده و تا این‌جا نیم فرسنگ فاصله داشت. راهنما گفت

بنائی است روی کوه که با خشت خام ساخته‌اند و هرکدام از آن خشت‌ها هفت من وزن دارد و حاضر شد که برای ظهر به ما جا و خوراک بدهد. ما هم به قصد تماشا رهسپار شدیم.

نزدیک کوه، کنار کشتزار از درشکه پیاده شدیم. کوه نسبتاً کوتاه و مخروطی شکل بود و بالا رفتن ازآن دشوار به نظر نمی‌آمد ولی راه معینی هم نداشت. از پائین دیوارهای شکسته روی کوه پیدا بود، محل ساختمان خیلی با سلیقه انتخاب شده بود. روی کوه چیزی که هنوز برپاست یک هشت‌دری گرد است که طاقش ریخته و پایه‌هایش کنده شده و چندین جرز و آثار بنائی‌های دیگر دراطراف کوه دیده می‌شود. ساختمان از خشت‌های خیلی بزرگ کلفت از گل ماسه می‌باشد و لا به لای آن بوریا گذاشته شده. جاهائی را که خراب نکرده‌اند هنوز محکم و تمیز برجا مانده، خشت‌ها نیز خیلی محکم و مثل اینست که دیروز قالب زده باشند. اگر این بنا به دست آدم‌ها خراب نشده بود شاید صدسال دیگر هم خم به ابرویش نمی‌آمد. دورنمای شهر اصفهان بی‌اندازه قشنگ و سبز و خرم ازآن بالا پیداست. رودخانه مانند نوار سیمین میان سبزه و کشتزارهای رنگ به رنگ مارپیچ می‌خورد. این کشتزارها مثل پارچه چهل تکه می‌باشد که هرتکه آن یک رنگ سبز دارد. هشت دری بلندتر از سایر بناها و میان کوه واقع شده، دارای هشت درگاه یک جور و یک اندازه است. بالای درگاه‌ها هلالی شکل است که دهنه‌ی هرکدام قریب یک گز است و از درون بالای هر دری یک رف کوتاه می‌باشد، مانند رف خانه‌های قدیمی که بالایش به شکل قوس شکسته است. ظاهراً جای ادامه درآن جا دیده نمی‌شود. پی هشت دری از سنگ است و خود بنا از همان خشت‌های بزرگ ساخته شده که رویش کاه‌گل و با گچ سفید شده. در میان هشت دری محرابی است به شکل مربع

مستطیل مانند محراب مسجدها که دور آن از سنگ است و درون آن پر شده. شاید در همان‌جا آتش می‌افروخته‌اند.
طرف دیگر کوه بنای مفصل‌تری بوده که ازآن چیزی باقی نمانده و تشکیل تل بزرگی می‌دهد. به روایتی شهر پهله در قدیم پائین همین کوه بوده است، آن چه شهرت دارد و از اسم کوه هم پیداست درسابق شاید در زمان ساسانیان این‌جا آتشکده بوده و هنوز هم اهل ده می‌گویند این‌جا آتشکده گبرها و آتش پرست‌هاست.
رفیقم از طرف دیگر کوه رفت. من یک تکه روزنامه از جیبم در آوردم و در محراب آتشکده آتش زدم که شعله کشید و زود خاکستر شد. بعد از بیراهه به دشواری پائین آمدم ولی بارنی از ما زرنگ‌تر بود، چندین بار سراغ من آمد و دنبال رفیقم دوید وقتی که پائین کوه رسیدیم چهار نفر بچه کوچک دهاتی از کوه بالا می‌رفتند رفیقم گفت: «هوا گرم است برگردید.»
یکی از آن‌ها جواب داد: «رعیت باید گرماگی بخورد تا عادت بکند. »
کوه آتشگاه روز آبادیش شکوه مخصوصی داشته است، این پرستش‌گاه مانند مسجد و کلیسا دورش دیوار نداشته و چیزی را از کسی نمی‌پوشانیده. مانند آتش ساده و پاکیزه بوده، همان آتش جاودان نماینده‌ی پاکیزگی و زیبائی که به سوی آسمان زبانه می‌کشیده و در شب‌های تار از دور دل‌های افسرده را قوت می‌داده و از نزدیک با پیچ و خم دلربا با روان انسان گفتگو می‌کرده.
هوا گرم بود و ما خسته، رفتیم پای درخت کنارنهر آب نشستیم. دهقان پای کوه که کرت‌ها را آبیاری می‌کرد با ریش جوگندمی و قبای قدک آبی آمد پهلوی ما چنباتمه زد.
رفیقم کوه مقابل را نشان داد و پرسید که سرخی میان آن چیست، او گفت: «چشمه منظر است و گل سرخی آن‌جا دارد که اگر به شاخ گوسفند بمالند

چاق می‌شود و به درخت میوه بمالند بارش زیاد می‌شود و چاه آبی هم دارد که آبش خیلی گواراست.» من یاد کتاب‌های قدیمی افتادم که برای هرچیز کوچک و بی‌معنی هزار خاصیت موهوم می‌تراشند. این فکر شاید از آن‌جا آمده که در همه‌ی کارهای خدا مصلحتی است و چیز بی‌فایده آفریده نشده.

راجع به منارجنبان گفت که: «درعهد ژاندارمری صاحب منصبی آمد سرقبری که آن جاست، بی‌احترامی کرد و یک لک لک را که روی هوا پرواز می‌کرد با تفنگش زد و همان‌جا شکمش خود به خود پاره شد.»
ازآتشگاه پرسیدم گفت اول اصفهان دریا بوده و این کوه از آب بیرون بوده. مردمان پیشین آمدند این هشت دری را بالای کوه ساختند و خشت و گلش را با بز آن بالا بردند.

من پرسیدم اگر آب بود چرا بز را انتخاب کردند که در آب غرق می‌شد، مگر حیوان بلندتری نبوده؟ اقرار کرد که این طور معروف است. بعد مقداری از گرانی قند، از ثبت اسناد و از محصول که سرما خراب کرده برایمان درد دل کرد. نزدیک ما گاو ماده سیاه لاغری با پیشانی گشاده چرا می‌کرد، مرد دهاتی گفت این گاو بچه‌اش مرد و شیرنداد ما هم تو پوست گوساله‌اش کاه کردیم و حالا عصر به عصر او را می‌بریم پهلوی پوست بچه‌اش نگه می‌داریم آن وقت توی چشم‌هایش اشک پر می‌شود و شیر می‌دهد. حیوان با پستان‌های آویزان مانند دایه‌های کم خون و عصبانی بود و با پوزه‌ی نرمش سبزه‌ها را از روی بی‌میلی پوز می‌زد و دور می‌شد و شاید در همان ساعت پشت پیشانی فراخ او یادگارهای غم‌انگیز بچه‌اش نقش بسته بود. این گاو احساساتی مانند زن‌های ساده و از دست در رفته بود که تنها برای خاطر بچه‌شان زندگی می‌کنند و با قلب رقیق و مهربانش پونه‌های کنار نهر را بو می‌کشید.

من از خودم می‌پرسیدم آیا همه این مطالب راست است؟ آیا این مرد یک
نفر افسانه سرای زبردست است و یا نماینده‌ی مردمان دوره آبادی این
کوه آتشگاه می‌باشد و از آن زمان صحبت می‌کند! ایران چقدر بزرگ!
قدیمی و اسرارآمیز است! این افکار تنها در دهاتی ایرانی پیدا می‌شود که
پر از یادگارهای موروثی و قدیمی است. یک نفر دهاتی امریکائی یا
فرانسوی نمی‌تواند این همه یادبود، فکر و افسانه داشته باشد.

بالاخره بلند شدیم تا برای ظهر جائی برای خودمان دست و پا بکنیم. بارنی از
آب دل نمی‌کند، جست و خیز می‌زد، خودش را می‌شست و خستگی راه را
درمی کرد. به کلاهدون که رسیدیم راهنمای منارجنبان ما را برد درباغی که
یک گوسفند بزرگ در آن‌جا بود و به محض دیدن بارنی دنبالش کرد به
طوری که ناچار ما در مهتابی عمارت پناه بردیم. ناهار مفصلی که عبارت بود
از یک سینی گیلاس خیلی خوب آبدار، یک کاسه ماست و نان و پنیر وسبزی
برایمان آوردند. بارنی اول و به تقلید ما دو سه گیلاس خورد، بعد استاد شد
و هسته آن را درآورد. ولی چون مقصود ما گردش بود تصمیم گرفتیم که
بعد از ناهار از بی‌راهه و کنار رودخانه به شهر برگردیم.

سر راهمان همه جا کشتزارها، مادی‌ها و سبزه کاری بود و دهاتی‌هائی که
مشغول کشت و درو بودند. عطری که از درخت‌های سنجد در هوا پراکنده
بود مدتی ما را نگه داشت. بعضی جاها راه نبود و به دشواری می‌گذشتیم،
در مادی‌ها سنگ می‌ریختیم تا جای پا برای خودمان درست بکنیم. در
رودخانه علاوه بر وزغ مارماهی و ماهی سیاه بزرگ هم داشت.در رودخانه
که ما مشغول شستشو شدیم نزدیک بود بارنی را لو بدهیم، همان طوری که
اوامروز صبح اسباب زحمت ما شد، چون دونفر بچه دهاتی پدرشان را به
کمک می‌خواستند که او را بکشند، به خیالشان شغال است. گویا مردم و
حیوانات این‌جا سگ به شکل و نژاد بارنی ندیده بودند چون در همه جا

طرف توجه می‌شد و در باغ میوه‌ای که مشغول خوردن گیلاس شدیم مجدداً یک دسته گوسفند، میش و الاغ از خوردن چشم پوشیدند و به تماشای بارنی آمدند. به طوری که رد کردن آن‌ها اسباب اشکال شده بود. اگر جانوران هم برای تماشا پول می‌دادند ما در آن روز کاسبی خوبی می‌توانستیم بکنیم.

در راه رفیقم بیشه حبیب را نشان داد که از قرار معلوم محل تفریح مردم است. عمارت دو طبقه‌ی تازه‌سازی در میان بیشه دور از آبادی دیدیم که به نظر می‌آمد برای دو نفر عاشق و معشوق ساخته شده بود. رفیقم گفت: «این‌جا مال زنی است که عاشق شوفر خودشان شده و شوهرش را ترک کرده و شوهرش هرچه عجز و التماس کرده به جائی نرسیده تا این که دیوانه شده و الان در دارالمجانین اصفهان است.» من خیلی دلم می‌خواست این مردی که از عشق زنش دیوانه شده ببینم ولی از قرار معلوم سرشناس بود و رفیقم نخواست اسمش را به من بگوید.

وقتی که وارد خیابان چهارباغ شدیم نزدیک غروب بود، جلو مدرسه چهارباغ فریاد یا حسین می‌کشیدند. در ایوان خانه رفیقم که نشستیم، مهتاب آهسته بالا می‌آمد، بارنی آمد زیرمیز خوابید، شاید بیشتر از ما خسته شده بود، چون چهار بار از کوه آتشگاه بالا رفته بود، گیلاس خورده بود، سنگ را جویده بود، در لجن‌زار دویده بود و هرچه در چنته‌اش بود نمایش داده بود.

من صفحه گیتار هاوائی را گذاشتم، زیر و بم آن در هوای ملایم شب آغشته می‌شد، هیکل کوه آتشگاه آن‌جا دور و مرموز در روشنائی مهتاب پیدا بود. نمی‌دانم چرا این ساز مرا به یاد روز آبادی آتشگاه انداخت. روزهای پرافتخار که مغان سفید پوش با لباس بلند، چشم‌های درخشان جلو آتش زمزمه می‌کرده‌اند، مغ بچگان سرود می‌خواندند و جام‌های باده دست به

دست می‌گشته است. آن وقت جسم و روح مردم آزاد و نیرومند بوده چون جلو یک گلوله خاک عربستان سجده نکرده بودند. اما حالا خراب، تاریک، دور از شهر، جرزهای آن روی سنگ‌های کبود کوه ریخته، مهتاب رویش سنگینی می‌کند و باد و باران آن را خرده خرده می‌خورد! چه خوب بود اگر آن‌جا را از روی نقشه اوّلش دوباره می‌ساختند و به یادگار زمان پیشین درآن آتش می‌افروختند. آیا روح پیشینیان، روح صنعت‌گران و روح پادشاهان، آن بالا روی خرابه‌های آتشگاه پرواز نمی‌کند؟ در این ساعت همه خستگی‌ها، همه دوندگی‌های مسافرت برای جواز و اتومبیل همه از یادم رفت و مثل این بود، آن چه دنبالش می‌گشتم به من داده بودند.

تا این‌جا آخرین روز تعطیل شده بود و باید برگشت. پس از خدا نگهداری با رفیقم صفحه گیتار هاوائی را به یاد اصفهان از او گرفتم. در گاراژ تقویم سیگار سلطانی به دیوار آویزان بود که بالای آن تخت جمشید و پائینش چهلستون و عالی قاپو کشیده شده بود. درضمن همان شوفر که ما را آورده بود جلو آمد و گفت:

«چرا به این زودی برمی گردید، بروید به شیراز آن‌جا تماشائی است. خیابان‌های بزرگ درست کرده‌اند، آب و هوایش هیچ دخلی به اصفهان ندارد، آب این‌جا سنگین است اما درآن جا روزی چهار مرتبه آدم چیز می‌خورد.»

من به سال بعد وعده دادم و آخرین گردش را در خیابان چهارباغ کردم. آیا برای شناختن اصفهان سه چهار روز کافی است؟ آیا می‌توانم راجع به آن اظهار عقیده بکنم؟ برای این شهری که در زمان صفویه نصف جهان لقب داشته، شهر یکتای دنیا که از همه جا به دیدن آن می‌آمدند. شهر صنعت، شکوه، شراب، نقاشی، کاشیکاری، معماری، کشاورزی. با گنبدها، مناره‌ها،

کاشی‌های لاجوردی که می‌خواسته به پای تیسفون پایتخت باشکوه ساسانی برسد و هنوز هم زیر عظمت و کشش صنعت خودش انسان را خرد می‌کند. حالا که چشمم را می‌بندم یک دسته کاشی خوش‌نقش‌ونگار، رنگ‌های خیره کننده در جلو چشمم مجسم می‌شود، مهتاب، شبح مناره‌ها، گنبدها، طاق‌ها، شبستان‌ها، دشت‌های پهن، کشتزارهای سبز، گل‌های سفید خشخاش، آب زاینده رود که روی ریگ‌ها غلت می‌زند، همه مانند پرده‌ی سینما یکی از پی دیگری از جلو چشمش می‌گذرد، صفحه گیتار هاوائی آهسته می‌چرخد، ناله‌های سیم در هوا موج می‌زند و می‌لرزد، نمی‌دانم چرا به یاد آتشگاه می‌افتم و سرودی که پیشتر، خیلی پیشتر در آن‌جا مترنم بوده به یاد می‌آورد. آن کوه پیر کوتاه که مانند افسوس تنها از زمین سردرآورده برای این که رویش آتشکده بسازند! دور از شهر، دور از هیاهو، دور از دسترس مردم، آن هشت دری سفید مثل تخم مرغ که با خشت‌های وزین ساخته شده جلو خورشید می‌درخشیده، شب‌ها در میان خاموشی و آرامش طبیعت از میان آن آتش جاودانی زبانه می‌کشیده و قلب‌های سرد را گرم می‌کرده، فکرها را از زندگی مادی بالا می‌برده و به سرحد کمال می‌رسانیده، همان طوری که همه چیز درآتش استحاله می‌شود و بی‌آلایش می‌گردد. مثل این است که با این ناله‌های گیتار وابستگی مستقیمی با این آتشکده دارد و یا برای سرنوشت آن می‌نالد.

باید رفت! این لغت رفتن چقدر سخت است. یکی از بزرگان گفته: «آهنگ سفر یک جور مردن است.» وقتی که انسان شهری را وداع می‌کند مقداری از یادگار، احساسات و کمی از هستی خودش را در آن‌جا می‌گذارد و مقداری از یادبودها و تأثیر آن شهر را با خودش می‌برد. حالا که می‌خواهم برگردم مثل این است که چیزی را گم کرده باشم یا از من کاسته شده باشد و آن

چیز نمی‌دانم چیست، شاید یک خرده از هستی من آن جا، در آتشگاه مانده باشد.

اصفهان ۲۸ اردیبهشت ۱۳۱۱

سفرها و گردش‌های صادق هدایت

به قلم جهانگیر هدایت

صادق هدایت در ایام حیات کوتاه خود چهار مسافرت به خارج از کشور به اروپا بعد هند و بعد ازبکستان، پنج مسافرت درداخل ایران به: اصفهان، شیراز، گیلان وآذربایجان، مازندران و چندگردش کوتاه به قلهک و شهریار داشته که اطلاعات مختصری درباره آن‌ها در دست است. البته دو مسافرت نکرده هم داردکه یکی به پاریس و دیگری به اصفهان که شرح آن‌ها آمده است.

به طور کلی مهم‌ترین سفر صادق هدایت همان سفر اولیه به اروپا و اقامت چندساله در فرانسه می‌باشدکه در نحوه تفکر و مطالعه و برقراری ارتباط وآگاهی از فرهنگ وتمدن غرب برای او بسیارموثر بوده است. گفتنی است مسافرت به هند نیز برای صادق هدایت دست‌آورد پرمحتوائی داشته که آشنائی و مطالعه فرهنگ هندی و بودائی و تکمیل کتاب معروف "«بوف کور»" ازآن جمله است.

به جز سفری که صادق هدایت به اصفهان داشته و این مسافرت خود را در کتاب «"اصفهان نصف جهان» به تفصیل آورده درباره دیگر مسافرت‌های خود سفرنامه‌ای ندارد و بسیار مختصر در نامه‌هائی که به دوستان خود نوشته مورد اشاره قرارداده و یا هم سفرهای او در یادداشت خودشان مسافرت با صادق هدایت را شرح داده‌اند. بنابراین بیش ازآن‌چه که در این نوشته ملاحظه می‌فرمائید اطلاعات افزون‌تری در دسترس نیست و نگارنده با مراجعه به منابع مختلف سعی کرده‌ام این اطلاعات را گردآوری و ارائه دهم. بدیهی است چنان‌چه صاحب‌نظران اطلاعات مستدل و مثبت بیشتری دارند خوشوقت و متشکر می‌شوم که در اختیار نگارنده قراردهند.

جهانگیر هدایت

مرداد ماه ۱۳۸۱ تهران

سفر به اروپا

صادق هدایت همراه ۱۱۰ نفر دانشجویان ایرانی از طرف وزارت فوائد عامه بورس داده می‌شود که به اروپا عزیمت و در رشته مورد نظر دولت تحصیل کرده و پس از اتمام تحصیل برای دولت خدمت کنند.

روز ۵ شهریورماه ۱۳۰۵ صادق هدایت با اتومبیل ابتدا عازم بندرپهلوی (انزلی) می‌شود. از آنجا با کشتی عازم بادکوبه می‌شود و از بادکوبه با ترن ابتدا به مسکو و بعد به برلن و سرانجام به بلژیک شهر بروکسل وارد می‌شود و او قرار است در بندرگان در انستیتو تکنولوژی این شهر ریاضیات عالی بخواند. بعد به پاریس منتقل می‌شود و چند رشته تحصیلی مانند: معماری، دندان سازی، امور رفاهی و ادبیات عوض کرده و سرانجام در سال ۱۳۰۹ به ایران مراجعت می‌کند.

صادق هدایت در این مسافرت در فرانسه شهرهای بسیاری مانند: هاور، دوویل، پواتیه، فونتن بلو، نیس و غیره را بازدید و در مجموع با فرهنگ و هنر اروپا در پاریس که در آن ایام مرکز فرهنگ اروپائی بوده آشنا می‌شود. تعداد قابل ملاحظه‌ای از داستان‌ها و کتب خود را در همین سفر می‌نویسد. با بسیاری اساتید و بزرگان علم و ادب ارتباط برقرار می‌کند و با توشه‌ای غنی که برای سال‌ها او را یاری می‌بخشد به ایران بازمی‌گردد. صادق هدایت در اردیبهشت ماه ۱۳۰۷ در منطقه ساموا حوالی پاریس به قصد خودکشی در رودخانه مارن غوطه می‌خورد اما او را نجات می‌دهند. این اولین سفر صادق هدایت به خارج از کشور است و این سفر در ساختن و پرداختن نویسنده، محقق و اندیشمندی چون صادق هدایت اثرات بسیار داشته است.

سفر شیراز ۱۳۱۲

صادق هدایت به عمویش سرلشکر دکتر کریم‌خان هدایت بسیار علاقمند بود. دکتر کریم‌خان در شیراز اقامت داشت و سال‌ها در فارس خدمت می‌کرد. در بهار سال ۱۳۱۲ صادق هدایت سفر کوتاهی به شیراز کرده در خانه عموی خود اقامت کرد. طبیعی است در این مدت اماکن و ساختمان‌ها و سایر جاهای دیدنی شیراز را هم بازدید کرد و بعد به تهران بازگشت. ولی ما یادداشت یا سفرنامه‌ای نظیرآن چه در مورد سفر به اصفهان نوشته شده ازصادق هدایت در دست نداریم. فقط عکسی بازمانده که در باغچه خانه دکتر کریم‌خان روی صندلی نشسته و عموزاده‌هایش هم در کنار او هستند. این عکس که قبلاً منتشر نشده بود برای نخستین بار در همایش کانون نویسندگان ایران که در ۱۶ خرداد ۱۳۸۱ در گالری سامی برگزار شد مورد استفاده هنرمندان برای ساختن پوسترهای صادق هدایت قرارگرفت.

سفر به هند ۱۳۱۵

در سال ۱۳۱٤ دکتر شین پرتو از دوستان هدایت از او دعوت می‌کند که با هم به هند بروند. صادق هدایت که مشتاق چنین مسافرتی بوده از شرکت سهامی کل ساختمان استعفاء داده و با آقای شیرازپور به بمبئی می‌رود و در تاریخ ۳ دسامبر ۱۹۳۶ راهی بمبئی می‌شود. او در بمبئی اقامت می‌کند و در همین شهر نزد آقای بهرام گورانکل ساریا در انستیتو ک. آر. کاما شرقی به تکمیل زبان پهلوی می‌پردازد. ضمناً توسط محمدعلی جمال‌زاده به سر میرزا اسماعیل رئیس الوزرای ایالت میسور که ایرانی الاصل بوده معرفی می‌شود و به میسور مسافرت کرده و به قول خودش ۱۵ روز زندگی اعیانی و اشرافی می‌کند. در همین ایام صادق هدایت متن بوف کور را تکمیل کرده به صورت دست‌نوشته از طریق تکثیر پلی‌کپی منتشرمی‌سازد. پنجاه نسخه منتشر می‌سازد و اجازه نمی‌دهد در ایران انتشار یابد.

در شهریور ۱۳۱۶ صادق هدایت به تهران مراجعت می‌کند او علاوه بر دانش زبان پهلوی و انتشار بوف کور با فرهنگ و فلسفه و عرفان هندی از نزدیک آشنا شده که توشه مهمی در این سفراست.

سفر به شهریار ۱۳۲٤

در تابستان این سال سفری به شهریار می‌کند و شب را در خانه یکی از رعیت‌ها می‌خوابد. صادق هدایت نام مالک را نوشته بوده ولی دکتر پرویز ناتل خانلری که در حال نان قرض دادن و نان قرض گرفتن بوده نام او را حذف می‌کند. صادق هدایت در ملاحظاتی که از وضع مردم شهریار می‌کند می‌گوید: «تراخم، مالاریا، کثافت، شکنجه‌های قرون وسطائی ونفاق حکم فرماست»"

ازبکستان – تاشکند ۱۳۲٤

در آذر ماه ۱۳۲٤ از جانب دانشگاه تاشکند در ازبکستان از چند شخصیت از جمله صادق هدایت دعوت به عمل می‌آیدکه برای مدت ۱۵ روز به مناسبت ۲۵ ساله شدن دانشگاه آسیای میانه به آن دیار سفرکند. در این سفردکتر علی اکبر سیاسی رئیس دانشگاه تهران و دکتر فریدون کشاورز از رؤسای حزب توده نیز دعوت شده بودند. این مسافرت را اداری تلقی می‌کنند و برای صادق هدایت پاسپورت خدمت صادرمی شود.[۱] و به شهادت پاسپورت روز هشتم دسامبر ۱۹٤۵ مطابق با ۱۶ آذر ۱۳۲٤ وارد ازبکستان می‌شود و روز۲۰ دسامبر ۱۹٤۵ مطابق با ۲۹ آذرماه ۱۳۲٤ باز می‌گردد. در این مسافرت که از راه زمینی طی می‌شود صادق هدایت در طوس آرامگاه فردوسی را می‌بیند و مزار غزالی را بازدید می‌کند. در ازبکستان در شهر نیجرودک زادگاه رودکی حاضرمی شود و مزار و موزه او

---

[۱] پاسپورت صادق هدایت موجوداست.

را بازدید می‌کند. ما در مورد این سفر یادداشت یا سفرنامه‌ای نداریم و فقط در نامه مورخ ۷ ژانویه ۱۹٤۶ مطابق با دوشنبه ۱۷ دی ماه ۱۳۲٤ برای دکتر شهید نورائی در پاریس چنین می‌نویسد:

«باری، جای شما خالی، به‌طور غلط‌انداز به همراهی آقایان دکتر سیاسی و دکتر کشاورز از طرف انجمن فرهنگی برای ۱۵ روزبه مناسبت جشن ۲۵ ساله دانشگاه تاشکند دعوت به آن صفحات شدیم. منهم دعوت را اجابت کردم و حالا دو هفته می‌گذرد که از مسافرت برگشته‌ام. برای اشخاص کنجکاو و پر از انرژی چیزهای دیدنی و مقایسه کردنی بسیار داشت و آئینه عبرت به شمار می‌رفت که در مدت ۲۵ سال کم و بیش یک ملّت عقب‌مانده در تمام شئونات فرهنگی و اجتماعی چه ترقیاتی کرده بود. رویهمرفته بسیار خوش گذشت اما چه فایده که به مصداق مثل: «شیخ حسن کشکت را بساب» وقتی که ازخواب پریدم باز جلو تغار کشک خودم را دیدم. در مشهد خدمت اخوی بزرگتان رسیدم خیلی اظهار مرحمت کردند.

سفرمازندران – ۱۳۲۵

در فروردین سال ۱۳۲۵ صادق هدایت وصادق چوبک عازم مازندران می‌شوند. گرچه صادق هدایت سعی کرده بود این سفر مخفی بماند ولی در کوپه آن‌ها دکتر پرویز خانلری و علی اصغر سروش و مهندس کام‌بخش و همسرش دکتر اخترکیا و احسان طبری هم پیدایشان می‌شود. شمال ایران در آن ایام در اشغال ارتش شوروی بوده و ملاحظه این ارتش در آن منطقه برای صادق هدایت بسیاررنج‌آور بوده است. در این ایام بیماری مهلک تیفوس در ایران شایع شده بود و یک سرباز تیفوسی را روس‌ها می‌آورند

به‌زور می‌چپانند توی کوپه‌ای که صادق هدایت و صادق چوبک بوده‌اند و درنتیجه آن دو قسمت اعظم بقیه سفر را در راهروی ترن می‌گذرانند!

پس از ورود به ساری آن‌ها به مهمان‌خانه‌ای می‌روند (مهمان خانه شمال). منوچهر کلبادی که ازخوانین منطقه بوده با صادق هدایت دوستی داشته و بلافاصله مطلع می‌شود که صادق هدایت در ساری است می‌آید و چمدان صادق هدایت و صادق چوبک را بر می‌دارد می‌برد به باغ بسیار بزرگ و زیبای خودش. جهانگیر و تقی تفضلی هم نزد کلبادی مهمان بوده‌اند. صادق هدایت را با صادق چوبک می‌برند بابلسر می‌گردانند. پس از پانزده روز گشت و گزار در مازندران صادق هدایت و صادق چوبک با ترن عازم تهران می‌شوند و در ترن برخورد می‌کنند به بنان خواننده معروف آن ایام. بنان که از کوپه خودش ناراضی بوده درخواست می‌کند بیاید به کوپه صادق هدایت و آن‌جا بساط آواز و موزیک برپا می‌شود و تا تهران ادامه پیدا می‌کند.

مسافرت نیمه‌کاره اصفهان ۱۳۲۷

سه شنبه ۲۸ دیماه ۱۳۲۷ که صادق هدایت و دکتربقائی با هم بوده‌اند دکتر بقائی عازم اصفهان بوده و دعوت می‌کند که صادق هدایت هم با او به اصفهان برود. صادق هدایت هم دعوت را می‌پذیرد و صبح زود به فرودگاه رفته هرطوری بوده بلیط می‌گیرند و وقتی سوار هواپیما می‌شوند، هواپیما قادر به پرواز نبوده و کلیه مسافرین را پیاده می‌کنند. در این زمینه صادق هدایت در نامه مورخ ۱۹ ژانویه ۱۹۴۹ مطابق با ۲۹ دی ماه ۱۳۲۷ برای دوستش دکتر حسن شهید نورائی در پاریس چنین می‌نویسد:

«دکتربقائی قصد مسافرت اصفهان را داشت دیشب تصمیم گرفت که مراهم با خودش ببرد و شبانه به خانه او رفتیم.صبح خیلی زود به فرودگاه نزول اجلال کردیم و با تمام زد و بندهائی که کرد بالاخره موفق به گرفتن بلیط رسمی نشد. مقداری دم سبیل چرب کرد و به زور چند وکیل ووزیر پول بلیط را پرداخت اما چیزی که مضحک شد من از پله هواپیما هم بالا رفتم و با نهایت خجالت ما را از هواپیما پائین آوردند و همین.»

سیزده-به-درِ سال ۱۳۲۸

صادق هدایت روز سیزده-به-درِ سال ۱۳۲۸ را با عده‌ای از دوستان برای گشت و گذار به قلهک می‌رود و در همین زمینه در نامه مورخ ١٤ آوریل ۱۹۴۹ مطابق با ١٤ فروردین ۱۳۲۸ برای دوستش حسن شهید نورائی در پاریس چنین می‌نویسد:

«نمی‌دانم باید جایتان را پُر و یا خالی بکنم. دیروزکه سیزده بدربودبا چندتن ازرفقا به قصدسیروگشت ودورریختن نحوست (که هیچ فایده ندارد) به قلهک رفتیم. نمی‌دانم که خوش و یا بد گذشت چون notion (مفهوم) بدی وخوبی را فراموش کرده‌ام اما شاهد قضیه مضحکی شدیم و آن وجود اتومبیل شماره یک دولتی در گاراژ سفارت انگلیس، سیزده-به-درگاه آقای نخست وزیربود.

کنگره هواداران صلح – سفر نرفته

در سال ۱۳۲۸ ژولیوکوری رئیس کمیته جهانی کنگره جهانی روشن‌فکران برای صلح از صادق هدایت دعوت می‌کند از ۲۰ تا ۲۵ آوریل ۱۹۴۹ (۳۱

فروردین تا ۵ اردیبهشت ۱۳۲۸) در این کنگره که در پاریس تشکیل می‌شود شرکت کند. صادق هدایت به چند دلیل نمی‌تواند در این کنگره شرکت کند: یکی نداشتن قدرت مالی برای مسافرت است و دیگر چون این کنگره بیشتر عقاید کمونیستی داشته دولت هم با مسافرت او مخالفت می‌کند. صادق هدایت در نامه مورخ ۱۶ آوریل ۱۹۴۹ مطابق با شنبه ۲۷ فروردین ۱۳۲۸ برای دکتر حسن شهید نورائی در پاریس چنین می‌نویسد: «اتفاق دیگری افتاده دعوتی است که ژولیوکوری از این حقیر برای شرکت در کنگره روشنفکران طرفدار صلح کرده است. طبیعی است که هیچگونه وسیله برای مسافرت نداشتم. اگر از عزیزدُردانه‌ها دعوت شده بود دولت همه جور وسایل را در اختیار آن‌ها می‌گذاشت اما من حتی جرأت تقاضای پاسپورت را ندارم. جوابش را در جوف پاکت تقدیم می‌کنم. چه می‌شودکرد؟ نه داروی مخدّر به ما داده‌اندکه اراده‌مان را بگیرند و نه زنجیری داریم که از دست بدهیم. بالای سیاهی هم دیگر رنگی نیست.» ضمن پوزش ازعدم حضور،این پیام رانیزبرای کنگره می‌فرستد: «امپریالیست‌ها کشور ما را به زندان بزرگی مبدل ساخته‌اند، سخن گفتن و درست اندیشیدن حرام است. من نظر شما را در دفاع ازصلح می‌ستایم.»

سفر شمال و آذربایجان ۱۳۲۸

در تاریخ ۲۶ مرداد ماه ۱۳۲۸ صادق هدایت سفری به بندر پهلوی، اردبیل و تبریز داشته است. آقای جرجانی ازدوستان صادق هدایت در تبریز مأموریت داشته است. درواقع صادق هدایت در تابستان ۱۳۲۸ ابتدا به بندر پهلوی (انزلی) می‌رود و بعد به اردبیل رفته قدری آنجا استراحت می‌کند و بعد به تبریز می‌رود که ضمناً آقای جرجانی را نیز ملاقات کند.

در نامه‌ای که در تاریخ ۲۴ اوت ۱۹۴۹ مطابق با چهارشنبه ۲ شهریور ۱۳۲۸ برای دکتر حسن شهید نورائی در پاریس فرستاده در همین مورد نوشته است:

«یا حق   هفته گذشته ۵ روز به قصد سیروگشت از بندر پهلوی به اردبیل و تبریز رفتم. جرجانی را آنجا در کتابخانه‌اش دیدم. به کار خودش خیلی علاقه دارد. قرار بود این هفته به عنوان مرخصی بیاید تهران هنوز نیامده. مخلص با اسهال رقیقی حرکت کردم و با اسهال شدیدتری برگشتم. هنوز هم دست از سرمان برنداشته.»

سفر به دماوند ۱۳۲۹

یکی از دوستان صادق هدایت که امکاناتی در دماوند داشته در مرداد ماه ۱۳۲۹ او را به دماوند دعوت می‌کند و صادق هدایت نیز دعوت را پذیرفته و یک شب در باغ دعوت کننده اقامت داشته است. در باره این سفر یادداشت یا خاطره‌ای ملاحظه نشد ولی در نامه‌ای که در تاریخ ۱۳ اوت ۱۹۵۰ مطابق با ۲۲ مردادماه ۱۳۲۹ در نامه‌ای که برای دکتر حسن شهید نورائی به پاریس فرستاده، نوشته است:

«یا حق   هوا زیادی گرم بود شخصی ما را به دماوند مهمان کرد دعوتش را اجابت کردم. یک هفته آنجا بودم وقتی که برگشتم نامه ۳۱ ژوئیه‌تان (۹ مرداد) رسیده بود. چند روز است که هوا نسبتاً قابل تحمل شده. به هر حال اوضاع به همان کثافت سابق می‌گذرد شاید خیلی بدتر و کثیف‌تر.»

سفر بدون بازگشت – ۱۳۲۹

خسته، دل‌مُرده، دلسرد، ناامید و همه‌چیزمبهم و نامعلوم هر طور هست در ۱۲ آذرماه ۱۳۲۹ عازم فرانسه می‌شود. درپاریس اقامت می‌گزیند. حدود چهار ماه را سپری می‌کند و ناگهان تصمیم به رهائی خود از همه بندها می‌گیرد. صادق هدایت روز ۱۹ فروردین ماه ۱۳۳۰ در آپارتمان اجاره‌ای خود به گازپناه می‌برد و خود را می‌کشد. او را در گورستان معروف «پرلاشز» به خاک می‌سپارند. او ٤۸ سال داشت که این دنیا را برای مردمان دنیائی گذاشت و آخرین فریاد را در مقابل پاچه ورمالیده‌ها، رجاله‌ها، دزدها، بی‌شرف‌ها، وطن‌فروش‌ها، پتیاره‌ها ولکاته‌ها کشید و خود را کشت. این فریاد او را اگر با دقت گوش کنید هنوز در بسیاری نقاط جهان می‌شنوند و صادق هدایت را می‌ستایند.

جهانگیرهدایت

رباعیات حکیم عمر خیام

شرح حال حکیم عمر خیام

غیاث الدین ابوالفتح عمربن ابراهیم خیام از مشاهیر حکمای زمان و اعجوبه شعرای دوران و یکی از بزرگترین مفاخر ایرانیان محسوب می‌شود.

خیام در اواخر قرن پنجم و اوایل قرن ششم هجری می‌زیسته و قسمت اعظم حیات خود را در نیشابور، یکی از شهرهای معتبر آن زمان متمکن بوده و در سنه ۵۱۷ در همان جا وفات کرد.

اگرچه این حکیم در اکثر علوم، خاصه ریاضیات و نجوم مهارتی به کمال داشته لکن شهرتی که اخیراً در اروپا و امریکا به هم رسانیده بیشتر به جهت رباعیات حکمت‌آمیزی است که در هنگام فراغت سروده و از طرز شعر وی معلوم می‌شود که خود حکیمی است مبتدع. به علاوه هیچ کدام از شعرای معروف خیالات فلسفی خود را به شیوائی و زبردستی خیام ادا ننموده، اغلب دچار تنگی قافیه شده‌اند. علت تخلص این حکیم را به خیام احتمال می‌دهند که پدر او حرفت خیمه دوزی داشته لکن تصور نمی‌رود که خیام هم به نوبه خود این شغل را تعقیب کرده باشد. به هرحال این عادت منحصر به خیام نیست بلکه اغلب شعرا مانند فریدالدین عطار و غیره نیز به همین نهج تخلص اختیار نموده‌اند.

تحقیقاتی که راجع به فلسفه و ترجمه حال خیام باشد دارای مطالب سودمندی است که علیحده قابل توجه و اعتنا خواهد بود لکن در این‌جا فقط به شرح نکات مهم اکتفا نموده و از بسیاری مطالب صرف نظر می‌شود. از آن جمله ترجمه حالی است که شرق شناس معروف پروفسور ادوارد براون Prof. Edward G. Browne درکتاب نفیس خود موسوم به « تاریخ ادبیات

ایران[1]» مرقوم داشته‌اند، لهذا خلاصه مرقومات ایشان با اندکی اضافه نگاشته می‌شود.

قدیمی‌ترین کتابی که از خیام ذکری به میان آورده چهار مقاله نظامی عروضی سمرقندی است که معاصر خیام بوده و دو حکایت در ضمن مقاله درباره خیام می‌نگارد:

«در سنه سته و خمس مائه به شهر بلخ در کوی برده‌فروشان در سرای (امیر ابوسعد جره) خواجه امام عمر خیامی و خواجه امام (مظفراسفرائی) نزول کرده بودند و من بدان خدمت پیوسته بودم. در میان مجلس عشرت از حجه‌الحق عمر شنیدم که اوگفت: گور من در موضعی باشد که هر بهار باد شمال بر من گُل‌افشان کند. مرا این سخن مستجیل نمود و دانستم که چنوئی گزاف نگوید.

چون در سنه ثلثین به نیشابور رسیدم چند سال بود تا آن بزرگوار روی درنقاب خاک کشیده بود و عالم سفلی از او یتیم مانده و او را بر من حق استادی بود. آدینه به زیارتش رفتم و یکی را با خود ببردم که خاک او را به من نماید. مرا به گورستان جره (حیره) بیرون آورد و بر دست چپ گشتیم. در پایین دیوار باغی خاک او را دیدم نهاده و درختان امرود و زردآلو سر از آن باغ بیرون کرده و چندان برگ شکوفه بر خاک تو ریخته بود که خاک او در زیر گل پنهان شده بود و مرا یادآمد آن حکایت که به شهر بلخ از او شنیده بودم، گریه بر من افتاد که در بسیط عالم و اقطار ربع مسکون او را هیچ جای نظیری نمی‌دیدم، ایزد تعالی جای او را جنان کناد بمنه و کرمه.»

و هم او گوید:

---

[1] A Literary History of Persia vol .II.

«اگرچه حکیم حجه الحق عمر بدیدم اما ندیدم او را در احکام نجوم هیچ اعتقادی و از بزرگان هیچ کس ندیدم و نشنیدم که در احکام نجوم اعتقادی داشت. در زمستان سنه ثمان خمس مایه به شهر مرو سلطان کس فرستاد به خواجه بزرگ صدرالدین محمدبن مظفر رحمه الله که خواجه امام عمر را بگوی تا اختیاری کند که به شکار رویم که اندر آن چند روز برف و باران نیاید و خواجه امام عمر در صحبت خواجه بود و در سرای او فرود آمدی، خواجه کس فرستاد و او را بخواند و ماجرا با وی بگفت برفت و دو روز درآن کرد و اختیار نیکو کرد و خود برفت و با اختیار سلطان را برنشاند و چون سلطان برنشست و یک بانگ زمین برفت ابر درکشید و باد برخاست و برف و دمه در ایستاد، خنده‌ها کردند، سلطان خواست که بازگردد خواجه امام گفت پادشاه دل فارغ دارد که همین ساعت ابر بازشود و در این پنج روز هیچ نم نباشد. سلطان براند و ابر باز شد و در آن پنج روز هیچ نم نبود و کس ابر ندید.»

از این دو حکایت استنباط می‌شود که خیام در سال‌های ۵۰۶ و ۵۰۸ حیات داشته. بعد از چهارمقاله بر حسب ترتیب زمانی کتاب مرصاد العباد است که در سنه ۶۲۱ تألیف شده و اهمیت این کتاب آن است که نگارنده آن نجم الدین رازی معروف به دایه که خود یکی از علماء و متصوفین بوده خیام را نیز از این نقطه نظر مطالعه نموده و دو رباعی بروجه مثال از او می‌آورد.

«... و معلوم گردد که روح پاک علوی نورانی را در صورت قالب خاکی سفلی ظلمانی کشیدن چه حکمت بود و باز مفارقت دادن و قطع تعلق روح از قالب کردن خرابی صورت چراست؟ و باز در حشر قالب را نشر کردن و کسوت روح ساختن را سبب چیست؟ آن که از زمره «اولئک کالانعام بل هم اضل» بیرون آید و به مرتبه انسانی رسد و از حجاب غفلت «یعلمون ظاهراً من الحیوه الدنیا و هم عن الاخره هم غافلون» خلاص یابد و قدم به ذوق و

شوق در راه سلوک نهد تا آنچه درنظر آورد در قدم آورد که ثمره نظر ایمان است و ثمره قدم عرفان. فلسفی و دهری و طبایعی از این دو مقام محروم‌اند و سرگشته و گم‌گشته تا یکی از فضلاء که به نزد ایشان به فضل و حکمت و کیاست معروف و مشهور است وآن عمر خیام است از غایت حیرت و ضلالت این بیت می‌گوید:

در دایـــــــره‌ای کامـــدن و رفتن ماست

آن را نه بدایـــت نه نهـــایت پیداست؟

کس می‌نزند دمــــی در این عالم راست

کاین آمدن از کجا و رفتن به کجاست؟

دارنـــده چو ترکیـــب طبـایع آراســـت

باز از چه سبب فکندنش اندر کم و کاست؟

گر زشت آمد این صور عیب که است؟

ور نیک آمد خرابی از بهـــــــر چراست؟ »

کتاب دیگری که راجع به خیام حاوی مطالب مهمی است عبارت است از کتاب تاریخ‌الحکماء تألیف جمال‌الدین ابوالحسن علی بن یوسف القفطی که ظاهراً در حدود سنه ۶۲۴-۶۴۶ تحریر شده در حرف عین از خیام این طور نقل می‌کند:

«عمر خیام امام خراسان و علامه زمان، به علم یونانیان آگاه بود و به طلب خدای و احدیان برای تزکیه نفس انسانی از راه تطهیر حرکات بدنی تشویق و به التزام سیاست مدنی بر حسب قواعد یونانی امر می‌نمود. متأخرین صوفیه به بعضی از ظواهر شعر او واقف شده آن‌ها را به طریقت خود نقل و در مجالس و خلوت‌های خودشان در باب آن‌ها مباحثات و محاضرات می‌کردند و در صورتی که باطن آن اشعار برای شریعت مارهای گزنده و سلسله زنجیرهای ضلال بود و وقتی که مردم او را در دین تعقیب کردند و

مکنون خاطر او را ظاهر ساختند ازکشته شدن ترسید و عنان زبان و قلم خود را باز کشید و به زیارت حج رفت از راه تقوی نه از راه تقیه و اسرار ناپاک اظهار نمود و وقتی که به بغداد آمد پیروان طریقت او در علم قدیم به گردش جمع شدند ولی او مانند یک شخص نادم نه ندیم در به روی آنان بست و ازحج به شهر خود بازگشت و درآنجا صبح و شام به عبادت‌گاه می‌رفت و می‌آمد و اسرار خود را مکتوم می‌داشت ولی آن‌ها ناچار فاش می‌شدند. در علوم نجوم و حکمت بی‌نظیر بود و در این فنون به اقوال او مثل می‌زدند. هرگاه از عصمت بهره‌مند می‌بود و او را اشعار مشهوری است که خفایای قلب او درزیر پرهای آن ظاهر می‌گردد و کدورت باطن او جوهر قصد او را تیرگی می‌دهد.»

چون صفحات این کتاب اجازه اطناب مقدمه نمی‌داد لهذا از روایات سایر کتبی که شامل حالات خیام بودند چشم پوشیده و فقط قسمت مفیدی که در تاریخ الفی مسطور است و آخرین مأخذ پروفسور ژوکفسکی[1] می‌باشد و تقریباً اختصار روایت شهرزوری هم هست ذکر می‌شود. عین عبارت کتاب مذکور در باب خیام این است:

«حکیم عمر خیام. وی از پیشوایان حکماء خراسان است او را در حکمت قریب به مرتبه ابوعلی می‌دانند. از تاریخ فاضل محمد شهرزوری معلوم می‌شود که مولد وی در نیشابور بوده و آباء وی نیز نیشابوری بوده‌اند و بعضی او را از قریه شمشاد از توابع بلخ دانسته‌اند و (بعضی) مولدش را در قریه بسنک من توابع استرآباد. الحاصل توطن اکثر اوقات در نیشابور داشته. حکیم مزبور به واسطه بلخ و ضلت در نشر علوم و تصنیف چندان اثری ظاهر نکرد و آنچه از وی شهرت دارد رساله‌ای است مسمی به میزان الحکم در بیان

---

[1] Prof. V. Zhukovski مستشرق روسی که تحقیقات مهمی راجع به خیام کرد.

۲۱۵

یافتن قیمت چیزهای مرصع بدون کندن جواهر ازآن و دیگر رساله مسمی به لوازم الامکنه غرض از آن رساله در یافتن فصول اربعه است و علت اختلاف هوای بلاد و اقالیم و از اکثر کتب وی چنین معلوم می‌شود که مذهب تناسخ داشته.»

آورده‌اند که در نیشابور مدرسه کهنه‌ای بود از برای عمارت آن خران خشت می‌کشیدند روزی حکیم در صحن مدرسه با جمعی طلبه راه می‌رفت یکی از آن خران به هیچ‌وجه به اندرون نمی‌آمد حکیم چون این حال بدید تبسم کرد و به جانب خر رفته بدیهه گفت:

ای رفته و باز آمده بل هم گشته

نامت ز میان نام‌ها گم گشته

ناخن همه جمع آمده و سم گشته

ریش از پس کون درآمده دم گشته

خر داخل شد. ازحکیم پرسیدند سبب چه بود. گفت روحی که تعلق به جسم این خر گرفته به بدن نگهبان این مدرسه بود. لهذا نمی‌توانست درآید اکنون چون دانست که حریفان او را شناختند خود بالضروره قدم به‌اندرون نهاد.»

داستان معروف رفاقت سه رفیق دبستانی: خیام و حسن صباح و نظام الملک و تعهد نمودن با یک دیگر که هر یک از ایشان به رتبه عالی رسد رعایت دیگران را منظور دارد (الخ) اگرچه در اغلب کتب و در مقدمه کلیه رباعیات خیام مفصلاً مشروح است چون خالی از اشتباه نبود از تکرار آن صرف نظر شد زیرا اولین کتابی که از این مقوله بحث می‌کند کتاب مجعول نصایح یا وصایای نظام الملک است. لکن آن کتاب را نظام الملک ننوشته بلکه یکی از منسوبان او درقرن ۹ هجری به نام او تألیف کرده است. بعد از این کتاب در جامع التواریخ رشیدالدین که درسنه ۸۱۸ مقتول گردیده ازقول یکی از کتب

اسمعیلیه موسوم به (سرگذشت سیدنا) این حکایت را تکرار می‌کند. در این موضوع به مشکلاتی برمی خوریم. اول در تاریخ می‌باشد زیرا که تولد نظام الملک درسنه ۴۰۸ و وفات خیام در ۵۱۸ و در ۵۱۸ وفات حسن صباح اتفاق افتاد.

پس ازاین قرار لازم آید که حسن صباح و خیام هریک بیشتر از صد سال عمرکرده باشند و این نهایت استغراب را دارد.

علاوه براین خیام درمقدمه جبر و مقابله خود ابوطاهر را دوست خود معرفی می‌کند اما ممکن است که آن کتاب را پس از فوت نظام الملک نوشته و دوست دیگری گزیده باشد و نظامی عروضی که هم عصر خیام بوده به این حکایت اشاره ننموده و بعضی را عقیده برآن است که نظام الملک با انوشیروان بن خالد اشتباه شده.

خیام هم‌چنین یکی از اعاظم ریاضیون و منجمین زمان خود بوده چنان که ابن الاثیر در کتاب کامل التواریخ می‌گوید که عمر خیام با هفت تن از اعیان منجمین درسنه ۴۶۸ به فرمان سلطان ملکشاه سلجوقی رصد معروف ملکشاهی را که رصد جلالی نیز گویند بستند.

قبر خیام در ایوان امامزاده محمد محروق تقریباً به مسافت نیم فرسخی شهر نیشابور حالیه واقع است. سقف آن بسیار خشن و ناهموار و دارای سه هلالی می‌باشد. بنائی که بر روی قبر او شده خیلی ساده و عبارت از مربع مستطیلی است که از آجر و گچ ساخته‌اند. روبروی قبر باغ وسیعی می‌باشد دارای درختان کهن‌سال که شهادت قدمت آن‌جا را می‌دهد.

آثار علمیه مهمی از این حکیم به یادگار مانده و تا به حال فقط یک کتاب او در بلاد فرنگ چاپ شده؛ یعنی «مقاله فی الجبر و المقابله» که مستشرقی مسمی به ویکه

F. Woeptk متن عربی آن را با اشکال و ترجمه فرانسه در پاریس سنه ۱۸۵۱ چاپ کرد[1]. این کتاب در چندین قرن مشهور و متداول بوده.

رساله «فی شرح ما اشکل من صادرات کتاب اقلیدس» که یک نسخه خطی آن در کتابخانه لیدن است در مملکت هلاند.

رساله «فی احتیال المعرفه مقداری الذهب و الفضه فی جسم مرکب منهما» که در کتابخانه گوته Goethe است درآلمان. دو رساله فوق را بروکلمن Brockelmann به او نسبت داده.

زیج ملکشاهی که خیام یکی از مؤلفین آن بوده است.

مختصری در طبیعیات

رساله در وجود که به زبان پارسی است و این رساله در موزه بریطانیه British Museum موجود است.

رساله «در کون و تکلیف» این سه رساله اخیر را شهرزوری بدو نسبت داده.

رساله مسمی به «لوازم الامکنه در فصول وعلت اختلاف هوای بلاد و اقالیم». این رساله را تاریخ الفی بدو منسوب نموده.

*

رباعیات عمر خیام اگرچه مکرر در هند و ایران و اسلامبول به چاپ رسیده و نسخ عدیده در دست می‌باشد لکن در صحت آن‌ها نمی‌شود اعتماد کرد، زیرا عجالتاً تنها وثیقه‌ای که از رباعیات خیام موجود است نسخه‌ای است که درشیراز سنه ۸۶۵ کتابت شده و در تحت نمره ۵۲۵ در کتابخانه (بودله ین) شهر اکسفورد (Bodleian Library in Oxford) محفوظ می‌باشد. این کتاب فقط دارای ۱۵۸ رباعی است. در صورتی که رباعیات منسوبه به خیام امروز از ۵۰۰ تا ۷۵۰ متجاوز است و به‌طوری با رباعیات سایر شعرا و متصوفین مانند ابوسعید

---

[1] L`Algebre d`Omar Alkhayyam 1851

ابوالخیر، افضل کاشی، مولوی و غیره مخلوط شده که تمیز دادن آن خالی از اشکال نیست. لهذا بیشتر مأخذ رباعیات این کتاب از روی همان نسخه فوق الذکر خواهد بود.

اول کسی که خیام را دربلاد مغرب به سزا معرفی کرد شاعر عالی مقدار انگلیسی فیتزجرالد Edward FitzGerald که رباعیات خیام را در نهایت سلامت و عذوبت به نظم انگلیسی ترجمه کرد و در سنه ۱۸۵۹ منتشر ساخت. از این جهت عده کثیری از علماء و ادباء متوجه افکار خیام شده و به ترجمه حال و رباعیات او همت گماشتند. چنان که امروز رباعیات عمر خیام به زبان‌های مختلف: انگلیسی، فرانسه، آلمانی، دانمارکی، ایتالیایی، لاتینی، عربی، ارمنی و ترکی و غیره نظماً و نثراً بمرات عدیده ترجمه شده و نسخ آن از حیز احصاء بیرون است.

می توان گفت فیتزجرالد ایجاد روح جدیدی در ادبیات انگلستان نمود چنان که از آن به بعد ادبیات عمری یک سبک و سلیقه مخصوصی از ادبیات و اشعار گردید. هم چنین مجامع و محافلی به افتخار و به نام خیام در انگلیس و امریکا تأسیس شد. ازآن جمله کلوپ خیام است Omar Khayyam´s Club در لندن که همواره علماء و فضلاء عضویت آن را دارا می‌باشند. پس باید اقرار کرد که شهرت عمرخیام در اروپا و امریکا به مراتب بیش‌تر از وطن خود اوست بلکه به هیچ وجه قابل مقایسه هم نیست و طرفه‌تر آن که خیام هنوز در نزد اغلب ایرانیان مردود و منفور است.

برای اطلاع کامل از شرح حال این حکیم باید رجوع کرد به کتاب نفیس ناتان هسکل دل Nathan Heskell Dole در این کتاب مؤلف از شرح حال و طرز مسلک و فلسفه خیام چیزی فروگذار نکرده و آن را در دو جلد با تصاویر بسیار ممتازی در سنه ۱۸۹۸ میلادی به طبع رسانید.

مستشرفین دیگر که درخصوص خیام آثار مهمی گذاشته‌اند یکی نیکلا Nicolas قنسول فرانسه در رشت بود که برای اولین مرتبه رباعیات خیام را به فرانسه ترجمه کرد و دیگری وونیفیلد Whinfield که رباعیات خیام را به اشعار انگلیسی ترجمه نمود و متن فارسی آن را هم افزوده در سنه ۱۹۰۱ چاپ دوم آن را نیز با ضمیمه به طبع رسانید. در این اواخر رباعیات بسیار نفیسی به قلم فیلسوف رضا و حسین دانش رونق افزای مطبوعات گردید و بسیاری دیگر که گنجایش این مختصر را نکند، لهذا بر سبیل اجمال اشاره می‌شود از قرار ذیل: هرن آلن E. Heren Allen ودر Vedder، شارل گرلو Ch. Grolleau، فوُن شاک von Schack و غیره.

*

اشخاصی که در فلسفه و مشرب خیام تحقیقاتی نموده‌اند اغلب عقیده او را مخالف یکدیگر اظهار داشته‌اند و این اختلاف آراء نه فقط منحصر به مستشرقین و خیامیون جدید است بلکه مابین قدما هم وجود داشته چنان که مطابق روایات سابق الذکر، علماء و متصوفین خیام را گاهی صوفی و حنیف و زمانی دهری و طبیعی تلقی نموده‌اند و این اشکالی است که همیشه در اطراف افکار بزرگ روی می‌دهد. مثلاً نیکلا خیام را صوفی دانسته و درصورتی که فیتزجرالد او را طبیعی صرف معرفی می‌کند. لکن فلسفه خیام با این عقاید متفاوت است.

هرچند خیام در رباعیات خود مضامین و الفاظ صوفی استعمال نموده اما زمینه خیالات و مستی که دائماً نصیحت می‌کند به هیچ وجه مشابهتی با عقاید این طایفه ندارد.

از طرف دیگر متکی به فلسفه یونانی بوده و فقط حادثات را مدار فلسفه‌ای خود قرار می‌دهد ولی این عقیده را هم نمی‌شود دهری تأویل کرد زیرا در

بعضی از رباعیات خود اقرار می‌کند به محدود بودن علم و ناتوانی انسان در معرفت حقیقت اشیاء و اسراری که احاطه شده ایم.

بالاخره منتهی می‌شود به اعتراف یک قوه مافوق الطبیعه که فکر انسان در شناسایی آن به جایی نمی‌رسد یا به عبارت دیگر به کنه واجب الوجود نمی‌توان پی برد، پس طبیعی نامیدن خیام نیز خطا خواهد بود.

به هرحال خیام را زاهد هم نمی‌شود گفت بلکه فیلسوفی بوده که از اشیاء ظاهر و محسوس طلب آسایش و شادی می‌کرده است. چیزی که بیشتر ذهن خیام را به خود معطوف داشته عبارت از مسائل مهمه زندگی، مرگ، قضا، جبر و اختیار بوده. و هرقدر که علوم و فلسفه و مذهب را برای حل آن مسائل به کمک طلبیده هیچ کدام او را قانع نمی‌کنند. بنابراین یأس و ناامیدی تلخی بدو روی داده که منجر به شکاکی Scepticism می‌شود چنان که نسبت به تمام اشیاء اظهار شبهه کرده و دائماً طریق مشکوکی را پیموده است.

تردید روح خیام، شکاکی دردناک او درمقابل فضا و مطابق علوم ریاضی و افکار شاعرانه‌ای که داشته یک سودا و اندوهی براو مستولی می‌شود که پیوسته سعی کرده با شادی‌های مختصر و حقیقی تسکین دهد. پس دارویی به از شراب نیافته و مانند بودلر Baudelaire تشکیل بهشت مصنوعی Paradis Artificels می‌دهد، یعنی ترجیح خواب مستی را بر شادی‌های پستی که یقیناً انتظار فراموشی آن را داشت! اما این آسایش‌طلبی گریبان او را از دست غم خلاص نکرده و شاعر از خود سؤال می‌کند آنچه در پس پرده ضخیمی که مابین انسان و عالم دیگر کشیده شده، حتی تا آخرین ذرات وجود انسان را درپیاله سفالی یا درخم باده تعقیب می‌کند.

مانند لوکرس Lucrece خیام ازجاده کاروان انسان به دورافتاده و تنها در مقابل آستانه اسرار ماند. لکن لوکرس حادثات زمان را با خونسردی و بی‌اعتنایی نگریست و مطابق سبک و فلسفه‌ای که برگزید او را تسکین داد.
خیام در اثر افکار تاریک خود، مشاهده عمر گریزپا و ناپایداری دنیا، محدود بودن دانش خصوصاً خودپسندی و مظالم انسان و تزویر اطرافی‌های خود بر کدورت و پژمردگی روح خیام افزود و شکاکی او مبدل به بدبینی Pessimisme می‌شود. یعنی از زندگی بیزار شده و قریحه‌ی او متوجه افکار حزن انگیزی می‌گردد که یک کابوس مهیب جان‌گدازی دائم در او تولید می‌کند. از این جهت خیلی مناسب است مقایسه او با شوپِن‌هاور Schopenhauer و گوته Goethe. در نتیجه این افسردگی روحی، مجهول ماندن اسرار و حکمیات بی‌اساس علماء اظهار عصیان کرده، چنان‌که انسان را شبیه به کوزه می‌کند وصانع را به کوزه‌گر ومی گوید:
این کوزه گر دهر چنین جام لطیف

می‌سازد و باز بر زمین می‌زندش

طعنه و تمسخر را با نفرین مخلوط کرده و به آهنگ مرموزی بیان می‌کند.
لبخندهای بی‌اعتقادی او خیلی شبیه است به وُلتر Voltaire و هَینریش هَینه Henrich Heine. فرقی که دارد آن است که مقصود آنان مخالفت با مذهب بوده اما تمسخرهای خیام دامن‌گیر آن‌هایی شده که در فروغ مذهب زیاده‌روی می‌کرده‌اند از این جهت افکار او تا زمان طویلی هدف اعتراضات مذهبی واقع شده.
تقریباً یک ثلث رباعیات او ناشی از عقیده Carpe Diem یا غنیمت شمردن دم است و احتمال می‌رود که بیشتر آن‌ها متعلق به متتبعین خیام بوده، به هرجهت در مدح شراب گفته شده و تا اندازه‌ای مبالغه‌آمیز به نظر می‌آید و شاید مقصود او تمسخر اهل مذهب بوده است. خیام در اثر تجربیات تلخ

خود دل‌سخت شده و لاابالیانه با نظر بیم و امیدی حوادث دهر را نگریسته زمانی راضی و موقعی شاکی خیالات فلسفی خود را به رشته نظم درمی‌آورده و این جمله جامع این عقیده خواهد بود:

هیچ بهتر از این دمی نیست که داریم پس لحظه‌ای باده نوشیده و روح خود را ازقید صدمات زندگی آسوده سازیم.

خیام در این قسمت فلسفه خود به کلی بی‌بهره نماند و تا اندازه‌ای اسرار را به نظر استخفاف نگریسته اما این آسایش موقتی یا خیالی او را مانع از مشاهده اجحاف معاصرین خود نشده وچنان‌که بیشتر استهزاء و هجویات او شامل ریاکاران و زهادی می‌شود که بحث می‌کنند ازآنچه که خود نمی‌دانند و به طوری با جسارت و بی‌پروائی آمیخته است که از حدود آداب و ادیان نیز تجاوز می‌نماید.

در ضمن رباعیات خیام برمی خوریم به رباعیاتی که دارای نصایح و تهذیب اخلاق و محبت به دیگران است. هم چنین تفکرات بسیار حکیمانه‌ای در اهمیت قناعت و اعتدال در هرچیز دارا می‌باشد.

پس معلوم می‌شود که خیام به کلی عاصی یا طعنه‌زن نبوده و نه آسایش جو، بلکه زمانی در کش مکش نفوذ مذهبی واقع شده، به هرصورت انسانیت در او تمام بوده و قلبی مملو از محبت داشته چنان‌که رباعیات او گواهی می‌دهند و هم‌چنین تیزهوشی و زیرکی ایرانی را درآن زمان به خوبی نشان می‌دهد.

تهران – ۱۳۰۲ (۱۳۴۲ قمری)

رباعیات[1] حکیم عمر خیام

آمد سحری ندا ز میخانه ما
کای رند خراباتی دیوانه ما،
برخیز که پرکنیم پیمانه ز می
زان پیش که پرکنند پیمانه ما.

گر می‌نخوری طعنه مزن مستان را،
گر توبه دهد توبه کنم یزدان را؛
تو فخر بدین کنی که من می نخورم
صد کار کنی که می غلام است آن را.

برخیز و بیا بتا برای دل ما،
حل کن به جمال خویشتن مشکل ما؛
یک کوزه می بیار تا نوش کنیم
زان پیش که کوزه‌ها کنند از گل ما.

چون عهده نمی‌شود کسی فردا را،
حالی خوش کن تو این دل سودا را؛
می نوش به ماهتاب ای ماه که ماه
بسیار بتابد و نیابد ما را.

---

[1] صادق هدایت رباعیات را بر اساس حروف الفباء آخر ابیات آورده است.

از آتش ما دود کجا بود اینجا،
وز مایه ما سود کجا بود اینجا،
آن کس که مرا نام خراباتی کرد
در اصل خرابات کجا بود اینجا.

چون مرده شوم به باده شوئید مرا،
تلقین ز شراب و جام گوئید مرا،
خواهید به روز حشر یابید مرا؟
از خاک در میکده بوئید مرا.

قرآن که مهین کلام خوانند او را
گه گاه نه بر دوام خوانند او را.
در خط پیاله آیتی روشن هست
کاندر همه جا مدام خوانند او را.

هرچند که رنگ و بوی زیباست مرا،
چون لاله رخ و چو سرو بالاست مرا،
معلوم نشد که در طربخانه خاک
نقاش من از بهر چه آراست مرا!!

هر سبزه که در کنار جوئی رسته است،
گوئی زلب فرشته‌خوئی رسته است،
هان بر سر سبزه پا به خواری ننهی
کآن سبزه زخاک لاله‌روئی رسته است.

۲۲۵

با بط می‌گفت ماهی در تب و تاب:
باشد که به جوی رفته بازآید آب؟
بط گفت: که چون من وتو گشتیم کباب
اندر پس مرگ ما چه دریا چه سراب[1].

یک جرعه می ز ملک کاوس به است،
وز تخت قباد و ملکت طوس به است؛
هرناله که رندی به سحرگاه زند
از نعره زاهدان سالوس به است.

چندان بخورم شراب کآن بوی شراب
آید ز تراب چون روم زیر تراب
ور بر سر خاک من رسد مخموری
از بوی شراب من شود مست وخراب.

مائیم و می و مطرب و این کنج خراب،
جان و دل و جام و جامه در رهن شراب؛
فارغ ز امید رحمت و بیم عذاب،
آباد ز باد و خاک وز آتش و آب.

---

[1] Après moi le déluge (Louis XV (1710-1774)

از منزل کفر تا به دین یک نفس است،
وز عالم شک تا به یقین یک نفس است؛
این یک نفس عزیز را خوش می‌دار،
کز حاصل عمر ما همین یک نفس است.

ای چرخ فلک خرابی از کینه تست،
بیدادگری شیوه دیرینه تست؛
ای خاک اگر سینه تو بشکافند،
بس گوهر قیمتی که در سینه تست.

امروز که نوبت جوانی من است،
می‌نوشم از آن که کامرانی من است؛
عیبش مکنید گرچه تلخ است خوش است،
تلخ است ازآن که زندگانی من است.

ای دل چو نصیب تو همه خون شدن است،
احوال تو هرلحظه دگرگون شدن است؛
ای جان تو در این تنم چه کار آمده‌ای؟
چون عاقبت کار تو بیرون شدن است.

امروز تو را دسترس فردا نیست،
و اندیشه فردات به جز سودا نیست؛
ضایع مکن این دم ار دلت بیدار است،
کاین باقی عمر را بها پیدا نیست.

این کهنه رباط را که عالم نام است،
آرامگه ابلق و صبح و شام است،
بزمی است که وامانده صد جمشید است،
قصری است که تکیه‌گاه صد بهرام است.

اکنون که گل سعادتت پربار است،
دست تو زجام می چرا بیکار است،
می خور که زمانه دشمن غدار است
دریافتن روز چنین دشوار است.

این کوزه چو من عاشق زاری بوده است،
دربند سر زلف نگاری بوده است،
این دسته که برگردن او می‌بینی
دستی است که برگردن یاری بوده است.

برلوح نشان بودنی‌ها بوده است،
پیوسته قلم زنیک و بد فرسوده است،
اندر تقدیر هرچه بایست بداد
غم خوردن و کوشیدن ما بیهوده است.

تا هشیارم طرب ز من پنهان است،
چون مست شوم در خردم نقصان است،
حالی است میان مستی و هشیاری،
من بنده آن، که زندگانی آن است.

ترکیب پیاله را که در هم پیوست
بشکستن آن کجا روا دارد مست؟
چندین سروپای نازنین و کف دست
از مهر که آورد و به کین که شکست؟

خیام ز بهر گنه این ماتم چیست؟
وز خوردن غم فایده بیش و کم چیست؟
آن را که گنه نکرد غفران نبود،
غفران ز برای گنه آمد، غم چیست؟

خیام که خیمهای حکمت می‌دوخت
در کوره غم فتاد و ناگاه بسوخت؛
فراش اجل طناب عمرش ببرید،
دلال قضا برایگانش بفروخت.

در پرده اسرار کسی را ره نیست؛
زین تعبیه جان هیچکس آگه نیست؛
جز در دل خاک تیره منزلگه نیست؛
افسوس که این فسانه‌ها کوته نیست.

در صومعه و مدرسه و دیرو کنشت،
ترسنده ز دوزخاند و جویای بهشت؛
آن کس که ز اسرار خدا با خبر است
زین تخم در اندرون خود هیچ نکشت.

در خواب بدم مرا خردمندی گفت:
کزخواب کسی را گل شادی نشگفت،
کاری چه کنی که با اجل باشد جفت،
می خور که بزیر خاک میباید خفت.

ابرآمد و باز برسر سبزه گریست،
بی باده ارغوان نمیباید زیست؛
این سبزه که امروز تماشاگه ماست،
تا سبزه خاک ما تماشاگه کیست؟

می خوردن و شاد بودن آئین من است؛
فارغ بودن زکفر و دین، دین من است؛
گفتم به عروس دهر کابین تو چیست؟
گفتا: دل خرم تو کابین من است.

شادی مطلب که حاصل عمر دمی است؛

هر ذره ز خاک کیقبادی و جمی است؛

احوال جهان و عمر فانی و وجود

خوابی و خیالی و فریبی و دمی است.

آن قصر که بهرام در او جام گرفت،

آهو بچه کرد و روبه آرام گرفت؛

بهرام که گور می‌گرفتی همه عمر

دیدی که چگونه گور بهرام گرفت.

آن به که در این زمانه کم گیری دوست،

با اهل زمانه صحبت از دور نکوست؛

آن کس که ترا به جملگی تکیه براوست

گر چشم خرد بازکنی دشمنت اوست.

چون آمدنم بمن نبد روز نخست،

این رفتن بی‌مراد عزمیست درست،

برخیز و میان ببند ای ساقی چست

کاندوه جهان به می‌فرو خواهم شست.

گردون نگری ز عمر فرسوده ماست؛

جیحون اثری ز اشک آلوده ماست؛

دوزخ شرری ز رنج بیهوده ماست؛

فردوس دمی ز وقت آسوده ماست.

در هر دشتی که لاله زاری بوده است،
آن لاله ز خون شهریاری بوده است؛
هر برگ بنفشه کز زمین می‌روید
خالی است که بر رخ نگاری بوده است.

می نوش که عمر جاودانی این است،
خود حاصلت از دور جوانی این است؛
هنگام گل است و مل و یاران سرمست،
خوش باش دمی که زندگانی این است!

گویند مرا که سور با حور خوش است،
من می‌گویم که آب انگور خوش است؛
این نقد بگیر و دست از آن نسیه بدار
کآواز دهل شنیدن از دور خوش است.

می خور که بزیر گل بسی خواهی خفت،
بی مونس و بی‌رفیق و بی‌همدم و جفت،
زنهار به کس مگو تو این راز نهفت:
هر لاله که پژمرد نخواهد بشکفت.

بر چهره گل نسیم نوروز خوش است،
در صحن چمن روی دل افروز خوش است؛
از دی که گذشت هرچه گوئی خوش نیست،
خوش باش وز دی مگو که امروز خوش است.

با باده نشین که ملک محمود این است؛
از چنگ شنو که لحن داود این است،
از آمده و رفته دگر یاد مکن،
حالی خوش باش زآنکه مقصود این است.

گویند که دوزخی بود مردم مست،
قولی است خلاف دل در آن نتوان بست،
گرعاشق و مست دوزخی خواهد بود،
فردا باشد بهشت هم چون کف دست.

دارنده چو ترکیب طبایع آراست.
باز از چه سبب فکندنش اندر کم و کاست؟
گر زانکه بد آمد این صور عیب کراست؟
ورنیک آمد خرابی از بهر چه خواست.

بسیار بگشتیم به گرد در و دشت؛
اندر همه آفاق بگشتیم به گشت؛
کس را نشنیدیم که آمد زین راه؛
راهی که برفت و راهرو بازنگشت.

در دایره‌ای کامدن و رفتن ماست
آن را نه بدایت نه نهایت پیداست؛
کس می‌نزند دمی در این عالم راست
کاین آمدن از کجا و رفتن به کجاست!

چون ابر به نوروز رخ لاله بشست،
برخیز و به جام باده کن عزم درست؛
کاین سبزه که امروز تماشاگه تست
فردا همه از خاک تو برخواهد رست!

دل سرّ حیات اگر کماهی دانست
در موت هم اسرار الهی دانست؛
امروز که با خودی ندانستی هیچ،
فردا که زخود روی چه خواهی دانست؟

پیش از من و تو لیل نهاری بوده است،
گردنده فلک زبهر کاری بوده است؛
زنهار قدم به خاک آهسته نهی
کان مردمک چشم نگاری بوده است!

از من رمقی بسعی ساقی مانده است،
وز صحبت خلق بیوفایی مانده است،
از باده دوشین قدحی بیش نماند
از عمر ندانم که چه باقی مانده است؟

ای بی‌خبر این جسم مجسم هیچ است؛
وین طارم نه سپهر ارقم هیچ است؛
خوش باش که در نشیمن کون و فساد
وابسته یک دمیم، آن هم هیچ است.

دنیا دیدی و هرچه دیدی هیچ است؛
وآن نیز که گفتی و شنیدی هیچ است؛
سرتا سر آفاق دویدی هیچ است؛
وآن نیز که در خانه خزیدی هیچ است.

ساقی گل و سبزه بس طربناک شده است؛
دریاب که هفته دگر خاک شده است؛
می نوش و گلی بچین که تا درنگری
گل خاک شده است و سبزه خاشاک شده است.

دوران جهان بی‌می‌و ساقی هیچ است؛
بی زمزمه نای عراقی هیچ است؛
هرچند در احوال جهان می‌نگرم
حاصل همه عشرت است و باقی هیچ است.

چون آب به جویبار و چون باد به دشت؛
روز دگر از عمر من و تو بگذشت؛
تا من باشم غم دو روزه نخورم؛
روزی که نیامده است و روزی که گذشت.

فصل گل و طرف جویبار و لب کشت،
با یک دو سه تازه دلبری حور سرشت،
پیش آر قدح که باده نوشان صبوح
آسوده ز مسجدندوُ فارغ ز بهشت

زآن باده که عمر را حیاتی دگر است،
پرکن قدحی گرچه تو را دردسر است؛
برنه به کفم که کار عالم سمر است
بشتاب که عمرت ای پسر درگذر است.

دنیا نه مقام تست، نی جان نشست،
فرزانه در او خراب او لیتر و مست؛
برآتش غم زباده آبی میزن
زآن بیش که در خاک روی باد بدست!

۲۳۶

ساقی قدحی که کار عالم نفسیست،
گر شادی او یک نفس آن نیز بسیست،
خوش باش به هر چه پیشت آید که جهان
هرگز نشود چنان که دل خواه کسیست.

ساقی غم من بلند آوازه شدست،
سرمستی من برون زاندازه شدست
با موی سفید سرخوشم کز می تو
پیرانه سرم بهار دل تازه شدست.

نیکی و بدی که در نهاد بشر است،
شادی و غمی که در قضا و قَدَر است؛
با چرخ مَکُن حواله کاندر ره عقل
چرخ از تو هزاربار بیچاره‌تر است.

زین پیش نشان بودنیها بوده است،
پیوسته قلم ز نیک و بد فرسوده است؛
در روز ازل هرآنچه بایست بداد
غم خوردن و کوشیدن ما بیهوده است.

سردفتر عالم معانی عشقست،
سربیت قصیده جوانی عشقست؛
ای آنکه خبرنداری از عالم عشق
این نکته بدان که زندگانی عشقست.

بنگر زجهان چه طرف بربستم، هیچ؛
وز حاصل عمر چیست در دستم، هیچ!
شمع طربم ولی چو بنشستم، هیچ؛
من جام جمم ولی چو بشکستم، هیچ.

چون عمر به سررسد، چه بغداد و چه بلخ،
پیمانه چو پرشود، چه شیرین و چه تلخ،
هیهات که بعد ازمن و تو ماه بسی،
از سلخ به غره آید و از غره به سلخ!

آورد به اضطرارم اول به وجود،
جز حیرتم از حیات چیزی نفزود؛
رفتیم به اکراه و ندانیم چه بود:
زین آمدن و بودن و رفتن مقصود!

ای هم‌نفسان ز می‌مرا قوت کنید،
وین چهره کهربا چو یاقوت کنید؛
چون مرده شوم ز باده شوئید مرا،
وز چوب رزم تخته تابوت کنید.

این قافله عمر عجب می‌گذرد،
دریاب دمی که بی‌طرب می‌گذرد.
ساقی غم فردای حریفان چه خوری؟
پیش آر پیاله را که شب می‌گذرد.

اکنون که ز خوشدلی به جز نام نماند،
یک همدم پخته جز می‌خام نماند،
دست طرب از ساغر می‌باز مگیر
امروز که در دست به جز جام نماند!

افسوس که سرمایه ز کف بیرون شد،
وز دست اجل بسی جگرها خون شد،
کس نامد از آن جهان که پرسم از وی
کاحوال مسافرین عالم چون شد؟

این چرخ جفا پیشه عالی بنیاد،
هرگز گره کار کسی را نگشاد؛
هرجا که دلی دید که داغی دارد
داغ دگری بر سر آن داغ نهاد.

افسوس که نامه جوانی طی شد،
آن تازه بهار شادمانی طی شد؛
آن مرغ طرب که نام او بود شباب
فریاد ندانم که کی آمد، کی شد!

چون مرده شوم خاک مرا گم سازید،
احوال مرا عبرت مردم سازید؛
خاک تن من به باده آغشته کنید،
وز کالبدم خشت سرخم سازید.

در دهر هرآنکه نیمه نانی دارد،
وز بهر نشست آشیانی دارد؛
نه خادم کس بود و نه مخدوم کسی
کو شاد بزی که خوش جهانی دارد!

روزی است خوش، هوا نه گرم است و نه سرد،
ابر از رخ گلزار همی شوید گرد؛
بلبل به زبان حال خود با گل زرد
فریاد همی زند که می‌باید خورد.

در دهر کسی به گلعذاری نرسید،
تا بر دلش از زمانه خاری نرسید؛
در شانه نگر که تا بصد دنده نشد
دستش به سر زلف نگاری نرسید.

عمرت تاکی به خود پرستی گذرد؟
یا در پی نیستی و هستی گذرد؟
می نوش که عمری که اجل در پی اوست
آن به که به خواب یا به مستی گذرد.

از آمدنم نبود گردون را سود؛
وز رفتن من جاه و جلالش نفزود؛
وز هیچ کسی نیز دو گوشم نشنود
کاین آمدن و رفتنم از بهر چه بود!

قومی ز گزاف در غرور افتادند،
قومی زپی حور و قصور افتادند؛
معلوم شود چه پرده‌ها بردارند
کز کوی تو دور، دور دور افتادند!

ای بس که نباشیم و جهان خواهد بود،
نی نام زما و نه نشان خواهد بود؛
زین پیش نبودیم و نبد هیچ خلل
زین بس چو نباشیم، همان خواهد بود!

کس مشکل اسرار ازل را نگشاد،
کس یک قدم از نهاد بیرون ننهاد؛
من می‌نگرم زمبتدی تا استاد
عجز است بدست هر که از مادر زاد.

گویند بهشت و حور و عین خواهد بود،
وآنجا می ناب و انگبین خواهد بود؛
گر ما می‌و معشوقه گزیدیم چه باک،
چون عاقبت کار همین خواهد بود.

یاران موافق همه از دست شدند،
در پای اجل یگان یگان پست شدند؛
بودند به یک شراب در مجلس عمر،
دوری دو سه پیشتر زما مست شدند!

تا خاک مرا به قالب آمیخته‌اند،
بس فتنه که از خاک برانگیخته‌اند،
من بهتر از این نمی‌توانم بودن
کز بوته مرا چنین برون ریخته‌اند.

آن‌ها که در آمدند و در جوش شدند،
آشفته ناز و طرب و نوش شدند،
خوردند پیاله‌ای و خاموش شدند،
در خاک ابد جمله هم آغوش شدند.

گردون ز زمین هیچ گلی برنارد،
تا نشکند و باز به گل نسپارد؛
گر ابر چو آب خاک را بردارد،
تا حشر از او خون عزیزان بارد.

من دامن زهد و توبه طی خواهم کرد،
با موی سپید قصد می خواهم کرد؛
پیمانه عمر من به هفتاد رسید
این دم نکنم نشاط، کی خواهم کرد؟

یک نان بدو روز گر شود حاصل مرد
وز کوزه شکسته‌ای دمی آبی سرد،
مخدوم کم از خودی چرا باید بود؟
یا خدمت چون خودی چرا باید کرد؟

تا زهره و مه در آسمان گشته پدید،
بهتر ز می‌ناب کسی هیچ ندید؛
در حیرتم از باده فروشان کایشان
زین به که فروشند چه خواهند خرید؟

آنان که محیط فضل و آداب شدند
در جمع کمال شمع اصحاب شدند،
ره زین شب تاریک نبردند بروز،
گفتند فسانه‌ای و درخواب شدند.

اجرام که ساکنان این ایوانند
اسباب تردد خردمندانند؛
هان تا سر رشته خرد گم نکنی
کآنان که مدبرند سرگردانند.

آن کس که زمین و چرخ و افلاک نهاد؛
بس داغ که او بر دل غمناک نهاد؛
بسیار لب چو لعل و زلفین چو مشک
در طبل زمین و حقه خاک نهاد!

چون حاصل آدمی در این جای دو در
جز درد دل و دادن جان نیست دگر،
خرم دل آنکه یک نفس زنده نبود،
و آسوده کسی که خود نزاد از مادر.

٢٤٣

افلاک که جز غم نفزایند دگر،
ننهند بجا تا نربایند دگر.
ناآمدگان اگر بدانند که ما
از دهر چه می‌کشیم، نایند دگر.

دی کوزه‌گری بدیدم اندر بازار،
بر پاره گلی لگد همی زد بسیار،
وآن گل به زبان حال با وی می‌گفت:
من همچو تو بوده‌ام، مرا نیکو دار!

مگذار که غصه در کنارت گیرد
و اندوه مجال روزگارت گیرد؛
مگذار دمی کنار آب و لب کشت
زآن پیش که خاک در حصارت گیرد.

یک جرعه می ملک جهان می‌ارزد،
خشت سر خم هزار جان می‌ارزد،
آن کفه که لب ز می بد و پاک کنند
حقا که هزار طیلسان می‌ارزد.

در سر هوس بتان چون حورم باد،
بر دست همیشه آب انگورم باد،
گویند کسان ترا خدا توبه دهاد
او خود ندهد من نکنم دورم باد.

گویند بهشت و حور و کوثر باشد،
جوی می‌و شیر و شهد و شکر باشد،
یک جام بده بیاد آن ای ساقی
نقدی ز هزار نسیه بهتر باشد.

آنان که به کار عقل در می‌کوشند،
هیهات که جمله گاو نر می‌دوشند؛
آن به که لباس ابلهی در پوشند
کامروز به عقل تره می‌نفروشند.

آن‌ها که کهن شدند و آن‌ها که نو اند،
هریک پس از آمدن یکایک بروند،
این کهنه جهان بکس نماند جاوید
رفتند و روند و دیگر آیند و روند.

چون کار نه بر مراد ما خواهد بود
اندیشه و جهد ما کجا دارد سود؛
پیوسته نشسته‌ایم در حسرت آنک
دیر آمده ایم و رفت می‌باید زود.

در دل نتوان درخت اندوه نشاند،
پیوسته کتاب خرمی باید خواند،
می باید خورد و کام دل باید راند
پیداست که چند در جهان خواهی ماند.

زان پیش که نام تو ز عالم برود،

می خور که چو می‌رسد ز دل غم برود؛

بگشای سر زلف بتی بند ز بند

زان پیش که بند بندت از هم برود!

آنگه که نهال عمر من کنده شود،

و اجزام ز یکدگر پراکنده شود؛

ور زانکه صراحئی کنند از گل من

حالی که پر از میش کنی زنده شود.

زان پیش که غم‌هات شبیخون آرند،

فرمای که تا باده گلگون آرند؛

تو زر نه ای، ای غافل نادان که ترا

در خاک نهند و باز بیرون آرند.

صیاد ازل که دانه در دام نهاد

صیدی بگرفت و آدمش نام نهاد؛

هر نیک و بدی که می‌رود در عالم

او می‌کند و بهانه بر عام نهاد.

این چرخ فلک بسی چو ما کشت و درود

غم خوردن بیهوده نمی‌دارد سود؛

پر کن قدحی و بر کفم بر نه زود

تا باز خورم که بودنی‌ها همه بود.

گویند مرآن کسان که باپرهیزند
زآن‌سان که بمیرند چسان برخیزند،
ما با میِ وُ معشوقه از آنیم مدام
تا بوکه به حشرمان چنان انگیزند.

آن را منگر ذو فنون آید مرد،
در عهد و وفا نگر که چون آید مرد؛
از عهده عهد اگر برون آید مرد
از هرچه گمان بری فزون آید مرد.

در دایره سپهر نا پیدا غور؛
می نوش به خوشدلی که دور است بجور،
نوبت چو بدور تو رسد آه مکن،
جامی است که جمله را چشانند بدور.

این اهل قبور خاک گشتند و غبار،
هر ذره ز هر ذره گرفتند کنار؛
آه این چه شرابیست که ناخورده درست
بیخود شده و بی‌خبرند از همه کار.

با یار چو آرمیده باشی همه عمر،
لذات جهان چشیده باشی همه عمر؛
هم آخر عمر رحلتت باید کرد؛
خوابی باشد که دیده باشی همه عمر

عمرت چه دوصد بود چه سیصد چه هزار،
زین کهنه سرا برون برندت ناچار؛
گر پادشهی و گر گدای بازار
این هر دو به یک نرخ بود آخر کار.

وقت سحر است خیزای طرفه پسر،
پرباده لعل کن بلورین ساغر؛
کین یکدم عافیت در این کنج فنا
بسیار بجوئی و نیابی دیگر.

ای دوست غم جهان بیهوده مخور،
بیهوده غم جهان فرسوده مخور؛
چون بود و گذشت و نیست نابود پدید
خوش باش، غم بوده و نابوده مخور.

گر باده خوری تو با خردمندان خور،
یا با صنمی لاله رخ و خندان خور؛
بسیار مخور، فاش مکن ورد مساز
اندک خور، و گه گاه خور و پنهان خور.

ای دل چو حقیقت جهان است مجاز،
چندین چه خوری تو غم از این رنج دراز؟
تن را به قضا سپار و با درد بساز
کاین رفته قلم زبهر تو ناید باز.

از جمله رفتگان این راه دراز
باز آمده‌ای کو که بما گوید راز؟
زنهار در این سرا چه از روی نیاز
چیزی نگذاری که نمی‌آئی باز.

لب بر لب کوزه بردم از غایت آز،
تا زو طلبم واسطه عمر دراز،
لب بر لب من نهاد و می‌گفت به راز؛
می خور که بدین جهان نمی‌آئی باز.

ما لعبتگانیم و فلک لعبت باز،
از روی حقیقتی نه از روی مجاز؛
بازیچه همی کنیم بر نطع وجود،
رفتیم به صندوق عدم یک یک باز!

ساغر پرکن که برفگون آمد روز،
زان باده که لعل هست از او رنگ آموز؛
بردار دو عود را و مجلس بفروز
یک عود بساز و آن دگر عود بسوز.

مرغی دیدم نشسته بر باره طوس،
در پیش نهاده کله کیکاوس؛
با کله همی گفت که افسوس افسوس!
کو بانگ جرسها و کجا ناله کوس؟

از حادثه جهان زاینده مترس،

وز هر چه رسد چو نیست پاینده مترس!

این یک دمه عمر غنیمت می‌دان

از رفته میندیش وز آینده مترس

خیام، اگر ز باده مستی خوش باش،

با لاله رخی اگر نشستی، خوش باش؛

چون عاقبت کار جهان نیستی است،

انگار که نیستی چو هستی، خوش باش.

در کارگه کوزه‌گری رفتم دوش،

دیدم دو هزار کوزه گویا و خموش؛

هر یک به زبان حال با من گفتند:

کو کوزه‌گر و کوزه‌خر و کوزه‌فروش؟

جامی است که عقل آفرین می‌زندش،

صد بوسه ز مهر بر جبین می‌زندش

این کوزه‌گر دهر چنین جام لطیف

می‌سازد و باز بر زمین می‌زندش!

غم چند خوری بکار ناآمده پیش؟

رنج است نصیب مردم دوراندیش؛

خوش باش و جهان تنگ مکن بر دل خویش

کز خوردن غم رزق نگردد کم وبیش.

خیام، زمانه از کسی دارد ننگ
کاو در غم ایام نشیند دلتنگ؛
می نوش ز آبگینه با ناله چنگ
زان پیش که آبگینه آید برسنگ.

کس خلد و جحیم را ندیدست ای دل،
گوئی که از آن جهان رسید است ای دل؟
امید و هراس ما به چیزی است کز آن
جز نام ونشانی نه پدید است‌ای دل!

با سر و قدی تازه‌تر از خرمن گل،
از دست مده جام می‌و دامن گل؛
زآن پیش که ناگه شود از گرگ اجل
پیراهن عمر تو چو پیراهن گل.

این چرخ فلک که ما در او گردانیم
فانوس خیال از و مثالی دانیم:
خورشید چراغ‌دان و عالم فانوس
ما چون صوریم کاندر و حیرانیم.

بر مفرش خاک خفتگان می‌بینم؛
در زیر زمین نهفتگان می‌بینم؛
چندانکه به صحرای عدم می‌نگرم،
ناآمدگان و رفتگان می‌بینم.

مائیم در او فتاده چون مرغ بدام،
دلخسته روزگار و آشفته مدام؛
سرگشته در این دایره بی‌در و بام،
ناآمده بر مراد و نارفته بکام.

چون نیست مقام ما درین دیر مقیم،
پس بی‌می‌وُ معشوق خطائیست عظیم؛
تا کی زقدیم و محدث ای مرد حکیم؟
چون من رفتم جهان چه محدث چه قدیم.

ای مفتی شهر از تو پرکار تریم،
با این همه مستی از تو هوشیارتریم؛
تو خون کسان خوری ما خون رزان؛
انصاف بده، کدام خونخوارتریم؟

تا چند اسیر عقل هر روزه شویم،
در دهر چه صد ساله چه یکروزه شویم.
در ده تو بکاسه می از آن پیش که ما
در کارگه کوزه‌گران کوزه شویم.

دنیا چو فناست من بجز فن نکنم،
جز یاد نشاط و می‌روشن نکنم،
گویند مرا که ایزدت توبه دهاد
او خود ندهد، وربدهد، من نکنم.

۲۵۲

تا دست به اتفاق برهم نزنیم،
پائی ز نشاط بر سر غم نزنیم؛
خیزیم و دمی زنیم و پیش از دم صبح
کاین صبح بسی دمد که ما دم نزنیم!

صبح است، دمی بر می‌گل رنگ زنیم،
وین شیشه نام وننگ بر سنگ زنیم؛
دست از امل دراز خود باز کشیم،
در زلف دراز و دامن چنگ زنیم.

گر من ز می مغانه مستم، مستم؛
گر کافر و گبر و می‌پرستم، هستم؛
هر طایفه‌ای به من گمانی دارد:
من زآن خودم، چنانکه هستم، هستم.

من ظاهر نیستی و هستی دانم،
من باطن هر فراز و پستی دانم،
با این همه از دانش خود بیزارم،
گر مرتبه‌ای و رای مستی دانم.

من باده خورم ولیک مستی نکنم،
الا به قدح دراز دستی نکنم؛
دانی غرضم ز می‌پرستی چه بود؟
تا همچو تو خویشتن پرستی نکنم.

یک چند به کودکی به استاد شدیم،
یک چند ز استادی خود شاد شدیم،
پایان سخن شنو که ما را چه رسید:
از خاک درآمدیم و بر باد شدیم!

زین خانه که ما به صد نوا آمده‌ایم
رفتند بسی زما و ما آمده‌ایم،
از رفته و آینده نگفته است کسی
باید به کجا شد، ز کجا آمده‌ایم!

من بی‌می ناب زیستن نتوانم،
بی باده کشید بار تن نتوانم،
من بنده آن دمم که ساقی گوید:
یک جام دگر بگیر و من، نتوانم.

پاک از عدم آمدیم و ناپاک شدیم:
آسوده درآمدیم و غمناک شدیم،
بودیم زآب دیده در آتش طبع
دادیم به باد عمر و در خاک شدیم.

من زین دل بی‌خبر به جان آمده‌ام،
وز جان ستمکش به فغان آمده‌ام؛
چون کار جهان با من و بی‌من یکسان
پس من به چه کار درجهان آمده‌ام؟!

افسوس که بی‌فایده فرسوده شدیم،
وز داس سپهر سرنگون سوده شدیم،
دردا و ندامتاً که تا چشم زدیم
تا بوده به کام خویش نابوده شدیم!

در پای اجل چو من سرافکنده شوم،
وز بیخ امید عمر بر کنده شوم،
زینهار گلم به جز صراحی نکنید
باشد که ز باده پرشود زنده شوم.

زآن پیش که از زمانه تابی بخوریم
با یکدگر امروز شرابی بخوریم،
کان چرخ فلک بوقت رفتن ما را
چندان ندهد امان که آبی بخوریم.

برخیز و مخور غم جهان گذران،
خوش باش و دمی به شادمانی گذران؛
در طبع جهان اگر وفائی بودی،
نوبت بتو خود نیامدی از دگران.

گاویست درآسمان و نامش پروین،
یک گاو دگر نهفته در زیر زمین،
چشم خردت گشای چون اهل یقین،
زیر و زبر دو گاو مشتی خر بین.

قومی متفکرند در مذهب و دین؛
جمعی متحیرند در شک و یقین؛
ناگاه منادی برآید ز کمین
کای بی‌خبران راه نه آنست نه این!

گر بر فلکم دست بدی چون یزدان،
بر داشتمی من این فلک را ز میان؛
از نو فلک دگر چنان ساختمی
کآزاده بکام دل رسیدی آسان.

نتوان دل شاد را به غم فرسودن؛
وقت خوش خود به سنگ محنت سودن؛
در دهر که داند که چه خواهد بودن؟
می باید و، معشوق و، بکام آسودن.

چون حاصل آدمی در این شورستان
جز خوردن غصه نیست تا کندن جان،
خرم دل آنکه زین جهان زود برفت؛
آسوده کسی که خود نیامد به جهان!

اسرار ازل را نه تو دانی و نه من؛
وین حرف معما نه تو خوانی و نه من؛
هست از پس پرده گفتگوی من و تو،
چون پرده برافتد، نه تو مانی و نه من!

روزی که گذشته است از او یاد مکن،
فردا که نیامدست فریاد مکن،
بر نامده و گذشته بنیاد منه،
حالی خوش باش و عمر بر باد مکن.

از گنبد گردنده بد افعالی بین،
وز رفتن دوستان جهان خالی بین،
تا بتوانی تو یک نفس خود را باش
فردا منگر، دی مطلب، حالی بین!

گویند مرا که می بخور کمتر از این،
آخر به چه عذر بر نداری سر از این؛
عذرم رخ یار و باده صبحدم است
انصاف بده، چه عذر روشن‌تر از این؟

از گردش این دایره بی‌پایان،
برخورداری، دو نوع مردم را دان؛
یا باخبری تمام از نیک و بدش،
یا بی‌خبری ازخود و ازحال جهان.

این چرخ فلک بهر هلاک من و تو،
قصدی دارد به جان پاک من و تو؛
برسبزه نشین بتا که دیری نکشد
تا سبزه برون دمد ز خاک من وتو!

از تن چو برفت جان پاک من و تو،
خشتی دو نهند بر مغاک من وتو!
و آنگه ز برای خشت گور دگران
در کالبدی کشند خاک من و تو!

آن قصر که بر چرخ همی زد پهلو،
بر درگه او شهان نهادندی رو،
دیدیم که بر کنگره‌اش فاخته‌ای
بنشسته همی گفت: که کو کو کو کو؟

از آمدن و رفتن ما سودی کو؟
وز تار امید عمر ما پودی کو؟
در چنبر چرخ جان چندین پاکان
می سوزد و خاک می‌شود دودی کو؟

بردار پیاله و سبوای دلجو،
برگرد بگرد سبزه‌زار و لب جو؛
کاین چرخ بسی قد بتان مهرو
صد بار پیاله کرد و صد بار سبو!

مائیم خریدار می کهنه و نو،
و آنگاه فروشنده جنت به دو جو،
دانی که پس از مرگ کجا خواهی رفت؟
می پیش من آر و هرکجا خواهی رو.

تا کی غم آن خورم که دارم یا نه،
وین عمر به خوشدلی گذارم یا نه؟
پر کن قدح باده که معلومم نیست
کاین دم که فرو برم برآرم یا نه!

چند از پی حرص و آز فرسوده
ای دوست روی گرد جهان بیهوده؟
رفتند و رویم و بازآیند و روند
یک دم به مراد خویشتن نابوده؟

اندازه عمر بیش از شصت منه،
هرجا که قدم نهی به جز مست منه،
زان پیش که کلّه سرت کوزه کنند
تو کوزه ز دوش و کاسه از دست منه.

این چرخ چو طاسیست نگون افتاده،
در وی همه زیرکان زبون افتاده؛
در دوستی شیشه و ساغر نگرید:
لب برلب و در میان خون افتاده!

بنگر ز صبا دامن گل چاک شده؛
بلبل ز جمال گل طربناک شده؛
در سایه گل نشین که بسیار این گل
از خاک برآمدست و درخاک شده!

از درس علوم جمله بگریزی به،
و اندر سر زلف دلبر آویزی به؛
زان پیش که روزگار خونت ریزد
تو خون قنینه در قدح ریزی به.

تن در غم روزگار بیداد مده،
ما را ز غم گذشتگان یاد مده؛
دل جز به ستم بری پریزاد مده،
بی باده مباش و عمر بر باد مده.

زآن می که مرا قوت روانست بده،
زآن گرچه سرم بسی گرانست بده،
بر نه به کفم قدح که دهر افسانه است
وین عمر چو بادی گذران است بده.

ای کاش که جای آرمیدن بودی،
یا این ره دور را رسیدن بودی؛
کاش از پی صد هزار سال از دل خاک
چون سبزه امید بر دمیدن بودی!

چندان که نگاه می‌کنم هر سوئی
از سبزه بهشت است و ز کوثر جوئی؛
صحرا چو بهشت است ز دوزخ کم گو،
بنشین به بهشت با بهشتی روئی.

از دفتر عمر خود گشودم فالی؛
ناگاه ز سوز سینه صاحب حالی،
گفتا: که خوش آنکسی که‌اندر بر او
باریست چو ماهی و شبی چون سالی.

برسنگ زدم دوش سبوئی کاشی،
سرمست بدم که کردم این او باشی؛
با من به زبان حال می‌گفت سبو:
من چون تو بدم، تو نیز چون من باشی!

زآن کوزه می که نیست در وی ضرری
پرکن قدحی، بخور، بمن ده دگری؛
زان پیشترای صنم که در رهگذری
خاک من و تو کوزه کند، کوزه‌گری!

در کارگه کوزه‌گری کردم رای،
در پایه چرخ دیدم استاد بپای؛
می کرد دلیر کوزه را دسته و نای
از کله پادشاه و از پای گدای.

آن مایه ز دنیا که خوری یا پوشی،
معذوری اگر در طلبش می‌کوشی؛
باقی همه رایگان نیرزد هشدار
تا عمر گرانمایه بدان نفروشی.

۲۶۱

شیخی به زن فاحشه گفتا: مستی،
هر لحظه به دام دیگری پا بستی،
گفتا: شیخا هر آنچه گویی هستم،
اما تو چنان که می‌نمایی هستی؟

جز راه قلندران میخانه مپوی،
جز باده و جز سماع و جز یار مجوی،
بر کف قدح باده و بر دوش سبو،
می نوش کن ای نگار و بیهوده مگوی.

گر آمدنم به من بدی، نامدمی،
ور نیز شدن به من بدی کی شدمی؟
به زان نبدی که اندرین دیر خراب
نه آمدمی، نه بدمی، نه شدمی!

بر کوزه‌گری پریر کردم گذری
از خاک همی نمود هر دم هنری؛
من دیدم اگر ندید هر بی‌خبری
خاک پدرم در کف هر کوزه‌گری!

ای دل تو به ادراک معما نرسی،
در نکته زیرکان دانا نرسی؛
این جا به می و جام بلورین می‌ساز
کآنجا که بهشت است رسی یا نرسی!

آنان که ز پیش رفته‌اند ای ساقی،
در خاک غرور خفته‌اند ای ساقی؛
رو باده خور و حقیقت از من بشنو:
باد است هرآنچه گفته‌اند ای ساقی.

آن به که ز جام باده دل شاد کنی،
وز نامده و گذشته کم یاد کنی،
وین عاریتی روان زندانی را
یک لحظه ز بند عقل آزاد کنی.

هان کوزه‌گرا بکوش اگر هشیاری،
تا چند کنی بر گل مردم خواری؛
انگشت فریدون و کف کیخسرو
بر چرخ نهاده‌ای، چه می‌پنداری؟

دانی که سپیده‌دم خروس سحری،
هر لحظه چرا همی کند نوحه‌گری؟
یعنی که نمودند در آینه صبح
کز عمر شبی گذشت و تو بی‌خبری.

پیری دیدم به خانه خماری،
گفتم نکنی ز رفتگان اخباری؟
گفتا: می‌خور که همچو ما بسیاری
رفتند وکسی باز نیامد باری.

هنگام صبوح ای صنم فرخ پی،
بر ساز ترانه و به پیش آور می؛
کافکند بخاک صد هزاران جم و کی
وین آمدن تیر مه و رفتن دی.

تا چند حدیث پنج و چارای ساقی
مشکل چه یکی، چه صد هزار ای ساقی،
خاکیم همه، چنگ بساز ای مطرب
بادیم همه باده بیار ای ساقی.

در ده می لعل مشکبوای ساقی،
تا باز رهم ز گفتگو ای ساقی،
یک کوزه می بده از آن پیش که دهر
خاک من وتو کند سبو، ای ساقی!

چندین غم بیهوده مخور شاد بزی،
و اندر ره بیداد تو با داد بزی؛
چون آخر کار جهان نیستی است
انگار که نیستی و آزاد بزی.

تا کی زغم زمانه محزون باشی؟
با چشم پرآب و دل پرخون باشی؟
می نوش و بعیش کوش، خوشدل می‌باش
زان پیش کزین دایره بیرون باشی.

از آمدن بهار و از رفتن دی.
اوراق حیات ما همی گردد طی،
می خور مخور اندوه که گفتست حکیم،
غم‌های جهان چو زهر و تریاقش می.

در گوش دلم گفت فلک پنهانی،
حکمی که قضا بود ز من می‌دانی؟
در گردش خویش اگر مرا دست بدی،
خود را برهاندمی ز سرگردانی.[1]

[1] در پائین صفحه آخر آمده است: مطبعه «بروخیم» طهران

ترانه‌های خیام

شاید کمتر کتابی در دنیا مانند مجموعه ترانه‌های خیام تحسین شده، مردود و منفور بوده، تحریف شده، بهتان خورده، محکوم گردیده، حلاجی شده، شهرت عمومی و دنیاگیر پیدا کرده و بالاخره ناشناس مانده.

اگر همه کتاب‌هایی که راجع به خیام و رباعیاتش نوشته شده جمع‌آوری شود تشکیل کتابخانه بزرگی را خواهد داد. ولی کتاب رباعیاتی که به اسم خیام معروف است و در دسترس همه می‌باشد مجموعه‌ای است که عموماً از هشتاد الی هزار و دویست رباعی کم وبیش در بردارد؛ اما همه آن‌ها معمولاً جنگ مغلوطی از افکار مختلف را تشکیل می‌دهند. حالا اگر یکی از این نسخه‌های رباعیات را از روی تفریح ورق بزنیم و بخوانیم در آن به افکار متضاد، به مضمون‌های گوناگون و به موضوع‌های قدیم و جدید بر می‌خوریم، به طوریکه اگر یک نفر صدسال عمر کرده باشد و روزی دو مرتبه کیش و مسلک و عقیده خود را عوض کرده باشد قادر به گفتن چنین افکاری نخواهد بود. مضمون این رباعیات روی فلسفه و عقاید مختلف است از قبیل: الهی، طبیعی، دهری، صوفی، خوشبینی، بدبینی، تناسخی، افیونی، بنگی، شهوت‌پرستی، مادی، مرتاضی، لامذهبی، رندی و قلاشی، خدائی، وافوری... آیا ممکن است یک نفر این همه مراحل و حالات مختلف را پیموده باشد و بالاخره فیلسوف و ریاضی‌دان و منجم هم باشد؟ پس تکلیف ما درمقابل این‌اش در هم جوش چیست؟ اگر به شرح حال خیام در کتب قدما رجوع بکنیم به همین اختلاف نظر برمی خوریم.

این اختلافی است که همیشه در اطراف افکار بزرگ روی می‌دهد. ولی اشتباه مهم از آنجا ناشی شده که چنان که باید خیام شناخته نشده و افسانه‌هایی که راجع به او شایع کرده‌اند این اشکال را در انتخاب رباعیات او تولید کرده است.

دراین جا ما نمی‌خواهیم به شرح زندگی خیام بپردازیم و یا حدسیات و گفته‌های دیگران را راجع به او تکرار بکنیم، چون صفحات این کتاب خیلی محدود است. اساس کتاب ما روی یک مشت رباعی فلسفی قرار گرفته است که به اسم خیام، همان منجم و ریاضی‌دان بزرگ مشهور است و یا به خطا به او نسبت می‌دهند. اما چیزی که انکار ناپذیر است، این رباعیات عجیب فلسفی در حدود ۵ و۶ هجری به زبان فارسی گفته شده.
تاکنون قدیمی‌ترین مجموعه اصیل از رباعیاتی که به خیام منسوب است، نسخه خطی بودلن اکسفرد می‌باشد که در سنه ۸۶۵ در شیراز کتابت شده. یعنی سه قرن بعد ازخیام و دارای ۱۵۸ رباعی است، ولی همان ایراد سابق کم وُ بیش به این نسخه وارد است. زیرا رباعیات بیگانه نیز در این مجموعه دیده می‌شود.
فیتزجرالد که نه تنها مترجم رباعیات خیام بوده، بلکه از روح فیلسوف بزرگ نیز ملهم بوده است، درمجموعه خود بعضی رباعیاتی آورده که نسبت آن‌ها به خیام جایز نیست. قضاوت فیتزجرالد مهم‌تر از اغلب شرح حالاتی است که راجع به خیام در کتب قدیم دیده می‌شود؛ چون با ذوق و شامه خودش بهتر رباعیات اصلی خیام را تشخیص داده تا نیکلا مترجم فرانسوی رباعیات خیام را که او را به نظر یک شاعر صوفی دیده و معتقد است که خیام عشق والوهیت را به لباس شراب و ساقی نشان می‌دهد، چنان که از همان ترجمه مغلوط او شخص با ذوق دیگر مانند رنان خیام حقیقی را شناخته است.
قدیمی‌ترین کتابی که ازخیام اسمی به میان آورده و نویسنده آن هم عصر خیام بوده و خودش را شاگرد و یکی از دوستان ارادتمند خیام معرفی می‌کند و با احترام هرچه تمام‌تر اسم او را می‌برد، نظامی عروضی مؤلف «چهارمقاله» است. ولی او خیام را در ردیف منجمین ذکر می‌کند و اسمی از رباعیات او نمی‌آورد. کتاب دیگری که مؤلف آن ادعا دارد در ایام طفولیت

(۵۰۷) در مجلس درس خیام مشرف شده «تاریخ بیهقی» و (تتمه صوان الحکمه) نگارش ابوالحسن بیهقی می‌باشد که تقریباً در سنه ۵۶۲ تألیف شده. او نیز ازخیام چیز مهمی به دست نمی‌دهد. فقط عنوان او را می‌گوید که: «دستور، فیلسوف و حجه الحق» نامیده می‌شده، پدران او هم نیشابوری بوده‌اند، در علوم و حکمت تالی ابوعلی بوده ولی شخصاً آدمی خشک، بدخلق و کم حوصله بوده. چند کتاب از آثار او ذکر می‌کند و فقط معلوم می‌شود که خیام علاوه بر ریاضیات و نجوم در طب و لغت و فقه و تاریخ نیز دست داشته و معروف بوده است. ولی در آنجا هم اسمی از اشعار خیام نمی‌آید. گویا ترانه‌های خیام در زمان حیاتش به واسطه تعصب مردم مخفی بوده و تدوین نشده و تنها بین یک دسته از دوستان هم رنگ و صمیمی او شهرت داشته و یا در حاشیه جنگ‌ها و کتب اشخاص با ذوق به طور قلم انداز چند رباعی از او ضبط شده و پس از مرگش منتشر گردیده که داغ لامذهبی و گمراهی رویش گذاشته‌اند و بعدها با اضافات مقلدین و دشمنان او جمع آوری شده. انعکاس رباعیات او را درکتاب «مرصادالعباد» خواهیم دید.

اولین کتابی که درآن از خیام شاعر گفتگو می‌شود کتاب «خریدالفصر» تألیف عمادالدین کاتب اصفهانی به زبان عربی است که در ۵۷۲ یعنی قریب ۵۰ سال بعد از مرگ خیام نوشته شده و مؤلف آن خیام را در زمره شعرای خراسان نام برده و ترجمه حال او را آورده است.

کتاب دیگری که خیام شاعر را تحت مطالعه آورده «مرصاد العباد» تألیف نجم الدین رازی می‌باشد که در سنه ۶۲۰-۶۲۱ تألیف شده. این کتاب وثیقه بزرگی است زیرا نویسنده آن صوفی متعصبی بوده و از این لحاظ به عقاید خیام به نظر بطلان نگریسته و نسبت فلسفی و دهری و طبیعی به او می‌دهد و می‌گوید:

(ص١٨) «... که ثمره نظر ایمان است و ثمره قدم عرفان. فلسفی و دهری و طبایعی از این دو مقام محروم‌اند و سرگشته و گم گشته‌اند. یکی از فضلا که به نزد نابینایان به فضل و حکمت و کیاست معروف و مشهور است و آن عمرخیام است، ازغایت حیرت و ضلالت این بیت را می‌گوید:

رباعی:

«دردایره‌ای کامدن و رفتن ماست.

آن را نه بدایت، نه نهایت پیداست؛

کس می‌نزند دمی درین عالم راست،

کین آمدن از کجا و رفتن بکجاست!»

رباعی:

«دارنده چه ترکیب طبایع آراست.

باز از چه سبب فکندنش اندر کم وکاست؟

گر زشت آمد این صور،عیب کراست؟

ور نیک آمد، خرابی ازبهر چه خواست؟»

(ص٢٧) «... اما آن چه حکمت در می‌رانیدن بعد از حیات و در زنده کردن بعد از ممات چه بود، تا جواب به آن سرگشته غافل و گم گشته عاطل می‌گوید:

دارنده چو ترکیب طبایع آراست...»

قضاوت این شخص ارزش مخصوصی در شناسانیدن فکر و فلسفه خیام دارد. مؤلف صوفی مشرب از نیش زبان و فحش نسبت به خیام خودداری نکرده است. البته به واسطه نزدیک بودن زمان، از هر جهت مؤلف مزبور آشناتر به زندگی و افکار و آثارخیام بوده، و عقیده خود را درباره او ابراز می‌کند. آیا این خود دلیل کافی نیست که خیام نه تنها صوفی و مذهبی نبوده، بلکه برعکس یکی از دشمنان ترسناک این فرقه به شمار می‌آمده؟

استاد دیگر در بعضی از کتب قدما مانند، نزهه الارواح، تاریخ الحکما، آثار البلاد، فردوس التواریخ و غیره در باره خیام وجود دارد که اغلب اشتباه‌آلود و ساختگی است، و از روی تعصب و یا افسانه‌های مجعول نوشته شده و رابطه خیلی دور با خیام حقیقی دارد. ما در این‌جا مجال انتقاد آن‌ها را نداریم.

تنها سند مهمی که از رباعیات اصلی خیام در دست می‌باشد عبارت است از رباعیات سیزده گانه «مونس الاحرار» که در سنه ۷۴۱ هجری نوشته شده، درخاتمه کتاب «رباعیات روزن» استنساخ و در برلین چاپ شده (رجوع شود به نمرات: ۸، ۱۰، ۲۷، ۲۹، ۴۱، ۴۵، ۵۹، ۶۲، ۶۷، ۹۳، ۱۱۵، ۱۲۷) رباعیات مزبور علاوه بر قدمت تاریخی، با روح و فلسفه و طرز نگارش خیام درست جور می‌آیند و انتقاد مؤلف«مرصادالعباد» به آن‌ها نیز وارد است. پس در اصالت این سیزده رباعی و دو رباعی «مرصاد العباد» که یکی از آن‌ها در هر دو تکرار شده (نمره ۱۰) شکی باقی نمی‌ماند و ضمناً معلوم می‌شود که گوینده آن‌ها یک فلسفه مستقل و طرز فکر و اسلوب معین داشته و نشان می‌دهد که ما با فیلسوفی مادی و طبیعی سر وکار داریم. از این رو با کمال اطمینان می‌توانیم این رباعیات چهارده‌گانه را از خود شاعر بدانیم و آن‌ها را کلید و محک شناسائی رباعیات دیگر خیام قرار بدهیم.

از این قرار چهارده رباعی مذکور سند اساسی این کتاب خواهد بود، و در این صورت هر رباعی که یک کلمه و یا کنایه مشکوک و صوفی مشرب داشت نسبت آن به خیام جایز نیست. ولی مشکل دیگری که باید حل بشود این است که می‌گویند خیام به اقتضای سن چندین بار افکار و عقایدش عوض شده، در ابتدا لاابالی و شراب‌خوار و کافر و مرتد بوده و آخر عمر سعادت رفیق او شده راهی به سوی خدا پیدا کرده و شبی روی مهتابی مشغول باده‌گساری بوده؛ ناگاه باد تندی وزیدن می‌گیرد و کوزه شراب روی زمین می‌افتد و می‌شکند. آن وقت خیام برآشفته به خدا می‌گوید:

«ابریق می مرا شکستی ربی،

بر من در عیش را بستی ربی؛

من می‌خورم و تو می‌کنی بدمستی،

خاکم بدهن، مگر تو مستی ربی؟»

خدا او را غضب می‌کند، فوراً صورت خیام سیاه می‌شود و خیام دوباره می‌گوید:

«نا کرده گناه در جهان کیست؟ بگو،

آن کس که گنه نکرده چون زیست؟ بگو؛

من بد کنم و تو بد مکافات دهی!

پس فرق میان من و تو چیست؟ بگو.»

خدا هم او را می‌بخشد و رویش درخشیدن می‌گیرد و قلبش روشن می‌شود. بعد می‌گوید: «خدایا مرا به سوی خودت بخوان!» آن وقت مرغ روح از بدنش پرواز می‌کند!

این حکایت معجزه‌آسای مضحک بدتر از فحش‌های نجم الدین رازی به مقام خیام توهین می‌کند و افسانه بچه‌گانه‌ای است که از روی‌ناشی گری به هم بافته‌اند. آیا می‌توانیم بگوئیم گوینده آن چهارده رباعی محکم فلسفی که با هزار زخم زبان و نیش‌خندهای تمسخرآمیزش دنیا و مافی‌هایش را دست انداخته، در آخر عمر اشک می‌ریزد و استغاثه می‌طلبد؟ شاید یک نفر از پیروان و دوستان شاعر برای نگه داری این گنج گرانبها، این حکایت را ساخته تا اگر کسی به رباعیات تند او بربخورد به نظر عفو و بخشایش به گوینده آن نگاه کند و برایش آمرزش بخواهد!

افسانه دیگری شهرت دارد که بعد از مرگ خیام مادرش دائم برای او از درگاه خدا طلب آمرزش می‌کرده و عجز و لابه می‌نموده، روح خیام درخواب به او ظاهر می‌شود و این رباعی را می‌گوید:

«ای سوخته سوخته سوختنی،

ای آتش دوزخ از تو افروختنی؛

تا کی گوئی که بر عمر رحمت کن؟

حق را تو کجا بر رحمت آموختنی؟»

باید اقرار کرد که طبع خیام در آن دنیا خیلی پس رفته که این رباعی
مزخرف را بگوید. از این قبیل افسانه‌ها درباره خیام زیاد است که قابل ذکر
نیست و اگر همه آن‌ها جمع آوری بشود کتاب مضحکی خواهد شد. فقط
چیزی که مهم است به این نکته برمی‌خوریم که تأثیر فکر عالی خیام در یک
محیط پست و متعصب خرافات‌پرست چه بوده و ما را در شناسایی او بهتر
راهنمایی می‌کند. زیرا قضاوت عوام و متصوفین و شعرای درجه سوم و
چهارم که به او حمله کرده‌اند از زمان خیلی قدیم شروع شده و همین علّت
مخلوط شدن رباعیات او را با افکار متضاد می‌دیده‌اند تا چه اندازه در خراب
کردن فکر او کوشیده‌اند.

ولی ما از روی رباعیات خود خیام نشان خواهیم داد که فکر و مسلک او
تقریباً همیشه یک جور بوده و از جوانی تا پیری، شاعر پیرو یک فلسفه معین
و مشخص بوده و در افکار او کمترین تزلزل رخ نداده و کمترین فکر
ندامت و پشیمانی یا توبه از خاطرش نگذشته است.

در جوانی شاعر با تعجب از خودش می‌پرسد که چهره پرداز ازل برای چه او
را درست کرده. طرز سئوال آن قدر طبیعی که فکر عمیقی را برساند
مخصوص خیام است:

«هرچند که رنگ و روی زیباست مرا،

چون لاله رخ و چو سرو بالاست مرا؛

معلوم نشد که در طربخانه خاک،

نقاش ازل بهر چه آراست مرا!»

۲۷۵

از ابتدای جوانی زندگی را تلخ و ناگوار می‌دیده و داروی دردهای خود را در شراب تلخ می‌جسته:

«امروز که نوبت جوانی من است،

می نوشم ازآنکه کامرانی من است؛

عیبم مکنید، گرچه تلخ است خوش است.

تلخ است، چرا که زندگانی من است!»

در این رباعی افسوس رفتن جوانی را می‌خورد:

«افسوس که نامه جوانی طی شد!

وان تازه بهار زندگانی دی شد!

حالی که ورا نام جوانی گفتند،

معلوم نشد او که کی آمد، کی شد!»

شاعر با دست لرزان و موی سفید قصد باده می‌کند. اگر او معتقد به زندگی بهتری در دنیای دیگر بود، البته اظهار ندامت می‌کرد تا بقیه عیش و نوش‌های خود را به جهان دیگر محول بکند. این رباعی کاملاً تأسف یک فیلسوف مادی را نشان می‌دهد که در آخرین دقایق زندگی سایه مرگ را کنار خود می‌بیند و می‌خواهد به خودش تسلیت بدهد ولی نه با افسانه‌های مذهبی، و تسلیت خود رادر جام شراب جستجو می‌کند:

«من دامن زهد و توبه طی خواهم کرد،

با موی سپید قصد می‌خواهم کرد،

پیمانه عمر من به هفتاد رسید،

این دم نکنم نشاط کی خواهم کرد؟»

اگر درست دقت بکنیم خواهیم دید که طرز فکر، ساختمان و زبان و فلسفه گوینده این چهار رباعی که در مراحل مختلف زندگی گفته شده یکی است، پس می‌توانیم به طور صریح بگوئیم که خیام از سن شباب تا موقع مرگ

مادی، بدبین و ریبی بوده (و یا فقط در رباعیاتش این طور می‌نموده) و یک لحن تراژیک دارد که به غیر از گوینده همان رباعیات چهارده‌گانه سابق کس دیگری نمی‌تواند گفته باشد و قیافه ادبی و فلسفی او به طور کلی تغییر نکرده است. فقط درآخر عمر با یک جبر یأس‌آلودی حوادث تغییرناپذیر دهر را تلقی نموده و بدبینی که ظاهراً خوش‌بینی به نظر می‌آید اتخاذ می‌کند.

به طور خلاصه، این ترانه‌های چهارمصراعی،کم حجم و پرمعنی اگر ده تای از آن‌ها هم برای ما باقی می‌ماند باز هم می‌توانستیم بفهمیم که گوینده این رباعیات در مقابل مسائل مهم فلسفی چه رویه‌ای را در پیش گرفته و می‌توانستیم طرز فکر او را به دست بیاوریم. لهذا از روی میزان فوق، ما می‌توانیم رباعیاتی که منسوب به خیام است از میان هرج و مرج رباعیات دیگران بیرون بیاوریم. ولی آیا این کار آسان است؟

مستشرق روسی ژوکوفسکی مطابق صورتی که تهیه کرده در میان رباعیاتی که به خیام منسوب است ۸۲ رباعی گردنده پیدا کرده، یعنی رباعیاتی که به شعرای دیگر نیز نسبت داده شده؛ بعدها این عدد به صد رسیده. ولی به این صورت هم نمی‌شود اعتماد کرد، زیرا مستشرق مذکور صورت خود را برطبق قول (اغلب اشتباه) تذکره‌نویسان مرتب کرده که نه تنها نسبت رباعیات دیگران را از خیام سلب کرده‌اند بلکه اغلب رباعیات خیام را هم به دیگران نسبت داده‌اند. از طرف دیگر، سلامت طبع، شیوایی کلام، فکر روشن سرشار و فلسفه موشکاف که از خیام سراغ داریم به ما اجازه می‌دهد که یقین کنیم بیش از آنچه از رباعیات حقیقی او که در دست است، خیام شعر سروده که از بین برده‌اند و آن‌هایی که مانده به مرور ایام تغییرات کلی و اختلافات بی‌شمار پیدا کرده و روی گردانیده.

علاوه بر بی‌مبالاتی و اشتباهات استنساخ کنندگان و تغییردادن کلمات خیام که هرکسی به میل خودش درآن‌ها تصرف و دست‌کاری کرده، تغییرات عمدی که به دست اشخاص مذهبی و صوفی شده نیز دربعضی از رباعیات مشاهده می‌شود. مثلاً:

«شادی بطلب که حاصل عمر دمی است.»

تقریباً در همه نسخه نوشته «شادی مطلب» در صورتی که ساختمان شعر و موضوعش خلاف آن را نشان می‌دهد. یک دلیل دیگر به افکار ضد صوفی و ضد مذهبی خیام نیز همین است که رباعیات او مغشوش و آلوده به رباعیات دیگران شده. علاوه برین هرکسی که شراب خورده و یک رباعی در این زمینه گفته از ترس تکفیر آن را به خیام نسبت داده. لهذا رباعیاتی که اغلب دم از شراب‌خواری و معشوقه‌بازی می‌زند بدون یک جنبه فلسفی و یا نکته زننده و یا ناشی از افکار نپخته و افیونی است و سخنانی که دارای معانی و مجازی سست و درشت است می‌شود با کمال اطمینان دور بریزیم. مثلاً آیا جای تعجب نیست که درمجموعه معمولی رباعیات خیام به این رباعی بر بخوریم:

«ای آنکه گزیده‌ای تو دین زرتشت،
اسلام فکنده‌ی تمام از پس وپشت؛
تا کی نوشی باده و بینی رخ خوب؟
جائی بنشین عمر که خواهندت کشت.»

این رباعی تهدید آمیز آیا در زمان زندگانی خیام گفته شده و به او سوء قصد کرده‌اند؟ جای تردید است، چون ساختمان رباعی جدیدتر از زمان خیام به نظر می‌آید ولی درهر صورت قضاوت گوینده را درباره خیام و درجه اختلاط ترانه‌های او را با رباعیات دیگران نشان می‌دهد.

به هرحال. تاوقتی که یک نسخه خطی که از حیث زمان و سندیت تقریباً مثل رباعیات سیزده گانه کتاب «مونس الاحرار» باشد به دست نیامده، یک حکم قطعی درباره ترانه‌های اصلی خیام دشوار است، به علاوه شعرهایی پیدا شده‌اند که رباعیات خود را موافق مزاج و مشرب خیام ساخته‌اند و سعی کرده‌اند که از او تقلید بکنند. ولی سلامت کلام آن‌ها هرقدرهم کامل باشد. اگر مضمون یک رباعی را مخالف سلیقه و عقیده خیام ببینیم با کمال جرئت می‌توانیم نسبت آن را ازخیام سلب بکنیم. زیرا ترانه‌های خیام با وضوح و سلامت کامل و بیان ساده گفته شده؛ در استهزاء و گوشه کنایه خیلی شدید و بی‌پرواست. از این مطالب می‌شود نتیجه گرفت که هر فکر ضعیف که در یک قالب متکلف و غیر فلسفی، عقاید و طرز بیان آزاد و شیرین و روشن او این‌ها صفاتی است که می‌تواند معیار مسئله فوق بشود.

ما عجالتاً این ترانه‌ها را به اسم همان خیام منجّم و ریاضی‌دان ذکر می‌کنیم، چون مدعی دیگری پیدا نکرده. تا ببینیم این اشعار مربوط به همان خیام منجّم و عالم است و یا خیام دیگری گفته. برای این کار باید دید طرز فکر و فلسفه او چه بوده است.

خیام فیلسوف

فلسفه خیام هیچ وقت تازگی خود را از دست نخواهد داد. چون این ترانه‌های در ظاهر کوچک ولی پرمغز تمام مسائل مهم و تاریک فلسفی که در ادوار مختلف انسان را سرگردان کرده و افکاری که جبراً به او تحمیل شده و اسراری که برایش لاینحل مانده مطرح می‌کند. خیام ترجمان این شکنجه‌های روحی شده: فریادهای او انعکاس دردها، اضطراب‌ها، ترس‌ها، امیدها و یأس‌های میلیون‌ها نسل بشر است که پی‌درپی فکر آن‌ها را عذاب داده است. خیام سعی می‌کند در ترانه‌های خودش با زبان و سبک غریبی همه این مشکلات، معماها و مجهولات را آشکارا و بی‌پرده حل بکند. او زیر خنده‌های عصبانی و رعشه‌آور مسائل دینی و فلسفی را بیان می‌کند. بعد راه حل محسوس و عقلی برایش می‌جوید.

به طور مختصر، ترانه‌های خیام آئینه‌ای است که هرکس ولو بی‌قید و لاابالی هم باشد یک تکه از افکار، یک قسمت از یأس‌های خود را درآن می‌بیند و تکان می‌خورد. ازین رباعیات یک مذهب فلسفی مستفاد می‌شود که امروزه طرف توجه علمای طبیعی است و شراب گس و تلخ مزه خیام هرچه کهنه‌تر می‌شود بر گیرندگی‌اش می‌افزاید. به همین جهت ترانه‌های او در همه جای دنیا و در محیط‌های گوناگون و بین نژادهای مختلف طرف توجه شده.

هرکدام از افکار خیام را جداگانه می‌شود نزد شعرا و فلاسفه بزرگ پیدا کرد. ولی روی هم رفته هیچ کدام از آن‌ها را نمی‌شود با خیام سنجید و خیام در سبک خودش از اغلب آن‌ها جلو افتاده. قیافه متین خیام او را پیش از همه چیز یک فیلسوف و شاعر بزرگ همدوش لوکرس، اپیکور، گوته، شکسپیر و شوپنهاور معرفی می‌کند.

اکنون برای اینکه طرز فکر و فلسفه گوینده رباعیات را پیدا بکنیم و بشناسیم ناگزیریم که افکار و فلسفه او را چنان که از رباعیاتش مستفاد می‌شود بیرون بیاوریم، زیرا جز این وسیله دیگری در دسترس ما نیست و زندگی داخلی و خارجی او، اشخاصی که با آن‌ها رابطه داشته، محیط و طرز زندگی، تأثیر موروثی، فلسفه‌ای که تعقیب می‌کرده و تربیت علمی و فلسفی او به ما مجهول است.

به اولین فکری که در رباعیات خیام برمی‌خوریم این است که گوینده با نهایت جرئت و بدون پروا با منطق بی‌رحم خودش هیچ سستی، هیچ یک از بدبختی‌های فکری معاصرین و فلسفه دستوری و مذهبی آن‌ها را قبول ندارد،و به تمام ادعاها و گفته‌های آن‌ها پشت پا می‌زند. در کتاب «اخبار العلماء باخبار الحکماء» که در سنه ۶۴۶ تألیف شده راجع به اشعار خیام این طور می‌نویسد: «... باطن آن اشعار برای شریعت مارهای گزنده و سلسله زنجیرهای ضلال بود و وقتی که مردم او در دین خود تعییب کردند و مکنون خاطر او را ظاهر ساختند، از کشته شدن ترسید و عنان زبان و قلم خود را باز کشید و به زیارت حج رفت... و اسرار ناپاک اظهار نمود... و او را اشعار مشهوری است که خفایای قلب او در زیر پرده‌های آن ظاهر می‌گردد و کدورت باطن او جوهر قصدش را تیرگی می‌دهد.»

پس خیام باید یک اندیشه خاص و سلیقه فلسفی مخصوص راجع به کاینات داشته باشد. حال ببینیم طرز فکر او چه بوده: برای خواننده شکی باقی نمی‌ماند که گوینده رباعیات تمام مسائل دینی را با تمسخر نگریسته و از روی تحقیر به علما و فق‌هایی که ازآنچه خودشان نمی‌دانند دم می‌زنند حمله می‌کند. این شورش روح آریایی را بر ضد اعتقادات سامی نشان می‌دهد و یا انتقام خیام از محیط پست و متعصبی بوده که از افکار مردمانش بی‌زار بوده. واضح است فیلسوفی مانند خیام که فکر آزاد و خرده‌بین داشته

نمی‌توانسته کورکورانه زیر بار احکام تعبدی، جعلی، جبری و بی‌منطق برخی از علمای زمان خودش برود و به افسانه‌های پوسیده و دام‌های خر بگیری آن‌ها ایمان بیاورد.

زیرا دین عبارت است از مجموع احکام جبری و تکلیفاتی که اطاعت آن بی‌چون و چرا برهمه واجب است و در مبادی آن ذره‌ای شک وشبهه نمی‌شود به خود راه داد. و یک دسته نگهبان از آن احکام استفاده کرده مردم عوام را هدایت می‌نمایند. ولی خیام همه این مسائل واجب‌الرعایه را با لحن تمسخرآمیز و بی‌اعتقاد تلقی کرده و خواسته منفرداً از روی عمل و علل پی به معلول ببرد. و مسائل مهم مرگ و زندگی را به طرز مثبت از روی منطق و محسوسات و مشاهدات و جریان مادی زندگی حل بنماید، از این رو تماشاچی بی‌طرف حوادث دهر می‌شود.

خیام مانند اغلب علمای آن زمان به قلب و احساسات خودش اکتفا نمی‌کند، بلکه مانند یک دانشمند به تمام معنی آن چه که درطی مشاهدات و منطق خود به دست می‌آورد می‌گوید. معلوم است امروزه اگر کسی بطلان افسانه‌های مذهبی را ثابت بنماید چندان کار مهمی نکرده است؛ زیرا از روی علوم خود به خود باطل شده است. ولی اگر زمان و محیط متعصب خیام را درنظر بیاوریم بی‌اندازه مقام او را بالا می‌برد.

اگرچه خیام درکتاب‌های علمی و فلسفی خودش که بنا به دستور و خواهش بزرگان زمان خود نوشته، رویه کتمان و تقیه را از دست نداده و ظاهراً جنبه بی‌طرف به خود می‌گیرد، ولی درخلال نوشته‌های او می‌شود بعضی مطالب علمی که از دستش در رفته ملاحظه نمود. مثلاً در «نوروزنامه» (ص ٤) می‌گوید: «به فرمان ایزد تعالی حال‌های عالم دیگرگون گشت، و چیزهای نو پدید آمد. مانند آنک درخور عالم و گردش بود.» آیا از جمله آخر فورمول معروف Adaptation du milieu استنباط نمی‌شود؟ زیرا او منکر است که خدا

٢٨٢

موجودات را جدا جدا خلق کرده و معتقد است که آن‌ها به فراخور گردش عالم با محیط توافق پیدا کرده‌اند. این قاعده علمی که در اروپا ولوله انداخت آیا خیام در ۸۰۰ سال پیش به فراست دریافته و حدس زده است. در همین کتاب (ص۳) نوشته: «و ایزد تعالی آفتاب را از نور بیافرید و آسمان‌ها و زمین‌ها را بدو پرورش داد.» پس این نشان می‌دهد که علاوه بر فیلسوف و شاعر ما با یک نفر عالم طبیعی سروکار داریم.

ولی در ترانه‌های خودش خیام این کتمان و تقیه را کنار گذاشته. زیرا درین ترانه‌ها که زخم روحی او بوده به هیچ وجه زیر بار کرم خورده اصول و قوانین محیط خودش نمی‌رود، بلکه برعکس از روی منطق همه مسخره‌های افکار آنان را بیرون می‌آورد. جنگ خیام با خرافات و موهومات محیط خودش در سرتاسر ترانه‌های او آشکار است و تمام زهر خنده‌های او شامل حال گردانندگان این‌گونه امور می‌شود و به قدری با استادی و زبردستی دماغ آن‌ها را می‌مالاند که نظیرش دیده نشده. خیام همه مسائل ماوراء مرگ را با لحن تمسخرآمیز و مشکوک و به طور نقل قول با «گوینده» شروع می‌کند:

«گویند: بهشت و حور عین خواهد بود. (۸۸)

گویند مرا: بهشت با حور خوش است. (۹۰)

گویند مرا که: دوزخی باشد مست. (۸۷)»

در زمانی که انسان را آینه جمال الهی و مقصود آفرینش تصور می‌کرده‌اند و همه افسانه‌های بشر دور او درست شده بود که ستاره‌های آسمان برای نشان دادن سرنوشت او خلق شده و زمین و زمان و بهشت و دوزخ برای خاطر او برپا شده و انسان دنیای کهین و نمونه و نماینده جهان مهین بوده چنان که بابا افضل می‌گوید:

«افلاک و عناصر و نبات و حیوان،

عکسی ز وجود روشن کامل ماست.»
خیام با منطق مادی و علمی خودش انسان را جام جم نمی‌داند. پیدایش و مرگ او را همان قدر بی‌اهمیت می‌داند که وجود و مرگ یک مگس:
«آمد شدن تو اندرین عالم چیست؟
آمد مگسی پدید و ناپیدا شد! (٤١)»
حال ببینیم در مقابل نفی و انکار مسخره‌آلودی که از عقاید فقها و علما می‌کند خودش نیز راه حلی برای مسائل ماوراء طبیعی پیدا کرده؟ در نتیجه مشاهدات و تحقیقات خودش خیام به این مطلب بر می‌خورد که فهم بشر محدود است. از کجا می‌آئیم و به کجا می‌رویم؟ کسی نمی‌داند، و آن‌هایی که صورت حق به جانب به خود می‌گیرند و در اطراف این قضایا بحث می‌نمایند جز یاوه‌سرایی کاری نمی‌کنند؛ خودشان و دیگران را گول می‌زنند. هیچ کس به اسرار ازل پی نبرده و نخواهد برد و یا اصلاً اسراری نیست و اگر هست در زندگی ما تأثیری ندارد. مثلاً جهان چه محدث و چه قدیم باشد. آیا به چه درد ما خواهد خورد؟
«چون من رفتم. جهان چه محدث چه قدیم. (۹۳)
تا کی ز حدیث پنج و چارای ساقی؟»
به ما چه که وقت خودمان را سر بحث پنج حواس و چهارعنصر به گذرانیم؟ پس به امید و هراس موهوم و بحث چرند وقت خودمان را تلف نکنیم، آنچه که گفته‌اند و به هم بافته‌اند افسانه محض می‌باشد.
معمای کائنات نه به وسیله علم و نه به دستیاری دین هرگز حل نخواهد شد و به هیچ حقیقتی نرسیده‌ایم. در وراء این زمینی که رویش زندگی می‌کنیم نه سعادتی هست و نه عقوبتی. گذشته و آینده دو عدم است و مابین دو نیستی که سرحد دو دنیا است دمی را که زنده‌ایم دریابیم! استفاده بکنیم و در استفاده شتاب بکنیم. به عقیده خیام کنار کشتزارهای سبز و خرم، پرتو

مهتاب که در جام شراب ارغوانی هزاران سایه منعکس می‌کند، آهنگ دلنواز چنگ، ساقیان ماهرو، گل‌های نوشکفته، یگانه حقیقت زندگی است که مانند کابوس هولناکی می‌گذرد. امروز را خوش باشیم، فردا را کسی ندیده. این تنها آرزوی زندگی است:

«حالی خوش باش زآنکه مقصود اینست. (۱۳٤)»

در مقابل حقایق محسوس و مادی یک حقیقت بزرگ‌تر را خیام معتقد است و آن وجود شر و بدی است که بر خیر و خوشی می‌چربد. گویا فکر جبری خیام بیشتر در اثر علم نجوم و فلسفه مادّی او پیدا شده. تأثیر تربیت علمی او روی نشو و نمای فلسفی‌اش کاملاً آشکار است. به عقیده خیام طبیعت کور وُ کَر گردش خود را مداومت می‌دهد. آسمان تهی است و به فریاد کس نمی‌رسد:

«با چرخ مکن حواله کاندر ره عقل،
چرخ از تو هزار بار بیچاره‌تر است! (۳٤)»

چون ناتوان و بی‌اراده است. اگر قدرت داشت خودش را از گردش باز می‌داشت:

«در گردش خود اگر مرا دست بدی.
خود را برهاند می ز سرگردانی. (۳۳)»

بر طبق عقاید نجومی آن زمان خیام چرخ را محکوم می‌کند و احساس سخت قوانین تغییرناپذیر اجرام فلکی را که در حرکت هستند مجسم می‌نماید. و این در نتیجه مطالعه دقیق ستاره‌ها و قوانین منظم آن‌هاست که زندگی ما را در تحت تأثیر قوانین خشن گردش افلاک دانسته، ولی به قضا و قدر مذهبی اعتقاد نداشته زیرا که برعلیه سرنوشت شورش می‌کند و از این لحاظ بدبینی در او تولید می‌شود. شکایت او اغلب از گردش چرخ و افلاک

است نه از خدا و بالاخره خیام معتقد می‌شود که همه کواکب نحس هستند و کوکب سعد وجود ندارد:

«افلاک که جز غم نفزایند دگر... (۲۸)»

در نوروزنامه (ص۴۰) به طور نقل قول می‌نویسد: «... وچنین گفته‌اند که هرنیک و بدی که از تأثیر کواکب سیاره بر زمین آید به تقدیر و ارادت باری تعالی، و به شخصی پیوندد، بدین او تار و قسی گذرد.» نظامی عروضی در ضمن حکایتی که از خیام می‌آورد می‌گوید که ملکشاه از خیام درخواست می‌کند که پیش‌گویی بکند هوا برای شکار مناسب است یا نه و خیام از روی علم نیور نیوار Meteorologie پیش‌گویی صحیح می‌کند[1]. بعد می‌افزاید: «اگرچه حکم حجه الحق عمر بدیدم، اما ندیدم او را در احکام نجوم هیچ اعتقادی...»

در رباعی دیگر علت پیدایش را در تحت تأثیر چهار عنصر و هفت سیاره دانسته:

«ای آنکه نتیجه چهار و هفتی.

وز هفت و چهار دایم اندر تفتی؛.(۲۹)»

چنان که سابق گذشت بدبینی خیام از سن جوانیش وجود داشته (نمره ۱۶) و این بدبینی هیچ‌وقت گریبان او را ول نکرده. یکی از اختصاصات فکر خیام است که پیوسته با غم و اندوه و نیستی و مرگ آغشته است[2] و در همان حال که دعوت به خوشی و شادی می‌نماید لفظ خوشی در گلو گیر می‌کند. زیرا در همین دم با هزاران نکته و اشاره هیکل مرگ،کفن، قبرستان و نیستی

---

[1] یک کتاب در خصوص همین علم به خیام منسوب است موسوم به: «لوازم الامکنه».

[2] نوروزنامه (ص۹): «و دنیا در دل کسی شیرین مباد.» (صفحه ۶۹) همین کتاب: «مردان مرگ را زاده اند.»

خیلی قوی‌تر از مجلس کیف و عیش جلو انسان مجسم می‌شود و آن خوشی یک دم را از بین می‌برد.

طبیعت بی‌اعتنا و سخت کار خود را انجام می‌دهد. یک دایه خون‌خوار و دیوانه است که اطفال خود را می‌پروراند و بعد با خون‌سردی خوشه‌های رسیده و نارس را درو می‌کند. کاش هرگز به دنیا نمی‌آمدیم، حالا که آمدیم، هرچه زودتر برویم خوشبخت‌تر خواهیم بود:

« تا آمدگان اگر بدانند که ما،

از دهر چه می‌کشیم، نایند دگر، (۲۸)

خرم دل آنکه زین جهان زود برفت.

وآسوده کسیکه خود نزاد از مادر. (۲۳)[1] »

این آرزوی نیستی که خیام در ترانه‌های خود تکرار می‌کند آیا با نیروانه بودا شباهت ندارد؟ در فلسفه بودا دنیا عبارت است از مجموع حوادث به هم پیوسته که تغییرات دنیای ظاهری در مقابل آن یک ابر، یک انعکاس و یا یک خواب پر از تصویرهای خیالی است:

«احوال جهان و اصل این عمر که هست.

خوابی و خیالی و فریبی و دمی است. (۱۹۰) »

اغلب شعرای ایران بدبین بوده‌اند ولی بدبینی آن‌ها وابستگی مستقیم با حس شهوت تند و ناکام آنان دارد. در صورتی که در نزد خیام یک جنبه عالی و فلسفی دارد و ماهرویان را تنها وسیله تکمیل عیش و تزئین مجالس خودش می‌داند و اغلب اهمیت شراب بر زن غلبه می‌کند. وجود زن و ساقی یک نوع سرچشمه کیف و لذت بدیعی و زیبائی هستند. هیچ کدام را به

---

[1] در رُمان پهلوی «یادگار زریران، وزیر گاماسپ می گوید: «خوشبخت کسی که از مادر نزاد و یا اگر زاد مُرد و یا هرگز بدین جهان نیامد!»

عرش نمی‌رساند و مقام جداگانه‌ای ندارند. از همه این چیزهای خوب و خوش‌نما یک لذت آنی می‌جسته. از این لحاظ خیام یک نفر پرستنده و طرفدار زیبائی بوده و با ذوق بدیعیات خودش چیزهای خوش‌گوار، خوش‌آهنگ و خوش‌منظر را انتخاب می‌کرده. یک فصل از کتاب «نوروزنامه» درباره صورت نیکو نوشته و این طور تمام می‌شود: «... و این کتاب را از برای فال خوب بر روی نیکو ختم کرده آمد.» پس خیام از پیش‌آمدهای ناگوار زندگی شخصی خودش مثل شعرای دیگر مثلاً از قهر کردن معشوقه و یا نداشتن پول نمی‌نالد. درد او یک درد فلسفی و نفرینی است که به اساس آفرینش می‌فرستد. این شورش در نتیجه مشاهدات و فلسفه دردناک او پیدا شده. بدبینی او بالاخره منجر به فلسفه دهری شده. اراده، فکر، حرکت و همه چیز به نظرش بیهوده آمده:

«ای بی‌خبران، جسم مجسم هیچ است،

وین طارم نه سپهر ارقم هیچ است. (۱۰۱)»

به نظر می‌آید که شوپنهاور از فلسفه بدبینی خودش به همین نتیجه خیام می‌رسد: «برای کسی که به درجه‌ای برسد که اراده خود را نفی بکند. دنیایی که به نظر ما آنقدر حقیقی می‌آید. با تمام خورشیدها و کهکشان‌هایش چیست؟ هیچ!»

خیام از مردم زمانه بری و بیزار بوده. اخلاق، افکار و عادات آن‌ها را با زخم زبان‌های تند محکوم می‌کند و به هیچ وجه تلقینات جامعه را نپذیرفته است. از اشعار عربی و بعضی از کتاب‌های او این کینه و بغض خیام برای مردمان و بی‌اعتمادی به آنان به خوبی دیده می‌شود. در مقدمه جبر و مقابله‌اش می‌گوید: «ما شاهد بودیم که اهل علم از بین رفته و بدسته‌ای که عده‌شان کم و رنجشان بسیار بود منحصر گردیدند. و این عده انگشت‌شمار نیز در طی زندگی دشوار خود همّتشان را صرف تحقیقات و اکتشافات علمی

نمودند. ولی اغلب دانشمندان ما حق را به باطل می‌فروشند و از حد تزویر و ظاهرسازی تجاوز نمی‌کنند، و آن مقدار معرفتی که دارند برای اغراض پست مادی به کار می‌برند، و اگر شخصی را طالب حق و ایثار کننده صدق و ساعی و رد باطل و ترک تزویر بینند استهزاء و استخفاف می‌کنند.» گویا در هر زمان اشخاص دوُرو و متقلب و کاسه لیس چاپلوس کارشان جلو است!

دیوژن معروف روزی در شهر آتن با فانوس روشن جستجوی یک نفر انسان را می‌نمود و عاقبت پیدا نکرد. ولی خیام وقت خود را به تکاپوی بیهوده تلف نکرده و با اطمینان می‌گوید:

«گاویست بر آسمان، قرین پروین،

گاویست دگر بر زبرش جمله زمین:

گر بینائی چشم حقیقت بگشا:

زیر وُ زبر دو گاو مشتی خر بین»

واضح است در این صورت خیام از بس که در زیر فشار افکار پست مردم بوده به‌هیچ‌وَجه طرفدار محبت، عشق، اخلاق، انسانیت و تصوف نبوده، که اغلب نویسندگان و شعرا وظیفه خودشان دانسته‌اند که این افکار را اگرچه خودشان معتقد نبوده‌اند برای عوام‌فریبی تبلیغ بکنند. چیزی که غریب است. فقط یک میل و رغبت یا سمپاتی و تأسف گذشته ایران در خیام باقی است. اگرچه به واسطه اختلاف زیاد تاریخ، ما نمی‌توانیم به حکایت مشهور سه رفیق دبستانی باور بکنیم که نظام‌الملک با خیام و حَسَن صباح هم‌درس بوده‌اند. ولی هیچ استبعادی ندارد که خیام و حسن صباح با هم رابطه داشته‌اند. زیرا که بچه یک عهد بوده‌اند و هر دو تقریباً در یک سنه ۵۱۷-۵۱۸ مرده‌اند. انقلاب فکری که هردو در قلب مملکت مقتدر اسلامی تولید کردند این حدس را تأیید می‌کند و شاید به همین مناسبت آن‌ها را باهم، هم‌دست دانسته‌اند. حَسَن به وسیله اختراع مذهب جدید و لرزانیدن

اساس جامعه آن زمان تولید یک شورش ملّی ایرانی کرد. خیام به واسطه آوردن مذهب حسی، فلسفی و عقلی و مادی همان منظور او را در ترانه‌های خودش انجام داد. تأثیر حسن چون بیشتر روی سیاست و شمشیر بود بعد از مدتی از بین رفت. ولی فلسفه مادی خیام که پایه‌اش روی عقل و منطق بود پایدار ماند.

نزد هیچ‌یک از شعرا و نویسندگان اسلام لحن صریح و برهم زدن اساس افسانه‌های مذهبی سامی مانند خیام دیده نمی‌شود. شاید بتوانیم خیام را از جمله ایرانیان ضدّعَرَب مانند: ابن مقفع، به‌آفرید، ابومسلم، بابک و غیره بدانیم. خیام با لحن تأسف‌انگیزی اشاره به پادشاهان پیشین ایران می‌کند. ممکن است از خواندن شاهنامه فردوسی این تأثر در او پیدا شده و در ترانه‌های خودش پیوسته فرّ و شکوه و بزرگی پایمال شده آنان را گوش زد می‌نماید که با خاک یکسان شده‌اند و در کاخ‌های ویران آن‌ها روباه لانه کرده و جغد آشیانه نموده. قهقهه‌های عصبانی او،کنایات و اشاراتی که به ایران گذشته می‌نماید پیداست که از ته قلب از راهزنان عرب و افکار پست آن‌ها متنفر است، و سمپاتی او به طرف ایرانی می‌رود که در دهن این اژدهای هفتادسر غرق شده بود و با تشنج دست و پا می‌زده.

نباید تند برویم، آیا مقصود خیام از یادآوری شکوه گذشته ساسانی مقایسه بی‌ثباتی و کوچکی تمدن‌ها و زندگی انسان نبوده است و فقط یک تصویر مجازی و کنایه‌ای بیش نیست؟ ولی با حرارتی که بیان می‌کند جای شک و شبهه باقی نمی‌گذارد. مثلاً صدای فاخته که شب مهتاب روی ویرانه تیسفون کوکو می‌گوید مو را به تن خواننده راست می‌کند:

«آن قصر که بر چرخ همی زد پهلو. (۵۶)

آن قصر که بهرام درو جام گرفت. (۵٤)»

چنانکه سابقاً ذکر شد خیام جز روش دهر خدائی نمی‌شناخته و خدائی را که مذاهب سامی تصور می‌کرده‌اند منکر بوده است. ولی بعد قیافه جدّی‌تری به خود می‌گیرد و راه حلّ علمی و منطقی برای مسائل ماوراء طبیعی جستجو می‌کند. چون راه عقلی پیدا نمی‌کند به تعبیر شاعرانه این الفاظ قناعت می‌نماید. صانع را تشبیه به کوزه‌گر می‌کند و انسان را به کوزه و می‌گوید:

«این کوزه‌گر دهر چنین جام لطیف،

می‌سازد و باز بر زمین می‌زندش! (۴۳)»

مجلس این کوزه‌گر دیوانه را با قیافه احمق و خون‌خوارش که همه هم خود را صرف صنایع ظریف می‌کند ولی از روی جنون آن کوزه‌ها را می‌شکند، فقط قلم آقای درویش نقاش توانسته روی پرده خودش مجسم بکند.

بهشت و دوزخ را در نهاد اشخاص دانسته:

«دوزخ شرری ز رنج بیهوده ماست،

فردوس دمی ز وقت آسوده ماست. (۱۴۲)»

گل‌های خندان، بلبلان نالان، کشتزارهای خرم، نسیم بامداد، مهتاب روی مهتابی، مهرویان پریوش، آهنگ چنگ، شراب گُلگون، این‌ها بهشت ماست. چیزی بهتر از این‌ها روی زمین پیدا نمی‌شود، با این حقایقی که درین دنیای بی‌ثبات پر از درد و زجر برای‌مان مانده استفاده بکنیم. همین بهشت ماست، بهشت موعودی که مردم را به امیدش گول می‌زنند! چرا به امید موهوم ازآسایش خودمان چشم بپوشیم؟

«کس خلد و جحیم را ندیده است، ای دل،

گوئی که از آن جهان رسیده است؟ ای دل... (۹۱)»

یک بازیگر خانه غریبی است. مثل خیمه‌شب‌بازی یا بازی شطرنج، همه کائنات روی صفحه گمان می‌کنند که آزادند. ولی یک دست نامرئی که متعلق به یک ابله یا بچه است مدتی با ما تفریح می‌کند. ما را جا به جا

می‌کند، بعد دلش را می‌زند، دوباره این عروسک‌ها یا مهره‌ها را در صندوق فراموشی و نیستی می‌اندازد:

«ما لعبتگانیم و فلک لعبت باز،

از روی حقیقتی نه از روی مجاز... (۵۰)»

خیام می‌خواسته این دنیای مسخره، پست، غم‌انگیز و مضحک را از هم بپاشد و یک دنیای منطقی‌تری روی خرابه آن بنا بکند:

«گر بر فلکم دست بُدی چون یزدان.

برداشتمی من این فلک را ز میان... (۲۵)»

برای این که بدانیم تا چه‌اندازه فلسفه خیام در نزد پیروان او طرف توجه بوده و مقلد پیدا کرده این نکته را می‌گوئیم که مؤلف «دبستان مذاهب» در چند جا مثل از رباعیات خیام می‌آورد و یک جا رباعی غریبی به او نسبت می‌دهد   (ص   ۶۳):

«... سمراد در لغت و هم پندار را گویند فرهمند شاگرد فرایرج گفته: اگر کسی موجود باشد داند که عناصر و افلاک و انجم و عقول و نفوس حق است. و واجب‌الوجودی که می‌گوید هستی‌پذیر نشد و ما از وهم گمان بریم که او هست و یقین که او هم نیست. من الاستشهاد حکیم عمر خیام بیت:

«صانع به جهان کهنه همچون ظرفی است.

آبیست به معنی و بظاهر برفی است؛

بازیچه کفر و دین بطفلان بسپار،

بگذر ز مقامی که خدا هم حرفی است!»

در جای دیگر (ص۱۵۹) راجع به عقاید چارواک می‌گوید: «... عاقل باید از جمیع لذات بهره گیرد و از مشتهیات احتراز ننماید. از آن‌که چون به خاک پیوست باز آمدن نیست. ع:

«باز آمدنت نیست، چو رفتی رفتی.

«روشن‌تر گوئیم عقیده، چارواک آن است که ایشان گویند: چون صانع پدیدار نیست و ادراک بشری به اثبات آن محیط نیارد شد، ما را چرا بندگی امری مظنون، موهوم، بل معدوم باید کرد؟... و بهر نوید جنّت و راحت آن از کثرت حرص ابلهانه دست از نعمت‌ها و راحت‌ها باز داشت؟ عاقل نقد را به نسیه ندهد... آن چه ظاهر نیست باور کردن آن را نشاید. ترکیب جسد موالید از عناصر اربعه است، به مقتضای طبیعت یک چند با هم تألیف پذیر شده...، چون ترکیب متلاشی شود، معاد عنصر جز عنصر نیارد بود. بعد از تخریب کاخ تن، عروجی به برین وطن و ناز و نعیم و نزول نار و جحیم نخواهد بود.»

آیا تجزیه افکار خیام را ازین سطور درک نمی‌کنیم؟ هرو آلن در اضافات به رباعیات خیام (ص۲۹۱) از کتاب «سرگذشت سلطنت کابل» تألیف الفینستن که در سنه ۱۸۱۵ میلادی به طبع رسیده نقل می‌کند و شرح می‌دهد که فرقه‌ای دهری و لامذهب به اسم ملازکی شهرت دارند: «به نظر می‌آید که افکار آن‌ها خیلی قدیمی است و کاملاً با افکار شاعر قدیم ایران خیوم وفق می‌دهد، که در آثار او نمونه‌های لامذهبی به قدری شدید است که درهیچ زبانی سابقه ندارد... این فرقه عقاید خودشان را در خفا آشکار می‌کردند و معروف است که عقاید آن‌ها بین نجبای رند دربار شاه محمود رخنه کرده بود.»

اختصاص دیگری که در فلسفه خیام مشاهده می‌شود دقیق شدن او در مسئله مرگ است که نه از راه نشئات روح و فلسفه الهیون آن را تحت مطالعه در می‌آورد، بلکه از روی جریان و استحاله ذرات اجسام و تجزیه ماده تغییرات آن را با تصویرهای شاعرانه و غم‌ناکی مجسم می‌کند.

برای خیام ماوراء ماده چیزی نیست. دنیا در اثر اجتماع ذرات به وجود آمده که برحسب اتفاق کار می‌کنند. این جریان دائمی و ابدی است و ذرات

پی‌درپی در اشکال و انواع داخل می‌شوند و روی می‌گردانند. ازین رو انسان هیچ بیم و امیدی ندارد و در نتیجه ترکیب ذرات و چهار عنصر و تأثیر هفت کوکب به وجود آمده و روح او مانند کالبد مادی، مادی است و پس از مرگ نمی‌ماند:

«باز آمدنت نیست، چو رفتی رفتی. (۲۹)

چون عاقبت کار جهان «نیستی» است. (۱٤۰)

هر لاله پژمرده نخواهد بشگفت. (٤۷) »

اما خیام به همین اکتفا نمی‌کند و ذرات بدن را تا آخرین مرحله نشئاتش دنبال می‌نماید و بازگشت آن‌ها را شرح می‌دهد. در موضوع بقای روح معتقد به گردش و استحاله ذرات بدن پس از مرگ می‌شود. زیرا آنچه که محسوس است و به تمیز درمی‌آید این است که ذرات بدن در اجسام دیگر دوباره زندگی و یا جریان پیدا می‌کنند. ولی روح مستقلی که از بعد از مرگ زندگی جداگانه داشته باشد نیست. اگر خوشبخت باشیم ذرات تن ما خم باده می‌شوند و پیوسته مست خواهند بود، و زندگی مرموز و بی‌اراده‌ای را تعقیب می‌کنند. همین فلسفه ذرات سرچشمه درد و افکار غم‌انگیز خیام می‌شود. در گِل کوزه، در سبزه، در گل لاله در معشوقه‌ای که با حرکات موزون به آهنگ چنگ می‌رقصد، در مجالس تفریح و در همه جا ذرات بی‌ثبات و جریان سخت و بی‌اعتنایی طبیعت جلو اوست. در کوزه شراب ذرات تن مهرویان را می‌بیند که خاک شده‌اند ولی زندگی غریب دیگری را دارند. زیرا در آن‌ها روح لطیف باده در غلیان است.

در این‌جا شراب او با همه کنایات و تشبیهات شاعرانه‌ای که در ترانه‌هایش می‌آورد یک صورت عمیق و مرموز به خود می‌گیرد. شراب در عین‌حال که تولید مستی و فراموشی می‌کند، در کوزه حکم روح را در تن دارد. آیا اسم همه قسمت‌های کوزه تصغیر همان اعضای بدن انسان نیست مثل: دهنه،

لبه، گردنه، دسته، شکم.... و شراب میان کوزه روح پرکیف آن نمی‌باشد؟ همان کوزه که سابق بر این یک نفر ماهرو بوده! این روح پرغلیان زندگی دردناک گذشته کوزه را روی زمین یادآوری می‌کند! از این قرار کوزه یک زندگی مستقل پیدا می‌کند که شراب به منزله روح آنست[1]:

«لب بر لب کوزه بردم از غایت آز (۱۳۹)
این دسته که بر گردن او می‌بینی،
دستی است که بر گردن یاری بوده است. (۷۲)»

از مطالب فوق بدست می‌آید که خیام در خصوص ماهیت و ارزش زندگی یک عقیده و فلسفه مهمی دارد. آیا او درمقابل این همه بدبختی و این فلسفه چه خط‌مشی و رویه‌ای را پیش می‌گیرد؟

درصورتی که نمی‌شود به چگونگی اشیاء پی‌برد، درصورتی که کسی ندانسته و نخواهد دانست که از کجا می‌آئیم و به کجا می‌رویم و گفته‌های دیگران مزخرف و تله خربگیری است. در صورتی که طبیعت آرام و بی‌اعتنا وظیفه خودش را انجام می‌دهد و همه کوشش‌های ما در مقابل او بیهوده است و تحقیقات فلسفی غیرممکن می‌باشد، در صورتی که اندوه و شادی ما نزد طبیعت یکسان است و دنیایی که در آن مسکن داریم پراز درد و شر همیشگی است و زندگی هراسناک ما یک رشته خواب، خیام، فریب و موهوم می‌باشد، در صورتی که پادشاهان بافر و شکوه گذشته به خاک نیستی هم‌آغوش شده‌اند و پری‌رویان ناکامی که به سینه خاک تاریک فرو رفته‌اند ذرات تن آن‌ها در تنگنای گور ازهم جدا می‌شود و در نباتات و اشیاء زندگی دردناکی را دنبال می‌کند. آیا همه این ها به زبان بی‌زبانی

[1] این گونه تشبیه زیاد در افکار خیام دیده می‌شود. مثلاً در نوروزنامه (ص ٤٠) در مورد کمان می گوید: «... و بیکروی کمان بر صورت مردم نگاشته است از رَگ و استخوان و پی و استخوان و پوست و گوشت، و زه وی چون جان وی بود که بوی زنده است، با جان که از هنرمند بیابد.»

سستی و شکنندگی چیزهای روی زمین را به ما نمی‌گویند؟ گذشته به جز یادگار درهم و رویائی بیش نیست،آینده مجهول است. پس همین دم را که زنده‌ایم این دم گذرنده که به یک چشم به هم زدن در گذشته فرو می‌رود، همین دم را دریابیم و خوش باشیم. این دم که رفت دیگر چیزی در دست ما نمی‌ماند، ولی اگر بدانیم که دم را چگونه بگذرانیم! مقصود از زندگی کیف و لذت است. تا می‌توانیم باید غم وغصه را از خودمان دور بکنیم، معلوم را به مجهول نفرشیم و نقد را فدای نسیه نکنیم. انتقام خودمان را از زندگی به ستانیم پیش از آنکه درچنگال او خرد بشویم!

«برپای نصیب خویش کت بربایند. (٤٥)»

باید دانست هرچند خیام از ته دل معتقد به شادی بوده ولی شادی او همیشه با فکر عدم و نیستی توأم است. از این رو همواره معانی فلسفه خیام در ظاهر دعوت به خوش‌گذرانی می‌کند اما در حقیقت همه گل و بلبل، جام‌های شراب، کشتزار و تصویرهای شهوت‌انگیز او جز تزیینی بیش نیست، مثل کسی که بخواهد خودش را بکشد و قبل از مرگ به تجمل و تزیین اطاق خودش بپردازد. از این جهت خوشی او بیشتر تأثرآور است. خوش باشیم و فراموش بکنیم تا خون، این مایع زندگی، که از هزاران زخم ما جاری است نه بینیم!

چون خیام از جوانی بدبین و در شک بوده و فلسفه کیف و خوشی را در هنگام پیری انتخاب کرده به همین مناسبت خوشی او آغشته با فکر یأس و حرمان است:

«پیمانه عمر من به هفتاد رسید،

این دم نکنم نشاط ،کی خواهم کرد؟ (١٤١)»

این ترانه که ظاهراً لحن یک نفر رند کارکشته و عیاش را دارد که از همه چیز بیزار و زده شده و زندگی را می‌پرستد و نفرین می‌کند، در حقیقت

شتاب و رغبت به باده‌گساری در سن هفتادسالگی این رباعی را بیش از رباعیات بدبینی او غم‌انگیز می‌کند و کاملاً فکر یک نفر فیلسوف مادّی را نشان می‌دهد که آخرین دقایق عمر خود را در مقابل فنای محض می‌خواهد دریابد!

روی ترانه‌های خیام بوی غلیظ شراب سنگینی می‌کند و مرگ از لای دندان‌های کلید شده‌اش می‌گوید: «خوش باشیم!»

موضوع شراب در رباعیات خیام مقام خاصی دارد. اگرچه خیام مانند ابن سینا در خوردن شراب زیاده‌روی نمی‌کرده ولی در مدح آنان تا اندازه‌ای اغراق می‌گوید. شاید بیشتر مقصودش مدح منهیات مذهبی است. ولی در نوروزنامه یک فصل کتاب مخصوص منافع شراب است و نویسنده از روی تجربیات دیگران و آزمایش شخصی منافع شراب را شرح می‌دهد و در آن‌جا اسم بوعلی سینا و محمد زکریای رازی را ذکر می‌کند (ص۶۰) می‌گوید: «هیچ چیز در تن مردم نافع‌تر از شراب نیست، خاصه شراب انگوری تلخ و صافی و خاصیتش آن است که غم را ببرد و دل را خرم کند.» (ص۷۰): «... همه دانایان متفق گشتند که هیچ نعمتی بهتر و بزرگوارتر از شراب نیست.» (ص۶۱): «... و در بهشت نعمت بسیار است و شراب بهترین نعمت‌های بهشت است.» آیا می‌توانیم باور کنیم که نویسنده این جمله را از روی ایمان نوشته در صورتی که با تمسخر می‌گوید:

«گویند: بهشت و حوض کوثر باشد! (۸۹)»

ولی در رباعیات شراب برای فرونشاندن غم و اندوه زندگی است. خیام پناه به جام باده می‌برد و با می ارغوانی می‌خواهد آسایش فکری و فراموشی تحصیل بکند. خوش باشیم، کیف بکنیم، این زندگی مزخرف را فراموش بکنیم. مخصوصاً فراموش بکنیم، چون در مجالس عیش ما یک سایه ترسناک دور می‌زند... این سایه مرگ است، کوزه شراب لبش را که به لب ما

می‌گذارد و آهسته بغل گوشمان می‌گوید: من هم روزی مثل تو بوده‌ام، پس روح لطیف باده را بنوش تا زندگی را فراموش بکنی! بنوشیم، خوش باشیم. چه مسخره غمناکی! کیف، زن، معشوق دمدمی. بزنیم، بخوانیم، بنوشیم، که فراموش بکنیم پیش از آنکه این سایه ترسناک گلوی ما را در چنگال استخوانیش بفشارد. میان ذرات تن دیگران کیف بکنیم که ذرات تن ما را صدا می‌زنند و دعوت به نیستی می‌کنند و مرگ با خنده چندش‌انگیزش به ما می‌خندد.

زندگی یک دم است، آن دم را فراموش بکنیم!

«می‌خور که چنین عمر که غم در پی اوست.

آن به که به خواب یا به مستی گذرد! (۱۴۳)»

خیام شاعر

آنچه که اجمالاً اشاره شد نشان می‌دهد که نفوذ فکر، آهنگِ دل‌فریب، نظر موشکاف، وسعت قریحه، زیبایی بیان، صحت منطق، سرشاری تشبیهات ساده بی‌حشو و زوائد و مخصوصاً فلسفه و طرز فکر خیام که به آهنگ‌های گوناگون گویا است و با روح هرکسی حرف می‌زند در میان فلاسفه و شعرای خیلی کمیاب مقام ارجمند و جداگانه‌ای برای او احراز می‌کند.

رباعی کوچک‌ترین وزن شعری است که انعکاس فکر شاعر را با معنی تمام برساند[1]. هرشاعری خودش را موظف داشته که در جزو اشعارش کم وبیش رباعی بگوید. ولی خیام رباعی را به منتها درجه اعتبار و اهمیت رسانیده واین وزن مختصر را انتخاب کرده،درصورتی که افکار خودش را در نهایت زبردستی در آن گنجانیده.

ترانه‌های خیام به قدری ساده، طبیعی و به زبان دلچسب ادبی و معمولی گفته شده که هرکس را شیفته آهنگ و تشبیهات قشنگ آن می‌نماید، و از بهترین نمونه‌های شعر فارسی به شمار می‌آید. قدرت ادای مطلب را به‌اندازه‌ای رسانیده که گیرندگی و تأثیر آن حتمی است و انسان به حیرت می‌افتد که یک عقیده فلسفی مهمی چگونه ممکن است درغالب یک رباعی به گنجد و چگونه می‌توان چند رباعی گفت که از هر کدام یک فکر و فلسفه مستقل مشاهده بشود و درعین حال با هم، هم آهنگ باشد. این کشش و

---

[1] در کتاب کریستنسن راجع به رباعیات خیام (ص ۹۰) نوشته که رباعی وزن شعری کاملاً ایرانی است و به عقیده هارتمان رباعی ترانه نامیده می‌شده و اغلب به آواز می خوانده‌اند. برساز ترانه ای و پیش‌آور می. (۱۱۶) بعدها اعراب این وزن را از فارسی تقلید کردند. این عقیده را لابد هارتمان از خواندن گفته شمس قیس رازی راجع به رباعی پیدا کرده.

دلربایی فکر خیام است که ترانه‌های او را در دنیا مشهور کرده، وزن ساده و مختصر شعری خیام خواننده را خسته نمی‌کند و به او فرصت فکر می‌دهد. خیام درشعر پیروی از هیچ کس نمی‌کند. زبان ساده او به همه اسرار صنعت خودش کاملاً آگاه است و با کمال ایجاز، به بهترین طرزی شرح می‌دهد. درمیان متفکرین و شعرای ایرانی که بعد از خیام آمده‌اند، برخی از آن‌ها به خیال افتاده‌اند که سبک او را تعقیب بکنند و از مسلک او پیروی بنمایند. ولی هیچ کدام از آن‌ها نتوانسته‌اند به سادگی و گیرندگی و به بزرگی فکر خیام برسند. زیرا بیان ظریف و بی‌مانند او با آهنگ سلیس مجازی کنایه‌دار او مخصوص به خودش است. خیام قادر است که الفاظ را موافق فکر و مقصود خودش انتخاب بکند. شعرش با یک آهنگ لطیف و طبیعی جاری و بی‌تکلف است، تشبیهات و استعاراتش یک ظرافت ساده و طبیعی دارد.

طرز بیان، مسلک و فلسفه خیام تأثیر مهمی در ادبیات فارسی کرده و میدان وسیعی برای جولان فکر دیگران تهیه نموده. حتی حافظ و سعدی در نشئات ذره، ناپایداری دنیا، غنیمت شمردن دم و می‌پرستی اشعاری سروده‌اند که تقلید مستقیم از افکار خیام است. ولی هیچ کدام نتوانسته‌اند درین قسمت به مرتبه خیام برسند مثلاً سعدی می‌گوید:

«بخاک بر مرواى آدمی به نخوت و ناز،

که زیر پای تو همچون تو آدمیزاد است. (۶۳)

عجب نیست از خاک اگر گل شگفت،

که چندین گل اندام در خاک خفت! (۵۸)

سعدیا دی رفت و فردا همچنان موجود نیست.

در میان این و آن فرصت شمار امروز را. (۱۲۰)»

و در این اشعار حافظ:

«چنین که بر دل من داغ زلف سرکش تست،

بنفشه‌زار شود تربتم چو درگذرم. (۶۳)
هر وقت خوش که دست دهد مغتنم شمار،
کس را وقوف نیست که انجام کار چیست! (۱۱۲)
روزی که چرخ از گل ما کوزه‌ها کند،
زنهار کاسه سر ما پرشراب کن. (۶۶)
که هرپاره خشتی که بر منظریست.
سر کیقبادی و اسکندریست: (۱۰۹)
قدح به شرط ادب گیر زانکه ترکیبش.
ز کاسه سر جمشید و بهمن است و قباد. (۷۰)»

حافظ و مولوی و بعضی از شعرای متفکر دیگر اگرچه این شورش و رشادت فکر خیام را حس کرده‌اند و گاهی شلتاق آورده‌اند، ولی به قدری مطالب خودشان را زیر جملات و تشبیهات و کنایات اغراق‌آمیز پوشانیده‌اند که ممکن است آن را به صد گونه تغییر و تفسیرکرد. مخصوصاً حافظ که خیلی از افکارخیام الهام شده و تشبیهات او را گرفته است، می‌توان گفت او یکی از بهترین و متفکرترین پیروان خیام است. اگرچه حافظ خیلی بیشتر از خیام رؤیا، قوه تصور و الهام شاعرانه داشته که مربوط به شهوت تند او می‌باشد. ولی افکار او به پای فلسفه مادّی ومنطقی خیام نمی‌رسد و شراب را به صورت اسرارآمیز صوفیان درآورده. در همین قسمت حافظ از خیام جدا می‌شود. مثلاً شراب حافظ اگرچه در بعضی جاها به طور واضح همان آب انگور است، ولی به قدری زیر اصطلاحات صوفیانه پوشیده شده که اجازه تعبیر را می‌دهد و یک نوع تصوف می‌شود از آن استنباط کرد. ولی خیام احتیاج به پرده‌پوشی و رمز و اشاره ندارد، افکارش را صاف و پوست کنده می‌گوید. همین لحن ساده، بی‌پروا و صراحت لهجه او را از سایر شعرای آزاد فکر متمایز می‌کند.

مثلاً این اشعار حافظ به خوبی جنبه صوفی و رؤیای شدید او را می‌رساند:
«این همه عکس می و نقش و نگارین که نمود.
یک فروغ رخ ساقی است که در جام افتاد.
ما در پیاله عکس رخ یار دیده‌ایم،
ای بیخبر ز لذت شرب مدام ما.»
حافظ نیز به زهاد حمله می‌کند ولی چقدر با حمله خیام فرق دارد:
«راز درون پرده ز رندان مست پرس.
کاین حال نیست زاهد عالی مقام را. (۸۵)»
خیلی با نزاکت‌تر و ترسوتر از خیام به بهشت اشاره می‌کند:
باغ فردوس لطیف است، ولیکن زنهار.
تو غنیمت شمر این سایه بید و لب کشت. (۸۸)»
چقدر با احتیاط و محافظه کاری به جنگ صانع می‌رود:
«پیر ما گفت خطا برقلم صنع نرفت،
آفرین بر نظر پاک خطا پوشش باد! (۱۱)»
شعرای دیگر نیز از خیام تبعیت کرده‌اند و حتی در اشعار صوفی کنایات خیام دیده می‌شود؛ مثلاً این شعر عطار:
«گر چو رستم شوکت و زورت بود.
جای چون بهرام در گورت بود. (٥٤) »
غزالی نیز مضمون خیام را استعمال می‌کند:
«چرخ فانوس خیالی عالمی حیران در او،
مردمان چون صورت فانوس سرگردان دو ا و. (۱۰۵) »
بر طبق روایت «اخبار العلماء» خیام را تکفیر می‌کنند به مکّه می‌رود و شاید سر راه خود خرابه تیسفون را دیده و این رباعی را گفته:
«آن قصر که بر چرخ همی زد پهلو... (۵۶)»

آیا خاقانی تمام قصیده معروف خود «ایوان مدائن» را از همین رباعی خیام الهام نشده؟[1]

از همه تأثیرات و نفوذ خیام در ادبیات فارسی چیزی که مهم‌تر است رشادت فکری و آزادی است که ابداع کرده و گویا به قدرت قلم خودش آگاه بوده. چون در «نوروزنامه» (ص٤٨) در فصل «اندر یاد کردن قلم» حکایتی می‌آورد که قلم را از تیغ برهنه مؤثرتر می‌داند و این طور نتیجه می‌گیرد: «... و تأثیر قلم صلاح و فساد مملکت را کاری بزرگست، و خداوندان قلم را که معتمد باشند عزیز باید داشت.»

تأثیر خیام در ادبیات انگلیس و امریکا، تأثیر او در دنیای متمدن امروزه همه اینها نشان می‌دهد که گفته‌های خیام با دیگران تا چه‌اندازه فرق دارد.

خیام اگرچه سر و کار با ریاضیات و نجوم داشته ولی این پیشه خشک مانع از تظاهر احساسات رقیق و لذت بردن از طبیعت و ذوق سرشار شعری او نشده و اغلب هنگام فراغت را به تفریح و ادبیات می‌گذرانیده. اگرچه مابین منجمین مانند خواجه نصیرالدین طوسی و غیره شاعر دیده شده و اشعاری به آن‌ها منسوب است ولی گفته‌های آن‌ها با خیام زمین تا آسمان فرق دارد. آنان تنها در الهیات و تصوف یا عشق و اخلاق و یا مسائل اجتماعی رباعی گفته‌اند. یعنی همان گفته‌های دیگران را تکرار کرده‌اند و ذوق شاعری در اشعار و قافیه پردازی آن‌ها تقریباً وجود ندارد.

شب مهتاب، ویرانه، مرغ حق، قبرستان، هوای نمناک بهاری در خیام خیلی مؤثر بوده. ولی به نظر می‌آید که شکوه و طراوت بهار، رنگ‌ها و بوی گل، چمن‌زار، جویبار، نسیم ملایم و طبیعت افسون‌گر یا آهنگ چنگ ساقیان ماهرو و بوسه‌های پر حرارت آن‌ها که فصل بهار و نوروز را تکمیل می‌کرده

---

[1] از نوحه جغدالحق، مائیم بدرد سر...

در روح خیام تأثیر فوق‌العاده داشته. خیام با لطافت و ظرافت مخصوصی که در نزد شعرای دیگر کمیاب است طبیعت را حس می‌کرده و با یک دنیا استادی وصف آن را می‌کند:

«روزی است خوش و هوا نه گرم است و نه سرد... (۱۸)

بنگر ز صبا دامن گل چاک شده... (۶۰)

ابر آمد و زار بر سر سبزه گریست... (۶۱)

چون ابر به نوروز رخ لاله بشست... (۶۲)

مهتاب به نور دامن شب بشکافت... (۱۱۱)»

خیام در وصف طبیعت تا همان اندازه که احتیاج دارد با چند کلمه محیط و وضع را مجسم و محسوس می‌کند آن هم در زمانی که شعر فارسی در زیر تأثیر تسلط عرب یک نوع لغت‌بازی و اظهار فضل و تملّق‌گویی خشک و بی‌معنی شده بود و شاعران کمیابی که ذوق طبیعی داشته‌اند برای یک برگ و یا یک قطره ژاله به قدری اغراق می‌گفته‌اند که انسان را از طبیعت بیزار می‌کرده‌اند. این سادگی زبان خیام بر بزرگی مقام او می‌افزاید. نه تنها خیام به الفاظ ساده اکتفا کرده، بلکه در ترانه‌های خود استادی‌های دیگری نیز بکار برده که نظیر آن در نزد هیچ یک از شعرای ایران دیده نمی‌شود. او با کنایه و تمسخر لغات قلنبه برخی علمای زمان خود را گرفته و به خودشان پس داده مثلاً درین رباعی:

«گویند: بهشت و حور و عین خواهد بود،

آنجا می‌ناب و انگبین خواهد بود.»

اول نقل قول کرده و این اصطلاحات را در وصف جنت به زبان خودشان شرح داده، بعد جواب می‌دهد:

«گر ما می‌و معشوقه گزیدیم چه باک؟

چون عاقبت کار همین خواهد بود!»

۳۰۴

درین رباعی القاب ادبا و فضلا را به اصطلاح خودشان می‌گوید:

«آنانکه محیط فضل و آداب شدند،

در جمع کمال شمع اصحاب شدند،»

به زبان خودش القاب و ادعای آن‌ها را خراب می‌کند:

«ره زین شب تاریک نبردند بروز،

گفتند فسانه‌ای و در خواب شدند! »

در جای دیگر لفظ «پرده» صوفیان را می‌آورد و بعد به تمسخر می‌گوید که پشت پرده اسرار عدم است:

«هست از پس «پرده» گفتگوی من و تو،

چون «پرده» برافتد، نه تو مانی و نه من!»

گاهی با لغات بازی می‌کند، ولی صنعت او چقدر با صنایع لوس و ساختگی بدیع فرق دارد. مثلاً لغاتی که دو معنی را می‌رساند:

«بهرام که گور می‌گرفتی همه عمر،

دیدی که چگونه گور بهرام گرفت! »

تقلید آواز فاخته که در ضمن به معنی «کجا رفتند؟» هم باشد یک شاهکار زیرکی،تسلط به زبان و ذوق را می‌رساند:

«دیدیم که بر کنگره‌اش فاخته،

بنشسته همی گفت که: «کو کو کو کو!»

در آخر بعضی از رباعیات قافیه تکرار شده، شاید به نظر بعضی فقر لغت و قافیه را برساند مثل:

«دنیا دیدی و هرچه دیدی هیچ است... (۱۰۲)

بنگر زجهان چه طرف بربستم؟ هیچ.(۱۰۷)»

ولی تمام تراژدی موضوع در همین تکرار «هیچ» جمع شده.

چندین اثر فلسفی و علمی به زبان فارسی و عربی از خیام مانده. ولی اثر علمی او هرگز در میزان شهرتش دخالتی نداشته. خوش‌بختانه اخیراً یک رساله ادبی گران‌بهایی از خیام به دست آمد موسوم به: «نوروزنامه» که به سعی و اهتمام دوست عزیزم آقای مجتبی مینوی در تهران به چاپ رسید. این کتاب به فارسی ساده و بی‌مانندی نوشته شده که نشان می‌دهد اثر قلم توانای همان گوینده ترانه‌ها می‌باشد. نثر ادبی آن یکی از بهترین و سلیس‌ترین نمونه‌های نثر فارسی است و ساختمان جملات آن خیلی نزدیک به پهلوی می‌باشد و هیچ کدام از کتاب‌هایی که کم و بیش در آن دوره نوشته شده از قبیل:«سیاست‌نامه» و «چهارمقاله» و غیر از حیث نثر و ارزش ادبی به پای نوروزنامه نمی‌رسند.

نگارنده موضوع کتاب خود را یکی از رسوم ملی ایران قدیم قرار داده که رابطه مستقیم با نجوم دارد، و درآن خرافات نجومی و اعتقادات عامیانه و خواص اشیاء را بر طبق نجوم و طب Empirique شرح می‌دهد. اگرچه این کتاب دستوری و به فراخور مقتضیات روز نوشته شده، ولی در خفایای الفاظ آن همان موشکافی فکر همان منطق محکم ریاضی‌دان، قوه تصور فوق‌العاده و کلام شیوای خیام وجود دارد و در گوشه و کنار به همان فلسفه علمی و مادّی خیام که از دستش در رفته برمی‌خوریم. در این کتاب نه حرفی از عذاب آخرت است و نه از لذایذ جنت، نه یک شعر صوفی دیده می‌شود و نه از اخلاق و مذهب سخن به میان می‌آید. موضوع یک جشن با شکوه ایران، همان ایرانی که فاخته بالای گنبد ویرانش کو کو می‌گوید و بهرام و کاووس و نیشابور و توس‌اش با خاک یکسان شده، از جشن آن دوره تعریف می‌کند و آداب و عادات آن را می‌ستاید.

آیا می‌توانیم در نسبت این کتاب به خیام شک بیاوریم؟ البته از قراینی ممکن است. ولی برفرض هم که از روی تصادف و یا تعمد این کتاب به خیام

منسوب شده باشد می‌توانیم بگوئیم که نویسنده آن رابطه فکری با خیام داشته و در ردیف همان فیلسوف نیشابوری و به مقام ادبی و ذوقی او می‌رسیده. به هرحال، تا زمانی که یک سند مهم تاریخی به دست نیامده که همین کتاب «نوروزنامه» را که در دست است به نویسنده مقدم بر خیام نسبت بدهد هیچ گونه حدس و فرضی نمی‌تواند نسبت آن را از خیام سلب بکند. برعکس، خیلی طبیعی است که روح سرکش و بیزار خیام، آمیخته با زیبایی و ظرافت‌ها که از اعتقادات خشن زمان خودش سرخورده، در خرافات عامیانه یک سرچشمه تفریح و تنوع برای خودش پیدا بکند. سرتاسر کتاب میل ایرانی ساسانی، ذوق هنری عالی، ظرافت‌پرستی و حس تجمل مانوی را به یاد می‌آورد. نگارنده پرستش زیبایی را پیشه خودش نموده، همین زیبایی که در لغات و در آهنگ جملات او به خوبی پیداست. خیام شاعر، عالم و فیلسوف خودش را یک باردیگر در این کتاب معرفی می‌کند.

خیام نماینده ذوق خفه شده، روح شکنجه دیده و ترجمان ناله‌ها و شورش یک ایران بزرگ، باشکوه و آباد قدیم است که در زیر فشار فکر زمخت سامی و استیلای عرب کم‌کم مسموم و ویران می‌شده.

از مطالب فوق به دست می‌آید که گوینده این ترانه‌ها فیلسوف،منجم و شاعر بی‌مانندی بوده است. حال اگر بخواهیم نسبت این رباعیات را از خیام معروف سلب بکنیم، آیا به کی آن‌ها را نسبت خواهیم داد؟ لابد باید خیام دیگری باشد که هم زاد همان خیام معروف است و شاید از خیام منجم هم مقامش بزرگ‌تر باشد. ولی در هیچ جا به طور مشخص اسم او برده نشده و کسی او را نمی‌شناخته، درصورتی که بایستی در یک زمان و یک جا و به یک طرز با خیام منجم زندگی کرده باشد. پس این به غیر از خود خیام که ژنی بی‌مانند او به انواع گوناگون تجلی می‌کرده و یا شبح او کس دیگری نبوده.

اصلاً آیا کس دیگری را به جز خیام سراغ داریم که بتواند این طور ترانه سرائی بکند؟

چند قطعه شعر عربی از خیام مانده است، ولی از آن جایی که هیچ یک از شعرا نتوانسته‌اند آن‌ها را به شعر فارسی به زبان خیام دربیاورند از درج آن چشم پوشیدیم.

بنا به خواهش دوست هنرمندم آقای درویش نقاش، این مقدمه را اجمالا به ترانه‌های خیام نوشتم تا راهنمای تابلوهای ایشان بشود. درین کتاب، ترانه‌های خیام مطابق سبک و افکار فلسفی مرتب شده و رباعیاتی که به نظر مشکوک می‌آمده جلو آن‌ها یک ستاره گذاشته شده، این رباعیات برفرض هم ازخود خیام نباشد از پیروان خیلی زبردست او خواهد بود که مستقیماً از فکر فیلسوف و شاعر بزرگ الهام شده‌اند[1]!

صادق هدایت

تهران ٤ مهر - ۱۳۱۳

[1] رباعیاتی که در متن دو کتاب تفاوت‌هایی دارند در پانویس های ترانه ها آمده است. گردآورنده.

ترانه‌ها

راز آفرینش

۱

هرچند که رنگ و روی زیباست مرا،
چون لاله رخ و چو سرو بالاست مرا،
معلوم نشد که در طرب‌خانه خاک
نقاش ازل[۱] بهر چه آراست مرا؟

۲

آورد به اضطرارم اول به وجود،
جز حیرتم از حیات چیزی نفزود؛
رفتیم به اکراه و ندانیم چه بود
زین آمدن و بودن و رفتن مقصود!

۳

از آمدنم نبود گردون را سود،
وز رفتن من جاه و جلالش نفزود؛
وز هیچ کسی نیز دو گوشم نشنود،
کاین آمدن و رفتنم از بهر چه بود!

---

[۱] نقاش من از بهر...

٤

ای دل تو به ادراک معما نرسی،
در نکته زیرکان دانا نرسی؛
این جا ز میو جام بهشتی[1] میساز،
کانجا که بهشت است رسی یا نرسی!

۵

دل سرّ حیات اگر کماهی دانست،
در مرگ[2] هم اسرار الهی دانست؛
امروز که با خودی، ندانستی هیچ،
فردا که ز خود روی چه خواهی دانست؟

۶*

تا چند زنم به روی دریاها خشت،
بیزار شدم ز بت‌پرستان و کنشت؛
خیام، که گفت دوزخی خواهد بود؟
که رفت به دوزخ و که آمد ز بهشت؟

---

[1] بلورین...
[2] موت

۷

اسرار ازل را نه تو دانی و نه من،
وین حرف معما نه تو خوانی و نه من؛
هست از پسِ پرده گفتگوی من و تو،
چون پرده برافتد، نه تو مانی و نه من.

۸

این بحر وجود آمده بیرون ز نهفت،
کس نیست که این گوهر تحقیق بسفت؛
هر کس سخنی از سر سودا گفتند،
زان روی که هست، کس نمی‌داند گفت.

۹

اجرام که ساکنان این ایوانند،
اسباب تردّد خردمندانند،
هان تا سر رشته خرد گم نکنی،
کانان که مدبرند سرگردانند!

۱۰

دوری که درو آمدن[1] و رفتن ماست،
او را نه نهایت، نه بدایت[2] پیداست،
کس می‌نزد دمی درین معنی[3] راست،
کاین آمدن از کجا و رفتن به کجاست!

۱۱

دارنده چو ترکیب طبایع آراست،
از بهرچه او[4] فکندش اندر کم و کاست؟
گرنیک آمد، شکستن از بهر چه بود؟[5]
ور نیک نیامد این صور، عیب کراست؟

۱۲

آنانکه محیط فضل و آداب شدند،
درجمع کمال شمع اصحاب شدند،
ره زین شب تاریک نبردند بروز،
گفتند فسانه‌ای و در خواب شدند.

---

[1] در دایره‌ای کامدن و...
[2] آن را نه بدایت نه نهایت...
[3] عالم...
[4] باز از چه سبب...
[5] گر زانکه بد آمد این صور عیب کر است ؟

ور نیک آمد خرابی از بهر چه خواست.

۱۳*

آنانکه ز پیش رفته‌اندای ساقی،
در خاک[۱] غرور خفته‌اندای ساقی،
رو باده خور و حقیقت از من بشنو:
باد است هرآنچه گفته‌اندی ساقی.

۱٤*

آن بی‌خبران که دُرّ معنی سفتند،
در چرخ به انواع سخن‌ها گفتند؛
آگه چو نگشتند بر اسرار جهان،
اول زنخی زدند و آخر خفتند!

۱۵

گاویست بر آسمان قرین پروین،[۲]
گاویست[۳] دگر نهفته در زیر زمین؛
گر بینائی، چشم حقیقت بگشا:[٤]
زیر و زبر دو گاو مشتی خر بین

---

[۱] در خال ...
[۲] در آسمان و نامش پروین
[۳] یک گاو ...
[٤] چشم خردت گشای چون اهل یقین

درد زندگی

۱۶

امروز که نوبت جوانی من است،
می‌نوشم از آنکه کامرانی من است؛
عیبم مکنید. گرچه تلخ است خوش است،
تلخ است، از آنکه زندگانی من است.

۱۷

گر آمدنم به من بدی، نامدمی.
ور نیز شدن به من بدی، کی شدمی؟
به زان نبدی که‌اندرین دیر خراب،
نه آمدمی، نه شدمی، نه بدمی.[۱]

۱۸

از آمدن و رفتن ما سودی کو؟
وز تار وجود[۲] عمر ما پودی کو؟
در چنبر چرخ جان چندین پاکان،
می‌سوزد و خاک می‌شود، دودی کو؟

---

[۱] نه آمدمی، نه بدمی، نه شدمی
[۲] امید

۱۹

افسوس که بیفایده فرسوده شدیم،
وز داس سپهر سرنگون سوده شدیم؛
دردا و ندامتا که تا چشم زدیم،
نابوده بکام خویش، نابوده شدیم!

۲۰*

با یار چو آرمیده باشی همه عمر؛
لذات جهان چشیده باشی همه عمر،
هم آخر کار[۱] رحلتت خواهی بود،
خوابی باشد که دیده باشی همه عمر،

۲۱

اکنون که ز خوشدلی بجز نام نماند،
یک همدم پخته جز می‌خام نماند؛
دست طرب از ساغر می‌باز مگیر
امروز که در دست بجز جام نماند!

---

[۱] عمر

۲۲

ایکاش که جای آرمیدن بودی،
یا این ره دور را رسیدن بودی؛
کاش از پی صد هزار سال از دل خاک،
چون سبزه امید بر دمیدن بودی!

۲۳

چون حاصل آدمی درین جای دو در،
جز درد دل و دادن جان نیست دگر؛
خرم دل آنکه یک نفس زنده نبود،
و آسوده کسیکه خود نزاد از مادر!

۲٤*

آنکس که زمین و چرخ افلاک نهاد،
بس داغ که او بر دل غمناک نهاد؛
بسیار لب چو لعل و زلفین چو مشک
در طبل زمین و حقه خاک نهاد!

۲۵

گر برفلکم دست بدی چون یزدان،
برداشتمی من این فلک را ز میان؛
از نو فلک دگر چنان ساختمی،
کازاده بکام دل رسیدی آسان.

از ازل نوشته

۲۶

بر لوح نشان بودنی‌ها بوده است،
پیوسته قلم ز نیک و بد فرسوده است؛
در روز ازل هر آنچه[۱] بایست بداد،
غم خوردن و کوشیدن ما بیهوده است.

۲۷

چون روزی و عمر بیش و کم نتوان کرد،
خود را به کم و بیش دژم نتوان کرد؛
کار من و تو چنانکه رأی من و توست
از موم بدست خویش هم نتوان کرد.

۲۸

افلاک که جز غم نفزایند دگر؛
ننهند به جا تا نربایند دگر؛
ناآمدگان اگر بدانند که ما
از دهر چه می‌کشیم، نایند دگر.

---

[۱] اندر تقدیر هرچه...

۲۹

این آنکه نتیجه چهار و هفتی،
وز هفت و چهار دایم اندر تفتی،
می خور که هزار باره بیشت گفتم:
باز آمدنت نیست، چو رفتی، رفتی.

۳۰*

تا خاک مرا به قالب آمیخته‌اند،
بس فتنه که از خاک برانگیخته‌اند:
من بهتر از این نمی‌توانم بودن
کز بوته مرا چنین برون ریخته‌اند.

۳۱*

تا کی ز چراغ مسجد و دود کنشت؟
تا کی ز زیان دوزخ و سود بهشت؟
رو بر سر لوح بین که استاد قضا
اندر ازل آنچه بودنی بود، نوشت.

۳۲*

ای دل چو حقیقت جهان هست مجاز،
چندین چه بری خواری[1] ازین رنج دراز!
تن را به قضا سپار و با درد بساز،
کاین رفته قلم ز بهر تو ناید باز.

۳۳

در گوش دلم گفت فلک پنهانی:
حکمی که قضا بود ز من میدانی؟
در گردش خود اگر مرا دست بدی،
خود را برهاندمی ز سرگردانی.

۳٤

نیکی و بدی که در نهاد بشر است،
شادی و غمی که در قضا و قدر است،
با چرخ مکن حواله کاندر ره عقل،
چرخ از تو هزار بار بیچاره‌تر است.

---

[1] چندین چه خوری تو غم

گردش دوران

۳۵

افسوس که نامه جوانی طی شد،
وان تازه بهار زندگانی دی شد،[۱]
حالی که ورا نام جوانی گفتند،[۲]
معلوم نشد که او کی آمد، کی شد![۳]

۳۶

افسوس که سرمایه ز کف بیرون شد،
در پای اجل بسی جگرها خون شد!
کس نامد از آن جهان که پرسم از وی:
کاحوال مسافران[٤] دنیا چون شد.

۳۷

یک چند به کودکی به استاد شدیم؛
یک چند ز استادی خود شاد شدیم؛
پایان سخن شنو که ما را چه رسید:
چون آب برآمدیم و چون باد شدیم![۵]

---

[۱] وان تازه بهار شادمانی طی شد،

[۲] آن مرغ طرب که نام او بود شباب

[۳] فریاد ندانم که کی آمد، کی شد!

[٤] مسافرین...

[۵] از خاک درآمدیم و بر باد شدیم

۳۸

یاران موافق همه از دست شدند،
در پای اجل یکان یکان پست شدند،
بودیم[۱] بیک شراب در مجلس عمر،
یک دور ز ما پیشترک[۲] مست شدند!

۳۹

ای چرخ فلک خرابی از کینه تست،
بیدادگری پیشه[۳] دیرینه تست،
وی خاک اگر سینه تو بشکافند،
بس گوهر قیمتی که در سینه تست!

٤۰

چون چرخ به کام یک خردمند نگشت،
خواهی تو فلک هفت شمر، خواهی هشت،
چون باید مرد و آرزوها همه هشت،
چه مور خورد به گور و چه گرگ به دشت.

---

[۱] بودند...

[۲] دوری دو سه پیشتر ز ما...

[۳] شیوه...

٤١

یک قطره آب بود و با دریا شد،
یک ذره خاک و با زمین یکتا شد،
آمد شدن تو اندرین عالم چیست؟
آمد مگسی پدید و ناپیدا شد.

٤٢*

می‌پرسیدی که چیست این نقش مجاز،
گر برگویم حقیقتش هست دراز،
نقشی است پدید آمده از دریایی،
وآنگاه شده به قعرآن دریا باز.

٤٣

جامی است که عقل آفرین می‌زندش،
صد بوسه ز مهر بر جبین می‌زندش؛
این کوزه‌گر دهر چنین جام لطیف
می‌سازد و باز بر زمین می‌زندش!

٤٤

اجزای پیاله ای[۱] که در هم پیوست،
بشکستن آن روا نمی‌دارد مست،
چندین سر و ساق[۲] نازنین و کف دست،
از مهر که پیوست[۳] و به کین که شکست؟

٤٥

عالم اگر از بهر تو می‌آرایند،
مگرای بدان که عاقلان نگرایند؛
بسیار چو تو روند و بسیار آیند.
بر پای نصیب خویش، کت بربایند.

٤۶

از جمله رفتگان این راه دراز،
باز آمده‌ای کو که به ما گوید راز؟
هان برسر این دو راهه[٤] از روی نیاز،
چیزی نگذاری که نمی‌آیی باز!

---

[۱] ترکیب پیاله را که...
[۲] چندین سر و پای...
[۳] از مهر که آورد و...
[٤] زنهار درین سراچه...

٤٧

می خور که به زیر گل بسی خواهی خفت،
بی مونس و بی‌رفیق و بی‌همدم و جفت؛
زنهار بکس مگو تو این راز نهفت:
هرلاله که پژمرد، نخواهد بشکفت.

٤٨*

پیری دیدم به خانه خماری،
گفتم: نکنی ز رفتگان اخباری؟
گفتا، می خور که همچو ما بسیاری،
رفتند و کسی باز نیامد باری!

٤٩

بسیار بگشتیم به گرد در و دشت،
اندر همه آفاق بگشتیم بگشت؛
کس را نشنیدیم که آمد زین راه
راهی که برفت،[۱] راهرو باز نگشت!

---

[۱] راهیکه برفت و ...

۵۰

ما لعبتگانیم و فلک لعبت باز،
از روی حقیقتی نه از روی مجاز؛
یک چند درین بساط بازی کردیم،[1]
رفتیم به صندوق عدم یک یک باز!

۵۱

ای بس که نباشیم و جهان خواهد بود،
نی نام زما و نه نشان خواهد بود؛
زین پیش نبودیم و نبد هیچ خلل،
زین پس چو نباشیم همان خواهد بود.

۵۲

بر مفرش خاک خفتگان می‌بینم،
در زیر زمین نهفتگان می‌بینم؛
چندانکه بصحرای عدم می‌نگرم،
ناآمدگان و رفتگان می‌بینم!

---

[1] بازیچه همی کنیم بر نطع وجود،

۳۲۵

۵۳

این کهنه رباط را که عالم نام است
آرامگه ابلق صبح و شام است؛
بزمی است که وامانده صد جمشید است،
گوریست که خوابگاه[۱] صد بهرام است!

۵٤

آن قصر که بهرام درو جام گرفت،
آهو بچه کرد و روبه آرام گرفت؛
بهرام که گور می‌گرفتی همه عمر،
دیدی که چگونه گور بهرام گرفت؟

۵۵

مرغی دیدم نشسته بر باره توس،[۲]
در چنگ گرفته کله کیکاوس،
با کله همی گفت که: افسوس، افسوس!
کو بانگ جرسها و کجا ناله کوس؟

---

[۱] قصری است که تکیه گاه

[۲] طوس

۵۶

آن قصر که بر چرخ همی زد پهلو،
بر درگه او شهان نهادندی رو؛
دیدیم که بر کنگره‌اش فاخته‌ای
بنشسته همی گفت که: « کو کو، کو کو؟»

ذرات گردنده

۵۷

از تن چو برفت جان پاک من و تو،
خشتی دو نهند بر مغاک من و تو؛
وآنگه ز برای خشت گور دگران،
در کالبدی کشند خاک من و تو.

۵۸*

هر ذره که بر روی زمینی بوده است،
خورشید رخی، زهره جبینی بوده است،
گرد از رخ آستین به آذرم فشان،
کان هم رخ خوب نازنینی بوده است.

۵۹

ای پیر خردمند پگه‌تر برخیز،
وان کودک خاک بیز را بنگر تیز،
پندش ده و گو که: نرم نرمک می‌بیز،
مغز سر کیقباد و چشم پرویز!

۶۰

بنگر ز صبا دامن گل چاک شده،
بلبل ز جمال گل طربناک شده؛
در سایه گل نشین که بسیار این گل،
از خاک برآمده است و درخاک شده!

۶۱

ابر آمد و زار[۱] بر سر سبزه گریست،
بی باده گلرنگ نمی‌شاید زیست؛[۲]
این سبزه که امروز تماشاگه ماست،
تا سبزه خاک ما تماشاگه کیست!

---

[۱] ابر آمد و باز...

[۲] بی‌باده ارغوان نمی‌باید زیست

۶۲

چون ابر به نوروز رخ لاله بشست،
برخیز و به جام باده کن عزم درست؛
کاین سبزه که امروز تماشاگه تست،
فردا همه از خاک تو بر خواهد رست!

۶۳

هر سبزه که بر[۱] کنار جوئی رسته است،
گوئی ز لب فرشته خوئی رسته است؛
پا برسر هرسبزه به خواری ننهی[۲]،
کان سبزه زخاک لاله‌روئی رسته است.

۶٤

می خور که فلک بهر[۳] هلاک من وتو،
قصدی دارد به جان پاک من وتو؛
در سبزه نشین و می‌روشن میخور،[٤]
کاین سبزه بسی دمد زخاک من وتو؟

---

[۱] هر سبزه که در...

[۲] هان بر سر سبزه پا به خواری ننهی،

[۳] این چرخ فلک بهر...

[٤] بر سبزه نشین بتا، که دیری نکشد،

۶۵*

دیدم به سر عمارتی مردی فرد،

کو گِل به لگد میزد و خوارش می‌کرد،

وان گِل به زبان حال با او می‌گفت:

ساکن، که چو من بسی لگد خواهی خورد!

۶۶

بردار پیاله و سبوای دلجو؛

برگرد به گرد سبزه زار و لب جو؛

کاین چرخ بسی قد بتان مهرو،

صد بار پیاله کرد و صد بار سبو!

۶۷

بر سنگ زدم دوش سبوی کاشی،

سرمست بدم چو کردم این اوباشی؛

با من به زبان حال می‌گفت سبو:

من چون تو بدم، تو نیز چون من باشی!

۶۸

زان کوزه می که نیست در وی ضرری،

پر کن قدحی بخور، به من ده دگری،

زان پیشترای پسر[1] که در رهگذری،

خاک من وتو کوزه کند کوزه‌گری.

۶۹*

بر کوزه‌گری پریر کردم گذری،

از خاک همی نمود هر دم هنری؛

من دیدم اگر ندید هر بی‌بصری،[2]

خاک پدرم در کف هر کوزه‌گری.

۷۰*

هان کوزه‌گرا بپای[3] اگر هشیاری،

تا چند کنی بر گل مردم خواری؟

انگشت فریدون و کف کیخسرو،

بر چرخ نهاده‌ای، چه می‌پنداری؟

---

[1] زان پیش‌تر ای صنم...

[2] خبری.

[3] هان کوزه‌گرا بکوش

۷۱

در کارگه کوزه‌گری کردم رای،
بر پله[1] چرخ دیدم استاد بپای،
می کرد دلیر کوزه را دسته و سر،[2]
از کله پادشاه و از دست گدای!

۷۲

این کوزه چو من عاشق زاری بوده است
در بند سر زلف نگاری بوده است؛
این دسته که برگردن او می‌بینی:
دستی است که بر گردن یاری بوده است!

۷۳

در کارگه کوزه گری بودم[3] دوش،
دیدم دو سه هزار کوزه گویا و خموش؛
هریک به زبان حال با من گفتند:
«کو کوزه‌گر کوزه‌خر وُ کوزه‌فروش؟»

---

[1] در پایه ی...
[2] نای
[3] رفتم

هرچه بادا باد

۷٤

گر من ز می‌مغانه مستم، هستم،
گر کافر و گبر و بت پرستم، هستم،
هر طایفه‌ای به من گمانی دارد،
من زان خودم، چنانکه هستم، هستم.

۷۵

می خوردن و شاد بودن آئین منست،
فارغ بودن ز کفر و دین، دین منست؟
گفتم به عروس دهر: کابین تو چیست؟
گفتا: ـ دل خرم تو کابین منست.

۷۶

من بی‌می‌ناب زیستن نتوانم،
بی باده، کشید بار تن نتوانم،
من بنده آن دمم که ساقی گوید:
«یک جام دگر بگیر» و من نتوانم.

۷۷

امشب می‌جام یکمنی خواهم کرد،
خود را به دو جام می‌غنی خواهم کرد؛
اول سه طلاق عقل و دین خواهم کرد،
پس دختر رز را به زنی خواهم کرد.

۷۸*

چون مرده شوم، خاک مرا گم سازید،
احوال مرا عبرت مردم سازید،
خاک تن من به باده آغشته کنید،
وز کالبدم خشت سر خم سازید.

۷۹*

چون درگذرم[۱] به باده شوئید مرا،
تلقین ز شراب ناب[۲] گوئید مرا؛
خواهید به روز حشر یابید مرا؟
از خاک در میکده جوئید[۳] مرا.

---

[۱] چون مرده شوم ...
[۲] تلقین ز شراب و جام...
[۳] بوئید

۸۰*

چندان بخورم شراب،کاین[۱] بوی شراب
آید زتراب، چون روم زیر تراب،
گر[۲] برسرخاک من رسد مخموری،
از بوی شراب من شود مست و خراب.

۸۱

روزی که[۳] نهال عمر من کنده شود،
و اجزام ز یکدگر پراکنده شود؛
گر زانکه[٤] صراحئی کنند از گل من،
حالی که زباده پرکنی[۵] زنده شود.

۸۲*

در پای اجل چو من سرافکنده شوم،
وز بیخ امید عمر برکنده شوم،[۶]
زینهار[۷]، گِلم به جز صراحی نکنید،
باشد که ز بوی می‌دمی زنده شوم.[۱]

---

[۱] کان...

[۲] ور...

[۳] آنگه که...

[٤] ورزان که...

[۵] حالی که پر از میش کنی ...

[۶] در دست اجل چو مرغ پرکنده شوم

[۷] زنهار

۸۳*

یاران به موافقت چو دیدار کنید،
باید که ز دوست یاد بسیار کنید؛
چون باده خوشگوار نوشید بهم،
نوبت چو به ما رسد نگونسار کنید.

۸٤*

آنان که اسیر عقل و تمییز شدند،
در حسرت هست و نیست ناچیز شدند؛
رو باخبرا، تو آب انگور گزین
کان بی‌خبران به غوره میویز شدند!

۸۵*

ای صاحب فتوی، زتو[۲] پر کارتریم،
با این همه مستی،از تو هشیارتریم؛
تو خون کسان خوری و ما خون رزان،[۳]
انصاف بده: کدام خونخوارتریم؟

---

[۱] باشد که ز باده پر شود زنده شوم

[۲] ای مفتی شهر از تو...

[۳] تو خون کسان خوری ما خون رزان

۸۶

شیخی به زنی فاحشه گفتا: مستی،
هرلحظه به دام دگری[1] پا بستی.
گفتا: شیخا، هر آنچه گوئی هستم،
آیا تو چنانکه می‌نمائی هستی؟

۸۷*

گویند که دوزخی بود عاشق و مست،
قولی است خلاف، دل در آن نتوان بست؛
گر عاشق و مست دوزخی خواهد بود،
فردا باشد بهشت همچون کف دست!

۸۸

گویند: بهشت و حور عین خواهد بود،
و آنجا می‌ناب و انگبین خواهد بود؛
گر ما می و معشوقه گزیدیم چه باک؟
آخر نه به عاقبت[2] همین خواهد بود؟

---

[1] دیگری...
[2] چون عاقبت کار...

۸۹*

گویند: بهشت و حور و کوثر باشد،
جوی می‌و شیر و شهد شکر باشد:
پرکن قدح باده و بر دستم نه[1]،
نقدی ز هزار نسیه بهتر باشد،

۹۰

گویند بهشت عدن[2] با حور خوش است،
من می‌گویم که: آب انگور خوش است؛
این نقد بگیر و دست از آن نسیه بدار،
کاواز دهل برادر[3] از دور خوش است.

۹۱

کس خلد و جحیم را ندیده است‌ای دل
گوئی که از آن جهان رسیده است‌ای دل؛
امید و هراس ما به چیزی است کزان،
جز نام ونشانی نه پدید است‌ای دل!

[1] یک جام بده به یاد آن ای ساقی...
[2] گویند مرا که سور...
[3] کاواز دهل شنیدن...

۹۲

من هیچ ندانم که مرا آنکه سرشت،
از اهل بهشت کرد، یا دوزخ زشت،
جامی و بتی و بربطی بر لب کشت.
این هرسه مرا نقد و ترا نسیه بهشت.

۹۳

چون نیست مقام ما درین دهر[۱] مقیم،
پس بی‌می و معشوق خطائی است عظیم.
تاکی ز قدیم و محدث امیدم و بیم؟[۲]
چون من رفتم، جهان چه محدث چه قدیم.

۹٤

چون آمدنم به من نبد روز نخست،
وین رفتن بی‌مراد عزیمست درست،
برخیز و میان ببندای ساقی چست،
کاندوه جهان به می فرو خواهم شست.

---

[۱] دیر...

[۲] تا کی ز قدیم و محدث ای مرد حکیم...

۹۵

چون عمر بسر رسد، چه بغداد چه بلخ،

پیمانه چو پر شود، چه شیرین و چه تلخ؛

خوش باش[1] که بعد از من و تو ماه بسی،

از سلخ به غره آید، از غره به سلخ!

۹۶

جز راه قلندران میخانه مپوی،

جز باده و جز سماع و جز یار مجوی؛

بر کف قدح باده و بر دوش سبو،[2]

می نوش کن‌ای نگار و بیهوده مگوی.

۹۷

ساغی غم من بلند آوازه شده است،

سرمستی من برون ز اندازه شده است؛

با موی سفید[3] سرخوشم کز می‌تو؛

پیرانه سرم بهار دل تازه شده است.

---

[1] هیهات

[2] سبوی...

[3] با موی سپید...

۹۸

تنگی می‌لعل خواهم و دیوانی،
سد رمقی باید، نصف نانی،
وانگه من و تو نشسته در ویرانی،
خوشتر بود آن ز ملکت سلطانی.

۹۹

من ظاهر نیستی و هستی دانم،
من باطن هر فراز و پستی دانم؛
با این همه از دانش خود شرمم باد،[۱]
گر مرتبه‌ای ورای مستی دانم.

۱۰۰

از من رمقی به سعی ساقی مانده است،
وز صحبت خلق، بی‌وفائی مانده است،
از باده دوشین قدحی بیش نماند.
از عمر ندانم که چه باقی مانده است!

---

[۱] با این همه از دانش خود بی‌زارم،

هیچ است

۱۰۱

ای بیخبران شکل[۱] مجسم هیچ است،
وین طارم نه سپهر ارقم هیچ است،
خوش باش که در نشیمن کون و فساد.
وابسته یک دمیم و آن هم هیچ است![۲]

۱۰۲

دنیا دیدی و هرچه دیدی هیچ است،
و آن نیز که گفتی و شنیدی هیچ است،
سرتا سر آفاق دویدی هیچ است،
و آن نیز که در خانه خزیدی هیچ است.

۱۰۳

دنیا به مراد رانده گیر، آخر چه؟
وین نامه عمر خوانده گیر، آخر چه؟
گیرم که به کام دل بماندی صد سال،
صد سال دگر بمانده گیر، آخرچه؟

---

[۱] ای بی خبر این جسم...
[۲] وابسته ی یک دمیم آن هم هیچ است....

۱۰٤

رندی دیدم نشسته بر خنگ زمین،
نه کفر و نه اسلام و نه دنیا و نه دین،
نی حق، نه حقیقت، نه شریعت نه یقین،
اندر دو جهان کرا بود زهره این؟

۱۰۵

این چرخ فلک که ما در او حیرانیم،[۱]
فانوس خیال از اومثالی دانیم:
خورشید چراغ دان و عالم فانوس،
ما چون صوریم کاندر او گردانیم.[۲]

۱۰۶

چون نیست ز هرچه هست جز باد بدست،
چون هست ز هرچه هست نقصان و شکست،
انگار که هست، هرچه درعالم نیست،
پندار که نیست، هرچه درعالم هست.

---

[۱] گردانیم...

[۲] ما چون صوریم کاندر و حیرانیم...

۱۰۷

بنگر زجهان چه طرف بربستم؟ هیچ،
وز حاصل عمر چیست در دستم؟ هیچ،
شمع طربم، ولی چو بنشستم، هیچ
من جام جمم، ولی چو بشکستم، هیچ.

دم را دریابید

۱۰۸

از منزل کفر تا به دین، یک نفس است،
وز عالم شک تا به یقین، یک نفس است؛
این یک نفس عزیز را خوش می‌دار،
کز حاصل عمر ما همین یک نفس است.

۱۰۹

شادی بطلب[۱] که حاصل عمر دمی است،
هر ذره زخاک کیقبادی و جمی است،
احوال جهان واصل این عمر که هست،[۲]
خوابی و خیالی و فریبی و دمی است.

---

[۱] مطلب...

[۲] احوال جهان و عمر فانی و وجود...

۱۱۰

تا زهره و مه در آسمان گشته پدید،
بهتر زمی ناب کسی هیچ ندید؛
من در عجبم ز می‌فروشان، کایشان[1]
زین به که فروشند چه خواهند خرید؟

۱۱۱

مهتاب به نور دامن شب بشکافت،
می نوش، دمی خوشتر ازین نتوان یافت؛
خوش باش و بیندیش که مهتاب بسی،
اندر سر گور یک به یک خواهد تافت!

۱۱۲

چون عهده نمی‌شود کسی فردا را،
حالی خوش کن تو این دل سودا را،
می نوش به ماهتاب،ای ماه که ماه
بسیار بگردد و نیابد ما را.

---

[1] در حیرتم از باده‌فروشان کایشان...

۱۱۳

این قافله عمر عجب می‌گذرد،
دریاب دمی که با[۱] طرب می‌گذرد.
ساقی غم فردای حریفان چه خوری؟
پیش آر پیاله را که شب می‌گذرد.

۱۱۴

هنگام[۲] سپیده‌دم خروس سحری،
دانی که[۳] چرا همی کند نوحه‌گری؟
یعنی که: نمودند در آیینه صبح
کز عمر شبی گذشت و تو بی‌خبری!

۱۱۵

وقت سحر است، خیز ای مایه ناز،
نرمک نرمک باده خور و چنگ نواز،
کآن‌ها که بجایند نپایند کسی،
و آن‌ها که شدند کس نمی‌آید باز!

---

[۱] بی...
[۲] دانی که...
[۳] هرلحظه...

۱۱۶

هنگام صبوح ای صنم فرخ پی.
برساز ترانه‌ای و پیش آور می؛
کافکند به خاک صد هزاران جم و کی
این آمدن تیر مه و رفتن دی.

۱۱۷

صبح است، دمی بر می‌گلرنگ زنیم،
وین شیشه نام و ننگ بر سنگ زنیم،
دست از امل دراز خود باز کشیم،
در زلف دراز و دامن چنگ زنیم.

۱۱۸

روزی است خوش و هوا[۱] نه گرم است و نه سرد،
ابر از رخ گلزار همی شوید گرد،
بلبل به زبان پهلوی[۲] با گل زرد،
فریاد همی زند که: می‌باید خورد!

---

[۱] روزی است خوش هوا...
[۲] بلبل به زبان حال خود...

۱۱۹

فصل گل و طرف جویبار و لب کشت،
با یک دو سه تازه دلبری حور سرشت؛
پیش آر قدح که باده نوشان صبوح،
آسوده ز مسجدند و فارغ ز بهشت.

۱۲۰

برچهره گل نسیم نوروز خوش است،
در صحن چمن روی دلفروز[۱] خوش است؛
از دی که گذشت هرچه گوئی خوش نیست؛
خوش باش و ز دی مگو، که امروز خوش است.

۱۲۱

ساقی، گل و سبزه بس طربناک شده است،
دریاب که هفته دگر خاک شده است؛
می نوش و گلی بچین، که تا درنگری
گل خاک شده است و سبزه[۲] خاشاک شده است.

---

[۱] دل افروز...
[۲] گل خاک شده است سبزه...

۱۲۲

چون لاله به نوروز قدح گیر به دست،
با لاله رخی اگر ترا فرصت هست؛
می نوش به خرمی، که این چرخ کبود
ناگاه تو را چو خاک گرداند پست.

۱۲۳*

هرگه که بنفشه جامه در رنگ زند،
در دامن گل باد صبا چنگ زند،
هشیار کسی بود که، با سیم بری
می نوشدو جام باده برسنگ زند.

۱۲٤

برخیز و مخور غم جهان گذران،
خوش باش و دمی به شادمانی گذران
در طبع جهان اگر وفائی بودی،
نوبت به تو خود نیامدی از دگران.

۱۲۵

در دایره سپهر ناپیدا غور،
می نوش به خوشدلی که دور است بجور؛
نوبت چو به دور تو رسد آه مکن،
جامی است که جمله را چشانند بدور!

۱۲۶

از درس علوم جمله بگریزی به،
و اندر سر زلف دلبر آویزی به،
زآن پیش که روزگار خونت ریزد،
تو خون قنینه در قدح ریزی به.

۱۲۷

ایام[۱] زمانه از کسی دارد ننگ،
کو در غم ایام نشیند دلتنگ؛
می خور تو در آبگینه با ناله چنگ،
زآن پیش که آبگینه آید بر سنگ!

۱۲۸

از آمدن بهار و از رفتن دی،
اوراق وجود[۲] ما همی گردد طی؛
می خور، مخور اندوه، که گفته است حکیم:
غم‌های جهان چو زهر وتریاقش می.

---

[۱] خیام...

[۲] اوراق حیات...

۱۲۹

زان پیش که نام توز عالم برود
می خور، که چو می‌به دل رسد غم برود؛[۱]
بگشای سر زلف بتی بند ز بند،
زان پیش که بند بندت از هم برود!

۱۳۰

ای دوست بیا تا غم فردا نخوریم،
وین یکدم عمر را غنیمت شمریم؛
فردا که ازین دیر کهن در گذریم،
با هفت هزار سالگان سربسریم.

۱۳۱

تن زن چو بزیر فلک بی‌باکی،
می نوش چو در جهان آفت‌ناکی؛
چون اول وآخرت بجز خاکی نیست،
انگار که برخاک نه‌ای در خاکی.

---

[۱] می‌خور که چو می‌رسد ز دل غم برود،

۱۳۲

می برکف من نه که دلم در تابست،
وین عمر گریز پای چون سیما بست؛
دریاب که، آتش جوانی آبست،
هش دار، که بیداری دولت خواب است،

۱۳۳

می نوش که عمر جاودانی اینست،
خود حاصلت از دور جوانی اینست.
هنگام گل و مل است و[1] یاران سرمست،
خوش باش دمی که زندگانی اینست.

۱۳۴

با باده نشین، که ملک محمود اینست؛
وز چنگ شنو، که لحن داود اینست؛
از آمده و رفته دگر یاد مکن،
حالی خوش باش، زانکه مقصود اینست.

---

[1] هنگام گل است و مل و...

۱۳۵

امروز ترا دسترس فردا نیست؛
و اندیشه فردات بجز سودا نیست؛
ضایع مکن این دم ار دلت بیدار است،
کاین باقی عمر را بقا پیدا نیست!

۱۳۶

دوران جهان بی‌می‌و ساقی هیچ است،
بی زمزمه نای عراقی هیچ است؛
هرچند در احوال جهان می‌نگرم،
حاصل همه عشرت است و باقی هیچ است.

۱۳۷

تاکی غم آن خورم که دارم، یا نه،
وین عمر به خوشدلی گذارم، یا نه،
پرکن قدح باده،که معلومم نیست
کاین دم که فرو برم، برآرم یا نه.

۱۳۸

تا دست به اتفاق برهم نزنیم،
پایی ز نشاط برسر غم نزنیم،
خیزیم و دمی زنیم پیش از دم صبح،
کاین صبح بسی دمد که ما دم نزنیم!

۱۳۹

لب برلب کوزه بردم از غایت آز،
تا زو طلبم واسطه عمر دراز،
لب بر لب من نهاد و می‌گفت براز:
می خور، که بدین جهان نمی‌آیی باز!

۱٤۰

خیام، اگر زباده مستی، خوش باش؛
با لاله رخی اگر نشستی خوش باش؛
چون عاقبت کار جهان نیستی است،
انگار که نیستی، چو هستی، خوش باش.

۱٤۱

فردا علم نفاق[1] طی خواهی کرد،
با موی سپید قصد می‌خواهم کرد؛
پیمانه عمر من به هفتاد رسید،
این دم نکنم نشاط، کی خواهم کرد؟

[1] من دامن زهد و توبه...

۱٤۲

گردون نگری ز قد فرسوده ماست،
جیحون اثری ز اشک پالوده ماست،
دوزخ شرری ز رنج بیهوده ماست،
فردوس دمی ز وقت آسوده ماست.

۱٤۳

عمرت تا کی به خودپرستی گذرد،
یا در پی نیستی و هستی گذرد؛
می خور، که چنین عمر که غم در پی اوست[۱]
آن به که بخواب یا به مستی گذرد.

---

[۱] می نوش که عمری که اجل در پی اوست...

پیام کافکا

نویسندگان کمیابی هستند که برای نخستین بار سبک و فکر و موضوع تازه‌ای را به میان می‌کشند، به خصوص معنی جدیدی برای زندگی می‌آورند که پیش از آن‌ها وجود نداشته است.

کافکا یکی از هنرمندترین نویسندگان این دسته به شمار می‌آید.

خواننده‌ای که با دنیای کافکا سروکار پیدا می‌کند، در حالی که خرد و خیره شده، به سویش کشیده می‌شود: همین که از آستانه‌اش گذشت، تأثیر آن را در زندگی حس می‌کند و پی می‌برد که این دنیا آن قدر هم بن‌بست نبوده است. کافکا از دنیایی با ما سخن می‌گوید که تاریک و درهم پیچیده می‌نماید، به طوری که در وهله اول نمی‌توانیم با مقیاس خودمان آن را به سنجیم.

در آن از چه گفتگو می‌شود، از لایتناهی؟ خدا؟ جن وپری؟ نه، این حرف‌ها در کار نیست. موضوع‌های بسیار ساده و پیش پاافتاده‌ی زندگی روزانه‌ی خودمان است: با آدم‌های معمولی، با کارمندان اداره روبرو می‌شویم که همان وسواس‌ها و گرفتاری‌های خودمان را دارند، به زبان ما حرف می‌زنند و همه چیز جریان طبیعی خود را طی می‌کند. ولیکن ناگهان احساس دلهره‌آوری یخه‌مان را می‌گیرد. همه‌ی این چیزها که برای ما جدی و منطقی و عادی بود، یک باره معنیش گم می‌شود، عقربک ساعت جور دیگر به کار می‌افتد، مسافت‌ها با اندازه‌گیری ما جور در نمی‌آید، هوا رقیق می‌شود و نفسمان پس می‌زند.

آیا برای این که منطقی نیست؟ برعکس همه چیز دلیل و برهان دارد، یک جور دلیل وارونه، منطق افسارگسیخته‌ای دارد که نمی‌شود جلویش را گرفت.

اما برای این است که می‌بینیم همه‌ی این آدم‌های معمولی سربزیر که در کار خود دقیق بودند و با ما همدردی داشتند و مثل ما فکر می‌کردند، همه

کارگزار و پشتیبان «پوچ» می‌باشند. ماشین‌های خودکار بدبختی هستند که کار آن‌ها هرچه جدی‌تر و مهم‌تر باشد، مضحک‌تر جلوه می‌کند. کارهای روزانه و انجام وظیفه و تک و دوها و همه‌ی چیزهائی که به آن خو کرده بودیم و برایمان امر طبیعی است، زیرقلم کافکا معنی مضحک و پوچ و گاهی هراسناک به خود می‌گیرد.

آدمیزادی که تنها و بی‌پشت و پناه است و در سرزمین ناسازگار گمنامی زیست می‌کند که زاد و بوم او نیست. با هیچ کس نمی‌تواند پیوند و دلبستگی داشته باشد، خودش هم می‌داند، چون از نگاه و وجناتش پیداست. می‌خواهد چیزی را لاپوشانی بکند، خودش را به زور جا بزند، گیرم مچش باز می‌شود. می‌داند که زیادی است. حتی در اندیشه و کردار و رفتارش هم آزاد نیست از دیگران رودرواسی دارد، می‌خواهد خودش را تبرئه کند. دلیل می‌تراشد از دلیل بدلیل دیگر می‌گریزد، اما اسیر دلیل خودش است، چون از خیطی که به دور او کشیده شده نمی‌تواند پایش را بیرون بگذارد.

گم‌نامی هستیم در دنیائی که دام‌های بی‌شمار در پیش ما گسترده‌اند و فقط بر خوردمان با پوچ است. همین تولید بیم و هراس می‌کند. درین سرزمین بیگانه به شهرها و مردمان و گاهی به زنی برمی خوریم، اما باید سربزیر از دالانی که در آن گیرکرده ایم بگذریم. زیرا از دو طرف دیوار است و در آن‌جا هر آن ممکن است جلومان را بگیرند و بازداشت بشویم، چون محکومیت سربسته‌ای ما را دنبال می‌کند و قانون‌هائی که به رخ ما می‌کشند نمی‌شناسیم و کسی هم نیست که ما را راهنمایی بکند. باید خودمان دنبالش برویم. به هر کس پناه می‌بریم از ما می‌پرسد: «شما که هستید؟» و به راه خودش می‌رود. پس لغزشی از ما سرزده که نمی‌دانیم و یا به طرز مبهمی از آن آگاهیم. این گناه وجود ماست. همین که به دنیا

آمدیم در معرض داوری قرار می‌گیریم و سرتاسر زندگی ما مانند یک رشته کابوس است که در دندانه‌های چرخ دادگستری می‌گذرد.

بالاخره مشمول مجازات اشد می‌گردیم و درنیمه روز خفه‌ای، کسی که به نام قانون ما را بازداشت کرده بود، گزلیکی به قلبمان فرو می‌برد و سگ کش می‌شویم. دژخیم و قربانی هردو خاموش‌اند. این نشان دوره‌ی ماست که شخصیتی در آن وجود ندارد و مانند قانونش ناکسانه و سنگدلانه می‌باشد. هرچند منظره به‌اندازه کافی سهمناک است ولیکن حتی خون سرازیر نمی‌شود. جای زخم قداره نیز در پس گردن به دشواری دیده می‌شود. خفقان یگانه راه گریز برای انسان امروز می‌باشد که در سرتاسر زندگیش دچار تنگ نفس بوده است.

پیدایش این اثر دلهره‌آور در آستانه‌ی جنگ اخیر، انگیزه‌ی جدی‌تر از شیفتگی ادبی دربرداشت. باید پذیرفت که خواهش ژرف‌تری در کار بود. کافکا می‌فریفت و می‌ترسانید. هنگامی این اثر آفتابی شد که تهدید بی‌پایان و آشفته‌ای در افکارش رخنه کرده بود. کافکا ناگهان مانند منظومه‌ای شوم و غیرعادی پدیدار شد. در این اثر دلهره‌ای با سیمای سخت دیده می‌شد و نگاه ناامیدانه‌ای بدترین پیش آمدها را تائید می‌کرد. این هنر موشکاف و بدون دل‌خوش‌کُنک با روشن‌بینی علت شر را آشکار می‌ساخت، اما افزاری برای سرکوبی آن به دست نمی‌داد.

این اثر توصیف دقیق وضع انسان کنونی در دنیای فتنه‌انگیز ماست که کافکا با زبان درونی خود آن را به طرز وحشتناکی مجسم کرده است.

باید دید چرا کافکا تا این اواخر در اروپا گمنام بود. زیرا ترجمه‌ی پیش از جنگ آثارش با بی‌اعتنائی روبرو شد و کسی از آن بازگو نکرد. اما پس از چهار سال خاموشی، تأثیر آب‌زیرکاهی نمود و یک باره شهرت جهانی به دست آورد. کافکا که بود؟ از کجا آمده؟ این پژواک از کجا سرچشمه گرفته که

پیام او با لحن آواره‌ی دنیای ما سازش دارد و هم آهنگی نزدیک با زندگی کنونی نشان می‌دهد؟

شاید خواننده اروپایی هنوز با این طرز تفکر آشنایی نداشت، زیرا مهتاب سردی که در نوشته‌های کافکا روی حالات را گرفته، لحن ساده و موشکافی که کافکا برای نشان دادن درهم‌پیچیدگی حقیقت (آن چنان که دیده است) به کار می‌برد، جستجوی بی‌رحمانه و بیهوده‌ای که در کشف واجب‌الوجود می‌کند و پرده پوشی‌هائی که در تشبیهاتش می‌آورد مانع شهرت عمومی او شده بود. اما از همان اول کسانی که بحران کامل دنیای ما را دریافته بودند، کتاب‌هایش را با آغوش باز استقبال کردند.

از این گذشته، پیش از جنگ اخیر، هنوز امید مبهمی به آزادی و احترام حقوق بشر و دادگستری وجود داشت. هنوز هواخواهان دیکتاتوری رک و راست بردگی را به جای آزادی، بمب اتمی را به جای حقوق بشریت و بیدادگری را به جای دادگستری جا نزده بودند، هنوز توده‌های مردم به دست سیاستمداران و غارتگران تبدیل به جانور و آدم زنده به نیمه جان تبدیل نشده بود. برای همین است که مردمان بعد از جنگ، انعکاس دنیای پوچی که کافکا به طرز فاجعه‌انگیزی پرورانیده در قلب خود احساس می‌کنند.

اخیراً راجع به افکار و عقاید و دبستان فلسفی و شخصیت کافکا کتاب‌های بسیاری نوشته شده که مورد تغییر و تفسیر فراوان قرار گرفته و مانند موشی که در کیسه بیفتد ولوله به پا کرده است. هرگاه برخی به طرف کافکا دندان قروچه می‌روند و پیشنهاد سوزاندن آثارش را می‌کنند، برای این است که کافکا دل خوش‌کنک و دست‌آویزی برای مردم نیاورده، بلکه بسیاری از فریب‌ها را از میان برده و راه رسیدن به بهشت دروغی روی زمین را بریده است. زیرا نشان می‌دهد که زندگی پوچ و بی‌مایه ما نمی‌تواند «تهی» بی‌پایانی که در آن دست و پا می‌زنیم پر کند و آسایش دم

دمی ما در جلو تأیید نیستی به هم می‌خورد. این گناه پوزش‌ناپذیر است و خود گواه دلهره‌ای است که در دل مردمان بعد از جنگ به وجود آورده است. چون او بیش از دیگران نفی زمانه را به رخ ما می‌کشد، به نحوی که لحنش جنبه پیش‌گویی به خود می‌گیرد. در دنیایی که نفی انگیزه آن است و دوباره با آن برخورد کرده و از هر دوره‌ای مردمان به یکدیگر بیگانه‌ترند، ترس از آدم‌ها جانشین ترس از خدا شده است. این پیام هرچه می‌خواهد باشد، مطلبی که مهم است، صدای تازه‌ای در آمده و به آسانی خفه نمی‌شود. کسانی که برای کافکا چوب تکفیر بلند می‌کنند، مشاطه‌های لاش مرده هستند که سرخاب و سفیدآب به چهره‌ی بی‌جان بت بزرگ قرن بیستم می‌مالند. این وظیفه‌ی کارگرد آن‌ها و پامنبری‌های «عصر آب طلایی» است. همیشه تعصب ورزی و عوام‌فریبی کار دغلان و دروغ زنان می‌باشد. «عمر» کتاب‌ها را می‌سوزانید و«هیتلر» به تقلید او کتاب‌ها را آتش زد. این‌ها طرفدار کمند و زنجیر وتازیانه و زندان و شکنجه و پوزبند و چشم بند زدن هستند. دنیا را نه آن چنان که هست بلکه آن‌چنان که با منافع شان جور در می‌آید می‌خواهند به مردم بشناسانند و ادبیاتی در مدح گنده کاری‌های خود می‌خواهند که سیاه را سفید و دروغ را راست و دزدی را درستکاری وانمود بکنند ولیکن حساب کافکا با آن‌ها جداست.

کافکا ادعایی نداشته، فقط می‌خواسته نویسنده باشد، اما روزنامه شخصی که گذشته او را بیش از یک نویسنده به ما می‌شناساند. اثر کسی که زیسته روی آن چه که نوشته آشکار می‌سازد.

از این پس او را ما در نوشته‌هایش جستجو می‌کنیم. این اثر ورق‌های پراکنده‌ی وجودی است که با آن می‌آمیزد و در پیرامون این وجود دوباره تشکیل می‌یابد، از این رو گواه زندگی برگزیده‌ای است که بدون آن برای همیشه ناپدید می‌شد. پس این کتاب زبان حال نویسنده است در صورتی

که نوشته شده برای این‌که نویسنده خود را فراموش کند. از آن‌جا که در هیچ‌یک از داستان‌های کافکا نیست که با سایه‌ها و همزادهایش برخورد نکنیم و در سرتاسر نوشته‌هایش مشخصات نویسنده به طرز کنایه‌آمیز یافت می‌شود، حتی زمانی که در کالبد جانوران هم که می‌رود باز انعکاسی از زندگی خودش دربردارد، بنابراین به شمّه‌ای از شرح حالش اشاره می‌کنیم تا بهتر بتوانیم به افکارش پی‌ببریم، سپس خلاصه‌ی نظر دانشمندان اروپا را درباره آثار او یاد خواهیم کرد.

برای این که بتوان درباره‌ی آثار کافکا حکم قطعی کرد، ناچار باید زمان و سرزمینی که در آن می‌زیسته و در آن‌جا پرورش یافته در نظرگرفت. آثار او محصول پیش و بعد از جنگ بین‌المللی ۱۹۱۴ می‌باشد. در آن زمان پراگ شهری بوده که شرق و غرب در آن نفوذ داشته و در آن‌جا نژادهای گوناگون به‌هم‌آمیخته بودند. در این شهر ملت‌ها و تمدن‌ها با هم برخورده و در یک دیگر تأثیر کرده بودند. فقط پراگ می‌توانسته شخصی مانند کافکا را بپرورد.

گریز کافکا از خویشانش، در همان حال گریز او از پراگ و گسستن زنجیر سنت‌ها و زبان‌های گوناگون بوده است. تجزیه و تحلیل کافکا نمی‌تواند کامل باشد مگر این که تأثیر محیط او در نظر گرفته شود. کافکا اسم معمولی یهودیان ساکن چکسلواکی در زمان امپراطوری هابسبورگ بوده. این لغت چک به معنی «زاغچه» می‌باشد و پرنده‌ی نامبرده نشان تجارت خانه‌ی پدرکافکا در پراگ بوده است. فرانتس کافکا در خانواده‌ی چک یهودی به تاریخ ۳ ژویه ۱۸۸۳ به دنیا آمد و این زمانی بود که طبل سقوط اروپا زده می‌شد و امپراطوری اطریش-هُنگری[1] به سوی تجزیه می‌رفت کافکا در

---

[1] هُنگری معادل یمجارستان کنونی

میان پدر سوداگر مستبدی که به کامیابی‌های خود می‌بالیده و او را زیر مقام و جاه‌طلبی خود خرد می‌کرده و مادر یهودی خرافاتی و خواهران معمولی پرورش یافت. کافکا از پدرش حساب می‌برده و می‌ترسیده و تمام دوره‌ی زندگی را زیر سایه وحشت از پدر به سر برده است. پس از آن که تحصیلات متوسطه خود را به زبان آلمانی به پایان رسانید، کمی در ادبیات و طب کارکرد، سپس متوجه‌ی حقوق شد تا بتواند به این وسیله نان خود را در بیاورد و ضمناً حداکثر آزادی را در زندگی شخصی داشته باشد. وارد دانشکده‌ی حقوق شد و در ۱۹۰۶ از دانشگاه پراگ دکترا در حقوق گرفت هرچند این رشته را در زندگی پیشه خود نساخت، اما اطلاعات حقوقی او در نوشته‌هایش به خوبی منعکس شده است. در همین اوان با رُمان نویس آینده ماکس برودُ Max Brod آشنا شد. اگرچه ذوق ادبی آن‌ها با هم جور نمی‌آمده، ولیکن همین شخص بعدها همدم و وصی و هم چنین نویسنده‌ی شرح حال او گردید.

کافکا در ۱۹۰۸ به عنوان کارمند معمولی وارد اداره‌ی بیمه گشت و بعد هم مدتی در اداره‌ی نیمه‌دولتی بیمه اجتماعی پراگ در قسمت حوادث کار مشغول بوده است. اما این شغل خسته کننده اداری همه‌ی وقتش را تباه می‌کرد. فرصت نوشتن را از او می‌گرفت و چون کافکا نوشتن را معنی زندگی خود می‌دانست، سبب شد که بی‌خوابی بکشد. بی‌شک ذوق او از این آزمایش سیراب گردیده، چه محیط پست و کثافت‌کاری‌ها و فقری که از دستگاه اداری در کتاب‌هایش به طرز دقیق شرح می‌دهد مربوط به همین آزمایش می‌باشد. بنابراین کافکا ناگزیر بودکه به میز اداره بچسبد و در خانه‌ی منفور پدری زندگی کند. گویا از طرف خانواده و یا دوستانش به او کمکی نمی‌شد تا بتواند آسایش درونی را که این همه به آن نیازمند بوده برای خود فراهم سازد.

۳۶۵

ماکس بروُد مدعی است که اعتقاد به صیهونیت در کافکا جایگزین این آسایش شده است. در صورتی که کافکا در نظریاتش خیلی بیشتر آلمانی بود و ماند تا یهودی. نوشته‌های او وابسته به سنت ادبیات آلمانی می‌باشد. از لحاظ روحی سنخیت نزدیکی با پاسکال Pascal و سورن کیرِکگارد Soren Kierkegaard فیلسوف دانمارکی و داستایوسکی Dostoiewski نشان می‌دهد تا با پیغمبران یهود. هرچند بروُد او را وادار کرد تا زبان عبری را بیاموزد و کتاب تلموذ را بخواند، اما کافکا هیچ‌گاه خلوت خود را از دست نداد، برای این که معنی جامعه‌ی قلابی یهود را دریابد. در ۱۹۱۱ با ماکس بروُد برای مدت کوتاهی به پاریس می‌رود و سال بعد ویمار Weimar را بازدید می‌کند. در این زمانه برومندترین دوره‌ی کار ادبی اوست. در یک شب داستان «فتوی» را می‌نویسد، بعد رُمان «آمریکا» را دردست می‌گیرد و داستان «مسخ» را به پایان می‌رساند. ضمنا با دختر آلمانی .F.B مهرورزی می‌کند. اما موضوع زناشویی را به امروز و فردا می‌اندازد و بالاخره پس از پنج سال عشق‌بازی، نامزدی را پس می‌خواند.

رُمان «دادخواست» و «گروه محکومین» را پیش از ۱۹۱۴ نوشته است، در موقع جنگ چون کارمند دولتی بوده او را به جبهه نمی‌فرستند. در ۱۹۱۵ جایزه ادبی فونتانه Fontane Preis را دریافت می‌دارد. در ۱۹۱۶ گویا در اثر کشمکش و یا رسوایی که ماکس بروُد سربسته به آن اشاره می‌کند، مدتی خانه پدری را ترک کرده در کوچه‌ی «کیمیاگران» پراگ منزل جداگانه می‌گیرد و با دریافت ماهیانه‌ی ناچیزی به سر می‌برد. در آن‌جا ناخوش می‌شود و سِل سینه پدیدار می‌گردد. در ۱۹۱۷ کافکا خون قی می‌کند و چندین سال کابوس مرگ پیشرس در جلوی چشمش بود. در سال‌های آخر زندگیش، نزدیک برلین گوشه‌نشینی اختیار کرد تاسر فرصت به نوشتن بپردازد و ضمنا در آن‌جا دوره‌ی کوتاهی عشق بازی با دورا دیمانت Dora

Dymant دختر یهودی لهستانی داشت. سال‌های قحطی بعد از جنگ برلین ضربت آخر را به او زد. خوراک کمیاب بود، بیماری سِل شدت کرد، به اطریش برگشت و در ۳ ژوئن ۱۹۲٤ به سن ٤١ سالگی در آسایشگاه مسلولین نزدیک وین به طرز دردناکی از سل گلو درگذشت.

کافکا در زندگی خود تنها یک کتاب به چاپ رسانید و در بستر مرگ نمونه‌های چاپخانه‌ی کتاب دومش را تصحیح می‌کرده است. سه سال پیش از مرگش،از ماکس برود خواهش می‌کند تمام آثار دست‌نویسش که نزد او بوده و شامل «دادخواست» و «قصر» و «دیوار چین» می‌شده است بسوزاند و پیش از مرگ چهار کتابچه‌ی کلفت از نوشته‌های خود را سوزانیده است.

اما برُود به حرف او گوش نداد. به این وسیله کافکا به جز چند متن که به نظرش کامل می‌آمد همه‌ی آثار ناتمام خود را محکوم کرد و ترجیح داد پشت سرش چیزی جز خاموشی نگذارد.

این نویسنده احتیاج به صحنه‌سازی برای شهرت پس از مرگ نداشت که چنین وصیتی بکند. در انزوای کاملی که می‌زیست فراموش کرده بود که برای خود خواننده پیدا کند. شاید کافکا آرزو می‌کرده مانند رمزی از چشم اغیار پنهان بماند و محرمانه ناپدید بشود.

اما این پرده‌پوشی سبب رسوایی او شد و این رمز باعث افتخارش گردید.

آثاری که از کافکا بازمانده سه رُمان مفصل: «دادخواست» «قصر»و «آمریکا» و مقداری داستان‌های کوتاه و معماها و کلمات قصار و روزنامه‌ی شخصی و اندیشه‌های پراکنده و چند مقاله‌ی انتقادی و چند نامه است. ولیکن آثار ادبی او بیشتر ناتمام مانده است. شرح حال مفصل کافکا به قلم ماکس برُود نوشته شده و چند شرح حال کوتاه به قلم فَیگِل F. Feigl نقاش و معشوقه‌اش دورا دیمانت و دیگران وجود دارد.

به نظر می‌آید که کافکا فقط با عده‌ی انگشت‌شماری از نویسندگان و فلاسفه سروکار داشته است. از ادبیات زمان خود اطلاع زیادی نداشته. شاید این نابغه‌ی موشکاف از خواندن متن عبری تلموذ بهره‌مند شده باشد اما در افکارش تغییری نداده است. کافکا در مقابل بسیاری از نویسندگان سرشناس آلمانی و اطریشی خود را بی‌علاقه نشان می‌دهد و میان نویسندگان هم زمان خود به رودلف کاسنر R. Kassner و هوفمانشتال von Hofmannstahl و هانس کاروسا H. Carossa و هرمان هسه H. Hesse و نوت هامسون K. Hamsun و فرانتس وِرفِل F. Werfel و ویلهام شیفر W. Schäfer و توماس مان T. Mann علاقه مند است. بی‌شک داستان‌سرایان نامی آلمانی مانند شتُرم Storm و کلیَست Kleist و هبل

J. H. Hebel و فونتانه Fontane و شتیفتر Stifter و همچنین گوگول Gogol به تکامل سبک و زبان او کمک شایان کرده‌اند.

کافکا با دقت به مطالعه‌ی آثار گوته پرداخته و تورات و اوپانیشاد را نیز خوانده است، ولیکن تأثیر گوستاو فلوبر G. Flaubert و کیرکگارد در شخصیت ادبی او بیش از دیگران دیده می‌شود. برای نابغه‌های متین و آرامی مانند گوته و فلوبر ستایش معنوی نشان می‌داده است. اختلاف فلوبر و کافکا این جاست که فلوبر می‌خواسته «کتابی درباره‌ی موضوع پوچی» بنگارد، در صورتی که کافکا می‌خواهد زندگی را پوچ جلوه بدهد. فلوبر نوشته است: «در حقیقت عارفم، اما به چیزی معتقد نیستم.» کافکا نیز عارف منش است، اما وحشت دارد که به چیزی باور بکند. کافکا به شهر پراگ مانند موش کور به لانه‌اش چسبیده است، آن‌جا را پناهگاه خود می‌داند و در عین حال از آن بیزار است. هنگام فراغت خود را به نوشتن و شنا و قایق رانی و باغبانی و نجاری می‌گذرانیده است.

چیزی که غریب است، به همان تناسب که زمان می‌گذرد سیمای کافکا قوی‌تر جلوه‌گر می‌شود. شاید به وسیله تحلیل روحی بتوان تا حدی به زندگی درونی او پی‌برد، اما علّت غرابت اخلاقش بر ما پوشیده خواهد ماند.
سه موضوع سرنوشت کافکا را تعیین کرده است: مخالفت پدر وُ در نتیجه با جامعه یهود، زندگی مجرد و ناخوشی. از آن‌جا که پدر را نماینده‌ی قانون و جامعه یهود می‌داند، برای درک الوهیت به جستجوی شخصی می‌پردازد، اما دست خالی برمی‌گردد. از لحاظ این که صورت جدی به تنهایی خود بدهد مانند کیرکگارد نامزدی خود را پس می‌خواند و از زناشویی چشم می‌پوشد. اما در این هنگام درد بی‌درمان سل پدید می‌آید و در صورتی که این ناخوشی تا دم مرگ باید او را به عنوان شکنجه‌ی تنهائی بتراشد، برای تبرئه آن یک جور تأویل شخصی درباره‌ی نیکی و بدی قائل می‌شود.
شکی نیست که کافکا زندگی خود را در وحشت از فرمانروائی پدر مستبد به سر می‌برد و تا آخر عمر نمی‌تواند این یوغ را تکان بدهد. تهدید پدر همواره بغل گوشش صدا می‌کرده: «مثل ماهی شکمت را می‌درانم» اما این مرد هرگز دست خود را به سوی پسر یکی‌یک‌دانه‌اش بلند نکرد. هرگاه کافکا کامیاب می‌شد که تشکیل خانواده بدهد، شاید می‌توانست خود را از بند خانه‌ی پدری برهاند. این آرزوی آزادی مانند سراب در جلوش می‌درخشد، اما همیشه می‌لغزیده ودرگیرودُارها و کشمکش‌هایی به نامزدش دور و نزدیک می‌شده است.
ولیکن بالاخره سرنوشت غم‌انگیز کسی را برگزید که تنهایی را اختیار کرد، نه برای این که با خوی و ساختمانش سازگار بود، بلکه به منزله‌ی تبرئه زندگی‌ای به شمار می‌آمد که محکوم به نیستی بوده است.
نامه‌ای که کافکا به پدرش نوشته و ماکس برودُ تکه‌هایی از آن را منتشر کرده، تا اندازه‌ای اساس کشمکش او را با پدرش روشن می‌کند و علت

جستجویش را در سُنّت پدری یهودی آشکار می‌سازد. پدر مدعی بوده که یگانه مظهر حقیقی یهودیت است. این ادعا مسائل درهمی را برمی‌انگیزد و برای کافکا پذیرفتن چنین موضوعی تحمل‌ناپذیر است، خانه‌ی پدری به نظر پسر مشکوک می‌آمده و خود را پای بند قیدهای بی‌شماری می‌دیده است. در این صورت کافکا نیازمند بوده خدا را بیرون از جامعه یهود که به نظر می‌آمده خدایی در آن وجود ندارد، یعنی به طور قاچاق جستجو کند. هرچند انجام مقررات خشک و میان‌تهی پدرش نمی‌توانسته در دل او نور ایمان برافروزد، معهذا چون پدرش تشکیل خانواده داده بوده در نظر کافکا قانون را عملاً اجرا کرده بوده است. کیرکگارد گفته: «من بزرگترین وام را نسبت به کسی دارم که مرا به وجود آورده است.» کافکا نیز در این موضوع خود را به پدرش بدهکار می‌داند.

در نامه‌ای که به پدرش نوشته یادآور می‌شود: «آن‌چه نوشته‌ام به او مربوط می‌شود، گِلِه‌هایی که نمی‌توانستم به تو ابراز کنم، دل پُرم را در نوشته‌هایم خالی کرده‌ام.»

سپس می‌افزاید: «در زاد و بومی که به سر می‌برم مردود و محکوم و خرد شده‌ام. هرچند ناگزیر بودم که به جای دیگر بگریزم اما کوشش بیهوده بود. زیرا به جز چند مورد استثنائی چنین اقدامی از دستم برنمی‌آمد.» درباره‌ی اعتقاد پدر می‌نویسد: «بعدها در جوانی، من نمی‌فهمیدم با این یهودیت ناچیز که تو بهش چسبیده بودی چطور به من سرزنش می‌کردی که چرا در جلو چنین چیز پوچی سرتسلیم فرود نمی‌آورم. (می‌گفتی که برای تقواست) تا حدی که من دستگیرم شد این یهودیت در حقیقت ناچیز و شوخی بود، از شوخی هم پست‌تر بود.»

ماکس بروُد زیر پایش می‌نشیند و می‌خواهد دوباره او را به ایمان یهود راهنمایی بکند، اما نتیجه‌ی خوبی نمی‌گیرد. کافکا به رفیقش می‌گوید: «من

چه وجه مشترکی با جهودها دارم؟ » از مجلس مراسم مذهبی یهود که با هم بیرون می‌آمده‌اند به طعنه می‌گوید: «راستش را می‌خواهی تقریباً مثل این بود که در میان سیاه‌های وحشی آفریقایی باشیم. چه خرافات پستی!» در روزنامه‌ی شخصی خود می‌نویسد: «نه تنها مانند کیرکگارد دست رنجور عیسویت مرا با زندگی آشنا نکرد، بلکه نیز مانند پیروان صیهونیت به گوشه‌ی تالث (پارچه سرانداز) یا در هوای اسرائیل نچسبیده ام. من سرآغاز ویا سرانجامم.»

چنان که خود کافکا اقرار می‌کند همبستگی فکری بیشتری با کیرکگارد داشته است. با وجود این اختلاف زیادی میان کیرکگارد و کافکا دیده می‌شود. مثلاً اگرچه خدای کیرکگارد سخت‌گیر است، اما روی هم رفته مهربان و بخشایش‌گر می‌باشد، در صورتی که خدای کافکا چنانچه از نوشته‌هایش برمی‌آید، سهمناک و تهدیدآمیز است. به صورت قانون جلوه می‌کند و کارش تنبیه و شکنجه می‌باشد و بخشایش نمی‌شناسد. حتی مانند یهوه‌ی تورات هم نیست که هرچند کین‌توز و کین‌خواه است، اما گاهی ویرش می‌گیرد و صد گناهکار را برای خاطر یک بی‌گناه می‌بخشد. شاید در پشت سر این خدا قیافه‌ی پدر مستبد کافکا شناخته شود.

بی‌شک دو چیز او را از جا درمی‌کرده است: یکی این که اگر چه خون یهودی داشت، از جامعه یهود رانده شده بود و دیگر این که بیمار بوده و جدایی او دو برابر گشته بود. پایه‌ی آزمایش درونی کافکا احساس محرومیت است. چیزی کم دارد، یگانگی نیست، حقیقت دیده نمی‌شود، دوئیت وجود دارد، انسان به خود بیگانه است، میان انسان و عالم مینوی ورطه‌ای تولید شده، همه چیز به مانع برمی خورد. آیا مقصود کافکا چیست؟ دنیای دیگر؟ نه، او فقط می‌خواهد که در دنیا پذیرفته بشود. حقیقت تازه‌ای نمی‌خواهد، آن چه که دور و بر خود می‌بیند حقیقت نیست. کافکا رنج می‌برد که در کنار

زندگی نگه داشته شده، همه چیز او را در این حالت نگه می‌دارد: سستی، ناخوشی، تنهایی و قدرت پدر سوداگر که می‌خواهد پسرش اخلاق تاجر منش داشته باشد.

در داستان «کنام» وقتی که خطر دشمن نامرئی نزدیک می‌شود، جانور می‌اندیشد: «من مثل بچه‌ها مال‌اندیش نبودم، پا به سن هم که گذاشتم با بازی‌های کودکانه وقتم را می‌گذرانیدم و فکر خطر را به بازی می‌گرفتم. با وجودی که قلبم گواهی خطرهای حقیقی را می‌داد گوشم به این چیزها بدهکار نبود.»

شاید وحشت در جلو مسئولیت‌های زندگی است. او حس می‌کرده که زندگیش دمدمی است، چیزی که آغاز نگشته به سوی سرانجام می‌رود.

هرچند نویسنده در تنگدستی می‌زیسته، اما استعداد او به مانعی برنمی خورد. همه کس از او تشویق می‌کرده، مخصوصاً ناشر کتاب‌هایش، چنان چه ماکس بروُد نامه‌اش را نقل می‌کند. هم‌چنین جایزه‌ی ادبی دریافت می‌دارد.

پس در این صورت باید علت دیگری مانع کار او شده باشد که با ناکامی سخت دست به گریبان می‌شود، چنان چه می‌نویسد: «نه تنها به علت وضع اجتماعی، بلکه به فراخور سرشت خودم است که من آدم تودار، کم حرف، کم معاشرت و ناکام بارآمده ام. نمی‌توانم این را از بدبختی خودم بدانم زیرا پرتوی از مقصد خودم است.»

احساس جدایی و ناسازگاری و در عین حال میل هم‌رنگی با دیگران را کافکا از همان زمان بچگی داشته است: «مختصات مرا کسی نمی‌دانست.»

این وضع را یک جور محکومیت می‌پندارد. پهلوی دوستانش نیز حس می‌کند که شبیه‌شان نیست و هیچ‌گونه همدردی با آن‌ها ندارد. در یادداشت‌هایش می‌نویسد: «این تن‌هایی که به سختی محدودند و حرف می‌زنند و چشم‌شان می‌درخشد، آیا چه چیز بیشتر ترا به آن‌ها مربوط

می‌کند تا به هر شیئی دیگر، مثلاً قلمی که در دست داری، شاید برای این است که با آن‌ها تجانسی داری؟ اما تو با آن‌ها متجانس نیستی و به همین مناسبت این پرسش را در تو برانگیخت.» از این رو به سوی خلوت خود بر می‌گردد و تنهائی را برمی‌گزیند. عجب نیست هرگاه کشمکش میان خود و دنیا در کافکا احساس شدید بزهکاری تولید می‌کند. بزهکاری و نه گناه، زیرا کافکا و قهرمانانش خودشان را گناهکار نمی‌دانند. کافکا اصلاً گناه نمی‌شناسد و پی‌درپی پرسش‌های دردناک ابدی بشر را مطرح می‌کند: به کجا می‌رویم، زیر تأثیر چه عواملی هستیم، قانون کدام‌ست؟ فکر او پیوسته میان دو قطب انزوا و قانون در نوسان است که عموماً از تفکیک آن‌ها چشم می‌پوشد و به علّت نداشتن کوچک‌ترین حس کنجکاوی است که توانسته در جامعه به فراخور زندگی در بیاید.

آیا به نظر نمی‌آید که آثارش یک جور فعالیت برای تلافی از ناکامی‌های زندگی بوده است؟ دنیای دقیق و موشکافی که زوایای روح بشری در آن کاویده می‌شود ومانند کابوس می‌گذرد، انسان وقتش را به کارهای پوچ و بی‌معنی می‌گذراند و می‌کوشد از زیر بار گناهانی که پشتش را خم کرده شانه خالی بکند و در تنهایی و نا امیدی بن بست دست و پا می‌زند، بی‌شک دنیای بسیاری از هم زمانان ماست، هم چنین شرح زندگی خود او می‌باشد. کافکا نسبت به خود وفادار، آن چه نوشته از درد و شکنجه‌ی جسمانی و معنوی او تراوش کرده که با روشن بینی و منطق سرد بی‌رحمانه بیان می‌کند و بیم و هراس در دل خواننده می‌اندازد. قهرمانان او به قدری مظهر خودش هستند که حتی نمی‌خواهد پرده‌پوشی بکند و آن‌ها را با حرف اول اسم خود می‌نامد.

مانند: ژوزف ک... تمام اسم را ندارند، یک جور سایه‌ی آنست. به نظر می‌آید که ک... نه یادبود دارد و نه آینده، یک قسمت از روح این اسم

بریده شده را برداشته‌اند. زن‌ها چهره و نام نامزد او را دارند و اطرافیانش رمان‌های او را پر کرده‌اند.

در رُمان «دادخواست» و «قصر» پیرایه‌های زندگی روزانه‌ی کافکا شناخته می‌شود. ازجمله شغلی که آرزو می‌کرده تا بتواند گشایش مادی و هنگام فراغت بیشتری به دست بیاورد، اما با دشواری هائی روبرو می‌شود، هم چنین دستگاه شلوغ و مضحک ادارات دولتی را شرح می‌دهد، مانند پشت گوش اندازی و کش دادن و کندی کار و بی‌نظمی و کثافت دفترها و قدرت مقام رؤسای ادارات درین کتاب‌ها به خوبی منعکس شده. این‌ها حقایقی است که کافکا به طرز دردناکی احساس کرده و آزموده است.

از شرح حالش چنین برمی‌آید که توانسته ریشه‌کن بشود و از زیر یوغ خانواده و جامعه یهود و زمین و نژاد بیرون بیاید. به مادرش می‌گوید: «شما همه با من بیگانه هستید.» اما باقی زندگیش را برای به چنگ آوردن همین چیزهای ازدست رفته می‌گذراند:

«بدون نیاکان، بدون خانواده و بدون زاد ورود.»

می‌خواست دوباره آن‌ها را به دست بیاورد تا بتواند مانند دیگران زندگی بکند اما آرزویش برآورده نشد.

تیزبینی و موشکافی اندیشه‌ی او مانع شد تا بتواند با افزار مردمان معمولی گره‌ی خود را بگشاید. کافکا نخستین کسی است که وضع نکبت‌بار انسان را در دنیایی که جای خدا در آن نیست شرح می‌دهد. دنیای پوچی که از این به بعد هیچ فردی نمی‌تواند پشت‌گرمی داشته باشد مگر به نیروی خود برای این که بتواند سرنوشتش را تعیین بکند. زیرا شیرازه‌ی همه‌ی وابستگی‌های سنتی ازهم گسیخته است و برای این که دوباره به وجود بیاید، باید به موجب اصول و انگیزه‌ی دیگر شالده‌اش ریخته شود.

کافکا برای دنبال کردن آزمایش خود گوشه‌نشینی اختیار می‌کند و دیگر آفتابی نمی‌شود. در یادداشت‌های خود می‌نویسد: «بیشتر اوقات باید تنها باشم، آن چه کامیابی به دست آورده‌ام از دولت سر تنهایی است.»
از سرو صدا و جنجال گریزان است زیرا او را به یاد زندگی می‌اندازد. در سال ۱۹۱۳ نوشته: «سال‌های اخیر روزی بیست کلمه با مادرم حرف نزده‌ام، به پدرم فقط سلام کرده‌ام. اما بی‌آن‌که میانمان شکرآب باشد با خواهرانم و شوهرشان هیچ گفتگو نکرده ام.» بعد حتی از بازدید دوستش «دکتر بروُد» هم رو پنهان کرده و با هیچ کس حرف نزده، چون عمداً می‌خواسته همه را دشمن خود کرده باشد و تمام نیرویش را برای رسیدن به مقصود به کار ببرد:
«من دیوانه‌وار پل‌ها را از هرسو ویران خواهم کرد، همه را دشمن خودم می‌کنم و با کسی گفتگو نخواهم کرد» روش او خودداری سخت از نوشتن و امیدداشتن است: «آسمان گنگ است، فقط برای کرها پژواک دارد.» زندگی جاودان در دسترس کسی نیست. زندگی روی زمین: «بیابان معنوی» است که در آن‌جا «لاشه‌ی کاروان روزهای گذشته و آینده» روی هم تل انبار می‌شود: «باید سری که پر از کینه و بیزاری است روی سینه خم کرد.» و باید پائید که کسی «گلویمان را نفشارد.» و با یک جمله ردّپایی که در دنیا از خود گذاشته گزارش می‌کند: «من نفی زمانه را پیروزمندانه برخود هموار کردم.» از این رو کافکا کوشید تا جان کلام خود را باصدای تازه و ترسناک بیان کند، با صدای آواره که صدای مشخص امروز ماست.
بیگانه نسبت به همه، یکّه و تنها در جستجوی حقیقت وادی اندیشه را پیمود و دست تهی برگشت: «همه چیز وهم است، خانواده، دفتر اداره، دوست، کوچه و هم‌چنین دورترین و یا نزدیک‌ترین زن همه‌اش فریب است. نزدیک‌ترین حقیقت آن است که سرت را به دیوار زندانی بفشاری که در و

پنجره ندارد.» اما او هیچ‌گاه شاهد نا امید شکست خود نبود، بلکه با تمام نیرو آن را می‌خواست و همه‌ی مسئولیتش را به گردن گرفت. شالده زندگیش را با دست خود ریخت، اما همین که به ته انزوا رسید با نومیدی تلخی روبرو گردید.

در داستان‌های «کاوش‌های یک سگ» بعد از آن که سگ روزه می‌گیرد و می‌خواهد خلأ آسمان را ثابت کند، همین که جستجویش می‌خواهد به نتیجه برسد می‌گوید: «آخرین امید و آرزویم ناپدید شد؛ در این‌جا به سختی خواهم مرد؛ کاوش‌هایم به کجا انجامید؟ کوشش‌های کودکانه‌ای بود در زمانی که به طرز کودکانه‌ای خوشبخت است... این‌جا فقط سگ بدبخت سرگردانی است که می‌خواهد خوراک معدومی را درهوا بقاپد.»

در گوشه‌ای خزید و شاهد شکست‌های خود شد. نه این که سودای پیروزی در سرداشت: «من امیدی به پیروزی ندارم، و از کشمکش بیزارم. آن را دوست ندارم مگر برای این که تنها کاری است که از دستم بر می‌آید.»

خواهند گفت نویسنده بدبین بوده و دستی این کار را کرده تا زندگی را تاریک‌تر از آن‌چه هست بنمایاند. اثر کافکا را نمی‌توان بدبین و یا خوش‌بین دانست. کافکا مظهر آدم جنگ‌جوئی است که با نیروی شرّ و با خودش در پیکار است، برضد همه‌ی قیافه‌های نقاب زده‌ی دشمن می‌جنگد شاید با آن چه که می‌تواند او را رهائی بخشد نیز در کشمکش است، چون همه چیز به نظر او مشکوک می‌آید. کافکا در هنر خود حقیقت غارتگر زندگی درونیش را می‌گذراند، یا به عبارت دیگر، حقایق درونی او به‌اندازه‌ای زیاد است که خود به خود به بیرون می‌تراود و تمام اثرش را فرا می‌گیرد. او خوش‌بین و یا بدبین نیست. تمام درماندگی‌های بشر که در نوشته‌هایش دیده می‌شود و ناکامی را که برگزیده و پیوسته به دنبالش رفته جزو آزمایش اوست. او فدای روشن‌بینی خود شده، زیرا شخصی است که می‌بیند جسماً و روحاً

دارد بعلیده می‌شود، اما نیروی سنجش را ازاو نگرفته‌اند. روشن‌بینی و درد عجیبی دارد، به طوری که درد و روشن‌بینی یکی می‌شود و بانگاه تیزبین ژرفی زخم را می‌بیند اما باور ندارد که انسان بتواند نیکی و بدی را از هم تمیز بدهد. می‌خواهد آزمایش شخصی بکند تا اطمینان کامل به دست بیاورد.

با شرایطی که او زندگی کرده و اندیشیده، برایش طبیعی بود که بی‌رحمانه نیروی خود را به مصرف برساند و بکوشد تا راه حقیقی زندگی را به دست بیاورد. هم‌چنین بسیار درست و طبیعی است که به نتیجه‌ی پوچ برسد.

او به طرز روشنی می‌دید که رسیدن به کمال مطلوب آرزوی بشر است و نیز دید که هر کوششی به طور مسخره‌آمیزی محدود است. مسئله مهمی که پیش می‌آید نیازمندی‌های طبیعی است که با احتیاجات منطقی و انسانی متناقض می‌باشدو هرگونه آرزوی ژرف آزادی به شکل خیال خام در می‌آید. تناقضی را به وجود آورد که مخصوص به خودش است — تمسخر مخصوص او که ناامیدانه است و چاشنی نوشته‌هایش به شمار می‌آید. اما این موضوع سبب نشد که اخلاق شوخ ویا فلسفه لاابالی‌گری را بپذیرد. اخلاق او متناقض به نظر می‌آید، شاید به علت این است که از مردمان معمولی هدف عالی‌تری داشته، در صورتی که به نظر خودش یک فرد معمولی بوده است. کافکا بیش از دیگران احساس تندی از سردی دنیا دارد، ولیکن نه می‌تواند این سرما را از خود براند و نه به آن خو کند. این احساس هم دست قریحه و نیروی آفریننده‌اش می‌شود و تمام هستی‌اش را راهنمایی می‌کند. طبیعت او که شیفته مطلق است وادارش می‌کند که آزمایش خود را تا آخرین نفس دنبال کند. به جای این که از این فضای یخ زده بگریزد و در حرارت کانون خانوادگی پناهنده شود، به سوی سرمای فلج‌کننده، به سوی خاموشی جاودان و تهی بی‌پایان می‌رود و دلیرانه راه خود را می‌پیماید. عوض این‌که

چشمش را ببندد، نگاه دوراندیش خود را به زندگی می‌دوزد و در جلویش ایستادگی می‌کند. عوض این‌که خود را دست خوش هوی و هوس آن بکند، می‌کوشد که احساس نیستی را به کرسی بنشاند. برای آن که شالده‌ی زندگی نوی بریزد، دلیل عدم در دستش می‌ماند. در جاده‌ای که قدم می‌زده راه برگشت نداشته، اگر هم می‌خواست دست از پیکار بکشد نمی‌توانست.

در مقابل چاپ کتاب و یا زناشوئی می‌بینیم کافکا رویه‌ای را در پیش گرفته که به مقصود برسد: برای رسیدن به آماج باید از زندگی کناره گرفت، از آن‌چه که وزن دارد، از آن‌چه که آدم را از کار باز می‌دارد، گرم می‌کند، دل‌جویی می‌نماید و یا دل‌داری می‌دهد. سگ با خود می‌اندیشد: «آشکار است که هیچ کس، نه زیر زمین، نه روی زمین، نه بالا، هیچ کس به فکر من نیست. من از این بی‌اعتنایی می‌میرم. این بی‌اعتنایی می‌گفت: «دارد می‌میرد.» و این طور خواهد شد. آیا این عقیده من نبود، قبلاً نگفته بودم؟ خودم خواسته بودم که این‌طور فراموش بشوم.» جای دیگر می‌نویسد: «من از سنگم، بدون کوچک‌ترین روزنه برای شک و یقین، برای مهر و کینه، برای دلاوری و یا دلهره، به طور کلی و جزئی من سنگ گور خودم هستم. تنها مانند نوشته‌ی روی سنگ امید مبهمی زنده است.» باید به سوی سرما و تنهایی و تهی در فضای یخ‌زده‌ی دنیای خودمان پیشروی کنیم. تعادل را همان‌قدر نگاه داریم که نیفتیم، همان‌قدر نفس بکشیم که هنوز برای زندگی لازم است در ضمن باید آن‌قدر خودمان را کوچک کنیم که از احتیاج به هوا و نقطه‌ی اتکاء هم بتوانیم چشم بپوشیم. هرگاه کافکا تن خود را به مرگ می‌سپارد برای این است که از فریب‌های زندگی گمراه نشود و به جز ستایش «پوچ» زیر بار چیز دیگر نمی‌رود. درباره‌ی شغل‌های سرباری که داشته از جمله تحصیل حقوق و دفتر اداره و سرگرمی‌های دیگر مانند

گل‌کاری و نجاری می‌نویسد: «درست مانند کسی است که گدای نیازمند را بتاراند و سپس ادای بخشنده‌ای را درآورده از دست راست به دست چپش صدقه بدهد.»
چنین روشن‌بینی و دلاوری ناامیدانه‌ای به نظر تحمل‌ناپذیر می‌آید. کسانی که این راه را پیموده‌اند، چه بسا اتفاق می‌افتاده که آخرسر یک جور کمربند نجات به کمرشان بسته و به عقیده‌ای گرویده و یا به گروهی پیوسته‌اند هرچند بی‌شک مایل بود و به دشواری می‌کوشید تا به مقصود برسد، اما به طور متناقضی حس کرد که محکوم است و این دنیای کامل را باید از سر نو به چنگ بیاورد: «چسبنده و کثیف» تا حدی که برایش: «نوشتن یک جور دعا خواندن» می‌شود. آشکار است که از هرکس برای این آزمایش او برازنده‌تر بود، اما مرد بی‌آن‌که فریاد امیدواری برآورد، بی‌آن‌که راه رهایی را به دیگران بنماید.
آیا چه نتیجه‌ای می‌توان گرفت جز این که برای انسان هیچ راه دَررُو نیست و امیدی هم وجود ندارد: «آیا جز فریبندگی چیز دیگری را می‌شناسی؟ هرگاه فریبندگی نابود شود نمی‌توانی نگاه کنی، یک ستون نمک خواهی شد.» و از همه فریبنده‌تر این است که به الوهیت پناهنده شویم: «مسیح نمی‌آید مگر هنگامی که دیگر به آمدنش نیازی نیست. او یک روز بعد از روز موعود خواهد آمد، نه روز آخر بلکه فرجامین روز خواهد آمد.» از این قرار آیا الوهیتی که می‌جویند وجود دارد؟ آیا این عالی‌ترین سرآب نیست که کافکا ناگزیر است از آن چشم بپوشد؟ در صورتی که زندگیش را آتش زد برای الوهیت را پیدا کند و کامیاب نگردید.
آیا دلیل این نیست آن‌های دیگر که می‌پندارند آن را به دست آورده‌اند یا بی‌رحمانه گول خورده‌اند و یا می‌خواهند دیگران را بفریبند؟ زیرا هرکس

آزمایش تا این اندازه ضمانت نشده بود و مطمئن نبود. ضمانت وجودی که زندگی خود را رویش گذاشت تا مردمان دیگر را از کوشش بیهوده برهاند. روشفور می‌نویسد: «در این‌جا نویسنده‌ای نیست که بخواهد خواننده را سربپیچاند و از گمراهی او تفریح کند، ولیکن با کسی روبرو هستیم که در کشمکش است: کافکا با اثرش به هم می‌آمیزد و دلهره‌ای که کتاب‌هایش به ما می‌دهد دلهره‌ی خود اوست، هم چنین ناتوانی که از درک مقصود او حس می‌کنیم وابسته به ناتوانی می‌باشد که او در فهم منظور زندگی داشته است، با رُمان‌هایش ما در جلو بُن‌بست گیر می‌کنیم هم چنان که خود کافکا در جلو زندگی گیرکرده است...»

این زندگی و اثر بی‌اندازه دلیرانه که دنیای تاریک ما را پرده دری کرده ثابت می‌نماید دنیای روشنی که او «منفی» ترسناکش را داده، در آن دنیا نیست و اگر هنوز وجود ندارد باید آن را بنا نهاد. این وظیفه‌ای است که هرکس اگرچه نابغه هم باشد نمی‌تواند انجام بدهد.

هرچند کافکا شهرت روز افزون به هم رسانیده و در ادبیات و فلسفه جدید تأثیری بسزا دارد (در انگلستان و فرانسه و ایتالیا پیروانی پیدا کرده که به تقلید او می‌نویسند.) ولیکن با وجود اسناد فراوانی که در دست می‌باشد، تاکنون شرح حال و شخصیت نویسنده به خوبی شناخته نشده است. زیرا هرچه به این راز نزدیک‌تر می‌شویم بیشتر از ما می‌گریزد، کسانی که مطالعاتی درباره‌ی او کرده‌اند ذوق زده به نظر می‌آیند. ماکس بروُد از این که همدم یک نفر نابغه بوده گیج شده وخودش را باخته است. البته کتاب او در شرح حال کافکا مطالب قابل توجهی در بردارد که به درد آیندگان می‌خورد، اما به هیچ وجه بی‌طرفانه نیست. گویا بهترین شهود کسانی هستند که درست در جریان وارد نبوده‌اند، زیرا اقلاً حقیقت را منحرف نکرده‌اند.

نخستین موضوع جالب توجه این است که سه رُمان کافکا (دادخواست – قصر – آمریکا) و بسیاری از داستان‌هایش ناتمام مانده است. این پیش‌آمد البته به علّت تنبلی و پشت‌گوش‌اندازی و یا ناتوانی نویسنده نبوده است.

یک نفر متخصص روانشناسی تحلیلی این اتفاق را بی‌شک به سبب اختلال مسائل جنسی می‌داند و مربوط به آرزویی می‌کند که کافکا به زناشوئی داشته و نتوانسته عملی بکند: در تمام نوشته‌هایش موضوع شکست و ناکامی را پرورانیده و مانند پیامبری آن را به اشکال گوناگون تائید کرده است. زیرا کافکا آزمایشی را دنبال می‌کرده و در نوشته‌هایش گزارش دقیق این آزمایش را می‌کند. چنان‌که خودش نوشته: « از لحاظ تنبلی و بدخواهی و ناشی گری نیست که در هرچیز، چه در زندگی خانوادگی، دوستی، زناشوئی، شغل و ادبیات با شکست و یا غیرشکست روبرو می‌شوم. بلکه به علت نداشتن زمین و هوا و قانون است، وظیفه من ایجاد این‌هاست... این وظیفه اساسی من به شمار می‌رود.» در این صورت پیداست که نقشه‌ای را دنبال می‌کرده است. قهرمانانش مانند خود او در دنیای ناسازگاری زندگی می‌کنند که پر از خطر و کابوس است و وضع خود را در این دنیای پوچ تجزیه می‌نمایند و به نتیجه وحشتناکی می‌رسند که بن‌بست است و راه گریز ندارد.

نکته‌ی دیگر این که می‌توان «دادخواست» و «مسخ» را ازین نظر تعبیر کرد که شرح احساسات ناخوشی است که درد خود را بی‌درمان می‌بیند و می‌داند که محکوم به مرگ است و اطرافیانش از او می‌پرهیزند، اما این دو اثر را پیش از بروز ناخوشی سل نوشته است. ماکس بروُد نمی‌دانسته و یا نمی‌گوید که کافکا علائم این بیماری را قبلاً در خودش حس کرده بوده است.

مطلبی که در اولین وهله طرف توجه کافکا قرار گرفته راز جسم است. از این‌که انسان جسمانی است شگفت کودکانه‌ای می‌نماید و می‌نویسد: «محدود بودن کالبد انسانی هراسناک است.» انسان با جسم خود حس می‌کند که محدود و جداست و گاهی بدبخت می‌باشد. کشمکش میان آزادی فکر و ساختمان جسمانی محدود و از همه بیشتر اختلاف جسمانی وحشتش را بر می‌انگیزد. حتی کنایه به مسیح می‌زند: «شهداء تن را خوار نمی‌دانند، زیرا می‌خواهند بر سر دار بلند بشوند. از این رو با دشمنان خود هم داستانند.»

جسم به‌اندازه‌ای فکرش را مشغول می‌کند که به نظرش سرحد غیر قابل عبور می‌آید. کسی از دست تنش نمی‌تواند بگریزد و با جسمش تنهاست.

موضوع این که آدم متعلق به جسمش است و جسم است که به انسان فرمانروائی دارد، برای او یک جور حالت قطع رابطه و جدایی تولید می‌کند. ساختمان جسمانی برای کافکا یکی از مظاهر بزهکاری می‌باشد و یکی از اشکال پوچ است.

نه تنها باید با جسمی هم‌منزل شد، بلکه از همه بدتر یک جسم پست پلید است که پستی آن نسبی نیست و مطلق می‌باشد و به ما چسبیده است. برای خود کافکا وضعی پیش آمده که بسیار ناگوار است، زیرا می‌داند که چهره و اندام جوانی را نگه داشته و زمانی که سی سال دارد به او هژده سال می‌دهند. او به درد جوانی گرفتار است و ظاهرا ریخت «پسربچه» را دارد و باید با وضع پست فرمانبردار زیر سلطه پدر بماند. اما او به فکر فرار از زیر بار تحکمی نیست که خردش می‌کند فقط می‌خواهد پیش خودش تبرئه بشود. این یکی از گره‌هایی است که آزمایش «جسمانیت» را با احساس بزهکاری نزدیک می‌سازد. دو موضوع به هم می‌پیوندد: موضوع حیوان و موضوع دادگستری.

کافکا برای این که تصویر برجسته‌ای از رابطه‌ی خود و پدرش بدهد، قهرمانان خود را از عالم جانوران انتخاب می‌کند. بهتر از این نمی‌شود انزوای ترسناک و زبان‌بستگی کامل تشریح کرد: هرگونه کوشش برای ارتباط قبلاً جلویش گرفته شده، هیچ‌گونه وجه مشترک وجود ندارد.(قسمت اول داستان مسخ) از این‌جا موضوعی پدید می‌آید که در تمام آثار کافکا پرورانیده شده: نبودن وسیله شناسائی.

آدمی که در «مسخ» تبدیل به حشره می‌شود دلیل می‌آورد و حساب می‌کند و از فرضی به فرض دیگر می‌پرد تا کار خود را روبراه کند. اما دچار سرنوشت بدتری می‌شود، چون آن چیز را که لازم دارد تا بدبختی را مرتفع سازد نمی‌تواند دریابد. هوش خود را که ظاهراً از دست نداده، بیرون از نیروی دراکه است، کوشش‌هایش به هدر می‌رود، سقوط جسمانی مهر قلب رویش زده و ناتوانش کرده است. در داستان «کنام» این وضع به سرحد وحشت می‌رسد: جانور کاملاً تنهاست و افکار خود را نشخوار می‌کند. تهدید نامرئی او را شکنجه می‌دهد، فقط مرگ خاموشی قطعی را در مقابل پرسش‌های بی‌پایان و دلهره برقرار می‌سازد. این داستان ناتمام است. ترس به قدری شدید است که به نظر می‌آید جانور دشمن ناشناس را بر می‌انگیزد تا زودتر او را بکشد.

به موازات «جسمانیت» تقاضای دادگستری و موضوع بزهکاری یکی از مطالب اساسی مورد توجه کافکاست. کافکا خواننده را به دیوانخانه‌های دوردست، سایه روشن راهروها و درهای نهانی در ساختمان‌های اداری و قصری که از دور زیر برف می‌درخشد می‌کشاند و دربان‌هائی که دارای لباس متحدالشکل هستند و پیامبران و نمایندگان مخصوص و کارمندانی که حرفشان دَررُو دارد و دادوران پژمرده و دادستان‌های ریش‌دراز که فقط عکسشان را می‌شود دید به ما معرفی می‌کند. اما به همه‌ی این‌ها نیازمند

است. این «قیافه‌های» مربوط به دادگستری با مقامات رسمی هم‌دست می‌باشند. بیش از همه چیز رابطه‌ی رئیس و مرئوس در دستگاه جاسوسی و اجتماعی که به طرز غریبی سلسله‌ی مراتب را مراعات می‌کنند دیده می‌شود. فرمانده و فرمانبردار هست. مقامات رسمی همیشه حق‌به‌جانب هستند، پرونده‌هایی بر ضد آدم دارند که هر وقت دلشان بخواهد می‌توانند به کار بیندازند و آدم را محکوم بکنند. اشدّ مجازات درباره‌ی ژوزف ک... اجرا می‌شود. زیرا که دادگستری باید اجرا گردد و در هر حال بزهکار باید تأدیب شود.

در رُمان «دادخواست» در کلیسا کشیش به ژوزف ک... می‌گوید: «هیچ می‌دانی که کارت خراب است؟ چرا؟ من بزهکار نیستم؛ اشتباهی رخ داده. به علاوه چطور ممکن است کسی بزهکار باشد؟ چون ما همه بشریم و شبیه یک دیگر هستیم.

«درست است. اما این طرز استدلال آدم‌های بزهکار است.» افسر در «گروه محکومین» می‌گوید: «بی‌شک همیشه خطائی وجود دارد.» اما نباید اشتباه کرد که در «گروه محکومین» دستگاه دادگستری مورد تهمت قرار می‌گیرد و به نومیدی می‌گراید. «افزار» دادگستری از کار می‌افتد و دژخیمی که مأمور اجرای قانون بود، بیچاره می‌شود و در انزوای مطلق قرار می‌گیرد که برایش حکم محکومیت را دارد. از این قرار دادگستری پس از مرگ فرمانده‌ی پیش صورت یک جور مراسم پوچ و مهوع به خود می‌گیرد. (آیا مقصودش اشاره به الوهیت نیست؟ در این‌جا باید تأثیر نیچه را در افکار کافکا جستجو کرد.) و زمانی که افسر خود را زیر سوزن‌های ماشین شکنجه می‌اندازد، حالت وجد ناگفتنی به او دست نمی‌دهد و نوشته‌ای که روی تنش خالکوب می‌شود و محکومین پیش در حالت وجد و دلباختگی با درد جسمانی

خود می‌خوانده‌اند، نمی‌تواند حروفش را تفکیک کند. در این‌جا نیز نه تنها برای قربانی بلکه برای اجراکننده قانون ادراک سرش به سنگ می‌خورد.

موضوع دیگری که طرف توجه کافکاست، موضوع ساختمان می‌باشد. ساختمان شکل مثبت کار است که به بهترین وجه انجام می‌پذیرد. یک نوع توجیه و تولّد است: وجود احتیاج دارد که ساخته شود. به همان درجه که ساختمان پیشرفت می‌کند وارد حقیقت می‌گردد. عمل ساختمان یک چیز منزوی و جداگانه نیست، ممکن است به منظور برخورد یک جامعه به کار رود. کافکا که آدم مجرّدی بوده برای این که وابستگی با دیگری امکان‌پذیر شود، آرزو می‌کند دست به کاری بزند که مردمان را برای مقصد مشترک به گرد هم بیاورد. سازنده داخل جرگه مقامات عالی و رؤسا می‌باشد. مانند درام برج بابل که باید میانجی زمین و آسمان باشد، یعنی در عین حال که مردم را باهم متحد کند سر به آسمان بساید. اما بابل سقوط کرد و از این رو طرف توجه کافکا قرار گرفت. هم‌چنین در «دیوار چین» مسافت‌ها بی‌اندازه زیاد است و شلوغی و ازهم پاشیدگی در اوضاع فرمانروایی دارد. پیوسته تماس مقامات عالی و سازندگان بریده می‌شود. این کار هرگز به پایان نمی‌رسد. آن‌چه که پراکندگی می‌آورد از آن‌چه که یگانگی می‌آورد نیرومندتر است.

مانند افسانه‌ی یونانی سیزیف Sisyphe هر اثر کافکا یک ساختمان معنوی است که محکوم است روی هم بغلتد، همیشه در آن شکاف پیدا می‌شود و دلهره در آن نقب می‌زند. هم چنان که کوشش‌های ک... زمین‌پیما در «قصر» و نقشه‌هایی که افسر در «گروه محکومین» برای تبرئه خود می‌کشد تا سیّاح راجع به ماشین چیزی نگوید و فرضیّات بی‌پایان جانور در «مسخ» همه‌ی این‌ها چیز دیگری جز ساختمان نیست و همه محکوم به سقوط می‌باشد.

در داستان «کنام» موضوع ساختمان و درام حیوانی به هم می‌پیوندد. جانور به دشواری حصار دفاعی دور سستی خود می‌کشد، پناه‌گاه او دام خودش می‌گردد. از مالکیت لانه‌ی خود بیمی ندارد. (اصولاً کافکا درباره‌ی مسئله‌ی مالکیت و دارایی به هیچ وجه دلبستگی نشان نمی‌دهد.) ترس جانور بیشتر متوجه امنیت لانه است که از همان اول به هم می‌خورد. اما این سفر ساختمان زیر زمین و در دل خاک است. در روزنامه‌ی خود می‌نویسد: «ما چاه بابل می‌سازیم.»

کنایه‌ای که کافکا می‌زند به سرنوشت شوم دوره‌ی ما اشاره می‌کند: در صورتی که انسان تبدیل به جانور شده و زندگی ما در وحشت پناه‌گاه زیرزمینی می‌گذرد و از لحاظ معنوی به کاوش «عمقی» و به «حقایق تاریک» می‌پردازیم؛ این کار زمانی ما را به جهنم و گاهی به سردابه‌های زیرزمینی راهنمائی می‌کند. این روش دقیق اما پوچ است که ازترس و دلهره ناشی می‌شود و ادراک در مقابل وظایف بی‌شمار سقوط می‌کند.

«حالا نه» این وعده‌ی سرخرمن پاسخ ابدی دنیا در مقابل آخرین پرسش‌های ژرف و نیازمندی‌های آدمیزاد است. «نه حالا، نه فردا، نه هیچ وقت». این برگردان تقریباً در همه‌ی اثر کافکا تکرار می‌شود. در تمام دوره‌ی زندگی و قرن‌ها سازندگان دیوار چین چشم‌به‌راه پیام شهریاری هستند. زندگی ما چیز مستقل و پابرجایی نیست و ارزشی ندارد. یک منزل‌گاه در سرای بین‌العدمین می‌باشد. دنیای ما مثل دنیای «گراکوس شکارچی« دنیای یهودی سرگردان است.

حضور ما روی زمین هرچند دمدمی اما متأسفانه ناگزیر می‌باشد، در این صورت نه تنها انتظار بلکه دخالت چیزی هم بیهوده است. ولیکن این انتظار (مانند ک... در رُمان «قصر» که حس می‌کرد هیچ‌گونه رابطه با دیگران نداشت و از همیشه آزادتر شده بود اما چیزی هم پوچ‌تر و ناامیدانه‌تر از

این نمی‌شد) پر ازمسئولیت است، پس کسانی هستند که آرزومندند هرگز به دنیا نمی‌آمدند و حال که آمده‌اند، هرچه زودتر فاصله میان تولد و مرگ را بپیمایند. از این لحاظ فلسفه کافکا شبیه عقیده فرقه‌ی کاتارها Cathares (فرانسویان مانوی در قرن سیزدهم) می‌باشد که معتقد بوده‌اند زندگی روی زمین یک جور نفرین الهی است و فقط مرگ می‌تواند موجودات را از این قید برهاند.

از این قرار دیده می‌شود که تازگی اثر کافکا نه تنها مربوط به مسائل «حقیقی» است که از دنیای ما می‌گیرد، بلکه کنایه‌هایی که روش زمانه به او الهام می‌کرده به صورت افسانه در می‌آورد. همه‌چیز طوری جور می‌شود مثل این که سراشیب تخیل شوم کافکا متناسب با سرازیری فاجعه‌انگیز زمان ماست. تجدّد کافکا در کنایه‌ها و تصویرهایش نیست و در خواهش‌های خاموش و سمج روانشناسی آن که پیش از تصویر به وجود آمده است.

همبستگی فکر او با دنیای ما آشکار است، نه تنها برخورد در صورت ظاهر رخ داده، بلکه خیلی دورتر رفته و مربوط به محرک اصلی می‌شود.

چیزی که غریب است، مسائلی که طرف توجه کافکاست و جزء جدایی‌ناپذیر روحیه‌ی جدید به شمار می‌رود، داستایوسکی نیز همین مطالب را با زبان دیگری پرورانیده است. برخورد این دو مرد ناگهانی نیست و پیام هردو آن‌ها از یک «زیرزمینن» به ما می‌رسد. شاید برخی این پیشگوئی ژرف دوره‌ی ما را در اثر ناخوشی بدانند و یا جزو کشف و کرامت پندارند، به هر حال ما در جلو امر واقع قرار گرفته ایم.

مردمان امروز تشنه‌ی دادگستری بی‌غل و غش و ساختمان پیروزمندانه هستند و چشم به راه حقایق جدیدی می‌باشند. اثر کافکا این موضوع را به میان می‌کشد، سپس علامت نومیدی و ناکامی رویش می‌گذارد. آیا به این علت که اثرش کاخ امید را ویران می‌کند باید آن را دور بیندازیم؟

دادگستری که برایمان تشریح می‌کند مرموز و خون‌خوار است، اثری که برایمان می‌گذارد، شبیه معبد ویرانه‌ای است که می‌خواهیم از چنگش بگریزیم. شاید زندان و ویرانه‌ای است که باید در قلب مردمان مانند ترس ابدی پایدار بماند. که می‌تواند بگوید که این تصویرها زدودنی است؟ نداشتن اطمینان و احساس بزهکاری دو خاصیت اخلاقی کافکا است. بزهکار به مفهوم او کسی است که وسیله زندگیش کامل نمی‌باشد و پیوسته حق وجودش در دنیا تهدید می‌شود. تأثیر تربیت در نظرش چیز دیگری جز «بیدادگری و برده پروری» و «زنای معنوی» نیست، در کاغذی که به خواهرش نوشته سخت‌ترین و دردناک‌ترین خرده‌گیری را به پرورش خانوادگی می‌کند.

فراموش نشود که وقتی کافکا می‌خواهد انسان حقیقی را نشان بدهد برایش دشوار است و باید صحنه‌ای از دنیای دیگر را در زمان‌های کهن تصور کند، هرگاه می‌خواهد آدم‌های امروز را بشناساند، موجودات ناقص‌الخلقه، نیمه‌آدم و نیمه‌جانور، Odradek یا ماشین‌های خودکار و شمپانزه و موش کور و سگ و حشره را به عنوان انسان کنونی معرفی می‌کند. یک جور محکومیت در دوران ناکسی است که به دست آدمک‌های بوزینه‌صفت شالده‌اش ریخته شده است. سگ با خود می‌گوید: «دانش از جایی سرچشمه می‌گرفت که امروز ما ردش را گم کرده ایم.» کافکا اغلب در پوست جانوران می‌رود و خودش را به جای آن‌ها می‌گذارد و شکنجه‌های بی‌سابقه را طی کرده و جزئیات حالات آن‌ها را گزارش می‌کند. در همه‌ی این حالات سرنوشت تبرئه نمی‌شود. نتیجه‌ی زهرآگین او به آداب و رسوم و قوانین جامعه‌ی بشر برمی‌گردد. شورش او بی‌صداست و برای همین از جا در می‌کند. تمام حالات «حیوانی» در زیر فاجعه عمومی عدم شناسایی کون نشان داده شده است. مانند کسی که در داستان «دیوارچین» با چشم‌های

براق خیره پیام شهریاری را می‌آورد: «پیام برای شما فرستاده شده. شما این‌جا هستید، پیام هم این جاست. تنها انتقال آن دشوار است، امیدی نیست که هرگز پیام را دریافت کنید.»

از این قرار پیامی که بغپور در بستر مرگ به پیامبر داده هرگز به مقصد نمی‌رسد. بغپور مرده، در صورتی که چشم به راه فرمانش هستند.

آن‌چه کافکا جستجو می‌کند برای آزادی خود و دیگران از قید بندگی و بردگی است. درنوشته‌هایش اغلب تقاضای گنگی از او می‌شود. در میان واحه نماینده‌ی شغال‌ها به او می‌گوید: «من از همه‌ی شغال‌ها پیرترم و خوشوقتم که در این‌جا به تو درود می‌فرستم. تقریباً امیدم بریده بود، زیرا سالیان درازی است که چشم به راه تو بوده ایم.» در داستان کوتاه «یک موجود دورگه» جانور ناقص‌الخلقه‌ای که از نیم‌تنه گربه و نیم دیگر بره است، گاهی روی صندلی می‌جهد، دست‌هایش را روی شانه‌ی کافکا می‌گذارد، پوزه‌اش را بغل گوش او می‌برد: «به نظر می‌آید که می‌خواهد چیزی به من بگوید، سپس به جلو خم می‌شود و چهره مرا وارسی می‌کند تا اثر نجوای خود را دریابد.» در رُمان «قصر» ک.. زمین‌پیما نسبت به مردم برده‌ای که در مسافرخانه دورش را می‌گیرند احساس ترحّم می‌کند و خواهش آن‌ها را در چشم‌شان می‌خواند:

«شاید در حقیقت توقعی از او داشتند که نمی‌توانستندبه زبان بیاورند. آن‌ها با دهن باز و لب‌های باد کرده و سیمای شکنجه دیده به او می‌نگریستند؛ چنین می‌نمود که سرشان را به ضرب تخماق پهن کرده باشند و مثل این که قیافه‌ی آن‌ها در زیر فشار این شکنجه به وجود آمده بود.» اهمیت مأموریت کافکا از این‌جا آشکار می‌شود. به همین مناسبت بی‌رحمانه در جلوتمام گرفتاری‌ها ایستادگی می‌کند و هرجور سرگردانی و خواری را برخود هموار می‌سازد.

اما در چنین دنیایی که برخورد صمیمانه رخ نمی‌دهد ترحم موضوع ندارد. ترحم نمی‌تواند وجود داشته باشد مگر پس از برخورد نگاه. به نظر می‌آید که قانون پیکار این احتمال را پیش‌بینی کرده باشد، زیرا قربانی خود را بی‌آن که بداند قبلاً کور کرده است و برای این شخص کور مانند این است که با مردگان می‌ستیزد پیش از همه چیز با قسمت مرده‌ی خود که برضد او برخاسته می‌جنگد. ولی چنین می‌نماید که او دشمن مرده‌ی بزرگی دارد که باید با او گلاویز شود، دشمنی که با توانایی مرگ به او حمله خواهد کرد. «گروه محکومین» تصویر گیرنده‌ای از آن دربردارد. این ماشین شکنجه که اختراع سروان مرده است، این دستگاه خودکار اهریمنی که کم و بیش اراده یک نفر مرده را اجرا می‌کند، که می‌تواند بگوید که دادستان در رُمان «دادخواست» نمرده باشد و با تمام اداره‌ی جاسوسی و دادگستری چیزی نیست مگر بازمانده‌ی پوچ دستگاه مکانیکی دادگستری که هیچ‌گونه لغزشی در آن دیده نمی‌شود مگر این‌که دادگری حقیقی در آن وجود ندارد.

انگار که در نوشته‌های کافکا یک‌جور درد دیرین برای روزگار پیش مانند خواب سنگینی می‌کند. سگ با خود می‌اندیشد: «نسل ما گم گشته است، باید هم این جور باشد، اما از نسل‌های گذشته قابل سرزنش‌تر است.دودلی دوره‌ی خودمان را می‌توانیم دریابیم، راستی که این دودلی ساده‌ای نیست، این خوابی است که هزاران شب دیده ایم و هزار بار فراموش کرده ایم.» افسوس زمانی را می‌خورد که: «سگ‌ها هنوز مثل امروز آن قدر سگ نشده بودند.»

در دنیای کافکا پیام دلهره‌آور پیش‌آمدهائی دیده می‌شود که هنوز نمی‌توانیم به مفهوم آن پی‌ببریم. انسان فراموش‌کار جدید که اساساً تجزیه شده در دنیایی زیست می‌کند که یگانگی وجود ندارد مگر به وسیله «تهی» که در روح اشخاص تولید می‌شود. از این‌رو، نه می‌تواند تصور خود و نه

خدایش را بکند. پس ناگزیر است که پایان فرمان‌روائی خود را به عنوان شخصیت انسانی به رسمیت بشناسد. به عقیده کافکا دورانی است که شخصیتی وجود ندارد، آسمان تهی است و روی زمین موجوداتی در هم می‌لولند که آدم نیستند و حتی شرایط ابتدائی زندگی سابق را به کلی فراموش کرده‌اند. آزمایش دردناک انسانی را دیگر آدمیزاد نمی‌تواند دنبال کند. جانشینش جانورانی خواهند شد که به کنج خلوت لانه‌ی او تا روز مرگش رخنه خواهند کرد. معلوم نیست که مرگ هم بهتر از زندگی بتواند از قانون عدم امکان برکنار باشد، زیرا گریه و ناله و دعا و نفرین هم در آن تأثیر ندارد.

جنبه‌ی دیگر این دلهره مانند عقاید مربوط به الهیات قرون وسطایی احساس فناناپذیر بودن بهشت زمینی است: «ما برای زندگی در بهشت آفریده شده بودیم، بهشت برای ما پرداخته شده بود، اما سرنوشت دگرگون شد، آیا چنین تغییری در سرنوشت بهشت هم روی داده؟ به این نکته اشاره نشده است.» کافکا می‌کوشد که در بهشت زمینی وارد شود. هم‌چنین حاضر است زندگی جسمانی را برای زندگی معنوی بدرود گوید. در یادداشت‌های خود این عقیده‌ی قدیم هند و ایرانی را می‌پروراند: «جهان دیگری جز جهان مینوی نیست؛ آن چه ما دنیای محسوس (گیتی) می‌خوانیم وجود شر در جهان مینوی است، و آن‌چه شر می‌نامیم لزوم تکامل بی‌پایان ماست.» در جای دیگر به طرز اسرارآمیزی یادداشت می‌کند: «قفسی به جستجوی پرنده‌ای رفت.» آیا قفس نمی‌خواهد ثابت کند که پرنده‌ای وجود ندارد و همه جا تهی است؟ هرکسی قفس خود را به دنبالش می‌کشد، کسی که در قفس می‌ماند و داخل هیاهو نمی‌شود روشن‌بینی غریبی دارد و همه چیز را بهتر از دیگران می‌بیند. حتی در بدبینی قدمی فراتر از دیگران گذاشته، زیرا دنیا را خالی از امید نمی‌داند و در این صورت به بدبینی جنبه‌ی

۳۹۱

عمومی نمی‌دهد و به پاسخ «دکتر بروُد» می‌گوید: «پر از امید است – امید بسیاری وجود دارد – گیرم برای ما نیست.»

همین ابهام که در آثار کافکا دیده می‌شود سبب تعبیر و تفسیر فراوان شده و بعضی او را نویسنده‌ی فلسفه الهی و طرفدار صهیونیت و پیرو فروید و منتقد اجتماعی قلمداد کرده‌اند. ولیکن طعن و طنزی که کافکا برای کوشش بیهوده انسان در جستجوی الوهیت بکار برده سخت و روشن مانند هوای زمستانی است. در این‌جا راست‌گویی و دیوانگی به بازی گرفته می‌شود. کافکا معتقد است که سرنوشت انسان بازیچه‌ی لغت الوهیت می‌باشد، این کلید ریشخند ماوراء طبیعی اوست و نیشخندهایش بیشتر متوجه مذهب می‌شود.

ماکس برُود نقل می‌کند که وقتی کافکا قسمتی از رُمان «دادخواست» خود را برای چند نفر از دوستانش می‌خوانده است، آن‌ها به قدری می‌خندند که اشک از چشمانشان سرازیر می‌شود و خود کافکا چنان به خنده می‌افتد که نمی‌تواند باقی داستان را بخواند. شرح کمدی دنیوی که انسان در جستجوی واجب الوجود سرش به سنگ می‌خورد و احساسات عالیش به زمین کشیده می‌شود و با تمام ریزه‌کاری‌های اتفاقی وصف زندگی ماست، مخصوص کافکا می‌باشد.

ادبیات برای کافکا تفنن نبوده، او کاملاً به مأموریت و ارزش و اهمیت کار خودش هوشیار است. عبارت‌پردازی و جمله‌سازی و هنرنمائی در نوشته‌هایش دیده نمی‌شود. او کسی است که زبان ساده و سبک خود را پیدا کرده است. حتی میل و شهوت و خودستایی هم ندارد: «از آن‌چه که مربوط به ادبیات نمی‌شود بیزارم. از گفتگو (ولو راجع به مسائل ادبی باشد) خسته می‌شوم. از دید و بازدید به طرز مرگ‌باری گریزانم. روی هم رفته گفتگو از آن چه من به اهمیت وجدی بودن و حقیقتش می‌اندیشم محروم

می‌کند.» در حقیقتی که کافکا جستجو می‌کند همه چیز روشن و شفاف است، نمی‌شود در سایه‌ی اشیاء پنهان شد، با حقیقت آشکار نمی‌توان جر زد. در جای دیگر می‌گوید: «هنر ما خیرگی در جلو حقیقت است، روشنایی روی چهره‌ی ترش که به عقب می‌رود حقیقت است و بس.» کافکا آن‌چه آفریده زاده‌ی فکر خودش است، افکاری است که در طی آزمایش به دست آورده، هنر او از احتیاج درونی و حیاتیش تراوش کرده است. زبان ساده و بی‌پیرایه و رنگ پریده‌ی او با کنایه‌های سربسته، عالی‌ترین سبک رُمان‌نویسی جدید به شمار می‌آید که خواننده را فقط متوجه موضوع می‌کند. جنبه‌ی تمسخرآمیز و دقت در شرح جزئیات و سادگی سبک در داستانی مانند «دیوار چین» به برهنگی و زیبایی کامل می‌رسد.

کافکا یکی از زبردست‌ترین نویسندگان است که شیوه ایما و اشاره را دنبال می‌کند و در واقع‌بینی به اندازه‌ای زیاده‌روی کرده که پیش آمدهای معمولی زندگی اغراق‌آمیز جلوه می‌نماید. وقایع طوری جور می‌شود و با سردی و خشونتی مطرح می‌گردد که تأثیر آن در خواننده حتمی است. انگار اشخاصی که معرفی می‌کند و پیش‌آمدهائی که شرح می‌دهد نمی‌توانست جور دیگر باشد، نمی‌شود چیزی به آن‌ها افزود و یا از آن‌ها کاست. پیش آمدها به‌هم‌پیوستگی ندارند، علت آن‌ها را نمی‌گوید و توضیح نمی‌دهد، این از مشخصات کافکاست که ظاهراً بر خلاف راه و روش معمولی ادبی می‌باشد و در عین حال مزاح را با موضوع‌های دردناک می‌آمیزد و زمانی مسائل زمینی و ماوراء طبیعی یکی می‌شود. موضوع تشبیه و کنایه در میان نیست، بلکه حقیقت انسانی است که با تمام وجود خودمان حس می‌کنیم و در برابر مطالب تازه و نامعهودی قرار می‌گیریم. شروع رُمان‌هایش چنان مبتکرانه است که بدون صحنه‌سازی و پرچانگی با یک جمله خواننده در قلب موضوع وارد می‌شود.

مثلاً در آغاز رُمان «دادخواست» می‌گوید: «حتماً به ژوزف ک... بهتان زده بودند، چون بی‌آن‌که خطایی ازش سرزده باشد، یک روز صبح بازداشت شد.»

شروع رُمان « آمریکا » از این قرار است: «کارل روسمان شانزده ساله بودکه از طرف خانواده تنگ‌دستش به آمریکا فرستاده شد، زیرا کلفتی فریفته بودش و از او بارور شده بود.»

در داستان «مسخ» مثل این است که قهرمان اصلی ناگهان از حالت نیمه‌خواب و نیم‌کرختی به خود می‌آید: «یک روز صبح همین‌که گره‌گوار سامسا از خواب آشفته‌ای پرید، دید در رختخوابش به حشره‌ی ترسناکی مبدل شده است.»

داستان‌هایی که با این پیش‌درآمد پرورانیده شده، فکری است که تجسم یافته و به سادگی روی کاغذ آمده است. کافکا خیلی تند می‌نویسد، گاهی مانند داستایوسکی که در عالم خلسه چیز می‌نوشته، او نیز یک داستان را در یک شب تمام می‌کند. در نوشته‌هایش بسیار موشکاف است، دقت و راست‌گویی کامل نشان می‌دهد. او می‌نویسد چون پیام فوری دارد که بدهد، نباید پرسید که کافکا عالم خواب است که با وحشت و دقت کابوس‌هایش یخه‌ی انسان را می‌گیرد (زیرا می‌داند که رؤیا با وجود لغزندگی ظاهری صرفه‌جویی بزرگی از لحاظ توصیف دارد).

ناگهان متوجه می‌شویم که با تمام شلوغی و پوچی و مسخرگی همان دنیای بیداری خودمان است که به آن خو کرده‌ایم و جدی می‌پنداریم و تاکنون به عنوان حقیقی به ما قالب زده بودند.

در هنر تنها شکل ظاهر آن نیست، شکل ظاهر نمی‌تواند بدون فکر پایدار بماند. زیر قلم کافکا پیش‌آمدهای معمولی زندگی به صورت درام درمی‌آید. پیش‌آمدهای یک رُمان در یک داستان فشرده می‌شود. جمله‌ها

قوی و گاهی درهم پیچیده است، اما ساده و طبیعی می‌باشد. کافکا از زندگی معمولی و حقایقش گریزان بوده، از این‌رو، حقایقی برای خودش به وجود می‌آورد. اثر او مانند کابوس است و شبیه عالم خواب جلوه می‌کند. چنان‌که اشاره به یک شب بی‌خوابی خود نموده می‌گوید: «من درست بغل خودم می‌خوابم و با خواب‌هائی که می‌بینم در کشمکشم.» خواننده در دنیایی می‌رود که میان خواب و بیداری است. هوشیاری از میان نرفته، اصول شناسایی نگه داشته شده ــ این دنیای پوچ و موهوم و یا مشکوک به نظر نمی‌آید، یک‌جور حقیقت موذی است، شکل‌ها به هم می‌آمیزند اما پراکنده نمی‌شوند. فضا و زمان سر جای خودش است، اما منطق اشخاص و برخورد آن‌ها یک‌جور منطق و برخوردی است که در عالم خواب روی می‌دهد. کافکا بی‌آن‌که موضوع‌های دردناک را مطرح کند و یا مطالب بی‌سر و بن بگوید تولید دلهره می‌کند، هنر او حقیقت را محکوم می‌نماید، یعنی زیاده‌روی در واقع‌بینی می‌کند و آن را محکوم می‌نماید، بطوری که حدی برای جد و هزل وجود ندارد.

ترجمه‌ی آثار کافکا کار آسانی نیست، به علت زبانش که هرچند محدود است اما به طرز شگفت‌آوری موشکاف، آهنگ‌دار و موزون و دارای تمام خواص سبک کلاسیک می‌باشد، و جز این غیر ممکن بوده که وحشت‌های درونی و دلهره‌های ناگفتنی که در کتاب هایش یافت می‌شود بیان کند. در ظاهر روشن و در باطن نفوذناپذیر است. زیر سادگی و روشنی برونی شگفتی درونی پنهان شده است.

این شگفتی ساختگی و زورکی نمی‌باشد و نه این که خواسته باشد ابتکار به خرج بدهد بلکه وابسته به حس زندگی خود نویسنده و ژرفی سرشت او می‌شود. مثلاً موضوع رُمان «آمریکا» از این قرار است: «شاگرد جوانی کارل نام در اثر پیش‌آمد ناگواری خانه‌ی پدری را ترک گفته به آمریکا می‌رود.

درآمدی ندارد و از خارج هم به او کمکی نمی‌شود. با وضع نیویورک و مردمان دولتمند و رنجبر آن‌جا آشنا می‌شود، مدتی زندگی ولگردی می‌کند. بعد در مهمانخانه‌ی بزرگی شاگرد آسانسور می‌شود و با وضع ناهنجاری پیشخدمتی می‌کند. بالاخره در اثر درست‌کاری و فروتنی کامیاب می‌شود که گلیم خود را از آب بیرون بیاورد.» این خلاصه را می‌توان کاملاً صحیح و یا غلط پنداشت.

وقایع خارجی همانست که شرح داده شد. اما این وقایع با آن چه نویسنده خواسته در رُمان خود بپروراند به کلی فرق دارد. زیرا چیزی که در این قصه‌ی متین و روشن نویسنده آشکار می‌سازد، یک جور شبح است و حقیقت ناقص و لغزنده‌ی عالم رؤیا را دارد، حتی کوچک‌ترین حقیقت محسوس در آن یافت نمی‌شود. از خواندن آثار کافکا حالتی به آدم دست می‌دهد مثل این که در کنسرتی نشسته که پیانوزن آهنگ‌های بسیار معمولی را روی یک پیانو گنگ می‌نوازد و یا گفتگوی گرمی را می‌شنود اما ناگهان پی می‌برد که لب‌های گویندگان تکان نمی‌خورد و به جای چشم سوراخ تاریکی در صورتشان دیده می‌شود. همه‌ی این اشخاص که در اولین وهله آن‌قدر خودمانی هستند، سایه‌ی خود را از دست داده‌اند و به نظر می‌آید که می‌توانند از میان جرز بگذرند و یا در پرتو خورشید ناپدید شوند. هرچه بیشتر جلو می‌رویم این احساس تندتر می‌شود تا این‌که به آخرین فصل «آمریکا» می‌رسیم – کنایه‌ی زیرکانه‌ای در آن پرورانیده شده که می‌خواهیم به معنی مرموز آن پی ببریم. به این معنی نیازمندیم و چشم به راهیم، انتظار دردناکی است مثل اینست که کابوس می‌بینیم، یک لحظه پیش از بیداری است – اما تا آخر بیدار نمی‌شویم. محکومیم که در جلو پوچ قرار بگیریم و هرج و مرج زندگی را بکاویم. ناگهان پی می‌بریم که کافکا همین را می‌خواسته است.

زندگی تاریکی می‌باشد که البته مربوط به تاریکی تولد و تمایلات جنسی وتاریکی آفرینش نمی‌شود. اما شب قطعی و مرگ است. کافکا تا سرحد دیوانگی در بی‌خویشی[1] فرو رفته و محکومیت ابدی و نبودن فریادرس را دریافته است. او می‌گوید که انسان بیهوده به کله‌ی خود فشار می‌آورد راه رستگاری وجود ندارد. تا کنون احساس خفقان با این همه نیرو بیان نشده بود چنان‌که در کتاب‌های آن‌قدر روشن و مؤدب شرح داده شده است. هنر او برای پرده‌دری راز تاریکی وجود می‌باشد و آن‌چه آشکار می‌کند آزادی نیست بلکه احتیاج نومیدانه‌ای است. گوئی در دیار بی‌نام و نشان خیلی دورتر از دیگران گشت و گذار کرده و چیزی که با خود سوغات آورده جبر مکانیکی می‌باشد که هر هنرمندی از آن گریزان است.

محیط کابوس‌انگیز کتاب‌های کافکا یک جور دلهره به خواننده می‌دهد، به خصوص که گاهی موضوع‌هایش این دلهره را برمی‌انگیزد. در یک جا آدم تبدیل به حشره می‌شود، جای دیگر غرق شدن پسر به فرمان پدر. احساسی که در همه جا از بی‌پایانی فضا و ناسازگاری دنیا به خواننده دست می‌دهد و دشواری رسیدن به مقصود و لغزش و فرار و دلواپسی‌های جانور در کنامش که از ترس رسیدن دشمن فلج می‌شود و نیز احساس خفقان که اغلب در نوشته‌هایش به آن برمی‌خوریم مربوط به ناخوشی سل او نیست. این هوای رقیق شده را برای توصیف تهی لازم دارد. قهرمانان کافکا از دشواری‌ها و آزمایش‌ها وناکامی‌ها و شکست‌هایی که متحمل می‌شوند هرگز گله‌مند نمی‌باشند، تعجبی نمی‌کنند و سرنوشت خود را با روشن‌بینی پذیرفته خم به ابرو نمی‌آورند و بردباری شگفت‌انگیزی از خود نشان می‌دهند. انگار که موضوع مربوط به دیگری می‌باشد.

---

[1] مراد ناهوشیاری و حالت Inconscience می‌باشد. چنان‌که شیخ عطار گفته:

«مگر معشوق طوسی گرمگاهی   چو بی‌خویشی برون می‌شد به راهی»

«من چه وجه مشترکی با جهودها دارم؟ آیا با خودم وجه مشترکی دارم؟ من باید در کنجی پنهان شوم و دلخوش باشم که بتوانم نفس بکشم!» زیرا در چنین دنیایی چه وابستگی انسان می‌تواند با خودش و دیگران داشته باشد؟ فقط می‌تواند تنها باشد، هیچ‌جور هم‌دردی در میان نیست. برای او که از دنیای زنده‌ها کوچ کرده بود، همه کس حتی مادرش را به چشم بیگانه می‌نگریسته، زمین زیر پایش می‌لرزیده، از اسرائیلیان بیزار بوده، میهن و هوا برای نفس کشیدن نداشته است.

احساس شگرفی که کافکا از تنهائی خود می‌کرده باید در نظر گرفت: «تا اندازه‌ای به من تحمیل شد و تا اندازه‌ای خودم به دنبالش رفتم.» قهرمانانش که تا آخر هر چیز می‌روند، همه‌ی آن‌ها در جدائی و تجرد زندگی می‌کنند. آن‌ها نیز مانند آفریننده خود منطق سرد و حسابگر دارند. همان احتیاج به دادگستری، همان از خودگذشتگی، همان روحیه شکنجه شده و باریک‌بین و همان احتیاج به تبرئه شدن را دارند و بدبخت و تنها می‌باشند. همین که دست به کاری می‌زنند، عمداً خودشان را بدبخت‌تر و گرفتارتر و یکه‌تر می‌کنند. زیرا دنبال آزمایشی می‌روند، وظیفه‌ای را انجام می‌دهند و می‌کوشند که گواهی به دست بیاورند و مطلبی را به کرسی بنشانند. در این‌جاست که شخص و اثرش جدائی ناپذیر است. ازاین‌رو اثر کافکا یکی از کامیابی‌های بی‌مانند در سرتاسر ادبیات جهانی به شمار می‌رود. اگر بگوئیم که در اثرش زندگی کرده و در آن به‌اندازه‌ای کشیده شده که بیم مرگ برایش داشته گزاف نگفته‌ایم: «من در داستان خودم جست می‌زنم هرچند صورتم را بخراشم.» این کنایه نیست تقریبا حقیقت است.

در اثر کافکا همه چیز رابطه‌ی منفی با زندگی دارد، قهرمانانش یا بهتر بگوئیم ضدقهرمانانش، همه سربزیر و خرد شده هستند. فروتنی کافکا مانند فروتنی مقدّسین مسیحی است، گیرم وارونه آن: چون مقصودش از

فروتنی عجز و انکسار در مقابل خدا نیست، بلکه برعکس به وسیله‌ی نفی انسان منکر وجود خدا می‌شود و آدمیزاد را هیچ و ناچیز می‌کند قهرمانانی که از دنیای جانوران می‌گیرد ممکن نیست دیگر از این کوچکتر و خوارتر شد، و به این وسیله می‌خواهد بگوید که آدمیزاد چیزی نیست. قهرمانان انسانی او، کارل روسمان در رُمان «آمریکا» مجسمه‌ی فروتنی است. در رُمان «دادخواست» ژوزف ک... محکوم می‌باشد و در «قصر» ک... زمین‌پیما مانند این است که سورمه‌ی خفا کشیده باشد. همه‌ی آن‌ها یک جور شبح هستند، زیرا سیما و اندام و وزن آن‌ها را نمی‌دانیم – اما سایه‌هایی هستند که قصدی دارند، اراده‌هائی هستند که نشو و نما می‌کنند، ثبت می‌نمایند، می‌سنجند و نتیجه می‌گیرند. حتی علامت اول اسم هم برای آن‌ها زیاد است چون در این منطقه‌های قطبی، در دنیایی که فقط یک پر کاه در دست است و: «بسیاری از ما به مدادی که روی آب است چسبیده‌ایم و گمان می‌کنیم که دستگیره‌ای داریم، در صورتی که غرق شده‌ایم و خواب نجات را می‌بینیم.» چطور می‌شود هنوز اسمی روی خودمان بگذاریم؟ در این منطقه‌ها همه‌چیز پاک می‌شود؛ رمقش می‌رود و رنگش می‌پرد و به یک پرتو لغزنده بنده است مانند: «سایه‌ی خود آدم که در آب زیر پا بیفتد.» دیگری چیزی وجود ندارد، حرف اول ک... نشان آخرین درجه‌ی خاکساری و فروتنی است. اراده‌ی نابودکننده‌ی کافکا را نمی‌توان نادیده انگاشت. هرگاه دو نامه‌ای را درنظر بگیریم که وصیّت کرده‌ی همه آثار و نوشته‌هایش را «بدون استثناء و بی‌آن‌که بخوانند» بسوزانند، چنین برمی‌آید که آرزوی نابودی کامل شخصیت خود را داشته است. ایمان استواری که نفی و پوچ بودن همه چیز داشته، اثر خود را نیز به نظر پوچ و هیچ و دود می‌نگریسته است. او نمی‌خواسته مانند صوفیان با وجد و شادی سرشار بال و پر بگشاید و بخواند: «پس عدم گردم عدم چون ارغنون!» وبه سوی نیستی بشتابد، بلکه آرزوی

شب جاودان می‌کرده بی‌آن‌که از رهگذر خود روی زمین اثری بگذارد. انگار که روی شن چیز نوشته بود و عدم محض را آرزو می‌کرده بدون کوچک‌ترین روزنه‌ی امید در دنیای پس از مرگ.

خواننده کافکا حس می‌کند در افترائی شرکت کرده که می‌توانست از آن به پرهیزد و می‌کوشد پیش خود تعبیرهای گوناگون بکند، در حالی که می‌داند این کوشش فریبنده است. ناچار خواننده هم به خودش دروغ می‌گوید و هم نمی‌گوید، این وحشت وابسته به هنر کافکاست و گاهی ژرف‌تر از دلهره‌ای است که از پروراندن موضوع‌هایش به انسان دست می‌دهد.

چگونه این دنیایی که پیوسته گریزنده و لغزنده است در نظرمان مجسم کنیم؟ نه برای این‌که به مفهوم آن پی نمی‌بریم بلکه برعکس برای این که مفهوم آن بیش از انتظار ماست. تفسیرکنندگان در این مورد عقاید گوناگون اظهار می‌دارند ولیکن مخالفت اساسی با یک دیگر ندارند: پوچی دنیا، خرد شدن انسان زیر نیروهای بی‌پایان، نبودن هیچ‌گونه منظورو مقصود، آرزوی این که در دنیا جائی برای خود باز بکند، ناسازگاری با دنیا، امید به خدا، نفی خدا، ناامیدی و دلهره، آیا راجع به که گفتگو می‌کنند؟ برای دسته‌ای کافکا یک نفر متفکر مذهبی است که هواخواه مطلق می‌باشد. برای گروه دیگر بشردوستی است که در دنیای پرآشوبی زندگی می‌کند. به عقیده‌ی بروُد کافکا راه‌هایی به سوی خدا پیدا کرده است، دیگری گمان می‌کند که کافکا سرچشمه الهامات خود را از بی‌دینی گرفته است و غیره...

از اظهارات بالا چنین برمی آید که خواننده کافکا با تشویشی رو به رو می‌شود و می‌کوشد معمائی را حل کند و سوء تفاهمی را برطرف سازد. سوء تفاهمی در میان است. خواندن متن کافکا آسان است اما توجیه آن

دشوار می‌باشد. در دنیای کافکا که ایمان و امیدی در کار نیست اما مانع از جستجویش نمی‌شود تناقضی وجود ندارد.

آنچه که از خواندن نوشته‌های کافکا دلهره برمی انگیزد برای این نیست که می‌توان تعبیرهای گوناگون از اثرش استنباط کرد، بلکه برای این است که در هر مطلب احتمال مرموز دوجانبه‌ی مثبت و منفی وجود دارد.

از این قرار در دنیای کافکا یک دنیای پر از امید ویک دنیای محکوم، یک دنیای محدود و یک دنیای بی‌پایان دیده می‌شود. خود او درباره‌ی دانش می‌گوید: «دانش در عین حال پله‌ای است که به زندگی جاودان رهبری می‌کند و سدی است که جلو این زندگی را می‌گیرد.» این مطلب درباره اثر او نیز صدق می‌کند. همه چیز در آن مانع است اما می‌تواند پله‌ای به شمار بیاید. کمتر متنی آن‌قدر تاریک می‌باشد، با وجود این موضوع‌هایی که گره‌گشایی آن ناامیدانه جلوه می‌کند ممکن است برگردد و یک راه امکان یا فیروزی نهائی دربرداشته باشد. از بس که او پاپی منفی می‌شود به آن فرجه مثبت شدن را می‌دهد، یک فرجه می‌دهد که هیچ وقت عملی نمی‌شود و در کشاکش موضوع ضد و نقیض پیوسته پدیدار می‌گردد.

کافکا در سراسر اثرش در جستجوی اثباتی است که می‌خواهد به وسیله انکار اثبات به دست بیاورد. حتی این تعبیر دوجانبه برای معنویات نیز وجود دارد. به همین علت که انکار شده پس موجود است و چون این‌جا نیست پس حاضر می‌باشد. در این اثر از غیبت واجب‌الوجود انتقام وحشتناکی گرفته می‌شود. هرچند در «گروه محکومین» فرمانده سابق مرده است اما از توانایی و فرمانروائی بی‌پایانش کاسته نشده؛ بیش از پیش روئین‌تن و سهمناک جلوه می‌کند و در پیکاری که امکان شکست برایش متصور نیست با ما روبرو می‌شود. از این قرار ما با نیروی معنوی مرده‌ای سروکار داریم: این یا بغپور مرده است که به کارگردان «دیوار چین» فرمانروائی دارد یا

فرمانده‌ی مرده تبعیدگاه است که ماشین شکنجه او پابرجاست و شاید دادستان کل نیز در «دادخواست» مرده باشد، اما با قدرت مرگ محکوم به اعدام می‌کند.

درهم پیچیدگی منفی مربوط به درهم پیچیدگی مرگ می‌شود. درداستان «گراکوس شکارچی»کافکا سرگذشت یک نفر شکارچی را نقل می‌کند که در پرتگاهی می‌افتد اما نمی‌تواند بمیرد – و هم اکنون مرده و زنده است. او با شادی زندگی را پذیرفته بود و با شادی مرگ را می‌پذیرد – همین‌که کشته می‌شود، با شوخی سرشاری چشم به راه مرگ بوده: دراز می‌کشد و در انتظار است. اما بدبختی روی می‌آورد. این بدبختی امکان ناپذیر بودن مرگ می‌باشد، پایانی در کار نیست، ریش‌خند تلخی با شب ابدی و نیستی و خاموشی می‌شود، نمی‌شود از زیر بار روز و تأثیر اشیاء و امید گریخت. در یادداشت‌های خود می‌گوید: «زاری و شیونی که سر بالین مرده می‌کنند چنین می‌رساند که او هنوز به معنی تمام کلمه نمرده است. باید به این طرز مردن تن در بدهیم: ما بازی در می‌آوریم.» هم‌چنین این جمله که روشن‌تر از جمله پیش نیست:

«رهائی ما در مرگ است، اما نه این مرگ» پس در حقیقت ما نمی‌میریم، اما چنین به دست می‌آید که زنده هم نیستیم، در حالی که زنده هستیم مرده ایم: مرده‌های از گور گریخته؛ از این‌رو مرگ پایان زندگی ماست اما جلو امکان مرگ گرفته نمی‌شود. از این‌جا این معنی دو پهلو ناشی می‌شود که کوچک‌ترین حرکات اشخاص رومان‌های کافکا غریب می‌نماید: آیا مانند گراکوس شکارچی مرده‌هائی هستند که چشم به راه مرگ می‌باشند و با پوزخند خاموشی که مخصوص آن‌هاست، سربزیر و مؤدب در میان پیرایش چیزهای معمولی در حالت مرگ اشتباهی گیرکرده‌اند و یا زنده‌هائی هستند که ندانسته با دشمنان توانای مرده، با چیزی که کلکش کنده شده و نشده

در کشمکش‌اند، همین نکته است که تولید وحشت می‌کند. این وحشت از عدم نمی‌آید که می‌گویند حقایق انسانی در خارج از آن به ظهور می‌آید برای این‌که دوباره در آن مدفون گردد، بلکه از آن‌جا می‌آید که این پناه‌گاه را هم از ما می‌گیرد. اما این عدم اثر خود را باقی می‌گذارد و کوششی که برای درک آن می‌شود پیوسته ادامه پیدا می‌کند. در صورتی که ما نمی‌توانیم از حالت هستی خارج شویم این وجود کامل نیست، چیزی کم دارد، نمی‌توان زندگی را به تمام معنی کلمه زیسته انگاشت. از این‌رو پیکار زندگی ما کشمکش کورکورانه‌ای می‌باشد که معلوم نیست مبارزه برای مرگ است و یا به عشق امید موهومی با دشمنی که دارای قدرت مرگ می‌باشد کلنجار می‌رویم. رهائی در مرگ است اما به زندگی هم امیدوار هستیم. چنین به دست می‌آید که راه‌رهایی وجود ندارد اما ناامید هم نیستیم، زیرا تقریباً همین امید موجب تباهی ما می‌شود و نشان درماندگی ما را دربردارد.

هرگاه هر عبارت و تصویر در داستان‌های کافکا ممکن است ضد خودش را معنی بدهد، باید علت را در برتری که برای موضوع مرگ قائل شده جستجو کرد، به طوری که آن را غیرواقعی و غیرممکن اما گیرنده جلوه می‌دهد. از این قرار مفهوم حقیقی عبارت از میان می‌رود ولیکن سرابی از آن باقی می‌ماند. مرگ است که برما چیره شده، اما با ناتوانی خود توانسته برما چیره شود و چنین برمی‌آید که ما هنوز متولد نشده ایم: «زندگی من دو دلی در مقابل تولد است.» انگار که از مرگ خودمان بی‌خبریم: «همیشه از مرگ گفتگو می‌کنی اما نمی‌میری.» اگر در ماهیت شب شک بیاورند، در این صورت نه شب وجود دارد و نه روز، فقط یک روشنایی مبهم وجود خواهد داشت که هنگامی یادبود روز و زمانی حسرت شب را به یاد می‌آورد.

هستی بی‌پایان است ولیکن نامعلوم می‌باشد و ما نمی‌دانیم از آن رانده شده‌ایم و یا در داخل آن برای همیشه زندانی گشته‌ایم. این وجود روی‌هم‌رفته یک جور دربدری است؛ درآن نیستیم، جای دیگریم و بیرون از آن هم نمی‌باشیم.

موضوع داستان «مسخ» نمونه‌ی آشکاری از این گم گشتگی می‌باشد و در خواننده احساسی برمی انگیزد که امید و درماندگی دور یکدیگر می‌چرخند. گره‌گوار در حالتی افتاده که نمی‌تواند از هستی خود چشم بپوشد. تبدیل به حشره‌ی ترسناکی شده، با وضع پستی ادامه به زندگی می‌دهد و در انزوای حیوانی فرو می‌رود و به سوی پوچ و عدم امکان زندگی می‌لغزد. آیا چه اتفاق می‌افتد؟ به زندگی ادامه می‌دهد و حتی نمی‌کوشد که بدبختی را از خود براند. اما، درون این درماندگی یک راه امید برایش مانده است؛ هنوز برای جای خود در زیر نیمکت و برای گشت و گذار روی دیوار و برای کثافت و گرد وغبار زندگی خودش در تکاپوست. از این‌رو باید با او امیدوار بود چون خودش امیدوار است، اما این امید وحشتناک که بی‌مقصد در میان تهی دنبال می‌کند بیشتر ناامیدکننده می‌باشد. بعد هم می‌میرد؛ مرگ دشواری است که در جدائی و انزوا اتفاق می‌افتد به علت رستگاری که دَربَر دارد مرگ خوش‌آیندی وانمود می‌کند و چنین به نظر می‌رسد که امید پابرجائی حاصل گردید. اما این امید قطعی به نوبه‌ی خود لجن‌مال می‌شود زیرا راست نبود و سرانجام نداشت، برعکس زندگی ادامه پیدا کرد و حرکت آخر خواهر جوانش، حرکتی که در مقابل زندگی بیدار می‌شود، خواهش تاریک شهوت‌ناکی که با آن داستان پایان می‌پذیرد وضعی از این هولناک‌تر نمی‌شود. در تمام این داستان چیزی از این وحشتناک‌تر وجود ندارد. این داستان نفرین زده است اما تغییر و امید هم در آن یافت می‌شود زیرا دختر جوان می‌خواهد زندگی کند و زندگی گریز دوباره از اجتناب‌ناپذیر می‌باشد.

داستان‌های کافکا در ادبیات از تاریک‌ترین داستان‌ها به شمار می‌آید و به سوی شکست قطعی می‌رود و به طرز وحشتناکی امید را شکنجه می‌کند، نه برای این که در آن‌ها امید محکوم می‌شود بلکه برعکس برای این که امید را نمی‌تواند محکوم کند. هرچند فاجعه به طرز کامل انجام می‌گیرد اما یک روزنه‌ی کوچک باز می‌ماند که معلوم نیست امیدی در آن باقی است ویا برعکس برای همیشه از آن بیرون می‌رود. کافی نیست که در «گروه محکومین» افسر خود را محکوم کند وزیر سوزن‌های دستگاه ماشین شکنجه بیفتد که وقتی از هم می‌پاشد به طرز پلیدی اعضای بدن او و آهن پاره به هم می‌آمیزد بلکه باید چشم به راه دادگستری نامفهوم و رستاخیزی بود که پیدا نیست برای همیشه دلجوئی می‌کند و یا خواننده را به دست وحشت و اضطراب می‌سپارد.
کافی نیست که در داستان «فتوی» پسر فرمان ناروا و انکارناپذیر پدرش را انجام داده و با خاطر آسوده و عشق سرشار او خود را در رودخانه بیندازد، باید این مرگ مربوط به ادامه‌ی زندگی بشود و با این جمله‌ی زننده پایان بپذیرد: «درین هنگام روی پل آمد و شد سرسام‌آوری می‌شد.» با این جمله کافکا ارزش کنایه‌آمیز و وحشت جسمانی دقیقی را تأیید می‌کند. از همه‌ی این‌ها دردناک‌تر سرنوشت ژوزف ک... در رُمان «دادخواست» می‌باشد. پس از یک رشته گیروُدار در دندانه‌های چرخ دادگستری مسخره‌آمیز، او را به کناره‌ی شهر می‌برند و به دست دو نفر کشته می‌شود بی‌آن‌که کلمه‌ای بر زبان برانند، با این احساس می‌میرد که سرنوشت ابلهانه‌ای داشته است. اما کافی نیست که «مانند یک سگ» جان بدهد، حق بازماندن را از او نگرفته است، یعنی حق ننگ بی‌پایان را برای گناهی که ازش سرنزده به او می‌دهد – این حق را محکوم به زندگی و مرگ کرده بود.

مردم این سرزمینی که از ما نیست، میان نیکی و بدی فرق گذاشته‌اند، گمان کرده‌اند که بعضی کارها درخور ستایش و برخی سزاوار سرزنش است. اما ترسشان از آن‌جا می‌آید که گمان می‌کنند گناهی از آن‌ها سرزده است و پیوسته می‌کوشند که خودشان را تبرئه کنند. چون دلیلی در دست نداشته‌اند، به دم قانون چسبیده‌اند. آیا قانون را کسی شناخته؟ کیست که بتواند بگوید فلان کار خوب و دیگری بد است؟ صورت استنطاق سفید مانده و امضای زیرش ناخواناست. این تنها برگه‌ای است که از قانون در دست است.

مطلب این جاست که هرچند قهرمانان کافکا مطیع و سربزیر و خرد شده هستند، اما در خواننده احساس شورش و طغیان برضد این دنیای خرد شده‌ها و شکسته‌ها برمی‌انگیزد. پشت سر ترس ماوراء طبیعی انتقام ناامیدانه وسرپیچی برضد آفرینش، بر ضد این که انسان بازیچه‌ی دست سرنوشت می‌باشد دیده می‌شود – انسانی که باید زیر زخم دشنه مانندیک سگ جان بدهد.

آیا می‌توان کافکا را عاصی شمرد؟ موضوع عصیان نیز با موضوع نفی و اثبات بستگی دارد که در هر مورد اساس خوی کافکا بوده است. در داستان‌های کافکا خاموشی شگرفی راجع به اسم خدا دیده می‌شود و نگرانی‌های مذهبی به صورت ایما و اشاره در می‌آید، ولیکن شورش او برضد قانون است. قانون همیشه درکمین زندگی‌هایی که در فراموشی می‌گذرد نشسته است، ناگهان تاخت و تاز می‌کند و نشانی با خود می‌آورد که معلوم نیست آگهی است ویا خطر؛ اما در هر صورت محکوم می‌سازد. زیرا هرگز کسی نمی‌تواند اعلام را دریابد. می‌دانیم که روش کافکا نسبت به پرورش بچه،به خانواده، به کیش یهود و آداب و رسوم جامعه شورش‌انگیز است و هیچ یک از قراردادهای ساختگی اجتماع را به رسمیت نمی‌شناسد و در یادداشت‌های

خود اشاره می‌کند که چون قانون وجود ندارد به جستجویش می‌رود. سایه و حضور سهمناک و نامرئی قانون و پیوسته روی قهرمانان کافکا سنگینی می‌کند و به خودی خود شخصیت به دست می‌آورد. شاید در پشت این قانون غدار و قهار و جبار قیافه‌ی خشن خدای موسی شناخته می‌شود. اما به نظر می‌آید که قانون‌گذار دیرزمانی است که برای همیشه آبرویش ریخته، زیرا نتوانسته از خشکی و خشونت پیروانش بکاهد. آن‌چه که رخ می‌دهد مثل این است که در اثر فراموشی مردم از شکوه و جلال قانون است. چون که دونان وبردگان جانشین رادمردان و آزادگان شده‌اند و مردمان نادان پستی که هویت قانون را نمی‌شناسند نگاهبانش گشته‌اند. بغپور چین و دادستان کل و خداوند «قصر» دیده نمی‌شوند. شاید اصلاً وجود نداشته باشند. در جستجوی ناامیدانه‌ی قانون که جز نام و نشانی از آن پدیدار نیست، انسان به پاسبان شپشوئی که «دربان قانون» است برمی‌خورد و چون پاسبان نمی‌گذارد که از آستانه‌ی آن‌جا بگذرد، عمرش در این انتظار سپری می‌شود. فقط آخر سر، در دم مرگ به پاسخ پرسشی که با صدای شکسته می‌کند می‌شنود: «از این‌جا هیچ کس جز تو نمی‌توانست بگذرد، چون این در ورود را فقط برای تو درست کرده بودند. اکنون من می‌روم و در را می‌بندم.»

قهرمان «دادخواست» محکوم می‌شود بی‌آن‌که علتش را بداند. اعتراضی ندارد، هرگاه بزهکار نبود چرا محکومیت را بی‌چون وچرا می‌پذیرفت، چرا به میل خود به دادگاه می‌رفت؟ اما در دندانه‌های چرخ دادگستری می‌افتد. همه‌ی کوشش‌هائی که برای دانستن جرمش می‌کند بیهوده است و بالاخره نمی‌تواند دادرس را ببیند. هیچ‌گونه رابطه‌ای با شخص خود وبا مقامات رسمی نمی‌تواند برقرار کند و در هر مورد به یک دسته مردمان کاغذپران و گماشتگان احتیاط کار و کم‌حرف برمی‌خورد که به جاه و مقام و سلسله‌ی

مراتب معتقدند. آن‌ها نیز آدم‌های بدبخت ناتوان و گاهی هم قابل ترحم هستند، آن‌ها هم برای تبرئه‌ی خودشان می‌کوشند و از زندگی خود دفاع می‌کنند. این ارازل که همیشه قانوناً بی‌گناهند، بی‌جهت جلو قانون می‌لولند و شلوغ می‌کنند. به علت ناگهانی، کـ... که کاملا به مقام خود هشیار است در چنگال ستمگرانه‌ی قانون گرفتار می‌شود. اقدامات دفاعی که انجام می‌دهد در جلو حکم اعدام که در کمینش می‌باشد بچه‌گانه و مضحک است. در این‌جا آدم محکوم به فناست در صورتی که مقامات رسمی که زندگی او را به بازی گرفته‌اند ناپدیدند و شاید اصلاً وجود نداشته باشند. هرگاه جمله‌ای که کشیش در کلیسا به ژوزف کـ... می‌گوید به یاد بیاوریم: «تو به سوی قانون آمدی، قانون به سوی تو نمی‌آید.» می‌توان نتیجه گرفت به همان درجه که حس هوشیاری کـ... بیدار می‌شود، به همان درجه مورد بازخواست قانون قرار می‌گیرد.

در داستان «گراکوس شکارچی» که زورق مرده‌کش کارون caron را به یاد می‌آورد، ماجرای شکارچی است که تا ابد محکوم است در زورق خود سرگردان بماند. در این‌جا مسئله‌ی مرگ و بزهکاری به هم می‌پیوندد. گراکوس به علت لغزشی محکوم شده که خودش به یاد نمی‌آورد، اما با وجود این مسئول می‌باشد. هرچند لغزشی اساسی را به گردن زورق‌بان می‌اندازد، اما حق ندارد حتی یک روز از دریانوردی ناامیدانه‌اش بیاساید.

«گروه محکومین» یکی از داستان‌های جانگداز کافکاست که بی‌شباهت با آثار ادگارپو E.A.Poe نمی‌باشد، ولیکن از حیث مضنون و کنایه‌ای که دربردارد با شیوه‌ی او متفاوت است. در این داستان دادگستری به صورت ماشین خودکار اهریمنی درآمده که به وسیله خال‌کوبی کلمات قصار فرمانده‌ی مرده بر روی تن محکوم او را زجرکش می‌کند. در مقابل شکنجه‌ی استادانه و بی‌نتیجه‌ای که به محکومین می‌کنند، آن‌ها نه وسیله

دفاع دارند و نه به جرم خود آگاهند و حتی توضیح هم به زبان بیگانه به جهان گرد تماشاچی داده می‌شود. این ماشین اختراع فرمانده‌ی سابق می‌باشد که مرده است. فرمانده‌ی محکومیت کامل است و قانون و دادگستری به شکل مکانیکی درآمده اما امید مبهمی به تغییر رژیم وجود دارد. در زمانی که این داستان منتشر شد (۱۹۱۹) ممکن بود آن را یک جور خیال بافی گستاخانه تصور کنند که از مغز ناخوشی تراوش کرده است. از آن پس، این خیال بافی مقام مهم یک آزمایش دسته جمعی را به خود گرفت و پیش‌گویی دوره ناکسانه و خون‌خوارانه‌ی دنیای ما گردید. زیرا رژیمی است که با ظاهر آراسته و پشتیبانی قانون، مظهر روزانه‌ی بسیاری از این «گروه محکومین» گشته است. آن چه موضوع جداگانه و استثنائی جلوه می‌کرد، به صورت حقیقت وحشتناک همه‌روزه درآمد. در داستان کافکا افسری که وظیفه دژخیم را به عهده گرفته چون ماشین ازکار می‌افتد، با تعصب عجیبی نومیدانه تن خود را به مرگ می‌سپارد و کشته می‌شود. اما دلیل این نیست که رژیم بهتری برقرار می‌شود زیرا وحشت جای پای خود را می‌گذارد و پیش‌گوئی تهدیدآمیزی نوید رستاخیز فرمانده‌ی سابق را می‌دهد.

هربرت توبر H. Tauber حدس می‌زند که مخترع ماشین، یعنی فرمانده‌ی سابق که در عین حال نظامی و دادرس و مهندس و شیمی‌دان و طراح بوده است کنایه‌ای از قادر مطلق دربردارد. ژوار بودن G. Boden موضوع تجدید نظر در روش ستمگرانه‌ی فرمانده‌ی قدیم (که نامش را به زبان نمی‌آورند) و در چهره‌ی افسر نشانه‌ی «رستگاری معهود» دیده نمی‌شود، کنایه از اصول قوانین سخت عهد عتیق (تورات) می‌داند و رژیم تازه را تشبیه به عهد جدید (انجیل) می‌کند. این گونه تعبیرها در مورد آثار ادبی جایز است اما به هیچ وجه حکم قطعی به شمار نمی‌رود. در هر حال چیزی که مضحک است، همین خدای سخت‌گیر موسی و یا روحیه‌ی قانون خشن عهد عتیق که به

صورت فرمانده مرده درآمده پیروانی دارد که به موجب نص صریح پیشگوئی معتقدند مانند مسیح گیرم با قیافه‌ی مضحک و خشن سروان، میان مردگان رستاخیز می‌کند و پیروان خود را به تسخیر دوباره‌ی تبعیدگاه رهبری خواهد کرد.

هم‌چنین در رُمان «قصر» ک... به عنوان زمین‌پیما استخدام می‌شود و یک شب سرد زمستانی به دهکده‌ی دوردستی که پائین قصر واقع شده می‌رود به امید این‌که سرانجام بگیرد. کسی با او جوشش نمی‌کند و نمی‌داند کیست و از کجا آمده است. کوشش‌های نومیدانه‌ای برای آشنایی و هم‌رنگی با اهالی آنجا می‌کند، کوشش‌های نومیدانه‌تری برای برخورد با مقامات رسمی که در قصر هستند انجام می‌دهد. می‌خواهد به وسیله تلفون با قصر رابطه پیدا بکند، در تلفون صدای همهمه و شلوغی شنیده می‌شود. همین که ک... می‌پرسد کی می‌تواند داخل قصر بشود، به پاسخ می‌گویند: «هیچ وقت» در هیچ دفتری سابقه‌ی استخدام او پیدا نمی‌شود. به نظر می‌آید که ناخوانده به این دهکده آمده است. اما آزاد هم نبوده که نیاید. از این قرار قانون نسبت به انسان یک جور بی‌طرفی ظاهری نشان می‌دهد، اما در کوچک‌ترین کردارش دخالت می‌کند و طرفدار آزادی نیست. در جلو قانونی که آن را نمی‌شناسند و هرگز هم نخواهند شناخت، انسان ناگزیر نمی‌تواند از محکومیت بپرهیزد. پس در این صورت آیا ممکن است که به وسیله‌ی عصیان خود را تبرئه بکند، در حالی که نمی‌داند نسبت به او بیدادی شده است یا نه و هرگز تقاضاهای قانون را نخواهد شناخت؟ روی هم رفته زمانی که حس بزهکاری را به میان بکشیم، شورش و تسلیم هردو بیهوده است. ازاین قرار یک جور فریب همگانی وجود دارد که کمتر مربوط به بیدادی قانون می‌شود، زیرا وضع تحمل‌ناپذیری انسان را وادار می‌کند که در عین حال فریفته شود و به فریفتاری خود هوشیار هم باشد و

یا در جلوش سر تسلیم فرود بیاورد و یا شورش کند. موضوع اساسی کنار آمدن با این وضع تحمل‌ناپذیر است.

هرچند پیام کافکا ناامیدانه و بن‌بست است و در آن هرگونه تکاپو و کوشش سرش به سنگ می‌خورد و عدم از هر سو تهدید می‌کند و پناه‌گاهی وجود ندارد و برخورد فقط با پوچ رخ می‌دهد و منطقه‌ای پیدا نمی‌شود که بتوان از تنگ نفس گریخت، اما کافکا این دنیا را قبول ندارد. در دنیایی که همه چیز یک‌سان باشد دنیای اهریمنی است و هرگاه اطراف خود را این طور می‌بیند دلیل آن نیست که باید تن را قضا سپرد و با درد ساخت. بر عکس کافکا کینه‌ی شدیدی نسبت به مقامات ستمگری که با پنبه سر می‌برند می‌ورزد، با پشت کار عجیبی ادعاهای آن‌ها را به باد مسخره می‌گیرد و قانون ودادگستری و دستگاه شکنجه دوزخی که روی زمین برپا کرده‌اند محکوم می‌کند و قدرت آن‌ها را نابود می‌سازد و خودشان را مرده می‌انگارد.

این دنیا جای زیست نمی‌باشد و خفقان‌آور است، برای همین به جستجوی «زمین وهوا وقانونی» می‌رود تا بشود با آن زندگی آبرومندانه کرد. کافکا معتقد است که این دنیای دروغ و تزویر و مسخره را باید خراب کرد و روی ویرانه‌اش دنیای بهتری ساخت. اگر دنیای کافکا با پوچ دست به گریبان است دلیل این نیست که باید آن را با آغوش باز پذیرفت، بلکه شوم است. احساس می‌شود که کافکا پاسخی دارد، اما این پاسخ داده نشده. در این آثار ناتمام او جان کلام گفته نشده است.

چایکوسکی

روز هفتم ماه مه مطابق با هفدهم اردیبهشت ماه، صدمین سال تولد چایکووسکی سپری گردید در روزنامه ایران شماره ۶۲۳۳ روز بیست و چهارم خرداد ۱۳۱۹ در روزنامه اطلاعات شماره ٤٢١٢ روز بیست و یکم همان ماه ستون‌هایی برای ذکر نام و شرح منزلت و خلاصه زندگانی وی اختصاص یافت در چنین روزی سراسر کشور اتحاد جماهیر شوروی غرق شور و هیجان گردید.

نام چایکووسکی نزد موسیقی‌دانان گیتی و نزد هرکس که در جهان هنرمندی بهره و ذوقی داشته باشد ناشناس نیست. آلمانیان او را بتهوون روسیه نام داده و مقام و منزلتش را با وی برابر می‌گذارند و حق آنست که برای شناساندن چنین مردمان بزرگ نویسندگان زبردست کارشناس مقالات دانشمندانه مفصل به قلم آوردند لیکن از آنجا که مجله موسیقی گنجایش بیش از این ندارد اینست که به شرح مختصر و مفیدی از زندگانی و کردار این مرد بزرگ راه قناعت سپرده می‌شود.»

پتر ایلیچ Peter Iljitch در ۷ مه ۱۸۰٤ در شهر وتکینسک Votkinsk به جهان آمد. پدرش مهندس کان‌شناسی و مادرش از خاندان مهاجرین فرانسوی بود. تا هشت‌سالگی به دست پرستاری فرانسوی به نام فانی دورباخ Fanny Durbach پرورش یافت.

چایکووسکی از کودکی بسیار حساس و شاعرمنش بود تکه‌ی نثر زیرین که در هشت سالگی نوشته نمونه‌ی احساسات شاعرانه‌ی وی می‌باشد:

«پرنده کوچک نه در گورستان بلکه در کنجی آرمیده است. او نه مانند آدمیان که زیر خاک به خواب رود. او یک آفریده‌ی یزدان است که با آفریننده پیوند دارد. زندگانی کوتاهش یاوه و بیهوده نیست. چون بمیرد کودکانش به خاک می‌سپارند و با گل‌هایش می‌آرایند. ای پرنده زیبا به

خواب برو. کودکان برایت گور قشنگی خواهند ساخت. یزدان هرگز پرنده کوچک خود را فراموش نمی‌کند.»

هرچند بانو دورباخ نخستین اصول زبان فرانسه را به کودک آموخت، لیکن چایکووسکی ذوق موسیقی خود را از دختری زرخرید یافت که او را با موسیقی آشنا ساخت. به او نواختن آموخت و بچه شیفته‌ی این هنر شد. می‌گویند یک شب پرستار چایکووسکی بچه را گریه‌کنان در رختخواب دید و از او پرسید:

«پتیا، چرا گریه می‌کنی؟»

«اوه! این موسیقی! این موسیقی!»

«حالا که کسی ساز نمی‌زند.»

«اما این ساز در مغز سرم جای‌گیر شده. آه! به دادم برس و این ساز را از مغزم بیرون بیاور.»

زمانی که در ۱۸۵۰ خانواده‌ی چایکووسکی در پتروگراد اقامت گزید، نخستین اثر موسیقی که ایلیچ جوان به مطالعه‌ی آن پرداخت دون ژوان Don Juan بود، و از آن زمان چایکووسکی دلباخته‌ی آثار موزار گردید.

در سال ۱۸۷۸ چایکووسکی چنین می‌نویسد: «دون ژوان اولین تکه‌ی موسیقی که بر دل من نشست، و تار و پود مرا به لرزه در آورد. به وسیله‌ی آن در جهان زیبایی‌های هنری پا نهادم که جولانگاه نابغه‌های بزرگوار است لاجرم پیشه‌ی موسیقی خود را رهین موزار می‌باشم؛ اوست که استعداد نهفته مرا تکان داد و بیدار کرد و مرا بر آن داشت که موسیقی را از هر چیز در دنیا بیشتر دوست بدارم.»

در ده سالگی استاد موسیقی‌دان آینده به دانشکده حقوق پتروگراد فرستاده شد و در سال ۱۸۶۰ دوره دانشکده را به پایان رسانید و داخل وزارت دارایی گردید. با وجود محیط خشک و محدودی که در آن به سر

می‌برد، چایکووسکی از مطالعه موسیقی دست نکشید و پیوسته تکه‌های موسیقی‌دان‌های جدید را می‌خواند.
هنگامی که روبینشتَین Rubinstein هنرستان موسیقی پتروگراد را پایه نهاد چایکووسکی دروس آنجا را پیروی نمود و پیانیست سرشناس زمانی که به قریحه و استعداد هنرمند جوان پی‌برد، سبب شد که چایکووسکی شغل اداری خود را ترک بنماید.
چایکووسکی در مدت سه سال کار و مطالعه‌ی پی در پی موسیقی‌دانی کامل گردید و پس از ترکیب تکه Ode à la joie به گرفتن دانشنامه «هنرمند آزاد» کامیاب آمد.
در آغاز کار، چایکوسکی با ریمسکی کورساکوف Rimsky Korsakov و بالا کیرف Balakirev طرح موسیقی ریخت و تحت تاثیر آنان واقع شد. بالاکیرف به او پیشنهاد کرد قطعه‌ی اوورتور برای «رومئو و ژولیت» بسازد و چایکووسکی به ناشر خود توصیه نمود که قطعه سادکو Sadko از ریمسکی کورساکوف را چاپ بنماید.
لکن بعدها سازنده سمفونی پاتتیک نسبت به «دسته نیرومندان» که هر تکه هنری تازه و بلند بدگمانی‌شان را برمی‌انگیخت حسد ورزید این جرگه را به ریشخند گرفته از آنها جدا شد.
در همین اوان چایکووسکی به استادی هنرستان موسیقی پتروگراد نامزد گردید و با الکساندر اوستروسکی A. Ostrowski نزدیک و دوست شد و کمدی Voyevoda را به موسیقی درآورد. با وجود توفیق کامل این اپرا، مصنف که از تکه‌ی خود خرسند نبود آن را نابود کرد.
بعد چندین تکه‌ی دیگر ساخت از جمله: سنگوروچکا Snegurochka و یک اپرای جدید به نام اپریچنیک Oprichnik. تکه طوفان که یک منظومه‌ی سیمفونیک

می‌باشد. ولی چایکووسکی که از اپریچنیک خود دل نگران بوده در کاغذی که به یکی از دوستان خود می‌نویسد از روی تلخکامی اقرار می‌نماید:

«اپریچنیک مرا شکنجه می‌دهد، این اپرا به قدری سست است که در تمام گوش‌هایم را می‌گیرم برای آنکه آن را نشنوم، و هنگام نمایش از شرمندگی می‌خواهم به زمین فرو بروم. غریب است. زمانی که مشغول ساختنش بودم آنرا خیلی می‌پسندیدم ولی چه نومیدی که از نخستین تمرین گریبان گیرم شد: نه جنبش در آن وجود دارد، نه سبک دارد و نه الهام؛ تشویق‌ها و کف‌زدن‌های مردم هیچ دلیل نمی‌شود. مطمئنم که این قطعه را شش بار بیشتر نمایش نخواهند داد و از همین فکر خفه می‌شوم.» انجمن موسیقی یک اپرا به مسابقه گذاشت و چایکووسکی در این مسابقه شرکت نمود و قطعه «آهنگر و آکولا» را ترکیب کرد و نخستین جایزه را ربود. اما چایکووسکی پس از اجرای اثر خود چنین داوری می‌کند:

«اپرای من پر است از جزئیات خسته‌کننده و سازشناسی آن زیاد سنگین می‌باشد. بخصوص تاثیر صوتی آن ضعیف است. سبک آن سبک اپرا نیست و وسعت و توان کافی ندارد.»

چایکووسکی در همان حال که اپراهای خود را ترکیب نموده قطعات موسیقی دیگری از قبیل: سیمفونی و کنسرتو و غیره نیز ساخته است.

کامیل سن سانس C. Saint-Saëns موسیقی‌دان فرانسوی که به موسکو رفت با چایکووسکی آشنا شد و با همکاری یکدیگر تکه‌ی بالتی ساختند، همین سال چایکووسکی بالت: «دریاچه‌ی قوها» را ترکیب کرد.

در ۱۸۷۶ روزنامه‌ی روسیکا-ویدموستی از چایکووسکی خواهش نمود در زمینه گشایش تآتر بایرویت چیزی بنویسد. چایکووسکی آثار واگنر را با نظری سطحی داوری نمود و در روزنامه چنین نوشت:

«تأثیری که نمایش «حلقه نیبِلونگن» در من ایجاد نمود یادبودی است آغشته با زیبایی درجه‌ی اول، بخصوص از لحاظ سیمفونی و من ازین کار در حیرتم! چه منظور واگنر یک اپرای سیمفونیک نبود. در برابر این استعداد بیکران و یارایی بی‌سابقه‌ی فنی او به حالت شگفت‌زده سر تمکین فرود می‌آورم. با وجود این از عقیده‌ی واگنر در باره‌ی اپرا به شک افتاده‌ام.»

چایکووسکی راه تازه‌ای در تآتر تغزلی پیدا نمود. ولی بی‌آنکه از قواعد «گروه نیرومندان» پیروی بکند و یک اثر ارجمند سازگار با سلیقه آنان بوجود آورد، از درام پوشکین به نام اونگین Onéguine ملهم شد. در تاریخ ۲ ژانویه ۱۸۷۸ قطعه‌ی اونگین به پایان رسید و چایکووسکی به شاگرد خود تانآ Tanéau افکار خود را درباره این قطعه چنین ابراز داشت:

«شاید حق با شماست که بگویید این اپرا نمایش‌دادنی نیست. خیلی خوب، آن را نمایش ندهید، ننوازید. من که این اپرا را ساختم خواستم آنچه رمان پوشکین احساسات لطیف دربر دارد به موسیقی دربیاورم. من با خرمی و پشتکار ناگفتنی روی آن کار کردم بی‌آنکه از خود بپرسم که جنبش و تأثیر در آن وجود دارد یا نه. من به تأثیر تف می‌کنم... تأثیر چیست؟ مگر در آئیدا Aïda وجود دارد، به شما اطمینان می‌دهم اگر همه مال دنیا را به من بدهند نمی توانم در چنین موضوعی اپرا بنویسم. من می‌خواهم با موجودات زنده سر و کار داشته باشم نه با عروسک‌ها. من از روی میل اپرایی می‌نویسم که تأثیر زورمند و نامترقب در آن نباشد، بلکه موجوداتی شبیه خودم باشند با همین احساسات خودم، با همین فهم خودم. جز این، شکل اپرا دروغ و ساختگی می‌شود و پرورانیدن دروغ را نمی توانم بر خودم هموار نمایم. من جوینده‌ی درام‌هایی هستم که درونی باشد و از قلب تراوش کند و روی وقایعی باشد که خودم دیده باشم و یا برای خودم پیش‌آمده باشد. مواضیع وهمی و خیالی را انکار نمی‌کنم چه دست و پای آدمی را آزاد

می‌گذارند. اونگین خودم را اپرا نمی نامم، فقط «سن‌های تغزلی» یا چیزی شبیه آن می‌خوانم. می‌دانم که اونگین من آینده‌ی خوبی ندارد، در همان وقتی که می‌نوشتم می‌دانستم. اگر آنرا نوشته‌ام پیروی از انگیزه درونی خود کرده‌ام و دست خودم نبود. مطمئن باشید که با این شرایط نباید اقدام به نوشتن اپرا کرد. نباید زیاد متوجه تأثیرهای صحنه بود، مگر تا چه حد معینی و هرچند تاثیر محیرالعقول و شاید قشنگ بشود اما نه زنده است نه گیرنده. اگر اونگین من حماقت بود ثابت می‌کند و می‌رساند که از تأثیرهای تاثری بی‌اطلاعم، خیلی متأسفم، ولی اقلاً آنچه نوشته‌ام از قلم من جاری شده بی‌آنکه چیزی را اختراع کرده باشم یا زورکی درست کرده باشم.»

دوستان مصنف که سعی داشتند او را از انتخاب این منظومه رویگردان نمایند، از شنیدن موسیقی او به حیرت افتادند. روبینشتیَن دستور داد شاگردانش آن‌را روی صحنه‌ی نزدیک به هنرستان موسیقی مسکو اجرا کردند و موفقیتی که حاصل نمود سبب شد که در سال ۱۸۸۰ این اپرا برای اولین بار در مسکو به نمایش درآمد.

در ۱۸۶۸ چایکووسکی دوشیزه‌ی آرتوُ Arto را نامزد خودش کرد ولی عروسی انجام نیافت.

تقریبا ۲۰ سال بعد با یکی از خانم هایی که شیفته موسیقی او بود زناشویی کرد. از جزییات این زناشویی اطلاعی در دست نیست ولی چند هفته بعد از هم جدا شدند. راجع به زناشویی خود چایکووسکی این کاغذ مرموز را به خانم فُن مِک von Meck نوشته است:

«ابتدا باید بگویم که به طرز عجیبی نامزد شدم. قضایا از این قرار است: چندی پیش یک کاغذی از دختری رسید که سابقاً با او ملاقات کرده بودم در این کاغذ نوشته بود که دیر زمانی است دلباخته‌ی منست. کاغذ چنان راست و گرم بود که ناچار به او جواب دادم و بنا به تقاضایی که کرده بود

وعده نهادم از او ملاقات بکنم. چرا این کار را کردم؟ حالا به نظرم که یک قوه‌ی خارق العاده مرا به این کار واداشت. مجدداً توضیح دادم که نسبت به او ارادت قلبی دارم و از اظهار عشقش متشکرم. اما از کاغذ دومش چنین برمی آمد که اگر از او روی می‌گردانیدم سبب بدبختی فوق العاده‌ی او می‌شدم و شاید پیش آمد ناگواری رخ می‌داد. پیش چشمم آمد که یا باید آزادی خودم را با مرگ این دختر نگاه دارم و یا زناشویی بکنم. — من نمی‌توانستم انتخاب اخیر را رد بکنم. یک شب نزد او رفتم و از روی راستی گفتم که او را دوست ندارم ولی در ارادتمندی خودم وفادار خواهم ماند و برایش شرح دادم که خیلی کج خلق، عصبی و از مردم گریزان هستم و اخلاقم زود تغییر می‌کند. از او پرسیدم: آیا با همه‌ی این‌ها می‌تواند زن من بشود؟ جواب مثبت داد. آیا می‌توانم احساسات دردناکی که بعد از این شب به من دست داد شرح بدهم؟ فهمیدم که سرنوشت خودم را نمی‌توانم برگردانم و ملاقات من با این دختر از روی قضا و قدر بوده است. او ۲۶ سال داشت زیبا و پاکدامن و بی‌چیز بود، تحصیلاتش متوسط، خیلی مهربان و دلبستگی سرشاری به من نشان می‌داد.»

مراسم ازدواج در ۶ ژانویه ۱۸۷۷ صورت گرفت و چایکووسکی به خانم فن مک نوشت:

«من نمی‌دانم خوشبختم یا بدبخت همین قدر می‌دانم که دیگر نمی‌توانم کار بکنم و این برای من نشانه‌ی غیرطبیعی و آشوب‌آمیز است.»

در ۲۳ ژوییه سومین کاغذی با این مضمون نوشت:

«یک ساعت دیگر مسافرت خواهم کرد، به شما قول می‌دهم اگر چند روز دیگر بمانم دیوانه خواهم شد.»

در ماه سپتامبر برادران چایکووسکی او را به کلارِنس Clarens بردند و مدتی در آنجا اقامت گزید، او مبهوت و گیج بود و برای حالت مزاجی ناگزیر بود به

کلی آسایش بنماید و از این قرار معاش او تأمین نمی شد. در این وقت خانم فن مک که سالیان دراز با موسیقی دان مکاتبه داشت، فوراً مستمری سالیانه از قرار ۶۰۰۰ روبل برایش تعیین کرد و کمک این خانم چایکووسکی را نجات داد.

سپس چایکووسکی کم کم به کار پرداخت و اونگین را به پایان رسانید. بعد به روسیه بازگشت و دوباره به کلارنس رفت و اپرای ژاندارک و قطعات دیگری ساخت.

در هشت سال آخر عمر خود فعالیت خارق العاده‌ای از خود بروز داد و یک رشته آثار دیگری از جمله پرده‌ی سیمفونیک مانفرد Manfred و موزارتیانا و سیمفونی پنجم و ششم و یک سن از هملت و دو بالت: «ماهروی غنوده در جنگل» و کاس نوازِت Casse-Noisette و سه اپرای: یولاند Yolande و «بی بی پیک» و «افسونگر» را ترکیب کرد.

در سال ۱۸۹۳ در پتروگراد مرض وبا شیوع یافت و چایکووسکی به این مرض دچار شد و در شب ششم نوامبر درگذشت.

سرتاسر روسیه برای او سوگواری کردند و با تجلیل و مراسم شایانی در نمازخانه‌ی الکساندر نوسکی در پتروگراد به خاک سپرده شد. به یادگار او بناهایی در تآتر ماری و هنرستان موسیقی پتروگراد و غیره برپا ساختند. خانه‌ی شخصی چایکووسکی در کلین Klin به حال خود باقی مانده و همه‌ی آثار در آن محفوظ مانده است.[1]

تهران خرداد- ۱۳۱۹

---

[1] اقتباس از: Encycl. de la musique صفحه‌ی ۲۵۶۰

معرفی و نقد کتاب

خاموشی دریا

کتاب «خاموشی دریا» نوشته‌ی ورکور شاید مشهورترین اثری است که در دوره‌ی جنگ جهانی دوم در فرانسه منتشر شده است. این کتاب در سال ۱۳۲۳ خورشیدی توسط دکترشهید نورایی به زبان فارسی برگردانده شده و در معرفی آن صادق هدایت مقاله کوتاهی نگاشته است که در این جا به چاپ می‌رسد. این نوشته اولین بار در شماره‌ی سوم سال دوم مجله سخن به تاریخ اسفند ۱۳۲۳ انتشار یافته است.

نویسنده‌ی این سرگذشت که اسم اصلی خود را زیر نام ورکور پوشانیده و در هنگام استیلای آلمان بر فرانسه این کتاب را مخفیانه به چاپ رسانیده است، شهرت بسزائی یافته، و کتابش ازلحاظ ادبی و تازگی موضوع طرف توجه واقع گردیده، و به چند زبان اروپائی تاکنون ترجمه شده است. موضوع آن یک نفر افسر آلمانی است که ظاهراً در خانه‌ی یکی از اهالی فرانسه مدتی اقامت می‌کند. پیرمرد صاحب‌خانه و دختر برادرش از اولین شب برخورد تا آخرین لحظه‌ی خداحافظی سکوت محضی را سلاح خود می‌سازند، بی‌آن که افسر آلمانی کوچک‌ترین اقدامی برای برهم زدن این خاموشی بنماید؛ یعنی پرسش مستقیمی ازآنان نمی‌کند، بلکه افکار و احساسات خود را که آغشته با عشق گنگی نسبت به دختر و مهر و دلبستگی بی‌پایانی نسبت به فرانسه بوده، و هم‌چنین افکار شاعرانه‌ای را، با جملات و تشبیهاتی مثل کسی که در عالم خواب است اظهار می‌دارد. در ملاقات آخر، پس از مرخصی کوتاهی که به پاریس رفته بود ـ با نهایت تأسف ـ اعتراف می‌کندکه هم‌وطنانش با عقاید او همراه نمی‌باشند، و فقط برای نابود ساختن فرانسه آمده‌اند، و تصوراتی که تاکنون او می‌کرده مانند قصری که روی کف صابون بسازند پایه و اساسی نداشته و به این جهت تقاضا کرده است که به جبهه‌ی جنگ فرستاده شود.

اشخاص این کتاب تقریباً از بین سه نفر در یک اطاق دربست تجاوز نمی‌کند. ظاهراً این دهکده از منطقه‌ی جنگ و فداکاری جنگ‌جویان فرانسوی و نهضت مقاومت، کشتارها و تیرباران‌ها و غرش مسلسل دوروبَر کنار بوده است. حتی چنین احساس می‌شود که این پیش‌آمد به طور ناگهانی روی داده است، زیرا به‌جز این یک نفر افسر آلمانی که جوان بسیار آراسته‌ی احساساتی و ظاهراً شیفته‌ی فرهنگ و هنر و اخلاق فرانسویان و طرفدار نزدیکی ملّت فرانسه و آلمان بوده، از آلمانی دیگری سخن به میان نمی‌آید. فقط درصحنه‌ی آخر عقیده‌ی آلمان راجع به فرانسه از زبان همان افسر منعکس می‌گردد.

هنر نویسنده در توصیف حالات و جزئیات و کشش شدید روحی این اشخاص می‌باشد. وضع اطاق و تحلیل روحیه اشخاص اهمیت شایان دارد و می‌توان گفت که نویسنده به خوبی ازعهده‌ی تشریح آن برآمده است. زیرا این سکوت سنگین و مکث ها و نگاه‌های زیرچشمی که رد و بدل می‌شود در سکوت بلیغی مطلب اساسی را بیان می‌کند.

به خصوص که این توصیف با سبک ساده و زبان بی‌پیرایه‌ای نوشته شده است. – باید اقرار کردکه آقای دکتر شهید نورائی این کتاب را با همان سبک و زبان به فارسی ترجمه کرده‌اند و حتی در تطبیق متن با ترجمه بعدی مراقبت شده که چاپ کتاب را نیز در همان قالب فرانسه منتشر ساخته‌اند. گرچه ترجمه تحت‌اللفظی است و شاید یکی دو اصطلاح آن به گوش فارسی زبانان آشنا نباشد، اما خواننده چنین تصور می‌کند که در اصل به زبان فارسی نوشته شده است و این شیوه‌ی ترجمه‌ی بسیار دقیق است، زیرا نه تنها معنی کامل لغات داده شده بلکه در ترجمه، سبک نویسنده و اصطلاحات و تعبیرات او نیز در حد امکان حفظ گردیده است.

کارخانه‌ی مطلق‌سازی

این مقدمه را صادق هدایت برکتاب «کارخانه‌ی مطلق‌سازی» اثرکارِل چاپک، ترجمه حسن قائمیان نگاشته و به همراه آن به چاپ رسانده است.
ترجمه‌ی کتاب «کارخانه مطلق‌سازی» درچاپ نخست بدون تاریخ منتشر شده است ولی انتشار آن ظاهراً باید درسال ۱۳۲۵ یا ۱۳۲۶ صورت گرفته باشد.

کارِل چاپک Karel Capek (۱۹۳۸-۱۸۹۰)، یکی از بزرگ‌ترین نویسندگان معاصر چکسلواکی به‌شمار می‌رود که شهرت جهانی به هم رسانیده و آثارش به بیشتر زبان‌ها ترجمه شده است. چاپک درنویسندگی استعداد شگرفی نشان داده و آثار گوناگونی از قبیل داستان، افسانه، رمان، نمایشنامه و غیره ازخود باقی گذاشته است که همه آن‌ها به اندازه‌ای تازگی و گیرندگی دارد که نمی‌توان این نویسنده را به آسانی در سلک یکی از دبستان‌های معمولی ادبی جای داد.
چاپک پیرو فلسفه‌ی پراگماتیسم می‌باشد که آمیخته با فروتنی و سادگی و بیشتر متمایل به بشردوستی و خوشبختی نسبی است. این نویسنده به حقایق ساده‌ای که به سود زندگی باشد و همدردی با توده‌های گمنام می‌پردازد و از بلندپروازی و کشف حقیقت مطلق و هدف‌های غول‌آسا گریزان است، به همین مناسبت آن‌چه پرمدعا و به منظور استفاده جزئی و عوام فریبی است در نوشته‌هایش بی‌رحمانه مورد طعن وُ طنز قرار می‌گیرد.

چاپک ابتدا با برادر بزرگ خود ژوزف در نویسندگی همکاری می‌کرد و طرفدار سبک کلاسیک بود، ناگهان رابطه خود را با اسلوب پیشین ترک گفته سبک ساده و شیوائی را درپیش می‌گیرد: یعنی زبان گفتگوی چک را با زبان ادبی می‌آمیزد. ولیکن با وجود سادگی ظاهری، سبک بسیار دقیق و کارکشته‌ای را دنبال می‌کند زیرا به خوبی می‌داند چه لغات و اصطلاحاتی را در زبان پهلوانان خود بگذارد که درخور پیشه و مقام و روحیه آن‌ها باشد.

یکی از شاهکارهای چاپک که او را به دنیا شناساند درام خیالی R.U.R است که حمله به آمریکائی مآبی خشک و انتقاد از کسانی است که ایمان به ترقی علوم و ماشین دارند. موضوع نمایشنامه در زمان‌های آینده می‌گذرد که کارخانه Robots برپا شده است ـ این لغت ساختگی در تمام زبان‌ها به معنی «آدم ـ ماشین» و یا «آدمک خودکار» مصطلح شده ـ آدمک‌های نامبرده فقط فاقد احساسات و خاصیت تولید مثل هستند وگرنه زنده و باهوشند و همه‌ی خواص آدمی را دارا می‌باشند. برای رهایی بشر از شکنجه‌ی کار، مقدار زیادی از آن‌ها ساخته شده و به معرض فروش گذارده می‌شود، تا بشر بتواند از قید احتیاجات مادی رسته به عالم معنوی و تربیت اخلاقی خود بپردازد. ولیکن نتیجه معکوس می‌شود: زیرا همین که رنج کار برداشته شد مردم همه به عیش و نوش می‌پردازند و زن‌ها بارور نمی‌شوند. زن رئیس کارخانه دستور ساخت آدمک‌ها را می‌سوزاند تا نسلشان منقرض شود. آدمک‌ها که به دوام موقت خود پی‌می‌برند شوریده و به جز معمار پیری که با آن‌ها همکاری می‌کرد همه مردم را بی‌رحمانه می‌کشند و بالاخره به کشف راز تولید مثل موفق می‌شوند و معمار پیر شاهد عشق‌بازی آن‌ها می‌شود. از این قرار آدمک‌های خودکار بی‌احساسات جانشین بشر احساساتی می‌گردند.

رومان «کارخانه مطلق‌سازی» نیز در ردیف آثار خیالی چاپک قرار می‌گیرد و تمام مشخصات او را از خیالبافی افسارگسیخته‌ی علمی و جدو هزل به هم آمیخته گرفته تا اندک‌بینی، افکار شاعرانه، گوشه وکنایه‌ی تلخ و مهر و دلبستگی نویسنده را برای مردم معمولی به خوبی آشکار می‌سازد. موضوع انتخاب شده بکر و با شیوه بسیار تازه و گیرنده‌ای پرورانیده شده است:

چاپک فرض می‌کند مهندسی به اختراع دستگاهی کامیاب می‌شود که ماده را کاملاً تجزیه می‌کند و به مصرف می‌رساند و به این وسیله نیروی محرکه فناناپذیر و بسیار ارزانی به دست می‌آورد. اما در اثر تجزیه‌ی ماده، مطلق‌آزاد می‌شود. – یعنی قسمتی از پرتو الوهیت که به موجب عقیده‌ی پیروان فلسفه‌ی «وحدت وجود» درماده زندانی بود رها می‌گردد. – از این‌رو دستگاه نامبرده خدای حقیقی و بی‌غل‌وُغش را داخل در امور دنیوی می‌نماید. سپس نویسنده تفریح می‌کند که نتایج فاجعه‌انگیز این سوخت تمام نشدنی و مفت را در دنیای اقتصادی و اخلاقی و انسانی شرح بدهد. در نتیجه افزایش محصولات، ورشکستگی، قحطی، ناخوشی‌های واگیردار مذهبی و عرفانی و شورش پدید می‌آید و بالاخره منجر به بزرگ‌ترین جنگ‌ها می‌گردد. برخی از این پیش‌آمدها که چاپک در بیست سال پیش تصورکرده بود با وقایع بعد از جنگ اخیر کاملاً جور می‌آید.

چاپک برای این که فرض خیالی خود را به کرسی بنشاند و آن را بقبولاند تأثیر اقتصادی و روحانی این پیش‌آمد را در جرگه‌های گوناگون می‌کشاند و از دریچه‌ی چشم اشخاص مختلف می‌نگرد. هم‌چنین توضیحات تاریخی و مذهبی و سیاسی و جغرافیایی فراوان می‌دهد که مربوط به مسائل جهانی می‌شود. از این لحاظ با اصطلاحات و لغات فنی و علمی و فلسفی روبه‌رو می‌شویم که در زبان فارسی اغلب آن‌ها سابقه ذهنی ندارد و به همین علت کار ترجمه را دشوار می‌کند. از لحاظ جغرافیایی در نسخه اصلی مبدأ

این پیش‌آمد در شهر پراگ پایتخت چکسلواکی است و چون اسم‌های خاصی که ذکر می‌شود عموماً به گوش خواننده ایرانی نامأنوس است لذا در این کتاب مترجم سبک ترجمه فرانسوی را پذیرفته که مبدأ این پیش‌آمد را در پاریس قرار داده است. نیز ناگفته نماند که آقای حسن قائمیان با دقت و ممارست کاملی که به سرحد وسواس می‌رسد کوشیده‌اند تا معنی کامل هر لغت و جمله را بعد ازمقابله با ترجمه فرانسه و انگلیسی به کالبد زبان فارسی در بیاورند، به‌طوری که می‌توان گفت این کتاب نمونه‌ای از ترجمه دقیق و صحیح آثار نویسندگان اروپائی است و در نتیجه آقای قائمیان خدمت شایانی به ادبیات و زبان فارسی انجام داده‌اند.

چطور ژاندارک

دوشیزه اورلئان شد؟

چطور ژاندارک دوشیزه ارلئان[1] شد

مقدمه‌ی کتاب دوشیزه ارلئان

این مقدمه یادگاری است از اولین آشنایی صادق هدایت با بزرگ علوی. هنگامی که هدایت در سال ۱۳۰۹ تازه از فرانسه به ایران بازگشته بود با بزرگ علوی آشنا شد و این مقدمه را تحت عنوان «چطور ژاندارک دوشیزه ارلئان شد» برکتاب «دوشیزه ارلئان» اثر شیللر که علوی در سال ۱۳۰۷ آن را از زبان آلمانی به فارسی برگردانده بود نگاشت و به همراه آن به چاپ رساند.

ترجمه کتاب «دوشیزه ارلئان» درچاپ نخست بدون تاریخ منتشر شده است ولی تاریخ انتشار آن سال ۱۳۰۹ می‌باشد.

وقتی که سرتاسر فرانسه بلبشو و هرج ومرج بود، لشگر بیگانه تا پشت دروازه (اُرلئان) رسیده بود، ویرانی، ستمگری و شکست‌های پی در پی مردها را تماشاچی، خسته، ناامید و دلسرد کرده بود، جنگجویان و دلاوران سپر انداخته بودند، یک نفر دختر دهاتی سینه سپر کرد، زره پوشید، کلاه خود برسرگذاشت و مردهای وامانده و تنبل را به جنب و جوش انداخت، حس وطن‌پرستی را به ملت آموخت و کشور خود را از زیر مهمیز انگلیس بیرون آورد. این دخترژاندارک بود!

ظهور ژاندارک یک پیش‌آمد عبرت‌انگیزو بی‌همتای تاریخی است. برای آن‌که به هویت او آشنا شویم، ناچار باید وضعیت آن زمان را درنظر بگیریم.

---

[1] اصل فرانسه این لقب La Pucelle d'Orleans است و شیللر عین آن را به ترجمه آلمانی Die Jungfrau Von Orleans گفته است.

در دنباله‌ی جنگ‌های صدساله، تاخت و تازهای انگلیس‌ها، جنگ‌های داخلی، فقر و شکست‌های سخت، وضعیت فرانسه بی‌اندازه خراب و ناامید بود؛ از یک طرف (هانری) کباده سلطنت فرانسه و انگلیس را می‌کشید، از طرف دیگر (شارل هفتم) پسر (شارل ششم) که مادرش او را عاق و پدرش او را از تاج و تخت محروم کرده بود، نیز ادعای پادشاهی می‌کرد — در زمان ملوک‌الطوایفی حس ملی فرانسوی‌ها در سلطنت شاهنشاهی حلول کرده بود، لغت وطن را نمی‌دانستند، وطن‌پرستی عبارت بود از پرستش پادشاه رسمی که مطابق قانون آسمانی به صورت خداوند مملکت متجسم می‌شد، ولی حالا هیچ‌کس حقانیت سلطنت را باور نمی‌کرد، همه بی‌تکلیف و مردد بودند کارهای مملکت به دست اشخاص ناقابل افتاده بود، توده مردم متعصب، پخمه، خرافات‌پرست، و بی اراده پیش‌آمدها را به قضا و قدر واگذار کرده بود.

درصورتی که امید نجات روی زمین وجود نداشت می‌بایستی از آسمان به طور وحی و کشف و کرامات برسد. ژاندارک میانجی مابین زمین و آسمان شد.

ژاندارک در ۶ فوریه ۱۴۱۲ میلادی دردهکده (دمرمی) نزدیک شهر کوچک (ووکولور) به دنیا آمد. این شهر در منطقه فشار دو تیره مخالف (ارمانیاک‌ها و بورگنی های[1]) واقع شده بود. پدرش از آن دهاتی‌هایی بود که دستش به دهانش می‌رسید و ژان نیز مانند زنان دهاتی دوره خودش بار آمد؛ یعنی به جز افسانه‌های مذهبی و معجزات مقدسین چیز دیگری به او نیاموختند. او یک خواهر کوچکتر ازخودش و دو برادر داشته و درآغوش

---

[1] این اسم به فرانسه Bourgogne و به آلمانی Burgund است، در ترجمه کتاب مطابق اصل آلمانی بورگوند گفته شده.

مادر به کار و اجابت مراسم مذهب کاتولیک پرداخت. همه دلخوشی و تفریح او طاعت و نماز بود. در همان دهکده درخت سبز و خرمی که «درخت خانم‌ها» می‌نامیدند، وجود داشت. مادربزرگش می‌گفته که در آن‌جا یک پری هست که با یک نفر از نجبا راه دارد. اهالی ده موسم بهار زیر آن گرد می‌آمدند و سالی یک بار جشن می‌گرفتند. پسران و دختران برای بخت‌گشائی دور آن جمع می‌شدند، می‌خواندند و می‌رقصیدند ژان هم مانند سایرین می‌رفته و می‌رقصیده، ولی همه حواس او متوجه کلیسا بوده، از گل‌های بیابان نخ می‌کشیده و به تصویر مردم آویزان می‌کرده. رفتار و روش او به قدری جالب توجه بود که آخوند ده سرکوفت او را به سر دیگران می‌زده، ولی جوان‌ها او را دست می‌انداختند.

از افسانه‌های عوامانه‌ای که وِرد زبان‌ها بود و اسباب دلگرمی مردم شده بود، می‌گفتند : «زنی مملکت فرانسه را از دست داد (ایزا بود وباویر[1]) یک دختر آن را نجات می‌دهد. همه چشم به راه معجزه و علامات آسمانی بودند به خصوص اطمینان داشتند که خدا برای اسباب دست خودش زن فقیری را برخواهد گزید. چند زن جوان و یک چوپان خودشان را مانند ژان معرفی کرده بودند که انگلیس‌ها را از فرانسه بتارانند، ولی کارشان نگرفت. ژاندارک ظاهراً دختری خوشگل، ورزیده، خوش‌بنیه و زرنگ، با تصمیم و از طرفی نیز محتاط، بارحم و شفقت و دل‌نازک بوده و بدبختی ملت او را سخت متأثر می‌کرده است. گاهی همشهری‌هایش را که با چهره‌ی خون‌آلود و زخم‌خورده از جنگ برمی‌گشتند، می‌دید. حکایت دوره ارزانی و فراوانی، بدرفتاری انگلیس‌ها و نفرینی که متصل به آن‌ها

---

[1] مادر شارل ششم که پسرش را عاق کرده و هم دست انگلیس‌ها شده بود.

می‌کردند، می‌شنید. گاهی از نزدیک شدن دشمن با گله ورمه به شهردیگر کوچ می‌کردند.

از سن ۱۶ سالگی به او وحی رسید. بار اول یک روز تابستانی در باغچه پدرش بود که ندائی از جانب کلیسا به او رسید و روشنائی خیره کننده‌ای چشمش را زد، بعد تشخیص فرشته‌ها را داد: صورت‌های تودار نورانی، زن‌های سفیدپوش و جبرائیل را با ریش بلند و سفید شناخت، همان‌طوری که شمایل آن‌ها را روی شیشه کلیسای (سنت کارترین) دیده بود، مثل این که انعکاس افکار و مشاهدات خودش بود .اول این نداها به او گفتند که رفتار و روش خود را تهذیب کند، بعد به او فرمان دادند که فرانسه را از زیر تاخت‌وُتاز انگلیس‌ها بیرون بیاورد، ولیعهد مشکوک را مطابق رسوم مذهبی تقدیس بکند. هنگامی که خبر محاصره شهر (اُرلئان) را شنید، این نداها تکرار می‌شد. به او حکم کردند که برود و شهر را نجات دهد. هر چند در پاسخ آن‌ها می‌گفت که من دختر ناتوانی هستم و کاری از دستم برنمی‌آید ولی به حقیقت این نداها هیچ شکی نداشت.

اول رفت پیش عمویش و اسرار خود را به او آشکار کرد و درمقابل تعجب او جواب داد : «مگر نمی‌گویند که زنی فرانسه را به باد می‌دهد و یک دختر آن را آزاد خواهد کرد؟» پدرش او را ترسانیده بود که اگر بخواهد این فکر را عملی کند، او را خفه خواهد کرد.

هنگامی که ژاندارک تصمیم گرفت که برطبق دستور نداها رفتار کند، پیش فرمانده شهر رفت و از او کمک خواست. وی در جواب به ژان گفت :که تو چند تا سیلی آبدار لازم داری. اما ژان از میدان در نرفت، پافشاری کرد، بالاخره فرمانده شهر به زور التماس و درخواست مردم با شش نفر سوار مسلّح او را روانه کرد.

ژاندارک به (شینن) رفت و در تالار (دنگالی) که با روشنائی مشعل روشن بود، شاه را مابین بزرگان و نجباء بشناخت و به او گفت «تو وارث حقیقی تاج و تخت فرانسه و پسر شاهی!» شارل متأثر شد. اعتقاد به معجزه به قدری عمومی بود که درباریان و روحانیون کمترین شکّی به تجلیات ژاندارک نیاوردند؛ تنها چیزی که مهم بود بایستی بدانند که این الهامات ازطرف خدا آمده یا ازجانب شیطان. او را آزمایش کردند. بکارت ژان ثابت شد، پس رأی دادند که این تجلیات اهریمنی نبوده است.

ژان آهنگ جنگ کرد، با لباس مردانه که بر زیبائی و دلربائی او افزوده بود، بر اسب سوار شد، جلو افتاد و همه سرکرده‌ها وجنگجویان محو جمال و منتر شجاعت او شده، با تحسین به دنبالش افتادند و از روی جان و دل برایش شمشیر زدند، (مثل این‌که فرشته‌ای ازآسمان نازل شده) شهر اُرلئان را که عده کمی انگلیسی محاصره کرده بود، متصرف شد، در میان کشمکش تیری به ژان می‌خورد، زخمی می‌شود، گریه می‌کند، ولی به زودی خودداری می‌کند، اما بالاخره قوای دشمن را در هم می‌شکند.

این خبر در تمام فرانسه تولید تحسین و شادی فوق‌العاده کرده، به او لقب «دوشیزه اُرلئان» دادند.

سپس ژاندارک شاه و دربار به شهر (رنس[1]) برده، مطابق رسوم مذهبی او را پادشاه فرانسه معرفی می‌کند، تاج بر سرمی‌گذارد و کارش رنگ و رونق تازه‌ای به خود می‌گیرد، قشون انگلیس را در (پاتای) شکست سخت می‌دهد.

آیا این پیشرفت فوق‌العاده را باید معجزه پنداشت؟ فرانسوی‌ها خود به خود از بی‌حالی و شکست‌های پی در پی دماغشان سوخته بود، به پستی

---

[1] در ترجمه کتاب مطابق تلفظ آلمانی «رایس» نوشته شده.

خودشان و برتری انگلیس‌ها اعتراف داشتند ولی چون گمان می‌کردند که دست خدا به همراهشان است و برای آن‌ها شمشیر می‌زند، دل و جرأت پیدا کردند و برعکس انگلیس‌ها که ژاندارک از آن‌ها چشم زهره گرفته بود او را جادوگر و افسون‌گر می‌پنداشتند. شیوه جنگی او خیلی ساده بود؛ ناگهان به دشمن تاخت می‌آورد و به او امان نمی داد هم‌چنین پشت‌گرمی به مقدسین و مقدسات خود داشته است.

بالاخره ژاندارک در جنگی که با یکی از دشمنان شاه می‌کرد، دستگیر شد.

شاه هیچ اقدامی برای آزادی او نکرد!

شش ماه بعد او را به انگلیس‌ها فروختند!

(بدفرد) خواست ثابت کندکه او فرستاده خدا نیست و ازجانب روحانیون محکوم بشود.

اسقف شهر (بووه) این کار را به عهده گرفت.

خلیف رئس هیچ به روی خودش نیاورد!!

پاپ نیز که در جریان وقایع بود، صدایش درنیامد!!!

چون روحانیون همه طرفدار دشمن بودند، ژاندارک را با کند و زنجیر در زندان انداختند. ژان حاضر نمی شد جامه مردانه را در بیاورد، برای این‌که نداها به او گفته بودند که بپوشد.ولی مذهب عیسی این کار را گناه بزرگ می‌دانست. تهدیدش کردند که بر گناه خود اعتراف کند، وگرنه او را زنده خواهند سوزانید. از داد و بیداد آخوندها و دشنام انگلیس‌ها خودش را باخت، با چشم‌های رک زده دیوانه‌وار می‌خندیده و هرچه به او تلقین می‌کردند، تکرار می‌نموده. بالاخره رخت زنانه پوشید، زیرا امیدوار بود که آزاد خواهد شد. اما وقتی که دید هوا پس است، دوباره لباس مردانه پوشید و آن‌چه را که دیروز اقرار کرده بود، زیرش زد، پس فتوای مرگ اورا دادند.

قرار شد که او را زنده بسوزانند!

روز موعد پیراهن بلند سفیدی پوشید، از سکوی دار بالا رفت روی کلاه درازی که به سرش بود، نوشته بودند: «زندیق، لامذهب، مرتد، بت پرست!» ژان طلب آمرزش کرد، دشمنان خود را بخشید، صلیب خواسته آن را بوسید. او را به چوب دار بستند، دورش را آتش روشن کردند... همه مردم حتی خود آخوندها برایش طلب آمرزش کردند.

مقدس شمردن ژاندارک و مقام الوهیتی که برایش قائل شدند، خیلی پیش پا افتاده بود ،ولی هیچ چیز مافوق طبیعت و معجزه‌آسا که به کمک عقل نشود پی‌برد، در سرگذشت او وجود ندارد و افسانه‌هایی که بعد برایش درست کردند مربوط به روحیه و افکار دوره اوست بدبختی‌های ژاندارک، به زندان افتادن، محاکمه و بالاخره آتش زدنش، همه این‌ها فکر آزادی ملت را بیشتر تهییج و تقویت کرده، روح شجاعت را به کالبد مرده فرانسه دمید، ژاندارک مجسمه روح ملیت و پهلوان ملی فرانسه شده.

تنها نکته شگفت‌آور بلندی فکر است که در این دختر چوپان بروز کرد، آن هم در یک قرن خرافات‌پرست و درنده.

همین حس وطن‌پرستی که ژاندارک به معاصرین خود تلقین کرد این حس وطن‌پرستی که در ژاندارک پیدا شد، معجزه بود.

چنانچه ملاحظه می‌شود، سرگذشت ژاندارک به طوری افسانه‌نما و شاعرانه مرتب شده که محتاج نیست برایش شاخ و برگ بتراشند، به همین جهت این موضوع طرف توجه شعرا و نویسندگان شد.

«دوشیزه ارلئان» شیللر که در سنه ۱۸۰۱ در شهر (وَیمار) نمایش دادند، یک شاهکار ادبی و درام شبیه به سبک و شیوه شکسپیر است. البته شیللر سرگذشت ژاندارک را خوب می‌دانسته ولی تغییری که عمداً درشرح زندگانی او داده – به خصوص در مجلس آخر به نظر می‌آید که از لحاظ

نکات تأترنویسی و تزئین مجالس سلیقه خود شاعر است. از این‌جا شیوایی کلام، غزل‌سرائی و زبردستی نویسنده در تازگی احساسات و رنگ‌آمیزی تصویرها بی‌اندازه قابل توجه است، تنها ایرادی که به او وارد است لغات قلنبه می‌باشد که از زبان دختر چوپان نقل می‌کند. هرچند تآتر شیللر از این حیث به سادگی و گیرندگی تآتر نویسنده کنونی انگلیس (برنارد شاو) – ژان مقدس – نیست، ولی باید در نظرگرفت که درزمان او این گونه نگارش مرسوم نبوده است.

آن‌چه در سرگذشت یا تاریخچه ژاندارک گفته شد، نشو وُ نمای افکار، روحیه و محرک حقیقی او را به ما نشان نمی‌دهد، ولی زبردستی شیللر در آن است که احساسات، افکار و سستی‌هایی که در ژاندارک پیدا شده و یا ممکن است پیدا شده باشد، هم‌چنین حس رقابت زن و مرد، تأثیر عشق مادّی و معنوی که در پیشرفت او دخالت داشته به خوبی مجسم می‌کند و بیش ازهمه چیز می‌خواهد نشان بدهد که ژاندارک فرشته آسمانی نبوده بلکه یک نفر زن بوده است.